DICTIONNAIRE

CRITIQUE

DES

ERREURS DU XIXe SIÈCLE.

TOME PREMIER.

PARIS.—IMPRIMERIE ECCLÉSIASTIQUE DE BÉTHUNE,
RUE PALATINE, N° 5.

DICTIONNAIRE

CRITIQUE

DES

ERREURS DU XIXᴱ SIÈCLE,

OU

RÉFUTATION DES ERREURS PROFESSÉES DANS L'ENCYCLOPÉDIE MODERNE EN MATIÈRE DE RELIGION, DE POLITIQUE, DE JURISPRUDENCE, D'HISTOIRE ET DE PHILOSOPHIE;

PAR F. ALBOUYS,

JUGE A CAHORS,

MEMBRE CORRESPONDANT DE L'ASSOCIATION CATHOLIQUE.

Ne auferas à me verbum veritatis usquequàque.
(Ps. 118.)

TOME PREMIER.

PARIS,

A LA LIBRAIRIE D'ÉDOUARD BRICON,

RUE DU POT-DE-FER-S.-SULPICE, N° 4.

CHEZ J.-J. BLAISE, LIBRAIRE,

RUE FÉROU, N° 24.

TOULOUSE,

CHEZ SÉNAC, LIBRAIRE.

1829.

PRÉFACE.

Lorsque la grande *Encyclopédie* parut, on se réjouissait de pouvoir se procurer dans un seul corps d'ouvrage un exposé fidèle de toutes les connaissances humaines; mais combien les honnêtes gens furent-ils déçus de leur espérance, lorsqu'ils ne virent dans cette immense compilation qu'une machine colossale destinée à saper par ses fondements ce que les philosophes du temps appelaient *les préjugés*, c'est-à-dire la religion et la saine philosophie; lorsqu'ils virent que l'on cherchait à établir sur leurs ruines des opinions bizarres et contradictoires sur la divinité, l'âme humaine, et sur tout ce qui tient à la morale et à la religion; lorsqu'ils virent en un mot que cet ouvrage, composé dans ce seul but, était d'un bout à l'autre un tissu d'erreurs et de mensonges!

Cependant les connaissances humaines, notamment celles qui ont trait à la physique et aux arts, ayant acquis une extension qui a fait nommer le siècle où nous vivons le siècle des lumières, les défauts de l'ancienne *Encyclopédie* en firent désirer une nouvelle (1). Des hommes instruits dans les diverses sciences, dans les arts et la littérature, s'en sont occupés ; et s'ils ne nous ont pas donné un ouvrage parfait, ils ont écrit du moins de meilleure foi.

Cependant, comme ce qui concerne la religion a été traité par des hommes étrangers aux connaissances théologiques, et dont l'opinion penche soit vers l'incrédulité, soit vers le protestantisme, nous avions d'abord formé le projet d'ajouter à la fin de chaque volume, sous le titre d'*Errata*, les corrections dont cet ouvrage nous paroissait susceptible ; mais plusieurs personnes, qui nous ont inspiré la plus grande confiance en leurs lumières, nous ayant conseillé de livrer notre travail à l'impression, nous avons cru devoir céder à leurs instances réitérées.

Ce n'est pas que, novice encore dans l'art d'écrire pour le public, nous ayons la prétention de nous croire capable à nous seul de lutter avec avantage sous tous les rapports contre un grand nombre d'écrivains du plus grand mérite ; mais, afin de préserver les jeunes lecteurs du poison caché dans cet ouvrage, nous avons cherché à réfuter les erreurs qu'il nous a paru contenir.

(1) Outre la grande *Encyclopédie*, il a paru sur la fin du dernier siècle une *Encyclopédie méthodique* qui consistait en un recueil de dictionnaires sur chaque science en particulier.

Il vient de paraître depuis peu d'années un ouvrage à peu près du même genre sous le nom de *Collection de Manuels*.

1° *Religion.* — Nous avons essayé de venger le clergé et les institutions catholiques des outrages qui leur sont adressés par les coryphées de la philosophie moderne.

2° *Politique.* — Nous avons défendu l'acte fondamental de nos libertés, sainement interprété, l'autorité royale et la légitimité ; et nous nous sommes plu à jeter quelques fleurs sur les tombeaux de nos bons rois Louis XVI et Louis XVIII. L'éloge de la magistrature, indignement calomniée, s'est échappé de notre plume véridique.

3° *Jurisprudence.* — Nous avons puisé dans les lois anciennes des matériaux précieux pour la défense du trône et de l'autel.

4° *Histoire.* — Nous avons dû relever les erreurs qui tendent à faire mépriser l'autorité de l'Église, à rendre cette mère commune des fidèles ridicule ou odieuse, ainsi que les imputations dirigées contre nos anciens rois, notamment contre Louis-le-Grand.

5° *Philosophie* — Nous avons examiné avec soin les opinions philosophiques des auteurs de l'*Encyclopédie moderne*, et tâché de ramener les lecteurs aux vrais principes, en prouvant que la philosophie chrétienne est la seule à l'abri des variations auxquelles est toujours sujet l'esprit de l'homme lorsqu'il s'écarte de la route tracée par la sagesse éternelle.

Quant aux articles qui traitent exclusivement des sciences physiques ou technologiques, et à ceux qui n'embrassent que la littérature sans avoir aucun rapport à la religion, aux lois ou au gouvernement, nous nous abstiendrons de les juger. Ce serait d'ailleurs une grande témérité de notre part de vouloir prononcer seul sur le produit des veilles d'un si grand nombre d'auteurs distingués.

Il n'entre point dans nos vues de blâmer les personnes; nous n'avons d'autre intention que celle de relever les erreurs dans lesquelles sont tombés certains auteurs, d'ailleurs recommandables par leurs talents, mais qui ne connaissent point suffisamment des matières que l'on n'étudie aujourd'hui que dans les écrits des ennemis de l'Église catholique.

Notre ouvrage ne sera point lu par ceux qui n'ont aucun respect pour la religion et ses ministres; mais les pères de famille qui, ayant conservé quelque amour pour la religion, désireront que leurs enfants prennent dans la nouvelle *Encyclopédie* une teinture de toutes les sciences, devront placer à côté des mauvaises doctrines que cet ouvrage contient un antidote qui les préserve du dangereux effet qu'il pourrait produire. Peut-être les savans collaborateurs qui travaillent à cet ouvrage utile, quoique dangereux, supprimeront-ils dans une nouvelle édition tout ce qui peut blesser les catholiques, et se borneront-ils à rapporter avec exactitude les faits historiques, sans y mêler des faits controuvés, et des réflexions qui doivent nécessairement déplaire à tout homme impartial.

Nous croyons devoir payer ici un tribut de reconnaissance à un oncle chéri, à qui nous devons l'éducation religieuse que nous avons reçue, et qui a mis le sceau à ses bienfaits en revoyant notre travail, et en nous fournissant une foule d'observations judicieuses, que le lecteur reconnaîtra aux lettres *L. A.*, dont quelques-uns des articles de ce volume sont souscrits.

DICTIONNAIRE

CRITIQUE

DES

ERREURS DU XIXe SIÈCLE.

ABEILLE (*histoire naturelle*). — Page 24-41. — BORY DE ST.-VINCENT.

2e. alinéa de la page 37.

On est étonné de trouver sur cet article une question assez singulière, et qui semblerait supposer que les abeilles sont douées d'une raison surhumaine.

« Ce serait une question nouvelle et curieuse à » examiner, dit M. Bory de-St.-Vincent, que l'ori» gine de la société des abeilles. Cette société est» elle l'état inné de ces animaux? ne dut-elle pas » commencer avec eux? ou commença-t-elle plus » tard en se perfectionnant par degrés, avant de

» parvenir au mode de stabilité qu'elle a enfin acquis » par l'organisation même des individus dont elle se » compose, etc. »

Que le lecteur attentif à l'industrie et à l'apparence de génie des abeilles ne s'y trompe point : de tous les animaux, l'homme est le seul raisonnable ; il est le seul dont les individus ou les races acquièrent de nouveaux arts et les perfectionnent. Les abeilles comme les autres animaux industrieux, sont tels que Dieu les a faits ; ils agissent aujourd'hui comme du temps de Virgile, comme au commencement du monde. C'est donc une absurdité de supposer que c'est par la suite des temps et après de mûres réflexions, et une expérience étudiée, que ces insectes laborieux sont parvenus à l'état de civilisation qui cause aujourd'hui l'admiration des observateurs.

ABJURATION. — P. 46-56. — Thouret.

Au premier alinea de la page 48, on trouve un passage qui me ferait presque rétracter ce que j'ai dit dans ma *préface*, que les auteurs de l'*Encyclopédie moderne* ont du moins écrit avec bonne foi. Ce passage est ainsi conçu :

1. « En 311 Constantin-le-Grand, maître de la » Gaule, se préparait à passer en Italie à la tête » de toutes ses forces pour détrôner l'empereur » Maxence ; *on dit* qu'il aperçut dans les airs une

» croix lumineuse sur laquelle ces mots étaient tra-
» cés en lettres de feu : *In hoc signo vinces (par ce*
» *signe tu vaincras).* »

Nous demandons à M. Thouret pourquoi cet *on dit* relativement à un fait reconnu comme certain par toutes les histoires du temps, et cru dans toute la chrétienté, si ce n'est dans le but, en donnant comme fabuleux un miracle attesté par l'Église, de parvenir à jeter des doutes sur les autres miracles qui ont servi à opérer la conversion des païens.

2. « On ne trouve aucun monument de ce pré-
» tendu miracle. »

Qu'est-ce que l'auteur entend ici par monument? Veut-il parler de colonnes, d'obélisques, de pyramides? Mais outre que, s'il exista des monuments en architecture, ils durent être détruits par Julien-l'Apostat, qui régna peu après Constantin, ces monuments ne feraient que suppléer à l'histoire, mais ne seraient pas nécessaires pour constater un fait qui fut tellement répandu, qu'il servit à la conversion d'une grande partie de l'armée romaine. Veut-il parler de monuments historiques? Qu'il consulte *Lactance*, auteur contemporain (lib. de mort. persec., ch. 44.), *Socrate*, *Sozomène*, *Philostorge*, *Théodoret*, *Optatianus*, *Porphyre*, dans un poème à la louange de Constantin.

Eusèbe, évêque de Césarée vers l'an 315, le rapporte dans la Vie de Constantin, chapitre 28, dont le titre est ainsi conçu : Οπως εὐξαμένῳ τὴν ὀπτασιαν ὁ Θεὸς παρεσχε σαυρόν ἐκ φωτὸς ἐν οὐρανῷ, μεσημβρίας οὔσης, καὶ γραφὴν τούτῳ νίκᾷν παραινοῦσαν, c'est-à-dire, *Comment, pendant qu'il priait, Dieu lui montra dans le ciel, vers l'heure de midi, une croix lumineuse, avec une inscription l'avertissant qu'il vaincrait par ce signe.* S'il avait consulté Eusèbe, il aurait vu que cette croix, qui parut à midi au-dessus du soleil, fut remarquée par les soldats qui étaient auprès de Constantin ; que ce fait merveilleux fut cru par toute l'armée, sans aucune difficulté. Il aurait vu de plus qu'après sa victoire, l'empereur fit placer à Rome sa statue tenant à la main une lance en forme de croix, avec cette inscription : *Par la vertu de ce signe, j'ai délivré votre ville du joug de la tyrannie.*

3. « Sa conversion le mit à la tête d'une secte « nombreuse. »

Je désirerais pour la religion chrétienne un mot plus propre et plus respectueux que celui de *secte.* Mais comment cette *secte*, puisque vous l'appelez ainsi, était-elle devenue nombreuse? La solution de cette question me mènerait trop loin : il me suffira pour le moment de dire que c'est à la vérité de ses dogmes, à la pureté de sa morale, et à la volonté de Dieu, que l'on doit attribuer son étendue, après trois siècles des persécutions les plus cruelles.

2°. alinéa de la page 48-49.

1. « Il (Clovis) épousa *Clotilde*, ou plutôt *Chro-*
» *techilde*, nièce du roi *Gondebaud.* Cette princesse,

» élevée dans la foi catholique, tâcha de convertir » son époux idolâtre ; elle dut à la politique le » triomphe de ses pieuses exhortations, » etc.

Où l'auteur a-t-il trouvé ce qu'il avance? Que le lecteur consulte les historiens anciens de meilleure foi que les historiens qui se disent philosophes, et il verra le contraire de ce qui est écrit ici.

2. P. 49. « Saint Remy ajouta à la cérémonie du » baptême celle du sacre, mais la fable de la sainte » Ampoule, apportée du ciel par une colombe » blanche, n'a été inventée que 360 ans après, par » *Hincmar*, évêque de Reims. »

Ici j'avoue que l'on ne trouve pas de monuments contemporains qui prouvent la vérité de la descente de la sainte Ampoule; mais ce fait, attesté par des historiens postérieurs très-respectables, aurait pu leur avoir été connu par tradition. On désirerait, il est vrai, des preuves plus solides pour être convaincu de l'existence de ce miracle; mais, faute de preuves suffisantes pour le constater, il est un terme moyen à observer, entre une incrédulité excessive, et l'obstination à rejeter tous les faits miraculeux.

(*L. A.*)

3. « Il est remarquable qu'il déploya ses étendards » au nom de la religion, et qu'il exhorta ses peuples » à exterminer les hérétiques. »

L'auteur cite dans une note Grégoire de Tours; *Mémoires sur la politique de Clovis*, par le duc de Nivernois ; les livres IV et V de l'*Histoire de l'éta-*

blissement des Francs dans la Gaule, par l'abbé Dubos; le père *Daniel*, l'abbé *Vély*, le président *Hénault*, etc.

Sans rechercher tout ce que disent les auteurs cités dans cette note, voyons ce qu'ont écrit à ce sujet *Daniel* et *Vély*.

Daniel dit, page 39 : « Mais, pour animer encore davantage ses sujets à le seconder dans cette guerre, il voulut qu'ils la regardassent comme une guerre de religion, où il allait, leur disait-il, détruire l'hérésie arienne, et exterminer les ennemis de la divinité de Jésus-Christ. Ce beau motif, qu'on eut grand soin de publier, eut encore un autre effet, qui fut d'augmenter dans l'esprit d'Alaric la défiance qu'il avait de ses sujets gaulois, et le penchant que ceux-ci avaient pour le roi des Français. »

Qui ne voit dans ce que dit *Daniel* que la religion fut un moyen dont Clovis se servit pour encourager son armée, et jeter l'épouvante chez les ennemis?

Quant à *Vély*, il ne parle nullement du projet de Clovis d'exterminer l'hérésie. Un auteur qui écrit sur des matières historiques devrait citer juste, et ne point tirer des conséquences de prémices qui n'existent point. D'ailleurs, pourquoi cette affectation d'attribuer à la politique ce qui ne présente rien d'odieux, lorsque l'histoire nous atteste que la religion seule en fut le motif; et d'attribuer au contraire à la religion ce qui ne doit être considéré que comme un effet de la politique?

Je ne saurais blâmer Clovis d'avoir tiré parti des dispositions de ses peuples pour parvenir à la réussite de ses desseins. N'a-t-on pas vu de nos jours Bonaparte chercher, dans une proclamation, à animer les Vendéens contre les Anglais en représentant ces derniers comme *les implacables ennemis de notre sainte religion*, et cependant Bonaparte n'était pas dévot. (*L. A.*)

1er alinéa de la page 49.

« L'inquisition, ce tribunal à la fois atroce et » absurde, etc. »

Je pense comme l'auteur que l'on ne doit point tyranniser les consciences, et que la religion ne doit être prêchée qu'avec douceur, et inculquée dans les âmes que par la persuasion; mais pourquoi déclamer avec tant de force contre une chose dont on a pu abuser, il est vrai, mais qui aujourd'hui n'existe plus, tandis qu'on ne dit rien de la tyrannie exercée sur les consciences par les anciens hérétiques, notamment par les ariens, par les protestants et par les révolutionnaires? L'inquisition est une institution, elle peut être bonne pour un temps ou un lieu, et mauvaise pour un autre temps ou un autre lieu. Tant qu'une institution est bonne, elle subsiste; mais si l'on en abuse, l'opinion en fait justice, et elle tombe. Nous verrons au mot *Inquisition* qu'elle ne fut pas aussi tyrannique que nos philosophes voudraient le persuader.

1er alinéa de la page 52.

Relativement à la conversion d'Henry IV.

« Sully explique très-bien les motifs et les cir- » constances de cette abjuration célèbre : il avoue » qu'elle fut dictée non-seulement par la politique, » mais encore par la conviction ; en même temps il » insinue que cette conviction n'eût pas été acquise, » si, dans les conférences tenues pour la conversion » du roi, les ministres protestants eussent voulu » défendre leur croyance. »

La conversion d'Henri IV, nous dit-on, fut dictée non-seulement par la politique, mais encore par la conviction : voilà le tribut que l'on paie à la vérité; mais l'auteur nous fait connaître tout son esprit, en ajoutant que cette conviction n'eût pas été acquise si, dans les conférences, les ministres protestants eussent voulu défendre leur croyance. Bel éloge qu'il fait de ces messieurs, choisis sans doute parmi les plus instruits et les plus honnêtes gens de la secte. Du reste, ce qui prouve la supériorité du catholicisme sur le protestantisme, c'est que le premier est tel qu'il fut après la descente du Saint-Esprit, tel qu'il fut dans tous les lieux où l'on abandonna les superstitions païennes pour embrasser la foi de Jésus-Christ : *Quod ubiquè, quod semper.*

1er alinéa de la page 53.

1. « Les protestants ont prétendu que Christine,

» reine de Suède, indifférente pour toutes les reli-» gions, n'en avait changé que par convenance, pour » vivre plus à son aise en Italie, où elle comptait se » retirer. »

Quels garants les protestants avaient-ils de la vérité de leur assertion? On n'en connaît aucune, et l'on ne peut, sur l'affirmative des protestants, ennemis naturels et de l'Église catholique et de tous ceux qui ont abandonné leur secte, regarder comme constants les faits qu'ils avancent.

Même alinéa, p. 53-54.

« Un certain *Nicolas Palavicini* composa un ou-» vrage intitulé : *La défense de la Providence di-» vine par la grande acquisition qu'a faite la reli-» gion catholique en la personne de la reine de » Suède.* Ce traité ne fut pas imprimé à cause de » cinquante-quatre hérésies qu'on prétendait qui s'y » trouvaient. Admirons la patience qui les a comp-» tées! », et en note on cite d'Alembert, *Mémoires sur Christine.*

Relativement au livre de Nicolas Palavicini, nous devons répondre à l'auteur et à d'Alembert que cette patience qu'ils admirent est celle d'hommes à qui l'intérêt de la religion et de la vérité fait dévorer beaucoup de choses ennuyeuses, afin d'empêcher le poison de l'hérésie de corrompre les fidèles dont ils doivent répondre devant Dieu. Admirez si vous voulez leur patience, mais ne la tournez pas en ridicule.

2e alinéa de la page 54.

« Sous Louis XIV on employa pour la conversion » des huguenots un moyen souvent efficace : ce fut » l'argent. Pélisson fut chargé de ce ministère se» cret........ Pélisson envoyait l'argent dans les pro» vinces. On tâchait d'opérer beaucoup de conver» sions pour peu d'argent. De petites sommes dis» tribuées à des indigents enflaient la liste que Pé» lisson présentait au roi tous les trois mois, en lui » persuadant que tout dans le monde cédait à sa » puissance ou à ses bienfaits. Le prix courant de » ces conversions était de 6 livres par tête; il y en » avait à plus bas prix. La plus chère qu'on ait trou» vée pour une famille nombreuse est de 24 livres. » Des commis examinaient si chaque quittance était » accompagnée d'une abjuration en forme, etc. »

Ce que l'on vient de lire est digne de pitié; mais cela fut-il vrai, qu'est-ce que cela prouverait? Que messieurs les protestants tenaient bien peu à leur religion, puisqu'ils la vendaient à si bas prix. Ce n'est pas ainsi que se conduisirent les premiers chrétiens, et de notre temps, les prêtres, que l'on appela réfractaires, parce qu'ils avaient refusé de prêter ou avaient rétracté un serment contraire à leur conscience et aux lois de l'Église.

1er alinéa de la page 55-56.

« Nous ne rapporterons pas ces derniers monu-
» ments de l'intolérance. »

Non, ce ne sont pas les derniers; nous en avons vu en 1790, 1791, 1792 et 1793, et au 18 fructidor, contre les prêtres catholiques, de bien plus affreux que ceux que l'on cite.

ABLUTION (*religion*). — Page 56-59. — ÉLOI JOANNEAU.

1er alinéa de la page 59.

Cet article anonyme serait bien pensé si vers la fin il ne plaisait à son auteur de reprocher aux chrétiens de tourner en ridicule les superstitions païennes. Il s'exprime ainsi :

« Il est de mode chez les chrétiens de tourner en
» ridicule toutes les superstitions païennes; cepen-
» dant ne leur devons-nous pas la plupart de nos cé-
» rémonies expiatoires, l'usage des bains, des puri-
» fications, des ablutions, et toutes nos imitations
» de l'eau lustrale des anciens ? »

Il faut que l'auteur anonyme soit de bien mauvaise humeur pour nous quereller avec aussi peu de fondement. Ce ne sont pas les cérémonies, du moins celles qui n'ont rien d'indécent, que l'on critique chez les païens ; mais le fond même de leur religion, qui rendait à des idoles inanimées ou aux passions les plus honteuses de l'humanité, telles que l'impudicité et le vol, le culte qui n'est dû qu'à un Dieu pur et saint. Peu importe que les costumes des prêtres, que quelques cérémonies en usage chez les chrétiens se soient aussi trouvés chez les païens, comme les sacrifices sanglants se trouvaient à la fois chez les idolâtres et chez les Juifs, peuple choisi de Dieu pour maintenir le vrai culte jusqu'à la venue du Rédempteur du genre humain? Ces cérémonies ne prouvent rien, ni contre nous, ni en faveur des païens. C'est la source qu'il faut examiner, et faire la comparaison entre le culte des uns et celui des autres, entre la morale corrompue des païens et la morale sublime de l'Évangile.

ABSTINENCE (*médecine*).—P. 83-87.— JOURDA.

1er alinéa de la page 84.

On trouve ici quelques mots qui doivent être repris.

«..... et qu'ils dormaient de l'éternel sommeil.»

N'en déplaise au docteur Jourda, la mort n'est pas un éternel sommeil. Le corps, il est vrai, restera endormi jusqu'à la fin du monde ; mais il se réveillera lors de la résurrection générale; quant à l'âme, elle éprouvera au contraire un réveil à l'époque de sa séparation d'avec le corps.

ABSTINENCE. *Jeûne, Carême, Abstême* (religion). — P. 87-92.

Dernier alinéa de la page 89-90.

« Il existe différentes versions sur l'origine des » quarante jours du carême. Serait-ce en mémoire » du déluge qui dura quarante jours, ou des quarante années pendant lesquelles les Juifs parcoururent le désert, ou même des quarante jours qu'obtinrent les Ninivites pour faire pénitence? Ou bien » serait-ce pour perpétuer le souvenir des quarante » jours de jeûne qu'observa Moïse en recevant la loi, » ou des quarante jours de jeûne d'Élie? ou enfin » a-t-on voulu consacrer par cet usage le jeûne » de quarante jours de Jésus-Christ? »

Nous devons répondre aux questions précédentes, que les jeûnes dont il parle dans les premières peuvent être considérés comme la figure de celui de notre Seigneur Jésus-Christ; et que les quarante jours de jeûne du carême ont été établis dans l'Église non pour *consacrer*, mais pour *imiter* celui de notre divin Rédempteur.

ABUS (*politique*). — P. 97-102.

Cet article contient des choses vraies, mais elles ne sont pas annoncées avec assez d'égard pour les ministres de notre sainte religion : nous devons donc relever ce qui nous paraît contraire au respect dû à l'Église ou à la vérité.

5e alinéa de la page 98.

« Tantôt, abusant de la faiblesse d'un jeune prince, » on épouvante l'univers par l'horrible massacre de » la Saint-Barthélemi. »

Je ne me ferai certainement pas l'apologiste de cette mesure atroce ; car mon opinion est d'abord que l'on ne doit convertir que par la force de la persuasion, et non par des supplices.

En second lieu, que les souverains ne doivent se défaire de leurs ennemis, lorsqu'ils sont dangereux, qu'en bonne guerre, et non par la trahison ou l'assassinat.

Mais, après avoir fait à ce sujet ma profession de foi sur cet acte de barbarie et cette trahison abominable de Charles IX, ou plutôt de Catherine de Médicis, sa mère, je dois rétablir les faits tels qu'ils sont attestés par l'histoire.

Et d'abord on sait que les huguenots ou protestants avaient déjà commis des hostilités contre le roi ; on sait que Catherine de Médicis fut le premier instigateur de la mesure que l'on blâme avec juste raison, et qu'elle crut devoir, par ce moyen, se délivrer de gens qui n'étaient point fidèles au roi son fils, et qui tramaient dans l'ombre une nouvelle révolte.

On sait que, bien loin d'avoir conseillé ce massacre, la plupart des évêques l'improuvèrent, et que plusieurs ne craignirent point de déplaire au roi en prenant les protestants sous leur protection, en leur ouvrant leurs palais et leurs temples comme des asiles inviolables.

Ces faits étant connus, que l'on déclame tant que l'on voudra contre le massacre de la Saint-Barthélemi, mais que l'on ne mette pas sur le compte de la religion ce que la plupart de ses ministres auraient empêché s'ils en avaient eu le pouvoir, et ce qu'ils improuvèrent hautement, soit par leurs discours, soit par leur conduite.

Dernier alinéa de la page 98.

« Ici Philippe-le-Long chasse les Israélites de » France pour avoir empoisonné les fontaines pu- » bliques, etc. »

Puisque l'auteur nous donne la raison de l'expulsion des juifs, nous n'avons pas besoin de la chercher. Voici cependant comment l'historien *Vély* raconte le fait, tome VIII, p. 105-110 :

« Ils savaient (les infidèles) que les juifs, souvent chassés, quelquefois massacrés, toujours persécutés en France, nourrissaient dans leur cœur une haine secrète, mais implacable contre la nation : ils s'adressèrent à eux pour l'exécution de la plus horrible conspiration qui eût jamais été tramée : elle consistait à empoisonner tous les puits et toutes les fontaines du royaume....... Le roi de

Grenade.... fut le principal moteur de cette détestable manœuvre. Les juifs, qu'on veillait de fort près, n'osèrent pas se charger d'une si dangereuse commission; mais ils promirent de ne rien oublier pour la faire exécuter par les lépreux, dont le nombre était alors fort grand en France...... On vint à bout de leur persuader que tous ceux qui ne mourraient pas du poison qu'ils mêleraient dans les eaux seraient frappés de la lèpre.... Cette épreuve flatteuse et l'argent qu'on sut leur distribuer à propos les firent consentir au crime. Toutes les eaux furent empoisonnées dans la haute Guienne, ce qui causa en fort peu de temps une très-grande mortalité. Mais la chose ne put être exécutée si secrètement qu'on ne conçût certaine défiance qui conduisit enfin à une entière conviction. Les coupables, arrêtés, avouèrent toute la trame, et furent brûlés vifs.

« Bientôt le Poitou fut également infecté de ces poisons meurtriers; mais la source était découverte: le remède fut prompt, et les précautions efficaces. Le sieur de Pernay envoya au roi la confession d'un certain lépreux qui avait été pris sur ses terres. Elle portait qu'un juif fort riche l'avait séduit, et lui avait donné des poisons et de l'argent, avec promesse de lui fournir de plus grosses sommes pour corrompre ses compagnons..... Le même chevalier mandait en même temps au monarque qu'une femme attaquée de la lèpre, passant par un village qui lui appartenait, et craignant d'être arrêtée, laissa tomber un petit paquet, qui fut aussitôt porté au magistrat; qu'on l'ouvrit, et qu'on y trouva la tête d'une couleuvre, des pates de crapaud, et des cheveux de femme souillés d'une liqueur noire et puante, chose horrible non-seulement à sentir, mais à voir; que le tout, jeté dans un brasier ardent, s'était trouvé à l'épreuve des flammes; qu'on assurait que c'était le plus violent des poisons » (*Spicil.*, *tome* III, *page* 78-79.).

Daniel raconte comme *Vély* la découverte de la conspiration des juifs contre les chrétiens, et donne comme lui des preuves de son existence. Mais quand même on douterait de la vérité de faits établis d'une manière aussi authentique, n'a-t-il pas existé contre les juifs des griefs non contestés? On connaît la conduite qu'ils ont tenue de tous les temps chez les peuples qui les ont admis; on connaît la haine dont ils ont été enflammés contre les chrétiens, surtout dans les temps voisins de leur dispersion. Heureusement cette haine s'éteint tous les jours de plus en plus, jusqu'à ce qu'ils rentreront enfin dans le giron de l'Eglise catholique. On sait l'habitude qui leur a été reprochée d'interpréter largement en leur faveur cette loi du Lévitique : *Non fœnerabis fratri tuo*, *sed alieno;* on sait que Bonaparte, voulant se les attacher, leur accorda l'exercice public de leur religion, et convoqua une assemblée générale ou sanhédrin à Paris; on sait enfin que le même Napoléon fut obligé, en 1808, de restreindre leur cupidité par son décret qui les obligeait de prouver la vérité des prêts dont ils portaient cependant un chirographe. D'après toutes ces connaissances, on devrait supposer de bonnes raisons aux rois qui ont expulsé les juifs à plusieurs reprises, et ne pas mettre ces expulsions sur le compte de la religion, ou, si l'on veut, sur le compte de l'abus de la religion (1).

Dernier alinéa de la page 100.

« ....La multitude éclairée.... vit cette belle par-
» tie du monde écrasée par l'empire romain, déchi-
» rée par les barbares, dévastée par les Normands,
» en proie à l'anarchie des fiefs, aux malheurs des

(1) Vingt-huit ans après l'expulsion des juifs par Philippe-le-Long, une peste affreuse ayant ravagé presque toute l'Europe, les juifs furent encore accusés d'avoir empoisonné les fontaines. Un grand nombre de ces malheureux furent brûlés ou massacrés, principalement en Allemagne; mais, nous dit Fleury, t. XIII, p. 458, il n'y en eut point à Avignon, où le Pape publia deux bulles sur ce sujet: la première, du 4 juillet, qui défend à aucun chrétien de forcer les juifs à venir au baptême, ou de les tuer, les blesser, ou leur ôter leur argent, sans jugement du seigneur du lieu; la seconde bulle est du 26 septembre, et déclare qu'il n'y a aucune raison d'accuser les juifs d'être les auteurs de la peste, puisqu'elle ne règne pas moins dans les pays où il n'y a point de juifs. En conséquence, il ordonne aux évêques de faire publier dans les églises défense de frapper ou tuer les juifs, sous peine d'excommunication du pape; que si quelqu'un a différent avec un juif, il doit l'appeler en justice, etc.

Nous voyons donc ici un pape défenseur des juifs, et qui prêche la tolérance et la liberté de conscience contre les laïques persécuteurs des enfants d'Israel.

» croisades, aux querelles sanglantes des prêtres, des » rois et des orgueilleux patriciens; enfin opprimée » par une foule de despotes subalternes, changeant » de maître sans changer de sort, et désolée égale- » ment par la torche du fanatisme, et le fer des guer- » riers ambitieux. »

Aux malheurs des croisades. Cela est vrai; mais blâmera-t-on aujourd'hui les croisades, qui n'eurent lieu que pour secourir les chrétiens opprimés par les mahométans ; tandis que tous les hommes sensés de tous les partis verraient avec la plus grande joie tous les chrétiens s'unir pour voler au secours des courageux, mais trop malheureux Hellènes?

Aux querelles sanglantes des prêtres. Les prêtres sont hommes, et si quelques-uns ont agi par un intérêt personnel, ce n'est pas à la religion qu'il faut l'imputer : mais si quelques prêtres indignes de leur ministère sacré ont fait du mal, les laïques, les prétendus philosophes n'en ont-ils pas fait?

Désolée par la torche du fanatisme. Toujours du *fanatisme !* qu'on examine et l'on verra que ce prétendu fanatisme a fait bien moins de mal que tout autre.

1er alinéa de la page 101.

« Le fanatisme avait cessé, la superstition était » éteinte. »

Dites un prétendu fanatisme de la religion avait cessé ; la religion était presque éteinte.

Mais à quoi tout cela nous a-t-il conduit? Aux massacres de septembre, aux noyades de Nantes, à la persécution des prêtres et de tous les gens de bien, au supplice d'un bon roi, à l'expulsion de sa famille, à l'anarchie de la révolution, à l'usurpation et à la tyrannie d'un Corse, etc., etc., etc.

ACADÉMIE (*littérature*). — Page 121-128. — EMMANUEL DUPATY.

« Cependant ce prince (Charlemagne), digne de » vivre dans un siècle moins barbare, tenta de res- » susciter les lettres dont il avait quelque connais- » sance, mais dont il retardait l'essor sans s'en » douter, en préférant trop exclusivement, selon les » préjugés de cette époque, la littérature sacrée, qui » n'est pas la meilleure, à la littérature profane. »

C'est trancher un peu lestement la question que de dire, sans examen, que la littérature sacrée n'est pas la meilleure. Si l'auteur de cet article connaissait la littérature sacrée, il ne jugerait pas aussi précipitamment une question qui pourrait bien être décidée dans un sens contraire.

J'admettrai, si l'on veut, que la littérature sacrée n'ayant pas traité tous les genres, et étant demeurée, relativement à certains, bien au-dessous de la littérature profane, Charlemagne aurait dû peut-être encourager l'étude de l'une et de l'autre; mais l'auteur de cet article nous dit lui-même que les connaissances n'étaient possédées que par les moines et les clercs. Les hommes instruits du temps devaient donc préférer les saintes Ecritures, aux poëmes, aux tragédies, aux comédies et aux discours des auteurs profanes.

Mais, pour en revenir à l'objet de notre réfutation, Homère, avec sa sublime simplicité, Virgile, avec son élégance, approchent-ils des livres saints? Démosthène et Cicéron n'ont-ils pas trouvé des émules dans saint Jean Chrysostome, saint Basile, saint Ambroise et les autres Pères de l'Église? Et de notre temps, quels auteurs profanes ont égalé Bossuet, Fénelon, Massillon, Fléchier, sous le rapport de l'art oratoire. Regrettez donc, si vous le voulez, que Charlemagne n'ait favorisé que les lettres sacrées ; mais ne donnez pas d'un trait de plume à la littérature profane la supériorité sur la première, parce que si cette dernière n'a pas traité tous les sujets, elle l'emporte cependant dans la plupart des ouvrages que nous possédons, sur celle que préfère M. Dupaty.

ACCOUCHEMENT (*législation*). — Page 161.

Une observation sur cet article d'un haut intérêt sous le rapport de la morale.

L'auteur nous dit, page 161, que l'humanité n'a plus à gémir sur l'exécution de l'édit barbare qui voulait que toute femme ou fille qui n'avait point déclaré sa grossesse ou son accouchement, fût réputée convaincue d'avoir fait périr son enfant.

Je ne vois point que cet édit fut trop sévère dans le temps où il était en vigueur, à l'égard des mères dénaturées qui, pour conserver dans l'opinion publique un honneur qu'elles avaient mérité de perdre, ne craignaient point de porter sur le fruit de leurs coupables amours une main criminelle : sans doute que, depuis la suppression de cet édit, moins de femmes ou de filles sont condamnées; mais aussi combien d'enfants périssent victimes du secret que veulent garder celles qui leur ont donné l'existence! Combien de mères barbares n'attendent qu'un acquittement, qu'elles obtiennent presque toujours d'un jury plus humain qu'éclairé, pour se livrer à de nouveaux désordres, et donner successivement la vie et la mort à de nouvelles victimes de leur passion désordonnée, et de leur honte mal entendue! Sans doute il serait trop sévère aujourd'hui que nos mœurs ont adouci toutes les lois pénales, de rétablir dans toute sa force la législation dont on parle, mais on devrait adopter un terme moyen : il faudrait que toute femme ou fille qui aurait caché sa grossesse et son accouchement, fût punie d'une peine qui tînt le milieu entre celle que la loi prononce contre les infanticides, et un entier acquittement. Espérons que le bon Roi qui nous gouverne fera un jour présenter aux chambres une loi qui arrête le cours de ces honteux désordres.

ACCOUCHEMENT (*antiquités*).—P. 161-162.—
ÉLOI JOANNEAU.

Cet article renferme des impiétés trop saillantes pour avoir besoin d'une longue réfutation : on y trouve une bévue de l'auteur relativement à une prose qui se chantait dans le moyen âge le jour de la fête de l'Annonciation.

On ne croyait pas plus au moyen âge que Marie eut conçu par l'oreille qu'on ne le croit aujourd'hui : mais on pensait, comme les bons chrétiens le croient encore, qu'elle conçut au moment où l'ange lui annonça qu'elle deviendrait mère de Dieu, et qu'elle répondit : *Fiat mihi secundùm verbum tuum*. Cette corrélation entre l'annonciation et la conception de la sainte Vierge a sans doute été cause que l'auteur de la prose citée a mis :

Quæ per aurem concepisti.

Jusque-là nous ne trouvons qu'une incónvenance et une bévue, quoiqu'assez grossières; mais la suite est plus grave; *et par suite, que les enfants bâtards venaient au monde par l'oreille gauche*. Les seuls mots *par suite* constituent l'impiété la plus condamnable. Comment ne serait-on pas indigné en voyant une comparaison aussi choquante entre un Dieu, fils d'une mère vierge, et qui demeura toujours vierge, et le malheureux fruit du crime et de la débauche?

Relativement à l'origine attribuée par l'auteur au nom de mariage du côté gauche, donné à une union où toutes les solennités n'ont pas été observées; relativement à la naissance de Gargantua qui est sorti, nous dit-on, par l'oreille sénestre de Gargamèle, je ne m'en occuperai point, ce sont de véritables contes d'enfants.

Mais, comme je l'ai dit plus haut, la conception de la Sainte-Vierge ayant eu lieu à la suite de l'annonciation, cela a pu être la cause de ce que l'on dit dans la prose citée

Quæ per aurem concepisti,

et de ce qu'ont écrit les saints Pères à cet égard, mais ce serait fort mal interpréter et le sens de cette prose et l'opinion des saints Pères, que de leur attribuer littéralement le sens que leur donne l'auteur de cet article, après Voltaire, dans son *Dictionnaire philosophique*.

ACÉPHALE (*médecine*).—P. 173-179.—JOURDA.

Je demanderai à M. Jourda, où il a trouvé que le cerveau préside à la pensée, et ce qu'il entend par *système nerveux intellectuel?*

D'après ces expressions il semblerait que l'auteur a voulu dire, ou que le cerveau dirige l'opération de l'âme qui pense, et par conséquent que cette substance corporelle est plus noble que la substance spirituelle qui pense; ou, d'après les dernières expressions, qu'il existe un système nerveux intellectuel, aux opérations duquel préside le cerveau, ce qui est une absurdité. Philosophes, où vous conduit l'abandon de la foi? à vous créer des chimères aussi inintelligibles que le pont de Milton.

ADOLESCENCE (*médecine*). — P. 271-275. — JOURDA.

A la page 275 se trouve une observation qui mérite d'être relevée.

« Dans l'ignorance de la source première d'une » pareille disposition, ces êtres intéressants (les » jeunes personnes sortant de l'adolescence) l'ont » souvent prise pour une vocation religieuse; beau» coup de jeunes vierges ont été vouées au cloître, » par une impulsion qui, mieux comprise, les en au» rait tenues éloignées. »

Que veut dire M. Jourda dans cette phrase inintelligible pour tout autre que pour lui? Qu'est-ce que c'est que des êtres qu'une *impulsion porte à la solitude*, et que cette même impulsion, mieux comprise, aurait tenus éloignés du cloître? Pour moi, je ne sais de quelle manière on pourrait mieux comprendre cette impulsion; et comment il peut se faire qu'ayant un dégoût prononcé pour une chose, et de l'inclination pour son contraire, on puisse, en comprenant mieux ses penchants, leur faire changer de but, de manière à voir que ce que l'on prenait pour l'amour de la solitude était l'amour de la société, et que ce que l'on prenait pour haine du monde en était le plus ardent amour.

O ignorance de la religion ! à quelles aberrations tu conduis le philosophe qui la méconnaît? Comme il s'évertue à expliquer, sans elle et contre elle, ce qu'elle seule peut faire connaître!

Parmi les personnes des deux sexes qui arrivent au dernier terme de l'adolescence, les unes sont destinées à perpétuer la race humaine ; et celles-là ressentent les premières impressions marquées dans l'article de M. le docteur Jourda : les autres, quoique du même tempérament et du même âge, sont appelées par le créateur à un état plus parfait : ce sont ces dernières, de l'amour desquelles Dieu se montre pour ainsi dire jaloux ; c'est à elles qu'il inspire une piété exclusive de toute affection terrestre. Les personnes du sexe, que leur inclination porte au cloître dès la fin de leur adolescence, sont les véritables épouses de Jésus-Christ. O médecin philosophe, qui ne comprenez pas ce phénomène que l'on ne peut expliquer par les seules lumières de la médecine et de la philosophie, consultez ces filles célestes dont les unes, entièrement retirées du monde, s'occupent exclusivement dans leurs cloîtres à louer Dieu, à macérer leurs corps délicats, et cherchent par leurs mortifications et leurs prières virginales, à suspendre les coups que la justice divine est prête à frapper sur la race coupable des mortels. Consultez celles qui, filles et imitatrices de Vincent de Paul, ont quitté leurs familles, leurs pères, leurs mères, leurs frères, l'espérance de devenir épouses et mères, pour se livrer avec une espèce de transport à dévorer ce qu'il peut y avoir de plus rebutant dans le soin de l'humanité souffrante. Consultez celles qui ont abandonné toutes les commodités d'une vie qu'elles auraient pu passer dans l'opulence, pour joindre aux exercices de la mortification et de la prière l'éducation de nos filles, qu'elles disposent à devenir un jour de chastes épouses et de tendres mères de famille ; consultez ces saintes filles, et toutes vous diront qu'elles ont trouvé dans la retraite un refuge contre les chagrins du monde, un séjour de paix, de consolation et de bonheur ; celles qui ont passé vingt ans, trente ans de leur vie dans ces pieuses solitudes, ne comprendront pas plus que les jeunes que l'impulsion qui les porta au cloître les conduisait à un but contraire.

ADOPTION (*législation*). — P. 276-281. — Courtin.

1er alinéa de la page 277.

« La révolution française qui donna l'essor aux » grandes pensées et aux sentiments généreux.... »

Il est vrai qu'il s'est fait quelque bien à l'occasion de la révolution; mais ce bien eût été fait sans elle, quoique peut-être un peu plus tard. Si le bon Louis XVI avait régné jusqu'au temps où son auguste frère Louis XVIII monta sur le trône de Saint-Louis l'on aurait vu le même bien émané de nos augustes Souverains, et nous n'aurions pas eu à gémir sur les crimes et les malheurs de notre trop célèbre révolution.

En deux mots : peut-être la révolution a-t-elle un peu hâté quelques améliorations déjà commencées, et que les circonstances empêchaient d'aller aussi vite que nos rois l'auraient désiré; mais ces améliorations, arrivées quelques années plutôt, ne peuvent entrer en compensation avec tout le mal qui s'est fait, et que je me dispenserai d'énumérer.

ADORATION (*religion*). — P. 281.

Cet article n'offre rien à la vérité de directement contraire à la religion ; mais il faut se méfier des assertions d'après lesquelles tout ce qui se fait dans l'Église se ferait à l'imitation des anciens, et principalement des païens.

ADULTÈRE (*législation*). — P. 286. - 288. — COURTIN.

Sur ce qui est dit à la page 285, il me suffira de faire observer que la manière dont on traitait autrefois les femmes adultères doit être considérée comme une peine de leur crime; peine plus morale sans doute que celle que prononce la loi actuelle qui, en les condamnant à un emprisonnement, les confond avec les voleuses et autres criminelles. Il pouvait se convertir quelques unes de celles qui étaient enfermées dans les couvents ; on avait du moins gagné quelque chose. Celles qui ne rentraient pas dans la bonne voie étaient bien moins maltraitées, et certainement moins déshonorées que celles que l'on condamne aujourd'hui à l'emprisonnement. Alors un mari pouvait, en reprenant sa femme de la maison de refuge où elle avait été enfermée, espérer que les charitables exhortations des religieuses auraient produit en elle un changement salutaire. Aujourd'hui quelle ressource reste à un malheureux époux, après les deux ans d'emprisonnement subis par sa coupable épouse? Il lui reste l'espoir de la faire condamner pour récidive à une plus forte peine, et souvent la crainte de périr par le poison distillé par ses mains criminelles. *Adultera, ergo venefica.*

Dernier alinéa de la page 285.

« Le législateur a considéré l'adultère comme une » infraction aux mœurs moins publique que la pros» titution érigée en métier, mais *presque aussi cou» pable.* »

Je mettrais à la place de ce qui précède : *Moins publique*, et peut-être moins avilissante que la prostitution érigée en métier, mais bien plus coupable aux yeux de la religion et de la saine morale, puisqu'elle viole un serment solennel, qu'elle est une injustice envers un époux, qui a placé dans son union et dans la fidélité qu'il attendait de son épouse, le bonheur de sa vie : l'adultère est une injustice d'ailleurs, parce qu'il rend un mari père d'une postérité adultérine, qui vient partager avec ses véritables enfants l'affection paternelle, le patrimoine de ses ancêtres, et le prix de ses sueurs et de son sang.

5e alinéa de la page 286.

« Malgré les dispositions encore assez sévères » de nos lois, les adultères n'en sont pas moins » nombreux..... »

Quelle en peut être la cause ?

Ici l'auteur en énumère un certain nombre qui paraissent très-exactes ; mais en adoptant son opinion, j'ajouterai que la loi actuelle est tout à la fois trop sévère et trop douce. Elle est trop sévère en ce qu'elle confond avec des femmes entièrement perdues la femme infidèle qui, victime de la séduction, a violé le serment du mariage, et qui, par suite de la peine qu'elle a subie, par les liaisons et les habitudes qu'elle a pu contracter dans sa prison, devient absolument indigne d'être admise dans la couche d'un honnête homme; elle est trop douce pour les femmes entièrement dépravées qui n'attendent, pour se livrer à de nouveaux désordres, que l'expiration du temps de leur peine, et qui méditent peut-être dans le repaire du crime un forfait encore plus noir contre leur malheureux époux. Combien les anciennes lois et les maisons de refuge me paraissent préférables !

AFFILIATION (*politique.*) — P. 300-303. — J. P. Pagès.

Au second alinéa de la page 300 l'auteur de cet article nous dit :

1. « Lorsque la religion est le but réel de la com-
» munauté, l'affiliation est avouée.

Jusque-là il n'y a rien à dire, si ce n'est que cette petite phrase est une pierre d'attente placée dans l'intention d'établir ensuite qu'il existe des affiliations non avouées, et par conséquent dangereuses.

2. « C'est publiquement qu'on s'affiliait à ces
» quatre ordres, qui regorgeaient de richesses, et
» qu'on appelait mendiants. »

Les ordres mendiants ne regorgeaient point de richesses ; mais on sait que toute chose a son commencement, son milieu et sa fin. Les ordres monastiques, fondés d'abord par esprit de piété et de mortification, furent pauvres à leur origine ; ils acquirent bientôt, par leur travail et les dons des âmes pieuses ou pénitentes, des richesses qui les corrompirent, et diminuèrent leur piété comme elles avaient fait cesser leur pauvreté. Mais, malgré ces richesses, que le parti philosophe leur a tant reprochées, malgré l'affaiblissement de leur piété, les ordres religieux étaient encore d'une grande utilité : ils fournissaient un asile honorable aux jeunes gens de bonne famille qui n'auraient su quel état embrasser ; ils répandaient abondamment la majeure partie de leurs revenus dans le sein des pauvres.

Cependant l'esprit de piété et de mortification étant affaibli dans ces ordres dégénérés, Dieu permit leur destruction, non pour toujours, comme les philosophes l'ont cru, mais seulement pour un temps, et pour les voir renaître aussi pauvres, aussi pieux, aussi désintéressés qu'ils l'avaient été dès leur origine.

Du reste, à Dieu ne plaise que j'abonde entièrement dans l'opinion des détracteurs des moines, et que je pense comme eux que tous les ordres monastiques avaient dégénéré de leur observance primitive. Parmi ceux qui furent détruits à la révolution, il en était qui avaient conservé leur première ferveur et leur premier esprit de mortification, notamment les trapistes, les carmélites et les cléristes, aussi bien que ceux utiles à l'instruction de la jeunesse et au secours des malades. Aussi ces ordres respectables n'ont-ils éprouvé, lors de la destruction de tous les ordres religieux, qu'une secousse passagère, et ont-ils commencé à reparaître avec leur première ferveur et leur première dignité.

3. « Le gouvernement pouvait se plaindre de ce » qu'il y avait d'impolitique dans ces affiliations. »

S'il y avait dans ces affiliations quelque chose d'impolitique, le gouvernement pouvait s'en plaindre, et pouvait de plus l'empêcher ; mais, comme elles n'avaient rien de contraire à l'ordre public, que la religion était le seul but où elles tendaient; comme elles ne consistaient qu'à faire participer de pieux laïques aux prières de communautés ferventes, qui n'étaient point détournées de leurs méditations par les embarras des affaires de ce monde, le gouvernement qui les voyait, et duquel on ne se cachait point, le gouvernement, qui connaissait les statuts, les habitudes des congrégations et de leurs affiliés, n'aurait eu garde de troubler ce qui ne pouvait nullement lui nuire, et ce qui, au contraire, maintenait la piété, par suite la morale publique, et par suite encore le respect, l'obéissance et la fidélité envers les puissances.

4. « La philosophie pouvait attaquer ce qu'elles » cachaient de superstitieux et d'immoral. »

De superstitieux : j'avoue que je n'entends pas bien ce que les philosophes du jour appellent *superstitieux*. Je sais bien que les théologiens éclairés appellent superstition toutes vaines observances, tous rits, toutes cérémonies, qui ne sont pas approuvés par l'Église; je sais bien aussi que les philosophes du XVIIIe siècle, notamment ceux qui ont fait la révolution française, appelaient superstition tout hommage rendu à la Divinité, d'après les usages établis par l'Église catholique; qu'aux yeux de certains d'entre eux la croyance en la justice de Dieu, l'immortalité de l'âme, les récompenses et les punitions éternelles étaient des superstitions. Je rends bien aux auteurs de l'*Encyclopédie moderne* la justice de croire qu'ils ne vont pas si loin; mais comme je ne sais pas encore ce qu'ils entendent par superstition, j'attendrai pour leur répondre que je voie le volume qui donnera l'explication de ce mot.

Et d'immoral : on ne peut concevoir ce qu'il pouvait y avoir d'immoral dans une affiliation qui ne tendait à autre chose qu'à faire participer des laïques aux prières et aux bonnes œuvres des religieux.

3e alinéa de la même page 300.

1. « Mais si la religion n'est que le moyen adroit, » et si le pouvoir terrestre est le but véritable, alors » l'association est mystérieuse et désavouée. »

Quoique cette phrase ne soit pas très-claire, on pourrait partager l'opinion de son auteur, si elle n'était pas disposée pour arriver à des conséquences que nous ne saurions admettre. Mais commençons par l'expliquer.

Si la religion n'est que le moyen adroit, et si le pouvoir terrestre est le but véritable de la communauté, alors, j'en conviens, ce n'est plus une communauté religieuse, ce n'est plus qu'une société de francs-maçons aussi dangereuse qu'adroite et hypocrite.

Alors l'affiliation est mystérieuse : c'est-à-dire qu'elle se cache dans l'ombre, qu'elle n'est connue que des affiliés eux-mêmes.

Et désavouée : c'est-à-dire que les affiliés nient d'en faire partie.

Mais avant de dire qu'il existe une affiliation mystérieuse et désavouée, il faut en avoir surpris les mystères, en avoir dévoilé les secrets; jusque-là il est tout au moins injuste d'en supposer l'existence, et de la signaler comme dangereuse.

Quant à moi, je ne connais qu'une seule *affiliation mystérieuse*, quoique *non désavouée*, dont la religion n'est pas *le moyen adroit*, mais dont *le pouvoir terrestre est le véritable but*: c'est celle de la franc-maçonnerie. Voyez l'*Histoire du Jacobinisme* par l'abbé Barruel.

2. « On veut se faire des appuis, etc. »

La suite de cet article s'applique parfaitement à franc-maçonnerie, mais ne saurait convenir à aucune congrégation religieuse.

1er alinéa de la page 301.

1. « Les jésuites sont les seuls qui mirent en pra- » tique ces affiliations. »

Si l'auteur veut parler des affiliations en général, il se contredit avec ce qu'il a dit plus haut; s'il veut parler des affiliations secrètes, mystérieuses et désavouées, qu'il prouve ce qu'il avance; car ces prétendus mystères ne sont pas encore dévoilés, malgré tout ce que peuvent dire contre les jésuites le *Constitutionnel* et autres journaux de l'opposition libérale.

2. « De là leurs efforts pour s'emparer exclusive- » ment de l'instruction de la jeunesse et de la direc- » tion des consciences. »

Les jésuites ne tendent point à s'emparer exclusivement de l'instruction de la jeunesse. A la vérité, leur institution étant dirigée depuis leur origine vers l'éducation, ils s'efforcent de se rendre dignes de la confiance publique par les moyens qu'ils prennent pour élever les enfants qui leur sont confiés dans leurs colléges. Aujourd'hui, dans les petits séminaires qu'ils dirigent, les enfants sont élevés avec le plus grand soin sous le rapport moral, sous le rapport des connaissances littéraires et sous le rapport physique. A peine huit établissements de jésuites étaient formés en France, et déjà un grand nombre de pères de tous les partis s'empressaient d'y envoyer leurs enfants. Les élèves qui ont terminé leurs études dans ces pieuses maisons sont aujourd'hui des modèles d'amour et de respect filial, et d'obéissance aux lois de l'Eglise et de l'Etat. C'est la belle éducation que donnent les jésuites qui leur a attiré un si grand nombre d'élèves, et non l'intrigue de leurs prétendus affiliés. D'un autre côté, les élèves une fois sortis des maisons de leurs maîtres, n'avaient plus d'autres rapports avec eux que ceux que l'amitié et la reconnaissance exigent. Les jésuites ne se mêlent point du tout du gouvernement de l'État. Heureux si, au milieu des tracasseries et des inquiétudes que leur suscitent les ennemis de l'autel et du trône, ils pouvaient encore se rendre utiles à la religion et à leurs concitoyens en formant des magistrats, des officiers et des littérateurs distingués et pieux.

.... et de la direction des consciences : Autrefois les membres de la compagnie de Jésus étaient choi-

sis parmi les ministres de la religion pour la direction des consciences à cause de leurs connaissances profondes: ils ne briguaient pas ces pénibles et terribles fonctions. Aujourd'hui les jésuites ne confessaient guère que leurs élèves et leurs confrères.

3. « Ils décréditaient les modestes et pieux tra-
» vaux du clergé par la pompe de leurs fréquentes
» missions. »

L'auteur m'apprend que les jésuites donnaient avant leur suppression des missions *fréquentes* et *pompeuses* dans l'intérieur de l'Europe. Je savais bien que les jésuites allaient dans les Indes orientales et occidentales porter tout à la fois les lumières des sciences humaines et celles plus solides et plus nécessaires de la religion chrétienne; je savais bien qu'ils s'occupaient de l'éducation de la jeunesse, et qu'ils consacraient leurs veilles à l'étude ou à la composition d'ouvrages scientifiques et littéraires; je savais bien qu'ils dirigeaient les consciences, qu'ils annonçaient la parole de Dieu, et qu'ils donnaient des missions dans les campagnes et dans les petites villes: mais ces missions étaient sans aucun faste et sans aucune pompe de cérémonies. Saint François-Régis arrivait à pied, haletant de fatigue, et couvert de poussière, dans les villages où il apportait le flambeau de la foi; il s'y rendait seul ou avec le petit nombre de coopérateurs nécessaires à la moisson abondante qu'il avait à faire : leur première visite était aux pieds des autels; ils évitaient même dans leurs discours tout ce qui pouvait ressentir la recherche et l'élégance; et, s'ils possédaient une éloquence plus persuasive que le clergé simple et modeste des paroisses dans lesquelles ils se rendaient, ils le devaient à l'ardeur de leur charité, à leur abnégation totale, et à la volonté de Dieu qui se servait d'eux pour opérer des prodiges.

Si l'auteur de l'article a voulu, à l'occasion des jésuites, s'adresser aux éloquents missionnaires qui depuis peu d'années ont parcouru la France, où ils ont opéré une foule de conversions inattendues, je lui répondrai en premier lieu que ces missionnaires ne sont pas des jésuites, malgré l'assertion du *Constitutionnel* et de ses partisans; en second lieu, que, bien loin de décréditer les travaux du clergé, ils ont relevé le goût de la religion chez les chrétiens par la pompe de leurs cérémonies, et qu'ils ont aussi rendu ces mêmes chrétiens plus assidus aux offices de leurs paroisses, plus attentifs à la parole de Dieu, qui leur a été constamment prêchée par leurs dignes pasteurs.

4. « Ils transigeaient avec la foi, et pliaient la » morale évangélique au gré des gens du monde, » et selon la corruption des gens de cour. »

Il est vrai que parmi les jésuites il se trouva quelques auteurs d'une morale relâchée; mais leurs ouvrages, mal compris par leurs ennemis les jansénistes, n'étaient pas aussi mauvais qu'on a voulu le faire entendre. Ces auteurs étaient en petit nombre, et ne furent point approuvés par l'ordre entier. On n'a qu'à lire les sermons de Bourdaloue, et l'on verra si sa morale était relâchée. Les jésuites, il est vrai, étaient aussi indulgents que la morale pouvait le permettre à l'égard des pénitents qu'ils dirigeaient, mais très-sévères pour eux-mêmes. Plusieurs d'entre eux ont dû à leurs mortifications, à leurs œuvres de charité, au mépris du monde, au courage avec lequel ils affrontaient le martyre, les honneurs de la canonisation. On n'a qu'à citer saint François Xavier, saint François Régis, saint Louis de Gonzague, pour réfuter tout ce qui a été dit contre la morale des jésuites en général. D'ailleurs, sept mille Jésuites immolés dans les missions apostoliques, quatre-vingt mille autres illustrés par l'enseignement, par la prédication, par les sciences et les belles-lettres, peuvent bien obtenir grâce pour le très-petit nombre de ceux qui ont pu faillir dans leur conduite ou dans leur doctrine.

5. « La conscience de leurs affiliés n'était que le » point d'appui du levier de leur ambition. »

Il faut connaître les lois de la mécanique pour pouvoir expliquer cette phrase; aussi paraît-il que l'auteur de l'article que nous réfutons n'est pas étranger aux connaissances d'Archimède : qu'il écrive donc sur la partie qu'il connaît, et qu'il ne nous donne point des impostures (qui n'en sont pas plus respectables parce qu'elles ont été plus souvent répétées par le *Constitutionnel*) pour des vérités incontestables.

Dans le fait les jésuites ont dirigé les consciences vers un seul but, celui du salut de leurs pénitents; pour en être cru lorsqu'on affirme le contraire, il faudrait prouver ce qu'on avance ; mais, outre que le fait est faux, il serait impossible de le prouver, quand il serait vrai.

6. « Mais l'ombre ne put long-temps cacher leurs » desseins, et la justice du monde civilisé mit enfin » au grand jour ce noir mystère d'iniquité. »

Calomnie atroce!..... Prouvez, et nous croirons. Ce ne sont point des assertions, quelque répétées qu'elles soient, qui feront impression sur des hommes honnêtes et éclairés : il faut à ces hommes des preuves, et des preuves solides. Je suis autorisé à dire avec M. Hennequin, M. Bellemare et tous les défenseurs des jésuites, que ce corps illustre n'a été calomnié que parce que les philosophes, ennemis de l'autel et du trône, trouvaient en eux un obstacle invincible à leurs sinistres projets. Il fallait commencer par les rendre odieux en les peignant comme une société ambitieuse qui cachait sous le masque de la religion les projets de domination les plus étendus ; il fallait les faire haïr par les parlements, dont la plupart des membres étaient alors jansénistes ; il fallait les faire craindre par nos rois, jaloux de leur puissance légitime : la philosophie du XVIIIe siècle ne réussit que trop bien dans ses vues, et le corps des jésuites tomba. Mais, après sa chute, la démoralisation vint en augmentant, l'esprit de subordination envers les souverains, et cet amour pour nos rois, vanté jusqu'alors par toutes les nations, disparut entièrement de notre malheureuse patrie. De là la funeste révolution qui a bouleversé l'Europe, et qui a fait couler une si grande quantité de sang et de larmes. Tous les honnêtes gens, du moins ceux qui ne jugent point sans examen, pensent aujourd'hui que les attaques dirigées contre les jésuites furent des calomnies, et que leur suppression fut une injustice et un malheur.

2e alinéa de la page 301.

« 1. Leur système de prosélytisme parmi les » gens du monde était connu depuis long-temps : » Pasquier avait signalé leurs affiliés sous le nom de » *jésuites de la petite observance.* »

J'ai déjà répondu à ce passage dans une de mes précédentes observations, en disant qu'il n'existe aucune preuve de ce qui est avancé, et que cette preuve serait d'ailleurs impossible à faire.

2. « Grotius, défenseur zélé du pouvoir royal, ne » put voir sans effroi cette puissance sacerdotale, » qui menaçait les trônes, en admettant dans la re- » ligion jusqu'à des hommes mariés, qui ne faisaient » d'autre vœu que celui d'obéissance passive au gé- » néral des jésuites. »

Par malheur je n'ai pas su trouver dans les œuvres de Grotius l'assertion que je viens de transcrire ; j'avouerai (1) même que, par ce que j'ai lu

(1) On sait que le père Pétau, jésuite, était l'ami intime de Grotius, quoique ce dernier fût protestant. Lors du dernier voyage que fit Grotius à Paris, il vit souvent le père Pétau ; il

des œuvres de ce grand publiciste, je ne puis concevoir qu'il ait émis l'opinion qu'on lui prête. Je prie le respectable auteur de l'article que je me permets de critiquer de citer dans la nouvelle édition de l'*Encyclopédie* ou dans l'un des volumes qui doivent paraître la page, ou tout au moins le livre et le chapitre du traité où il a trouvé ce passage, et j'engage également messieurs les auteurs de l'*Encyclopédie moderne* à mettre le dernier sceau à son utilité en faisant connaître les sources où ils puisent leurs doctrines. Malgré la confiance que peuvent m'inspirer les auteurs des ouvrages que je lis, j'aime à pouvoir vérifier si leurs assertions sont exactes.

3. « La société repoussa cette accusation, et le » philosophe Bayle ne la crut pas assez prouvée. »

Si Bayle ne la crut pas assez prouvée, Bayle, dont on connaît l'esprit anti-religieux et ennemi de l'Église catholique, que doit-on penser de ceux qui les renouvellent aujourd'hui?

4. « Mais bientôt leur procès révéla qu'il existait » des jésuites du tiers ordre en Italie, de robe-courte » en France. Le *vertueux la Chalotais* dénonça » ces jésuites inconnus vivant dans leurs familles; » l'avocat général Castillon signala ces espions ca- » chés au milieu du monde et s'ignorant les uns les

lui avait même fait concevoir l'espérance de son abjuration prochaine; mais étant mort peu de temps après son arrivée en Hollande, le père Pétau, qui comptait sur sa conversion, dit la messe pour le repos de son âme.

(*L. A.*)

» autres; le sage Joly de Fleury, ces hommes de
» toutes les conditions, papes, rois, princes, évê-
» ques, ministres et magistrats, pensant devoir leur
» état et leur puissance aux desseins occultes et
» coupables de cette société. »

Peut-on accumuler avec le ton de la certitude un plus grand nombre de faussetés? On gémit d'être obligé de combattre pied à pied pour détruire des allégations tout au moins hasardées, et pulvérisées autant de fois qu'elles ont été produites. Il faut que les philosophes du jour aient conçu une haine bien violente contre les jésuites, pour ne cesser de répéter, soit dans les journaux de leur parti, soit dans tous les ouvrages qu'ils livrent au public, des diatribes aussi injustes que violentes. Nous craignons de fatiguer le lecteur par une réfutation aussi longue que l'est déjà celle-ci ; cependant devons-nous le garantir du poison que l'on cherche à faire glisser dans son âme.

On nous parle de leur procès ; mais qui ne sait que leur procès, intenté par le *vertueux La Chalotais*, fut un mystère d'iniquité? Qui ne sait que les jésuites furent condamnés sans preuves, et par les parlements qui leur en voulaient, et par le roi qui se laissa surprendre par les assertions de leurs ennemis, et par le pape Clément XIV lui-même, qui, après avoir cédé aux importunités du roi de France, se repentit de sa facilité (1).

(1) On sait que le saint pape Pie VII, en montant sur le trône pontifical, s'empressa de rétablir l'institut des jésuites.

Qui ignore que ce procès ne fût intenté aux jésuites que pour parvenir plus aisément, après leur suppression, à ourdir la monstrueuse révolution qui a fait tant de mal à la France?

La Chalotais, Castillon, Joly de Fleury, furent ou imposteurs ou trompés; et, comme magistrats, ils ne furent dans aucun cas excusables. J'attends les preuves des ennemis des jésuites pour les combattre, et jusqu'à ce qu'elles aient été produites, on me permettra de ne pas croire ce qu'avancent les détracteurs de ce corps illustre, et de ne pas accorder mon estime aux hommes que l'on voudrait faire considérer comme dignes d'une si haute recommandation.

Lorsque l'on dira que des évêques, des ministres et des magistrats ont cru devoir consacrer leur état et leur puissance *aux desseins occultes et coupables de la société*, je crierai à l'imposture, et je répondrai que de pareils faits ne doivent jamais être avancés sans preuve.

Mais si l'on va jusqu'à soutenir que les papes, les rois et les princes ont été les instruments de ces odieuses machinations, je dirai que la proposition est absurde et digne de pitié. Comment pourra-t-on supposer en effet que les rois ont été complices de trames ourdies contre eux-mêmes? Comment supposer aussi que les papes ont consenti à se rendre complices d'une société placée au-dessous d'eux, et quel dessein peut-on supposer alors aux uns et aux autres?

5. « Dans le nombre immense de leurs séides on » plaçait cet infâme chancelier Duprat, qui avait dé- » truit les libertés de l'église gallicane par le con- » cordat, l'indépendance de la magistrature par la » vénalité des charges, et dont le fils amena du » concile de Trente et établit publiquement en » France les premiers jésuites, pour lesquels il fonda » le collége de Clermont. »

D'abord, avant d'affirmer qu'il existait un grand nombre de séides, il faudrait en citer plus d'un, au moins faudrait-il prouver qu'on les connaît.

Le chancelier Duprat, que l'on appelle infâme bien gratuitement, ne s'occupa du concordat de Léon X et de François Ier que par ordre du roi son maître, et son zèle pour le service du roi ne devait pas lui attirer la qualification d'infâme. Il a, dites-vous, détruit les libertés de l'église gallicane : qui devrait l'en blâmer ? Ce serait tout au plus les évêques et les chapitres, dont les pouvoirs furent bornés par le concordat; mais non l'autorité civile, qui n'avait rien à démêler dans les traités des souverains. Il est vrai qu'un historien assez judicieux a dit que, dans leur concordat, Léon X et François Ier s'étaient cédé mutuellement des droits qu'ils n'avaient point; mais ces droits ne pourraient être revendiqués que par le clergé, et nullement par les laïques, qui n'ont rien perdu au concordat, et pour lesquels, malgré tout le bruit que l'on fait aujourd'hui, ces matières sont et doivent rester étrangères (1). Une obéissance passive aux lois de l'Église dans les matières où elle a reçu l'autorité de Dieu, est leur seul devoir.

Quant à la vénalité des charges, prétendra-t-on qu'il faut en attribuer l'origine aux jésuites? Je ne le pense pas, quoiqu'on paraisse vouloir l'insinuer; du reste, que l'on consulte l'histoire.

Mais voici un grief terrible contre *l'infâme* chancelier Duprat. Son fils amena les jésuites du concile de Trente, et fonda pour eux le collége de Clermont. Oh! il est certain que le chancelier Duprat a commis un crime irrémissible en donnant le jour à un évêque qui n'a pas rougi de fonder un collége pour les jésuites. Ne semble-t-il pas, dans la querelle que l'on fait au chancelier Duprat, entendre ce que dit le loup à l'agneau dans la fable de La Fontaine :

Si ce n'est toi, c'est donc ton frère?

6. « Burnet avait cité ce malheureux Jacques II, » que l'ambition jésuitique égara dans le labyrinthe » du pouvoir absolu, où il perdit sa gloire, son » trône et sa dynastie. »

(1) Aujourd'hui tout le monde parle des libertés de l'église gallicane, et les quatre-vingt-dix-neuf centièmes de ceux qui en parlent ne savent pas en quoi elles consistent; tout le monde parle des jésuites, et les quatre-vingt-dix-neuf centièmes de ceux qui en parlent n'ont pas la plus légère idée des enfants de Saint-Ignace.

Je n'ai vu ni dans l'histoire de France ni dans celle d'Angleterre que les jésuites aient été la cause de l'expulsion de Jacques II ; mais j'y ai vu que ce roi fut chassé de sa malheureuse patrie parce qu'il voulait rétablir le catholicisme en Angleterre. Si c'est à cause de cela que vous prétendez qu'il a perdu sa gloire, tout le monde ne partagera pas votre opinion, et il me sera permis de penser avec tous les catholiques qui tiennent à la religion et à l'unité de l'Église, que Jacques II alla peut-être trop vite dans l'exécution de ses louables projets, mais que les intentions qu'il avait étaient pures et dignes d'un autre succès. Il perdit, il est vrai, son trône et sa dynastie; mais il ne perdit pas sa gloire, n'en déplaise aux philosophes du XIXe siècle.

7. « On connaît cet infortuné don Sébastien, qui » disparut à la bataille d'Alcacer, et dont un pré- » tendu ermite, conduit par un jésuite se disant » évêque de Gardes, vint bientôt réclamer la cou- » ronne. »

Que signifie ce que l'on vient de lire? Voudrait-on insinuer que le malheureux don Sébastien, un des plus fermes soutiens de la religion catholique, périt victime de l'ambition des jésuites, qui voulurent ensuite le remplacer par un des leurs sur le trône du Portugal? Mais pourquoi nous donner ici un roman comme une chose vraie en affectant de cacher la vérité?

Pour rétablir les faits tels qu'ils sont attestés par l'histoire, l'on doit dire que Mahomet, ayant demandé du secours à don Sébastien, roi de Portugal, contre Abdémelec, son oncle, roi de Fez et de Maroc, don Sébastien accéda à sa demande, et aborda à Tanger le 9 juillet 1578; qu'il se donna le 4 août suivant une grande bataille à Alcacer, où son armée fut entièrement défaite; que dans ce combat, Abdémelec périt dans sa litière, Mahomet dans un marais; et qu'on ne sait avec certitude ce que devint don Sébastien.

On ne peut être étonné qu'après la disparition du roi de Portugal, qui n'a rien d'extraordinaire à la suite d'une bataille contre des Mahométans, et au voisinage de marais inaccessibles, ce prince ait péri, ou ait trouvé le moyen de se sauver; qu'ensuite un imposteur, ou le vrai roi de Portugal, se soit présenté en habit d'ermite pour revendiquer la couronne; que ce vrai ou faux Sébastien ait été conduit par un jésuite, qui a pu reconnaître le vrai, ou être trompé par les apparences: que ce jésuite, si l'on veut, fût lui-même un imposteur; tout cela ne prouve rien contre la compagnie de Jésus: car d'abord on ne prouve point que le corps des jésuites en voulût à don Sébastien; on ne prouve point qu'on doive leur imputer sa mort ou sa disparition; on ne prouve point qu'ils aient voulu introduire un des leurs sur le trône de Portugal. On ignore si l'individu qui se présenta était jésuite, ou s'il ne l'était point, tout ce que l'on sait positivement, c'est que les jésuites n'acceptaient point d'évêchés.

1er alinéa de la page 302.

1. « La publicité de leur procès, et l'évidence » des preuves, ne permirent plus aux jésuites de » nier ces affiliations séculières; ils prétendirent » que l'objet en était tout religieux. »

Il existe en France plusieurs congrégations fondées par les enfants de Saint-Ignace, il en existe une à Cahors depuis plusieurs siècles, cette congrégation fut établie par les jésuites qui dirigeaient le collége de Cahors. Ces bons pères avaient fondé dans cette même ville une congrégation de Messieurs qui ne se soutint pas. Celle des artisans survécut à l'ordre respectable qui l'avait établie; les horreurs de la révolution l'avaient momentanément défigurée, mais n'avaient pu la détruire. Elle fut, lors du concordat, replacée sur ses anciennes bases par le respectable prélat qui gouverne ce diocèse (1); cette congrégation a produit, dans la classe ouvrière de notre ville, un bien infini; et si pendant nos derniers troubles politiques les artisans de cette ville ont montré en général un excellent esprit, les observateurs en ont attribué la cause à cette pieuse association. Dans les réunions de ses membres il ne se passe rien de caché; elle conserve encore les règles qui lui furent données par ses fondateurs, et

(1) Mort à Cahors depuis que j'écrivais cet article.

ce qu'il y a de singulier, c'est que la plupart des membres de cette *congrégation* ignore aujourd'hui *qu'elle doit son établissement à des jésuites.*

2. « L'affilié s'obligeait à révéler son affiliation au » chef des jésuites de sa résidence, et s'il changeait » de demeure, à se faire reconnaître au chef de son » nouveau domicile, à n'entreprendre aucune affaire » d'intérêt ou de famille sans en prévenir les jé- » suites, à favoriser l'ordre de tout son pouvoir, à » dénoncer tout ce qu'il pourrait découvrir dans la » vie civile, à ne jamais renoncer à son affiliation. »

J'ai dit que la congrégation des artisans, qui subsiste encore dans notre ville, observe encore les règles qui lui furent données par les jésuites ses fondateurs. Il n'y a rien dans ces règles, et dans celles qui s'observent dans les congrégations de Paris, contre lesquelles on a tant déclamé, qui ait rapport à ce que l'on vient de lire, que l'obligation où est chaque membre qui veut intenter un procès contre un de ses confrères, d'en prévenir le chef de la congrégation, qui ne permet de l'entreprendre devant les tribunaux que lorsque tous les moyens de conciliation ont été épuisés. Du reste, on n'est point tenu de dévoiler les secrets de sa famille, et les congréganistes se croient si peu obligés de soutenir l'ordre des jésuites, qu'ils ne le connaissent point.

D'ailleurs il ne serait pas difficile de démontrer la fausseté des allégations de M. J. P. Pagès par leur absurdité. En effet quel intérêt pouvaient avoir les jésuites à avoir un grand nombre d'affiliés laïques, lorsqu'ils faisaient eux-mêmes le vœu de n'accepter aucune dignité soit civile, soit ecclésiastique? Pourquoi auraient-ils d'ailleurs fatigué leurs affiliés par une sujétion sans exemple, et qui ne pouvait procurer aucun avantage à ces derniers? Quelle nécessité pour eux de leur imposer l'obligation de n'entreprendre aucune affaire d'intérêt ou de famille sans les en prévenir, et à dénoncer tout ce qu'ils pourraient découvrir dans la vie civile? Mais que promettaient-ils à leurs adeptes pour prix de leur liberté et de leurs intérêts compromis par cette exacte reddition de compte? quelle était la peine des infracteurs de la loi qui leur était imposée? On ne le voit point, et l'auteur de l'article serait fort embarrassé s'il était obligé de le dire.

3. « Enfin, par un article secret, il s'engageait à » faire servir toute sa puissance personnelle à l'a» grandissement des intérêts temporels de la so» ciété. »

Chose non prouvée; du reste il faudrait qu'on nous expliquât, ce que l'on n'a pas encore fait, en quoi consistaient ces intérêts temporels de la société.

On ne peut dissimuler que les jésuites rendaient à l'Église d'éminents services, qu'ils avaient une grande influence auprès des souverains; mais cette influence ils la devaient à l'universalité de leurs talents, à la solidité de leurs vertus, à leur désintéressement qui faisait des jésuites le corps le plus puissant et le plus pauvre du monde; mais ont-ils abusé de cette puissance (1)? tout prouve le contraire. On sait qu'ils refusaient obstinément toutes sortes de dignités; gouverner leurs colléges, aller s'exposer au martyre pour la conversion des infidèles, répandre les lumières de la foi par leurs fructueuses prédications, composer quelques ouvrages de théologie ou de littérature, tel était leur travail; et le seul but auquel ils tendaient n'était que la conversion des pécheurs et l'éducation chrétienne.

2ᵉ alinéa de la page 302.

1. « Les ordres religieux ne portent dans le monde » l'esprit de prosélytisme que par ambition. »

Voilà encore une de ces assertions que l'on devrait prouver; qu'on nous explique donc quelle ambition?

2. « Celle des jésuites fut funeste; elle coûta le

(1) Lorsque le ministre Pombal et le duc de Choiseul furent parvenus par leurs intrigues à chasser les jésuites du Paraguai, que ces religieux avaient gouverné avec la plus grande sagesse et la plus grande bonté, ces bons pères qui, s'ils avaient eu de l'ambition, auraient aisément pu se créer un état indépendant, sortirent paisiblement de cette malheureuse contrée, sans autres richesses qu'un bâton à la main et leur bréviaire sous le bras. Les habitants ne tardèrent pas à ressentir l'effet de cette cruelle séparation. Bientôt ces malheureux Indiens furent soumis aux travaux pénibles qui leur étaient imposés par leurs implacables vainqueurs. Les uns furent entraînés au fond des mines, les autres se dispersèrent dans les montagnes voisines, où ils reprirent la vie errante de leurs ancêtres.

» trône à leurs affiliés Jacques II et don Sébastien ;
» elle causa l'assassinat de Henri IV et de Joseph Ier. »

Tout ce que l'on sait de Jacques II se borne à ce que nous avons déjà dit. Voyez la sixième observation sur le second alinéa de la page 301.

Quant à don Sébastien, la guerre entre Mahomet et Abdémelec, tous deux mahométans, guerre qui fut la cause de la mort, ou de la disparition du roi de Portugal, n'a certainement aucun rapport avec les jésuites. Rien ne prouve d'ailleurs que, pour prix de son entière soumission à cet ordre, il ait été victime de trames criminelles qu'ils auraient ourdies contre lui. Cessez donc d'avancer des faits dont les uns sont dénués de preuves, et les autres invraisemblables.

Si non vera, saltem verisimilia finge.

3. « Un pays assez malheureux pour posséder des » cloîtres, doit, s'il veut être en paix, forcer les » moines à ne pas en franchir le seuil. »

Ici l'anathème n'est pas adressé aux seuls jésuites, il est dirigé contre tous les moines en général ; mais sans faire l'énumération de tous les avantages que les moines ont procurés à l'Europe, à qui doit-on la connaissance de la religion chrétienne au nord de la France? à un moine (*Histoire Ecclésiastique* de Fleury) ; à qui doit-on le défrichement des terres de notre patrie? aux moines (*Histoire de Vély*, de *Daniel*, d'*Anquetil*) ; à qui doit-on la renaissance des lettres et la conservation des anciens monuments des connaissances humaines? aux moines (*mêmes historiens*) ; à qui doit-on enfin la civilisation de la France, de l'Angleterre, et des royaumes du Nord? toujours aux moines. Il est donc bien malheureux d'avoir des moines, puisqu'ils défrichent nos terres, qu'ils conservent les anciens ouvrages qui se seraient perdus, si ces bons pères ne leur avaient fourni un asile dans leurs couvents pour les préserver des fureurs du vandalisme ; et qu'ils font disparaître peu à peu la barbarie apportée dans les Gaules par les peuples du Nord; mais surtout, il est bien malheureux d'avoir des moines, puisque, par leurs prières ferventes, ils suspendent les coups d'un Dieu irrité; puisque, par leurs exemples et leurs prédications, ils ont converti les païens dans les premiers temps, et qu'ils ont dans la suite maintenu les chrétiens dans la vraie religion. J'avoue que c'est un grand malheur; mais au moins que le peuple qui possède des cloîtres se garde bien de permettre aux moines d'en franchir le seuil; et s'il veut demeurer en paix, qu'il garde avec soin les frontières, afin qu'ils ne puissent pénétrer dans les pays étrangers, car ces moine sont, conjointement avec saint Augustin, civilisé la Bretagne, et rendu ce pays praticable aux chrétiens; ils ont civilisé la Germanie et la Russie; si par malheur ils étaient reçus en Turquie, ce serait fait de nous, le pacha ne favoriserait plus le Bédouin pour retirer sa part du butin; les mahométans convertis ne massacreraient plus sans pitié les malheureux Grecs, qui peuvent à la vérité, comme défenseurs de la liberté, inspirer quelque intérêt, peut-être aussi comme schismatiques, mais qui, comme chrétiens, méritent les traitements horribles que leur font éprouver les Turcs.

4. « La religion peut les retenir au-dedans, la po-
» litique seule les conduit au-dehors. »

J'accorde, si l'on veut, le premier corps de cette phrase, il était effectivement des ordres religieux dont les membres ne sortaient point de l'intérieur de leurs monastères, notamment dans les ordres de filles; d'autres ne sortaient point du royaume où ils avaient été établis. Ces religieux pouvaient être retenus par humilité ou par tout autre motif de religion; mais ceux qui sortaient quel but avaient-ils? La politique, dites-vous; mais quel était le but de cette politique? Nous n'en savons absolument rien, si nous ne reconnaissons que leur but était, pour les premiers, le désir de se rendre utiles en entretenant les chrétiens dans la connaissance des vérités de la religion et dans l'exercice des vertus; pour les seconds, celui de s'exposer à la mort chez les peuples barbares, afin de convertir, par leurs prédications, leurs exemples et leur courage, les malheureux infidèles.

3e alinéa de la page 302 et 303.

1. « Nous ne dirons rien de ces superstitieuses af-
» filiations par lesquelles on s'engageait à mourir dans
» l'habit d'un ordre religieux. »

On sait bien que pour celui qui vit mal et qui ne veut se convertir qu'à la mort, une pareille affiliation, si elle existait, ne serait d'aucune utilité, et que les livrées de la mortification ne pourraient faire entrer en paradis, sans pénitence, celui qui, pendant sa vie, n'aurait été rien moins que pénitent; on ne trouve nulle part l'histoire de pareilles affiliations; mais on a vu souvent des rois et des grands seigneurs désirer, à l'article de la mort, d'être revêtus de l'habit religieux; désir louable au moment même où il est accompli, en ce qu'il suppose dans celui qui l'a formé une entière abnégation de soi-même, une parfaite renonciation aux biens et aux commodités de ce monde, et une résignation sans réserve à la volonté de Dieu.

2. « Un des mignons de Henri III s'affubla d'un » froc de capucin, comme s'il voulait aller en mas- » que en paradis, espérant qu'on lui ouvrirait les » portes parce qu'on ne le reconnaîtrait pas. »

Observation inconvenante, et bien digne de l'*Encyclopédie* de d'Alembert et collaborateurs! Et d'abord pourquoi ce titre de *mignon* attribué au favori de Henri III? Pourquoi ensuite lui refuser l'avantage de faire avant la mort acte d'abnégation et de résignation à la volonté de Dieu? D'ailleurs qu'a de commun un masque, instrument de folie et de dissolution, avec un froc de capucin, costume de pénitence et de pauvreté? Quelle fade plaisanterie de dire qu'un malheureux accablé sous le poids de ses crimes peut espérer de ne pas être reconnu en se présentant à Dieu sous un costume étranger à ses habitudes.

1er alinéa de la page 303.

Ici l'on nous dit : « Pour les rites et cérémonies de » l'affiliation, Voyez *Mystères*, et *Sociétés secrètes* » pour les *affiliations politiques, leur but apparent* » *et leur tendance cachée* ».

Nous verrons si dans les articles annoncés l'on parlera des seules affiliations dangereuses et condamnées, c'est-à-dire de celles des francs-maçons et des illuminés, tout ce que nous savons, c'est que l'article contre lequel nous avons été obligé de combattre ligne à ligne, ne pourrait convenir qu'à ces sociétés, notamment à celle fondée par Aristarchus Vayssaupt. Voyez l'*Histoire du Jacobinisme*, par l'abbé Barruel.

Quant aux jésuites, il n'est point prouvé, malgré le procès intenté par le trop célèbre La Chalotais, que les jésuites eussent des affiliés secrets, encore moins qu'ils fissent servir ces affiliés à l'agrandissement de leur ordre. On ne voit point surtout qu'ils aient aspiré au pouvoir suprême, soit dans l'ordre civil, soit dans l'ordre ecclésiastique ; il est faux que les jésuites aient transigé avec la foi ou avec la morale évangélique (1). Quelques-uns d'entre eux

(1) Le relâchement de la morale connu sous le nom de probabilisme, n'a pas pris naissance chez les jésuites; quelques-uns d'entre eux l'adoptèrent comme les autres casuistes de ce siècle.

à la vérité ont été accusés d'avoir une morale relâchée ; mais le corps des jésuites n'approuva point leurs erreurs, et le grand nombre de saints de cet ordre respectable atteste que s'ils étaient indulgents pour leurs pénitents, ils étaient eux-mêmes des modèles de piété et de mortification.

Les efforts qu'ils faisaient pour s'emparer de l'instruction de la jeunesse, n'avaient rien que de louable, et dans leurs actions et dans leur but. Ils ne consistaient que dans les moyens qu'ils employaient pour donner la meilleure éducation possible aux jeunes élèves qui leur étaient confiés. La confiance que l'on avait en eux était basée sur la réputation qu'ils s'étaient acquise par leurs talents et leurs vertus ; du reste ils n'avaient en vue aucun but politique, et on ne peut même concevoir quel aurait pu être ce but.

Les missions que faisaient les jésuites n'étaient accompagnées d'aucune pompe; ils retraçaient aux yeux des bons paysans auxquels ils apportaient la parole de Dieu la simplicité des apôtres et des premiers chrétiens.

Les missions récentes, contre lesquelles l'auteur de cet article de l'*Encyclopédie* semble s'élever, ont produit le plus grand bien en France : les ennemis ont été réconciliés, des restitutions ont été faites;

Les Jésuites, en général sévères pour eux et indulgents pour les autres, contrastaient sensiblement avec les jansénistes, sévères pour les autres, et indulgents pour eux-mêmes. (*L. A.*)

les mœurs sont devenues plus pures ; et les fidèles, bien loin de mépriser leurs vénérables pasteurs, sont au contraire devenus plus dociles, plus attentifs à leurs instructions.

Je ne veux d'autres garants de l'innocence des jésuites que l'incertitude de Bayle, dont tout le monde connaît l'esprit anti-religieux et ennemi des prêtres : s'il y avait eu contre les jésuites la moindre preuve, Bayle n'aurait pas manqué de s'en emparer; mais de son temps on n'osait pas, comme au XVIIIe et au XIXe siècle, chercher à faire croire, à force de les répéter, des choses entièrement fausses.

Je renvoie au plaidoyer du célèbre M. Hennequin et aux brochures de M. Bellemare, pour l'examen du fameux procès intenté aux jésuites par celui que l'on appelle *le vertueux La Chalotais*. Il est certain que La Chalotais, l'avocat général Castillon et *le sage* Joly de Fleury, furent imposteurs ou trompés. Dans aucun cas ils ne furent excusables comme magistrats.

Il est faux que des évêques, des ministres et des magistrats promissent de consacrer leur état et leur puissance aux desseins de la société ; comme il est absurde de prétendre que les papes, les rois et les princes fussent les instruments des machinations dirigées contre eux-mêmes.

On ne voit aucune preuve que le chancelier Duprat fût affilié des jésuites, qui ne furent appelés en France qu'après le concile de Trente; s'il s'occupa du concordat, ce fut par ordre de François Ier, qui ne perdit point à ce traité. Les seuls évêques auraient pu se plaindre ; mais ils se soumirent à l'autorité du pape et du roi réunis. Les laïques n'ont aucun intérêt à blâmer le concordat.

Le chancelier Duprat établit la vénalité des charges : le roi le voulut ainsi ; et rien ne prouve que les jésuites aient été la cause de cette mesure.

Jacques II, roi d'Angleterre, et don Sébastien, roi de Portugal, étaient l'un et l'autre bons chrétiens et bons catholiques : cela a suffi pour en faire des affiliés des jésuites ; mais s'ils étaient affiliés des jésuites, ils devaient être leurs amis, et ces jésuites, s'ils étaient puissants, durent leur procurer toute sorte de sûreté. D'après l'auteur de l'article, Jacques II et don Sébastien furent trahis par les jésuites, ou furent au moins victimes de leurs affiliations..... On n'a qu'à avoir la plus légère teinture de l'histoire et réfléchir un peu, pour être convaincu de la fausseté de pareilles assertions.

Les révélations que l'on prétend avoir été exigées des prétendus affiliés des jésuites sont aussi absurdes que fausses. Les jésuites, comme nous l'avons déjà dit, n'acceptaient point de dignités; leur ambition se bornait à répandre les lumières de l'Évangile, soit en Europe, soit dans les pays étrangers, à s'exposer au martyre pour gagner quelques âmes à Dieu : voilà leurs crimes, voilà leur ambition.

Quant aux moines en général, ils ont porté les lumières de l'Évangile en Angleterre et dans les autres royaumes du nord ; ils ont défriché la France, ils ont empêché l'extinction totale des lumières en conservant les précieux ouvrages des Grecs et des Romains. Aussi le pays où il en existe est-il, comme on le voit, un pays bien malheureux ; mais pour ne pas le devenir encore davantage, il doit empêcher ces moines proscrits de sortir de leurs monastères : ils pourraient, s'ils en sortaient, et surtout s'ils allaient dans les pays étrangers, porter les lumières de l'Évangile et la civilisation chrétienne chez les peuples qui ne les ont pas encore reçues.

Quant à ces prétendues affiliations qui auraient consisté à promettre de mourir revêtu d'un froc, on ne les connaît point; on sait seulement que quelques rois, quelques seigneurs pénitents ont voulu mourir ainsi revêtus, par humilité, par mortification, par esprit de pénitence et de résignation à la volonté de Dieu.

AFFRANCHISSEMENT (*antiquités*). — P. 313-314. — ÉLOI JOANNEAU.

Pourquoi a-t-on oublié dans cet article l'affranchissement dont il est parlé dans le paragraphe premier, titre v, du premier livre des Institutes : *In sacrosanctis ecclesiis ex sacris constitutionibus*. Vinnius, tome I, p. 41, ajoute sur ce paragraphe : *A Constantino constitutum est ut in ecclesiis, hoc est in cœtu christianorum, veluti in comitiis ecclesiasticis, teste populo, et signatore episcopo, ma-*

numissi justam libertatem consequerentur. (Tit. Cod. de his qui in eccles. manumit.)

AFFRANCHISSEMENT (*politique*).—P. 314-319. —J. P. Pagès.

J'aurais été étonné de ne point trouver dans cet article de M. Jean-Pierre Pagès quelques mots contre les prêtres. Par une fatalité difficile à concevoir, il faut que ce qui fait mériter des éloges de la part des partisans de la liberté, il faut que la destruction de l'esclavage soit entre les mains de cet auteur, qui d'ailleurs ne paraît pas ennemi des libertés publiques, un moyen d'attaquer la pureté des intentions du clergé.

3e alinéa de la page 316.

1. « Aussi les rois et les prêtres se hâtèrent de » ruiner la féodalité par la base, en mettant un » terme à la servitude. »

Les rois détruisirent la féodalité, parce qu'ils sentaient que la puissance des seigneurs compromettait à chaque instant leur autorité souveraine. Ils gagnaient d'ailleurs, en affranchissant les communes, un grand nombre de sujets immédiats.

Quant aux prêtres, ils avaient en vue de faire cesser la tyrannie des seigneurs particuliers, qui disposaient de la vie et des biens de leurs serfs, et abusaient souvent de leur pouvoir.

2. « La ruse fut leur premier moyen : ils permirent » aux serfs de se vouer au prince ou à l'Église

» par l'offrande d'un denier : ils devenaient alors » serviteurs du roi ou de Dieu ; et le seigneur ne » pouvait les poursuivre, etc. »

Qu'y a-t-il à reprendre dans cette manière d'agir de la part du prince et des prêtres? Un homme impartial ne trouvera dans leur conduite qu'une protection accordée à l'opprimé contre l'oppresseur. Un ami de la liberté n'y verra qu'un moyen naturel et légitime de rendre aux hommes l'usage de leur volonté, gênée par les lois de la féodalité.

1er alinéa de la page 317.

« Toutefois ces affranchissements s'exécutaient » avec lenteur. Quelques prêtres essayèrent de la » révolte ; ils déployèrent la bannière de l'Église, » sous laquelle se rangèrent tous les serfs, et firent » entendre le cri de liberté autour de ces châteaux, » où depuis deux cents ans la tyrannie s'était fortifiée. »

Que prétend M. J.-P. Pagès? Prétend-il faire l'éloge de la révolte parce que les prêtres l'auraient employée pour seconder l'affranchissement des serfs? ou prétend-il donner les prêtres comme des fauteurs de révolte et d'insubordination envers une autorité légitime? Ne serait-il pas plus exact de dire que les prêtres, c'est-à-dire la plupart des évêques, comme seigneurs temporels, avaient aussi leurs serfs, qu'ils gouvernaient avec plus de douceur que la plupart des seigneurs. Que ces évêques, oubliant peut-être les lois de l'Eglise qui leur défendaient les combats, mais agissant d'ailleurs comme seigneurs eux-mêmes, et obligés de défendre leurs terres et leurs vassaux, aient déclaré la guerre aux seigneurs leurs voisins, et aient profité quelquefois de la victoire pour rendre aux serfs de leurs ennemis la liberté, que ceux-ci ne leur auraient jamais accordée, ce n'est là ni de la révolte, ni de la révolution : c'est le droit de guerre, tel qu'il existait alors; et l'on doit louer les évêques de l'avoir exercé de la sorte.

2e alinéa de la page 317.

1. « La troisième dynastie seconda le peuple et » les prêtres. »

Dites : La troisième dynastie augmenta les libertés du peuple ; et, pour prix de cette liberté, les révolutionnaires ont mis à mort le roi, père de ses sujets, qui voulait mettre le dernier sceau à l'œuvre de ses ancêtres.

Quant aux prêtres, s'ils ont contribué à l'affranchissement de leurs concitoyens, si leurs intérêts et ceux du peuple sont les mêmes, pourquoi vous, amis des libertés publiques, ou qui du moins prétendez l'être, vous, ennemis de la puissance et des abus de la féodalité, saisissez-vous toutes les occasions de déclamer contre le clergé? Soyez conséquents avec vous-mêmes.

2. « Philippe Ier les détourna (les seigneurs) de

» leurs propres intérêts par les croisades, *guerres » déplorables*, qui cependant furent utiles à la » France, puisqu'elles ruinèrent la féodalité en for» çant les seigneurs à vendre leurs biens. »

Nous voyons ici M. J.-P. Pagès forcé de reconnaître l'utilité des croisades sous le rapport de la liberté des peuples. Nous trouvons cependant dans ce passage deux mots qui ont besoin d'explication.

Les croisades furent des guerres déplorables en ce sens que, mal dirigées dans un temps où la science stratégique n'étoit point parvenue au degré de perfection qu'elle a atteint depuis, elles ne produisirent aucun résultat favorable aux vues des rois chrétiens qui les avaient entreprises; en ce sens que les générations se consumèrent par suite des désordres résultant nécessairement d'un rassemblement disparate d'hommes de tous les états, de toutes les conditions, et peu accoutumés à obéir à des chefs; en ce sens que les chefs eux-mêmes, sans aucune expérience, ne prirent pas les précautions nécessaires pour réussir dans leur entreprise.

Mais leur but fut louable et digne d'un meilleur succès. En effet tout le monde connoît l'habitude qu'avaient alors les peuples chrétiens de visiter les lieux témoins de la naissance, de la vie et de la mort d'un Dieu fait homme; d'aller à la crèche de Béthléem, au Jardin des Olives ou sur le Calvaire, recevoir de fortes impressions qui pussent augmenter leur foi, leur amour et leur reconnaissance envers notre divin Rédempteur. Pendant que les Grecs avaient été seuls maîtres de la Palestine, les chrétiens de tous les pays voyageaient en sûreté, et achevaient sans danger leurs saints pélerinages; mais les Mahométans, s'étant emparés des saints lieux, y commirent toutes sortes de profanations: les malheureux pélerins ne furent plus en sûreté au milieu de ces hordes barbares. Les uns furent massacrés, les autres achetèrent à prix d'argent la faculté de voir le berceau et le tombeau du Sauveur; et malgré les droits énormes exigés par les Sarrasins, ces pieux voyageurs ne pouvaient espérer de revenir en sûreté dans leur patrie. On sait que Pierre l'Ermite, témoin de ce désordre, fut le premier qui se plaignit au pape et au roi Philippe des outrages essuyés par les pélerins, et qu'il fut la cause de la première croisade. On sait qu'un motif de religion, qu'un chrétien ne saurait blâmer, et un motif de compassion à l'égard de leurs frères persécutés, furent les mobiles de ces saintes mais malheureuses entreprises.

L'auteur de l'article que nous réfutons convient lui-même que les croisades furent utiles à la liberté des peuples : qu'il cesse donc d'imiter les philosophes du XVIIIe siècle dans leurs déclamations contre les croisades.

3. « Il imagina (l'abbé Suger) les cas royaux jugés par quatre baillis nommés par le prince, » et qui portèrent un coup mortel aux justices seigneuriales, comme les prêtres avaient imaginé les » cas ecclésiastiques, si funestes à la justice civile. »

Je ne sais trop ce que l'auteur de l'article entend par cas ecclésiastiques, à moins qu'il ne veuille parler de ce que les anciens auteurs appeloient *cas privilégiés*. Merlin, t. II, p. 44, s'exprime ainsi :

Cas privilégiés.

« On donne ce nom aux crimes ou délits commis par les ecclésiastiques, et qui, outre les peines canoniques, méritent des peines afflictives que le juge d'église ne peut pas prononcer.

« On appelle quelquefois *cas mixte* le cas privilégié, à cause que le juge ecclésiastique et le juge séculier en connaissent conjointement. »

Il résulte de ce que dit M. Merlin, qu'on appelait *cas royaux*, *prévôtaux* ou *présidiaux* les crimes ou délits de la compétence des juridictions royales. Il est vrai que les cas royaux s'étendaient aussi aux affaires civiles dans lesquelles le roi était intéressé.

On appelait *cas prévôtaux* ou *présidiaux* les crimes qui étaient de la compétence des cours prévôtales. Mais les cas privilégiés, qui concernaient les ecclésiastiques, ne l'étaient que par rapport aux personnes qui pouvaient opposer le privilége de la cléricature, et ne l'étaient point par rapport aux choses elles-mêmes.

Il est vrai qu'il existait des tribunaux ecclésiastiques appelés *officialités* ou *officiaux*, qui connaissaient des matières concernant spécialement l'Église.

Merlin, au mot *official*, ne leur conteste pas le droit de juger ces sortes de matières, évidemment de leur compétence, et quoiqu'il prétende que les officiaux jugeaient des causes qui excédaient les bornes de leur juridiction, il n'en fait pas moins l'éloge des évêques, qui les premiers exercèrent les fonctions de juges de leurs diocésains.

Voici comment il s'exprime, t. VIII, p. 741 :

« Les motifs de cet établissement se découvrent plus aisément, et sont bien plus certains (que leur origine). *On sait que, indépendamment des causes spirituelles dont la connaissance et la décision appartiennent de droit à la puissance ecclésiastique*, les évêques, dans les premiers siècles, étaient des arbitres charitables dans la plupart des contestations qui s'élevaient entre leurs diocésains, même pour les affaires civiles et pour des intérêts purement temporels, persuadés qu'arrêter et éteindre des procès, c'était prévenir et épargner bien des fautes, et quelquefois des crimes. Les plus grands évêques de l'antiquité se faisaient un devoir de donner à ce soin un temps considérable. La sagesse et l'équité de leurs jugements leur concilièrent la plus grande vénération. Les empereurs chrétiens, et, à leur exemple, les autres princes les favorisèrent de tout leur pouvoir; ils en appuyèrent l'exécution de toute leur autorité : l'Église acquit ainsi des tribunaux avec l'appareil et la forme judiciaires. »

Après ce passage de M. Merlin, nous n'aurions pas besoin de justifier les tribunaux ecclésiastiques du reproche d'empiétement sur la juridiction civile que semble leur faire M. J.-P. Pagès. Cependant, aussi exact dans ce que nous dirons que M. Merlin lui-même, nous irons néanmoins plus loin que lui, d'après tous les auteurs qui ont écrit l'histoire. Nous dirons qu'après l'établissement du christianisme les évêques furent les seuls juges qui prononcèrent en connaissance de cause. Il n'y avait point encore, à proprement parler, de justice royale. Les seigneurs hauts-justiciers ne rendaient leurs sentences qu'en les faisant précéder par les interlocutoires les plus ridicules, tels que l'épreuve de l'eau et du feu, ou le duel en champ clos. Enfin les parlements, composés d'abord des barons et des prélats, appelèrent des clercs pour remplacer les nobles, peu au fait des tournures du barreau, et les évêques chargés du soin de leurs troupeaux, qui ne pouvaient assister avec assez d'exactitude aux séances judiciaires. Ces derniers se réservèrent cependant la connaissance des contestations qui avaient trait à la discipline ecclésiastique, et abandonnèrent à des clercs d'une dignité moins élevée le soin de juger les contestations purement civiles, et qui n'intéressaient point le clergé. De là l'origine des prétendus cas ecclésiastiques, c'est-à-dire de la compétence des officiaux. L'on ne peut donc pas dire *que l'invention des cas ecclésiastiques porta un coup funeste à la justice civile*, puisque les prélats, au lieu d'usurper le droit de juger une partie des procès, se déchargèrent au contraire du soin de connaître de ceux qu'ils ne se réservèrent point; et que le droit de prononcer sur toutes sortes de contestations leur avait été dévolu depuis l'établissement du christianisme par les empereurs romains, et par les rois qui succédèrent à la puissance de ces derniers.

4. « Louis-le-Jeune publia le droit romain, des« tiné par les prêtres à ruiner le droit féodal. »

L'auteur n'est pas sans doute l'ami du droit féodal : l'esprit de ses articles l'annonce suffisamment. D'où vient donc le ton qu'il emploie toujours avec le clergé, même dans les choses qu'il louerait de la part des laïques? On ne le conçoit guère, et l'on désirerait, dans un ouvrage dont l'utilité se fait généralement ressentir sous le rapport des sciences et des arts, plus d'impartialité dans les matières où la religion et ses ministres peuvent être intéressés.

L'on sait que le droit romain, composé avec les anciennes lois, les sénatus-consultes, plébiscites, rescrits, édits et constitutions des empereurs, et réduit en corps de droit par l'ordre de Justinien, fut considéré comme ayant autorité dans l'empire, jusqu'à l'envahissement de l'Europe par les barbares; qu'alors les lois de ces peuples, étrangers à ces connaissances, remplacèrent le droit romain qui se perdit dans cette partie du monde. On sait que dans ces temps de barbarie le duel et des épreuves ridicules tinrent la place de lois justes et bien ordonnées. Cependant plusieurs provinces des Gaules, comme le Languedoc, la Provence, le Dauphiné et la Savoie qui en faisait alors partie, avaient conservé le droit romain, c'est-à-dire le code théodosien, les institutes de Caïus, l'édit perpétuel, et quelques autres ouvrages qui composaient le droit des mêmes pays avant les conquêtes de Clovis (*Histoire de la Jurisprudence romaine* par Terrasson). Le roi Clotaire, son fils, avait également autorisé l'observation du droit romain dans ses états, et il nous reste même l'ordonnance qu'il fit en l'année 560, dans laquelle il dit que ses sujets des pays de droit écrit devront être jugés suivant les lois romaines: *Inter Romanos negotia causarum romanis legibus præcipimus terminari* (Clotarii regis Constitutio generalis, art. 4). La science du droit romain fut même si considérée en France dès ces premiers temps de la monarchie, que Gontran, fils de Clotaire Ier, éleva aux principales dignités de son royaume un certain Andarchius qui était versé dans la connaissance du code théodosien. Enfin nous lisons que sous le règne de Dagobert, les fils du duc d'Aquitaine furent privés de la succession de leur père, dont ils n'avaient pas vengé la mort, et ce d'après les lois romaines. On voit donc que le droit romain fut en honneur sous la première race de nos rois.

Lorsque Charlemagne fut élu empereur, il ordonna que ce droit fût observé en Italie, en France et en Allemagne. Il laissa cependant aux Italiens la liberté de procéder suivant les lois que les Lombards leur avaient apportées.

Il avait été dit que Charlemagne avait prohibé en France l'usage du droit romain ; mais Terrasson, dans son *Histoire de la Jurisprudence romaine*, réfute cette opinion d'une manière prépondérante.

L'on trouve un capitulaire de Louis-le-Débonnaire où il est dit en termes formels que tous les ordres de l'Église vivront selon le droit romain.

Dans une constitution de Charles-le-Chauve, du 25 juin 864, ce prince déclare que son intention ni celle de ses prédécesseurs n'avait jamais été de rien ordonner qui fût contraire au droit romain.

Terrasson cite, dans son *Histoire de la jurisprudence*, p. 99 et suivantes de son édition de Toulouse (1824), une foule de monuments historiques qui attestent que le droit romain fut observé en France par les ecclésiastiques, seuls instruits parmi les Français, et dans les pays appelés de droit écrit. Louis-le-Jeune ne fut donc pas le premier qui l'introduisit en France, puisqu'il ne se perdit que dans les pays coutumiers et parmi les gens de guerre.

Il suit de là, en premier lieu, qu'il est faux de prétendre que Louis-le-Jeune fût le premier qui donna autorité aux lois romaines.

En second lieu, que le clergé ne fit pas une chose nouvelle en l'observant lui-même, et que si l'observation du droit romain et la conduite du clergé minèrent sourdement l'édifice de la féodalité, on doit l'attribuer aux connaissances et à la charité des clercs, qui voyaient avec peine l'état où se trouvaient les serfs.

1er alinéa de la page 319.

« Les lois romaines avaient déclaré l'esclavage » un droit contre nature ; les prêtres l'avaient pro- » clamé contraire à l'Évangile. »

On croirait, en lisant ce passage, que les lois romaines et l'Évangile condamnaient l'esclavage, et si l'on consulte l'une et l'autre de ces autorités, on sera convaincu du contraire.

Les lois romaines avaient, il est vrai, divisé le droit en trois parties, *jus naturale*, *jus gentium* et *jus civile*.

Le droit naturel était, d'après les définitions de leurs jurisconsultes, *illud quod natura omnia animalia docuit, ut maris et feminæ conjunctio, liberorum procreatio et educatio*.

Le droit des gens était divisé en deux parties, *primævum* et *secundarium*.

Le droit des gens *primævum* était celui que les moralistes appellent droit naturel; et de ce droit dérivait la piété envers Dieu, le respect et les égards pour les parents : le secondaire était celui qui s'était introduit entre les nations ; et de ce droit étaient dérivés, la paix, la guerre, l'esclavage, et presque tous les contrats.

Les lois romaines étaient si peu opposées à l'esclavage, qu'elles avaient rendu les enfants les esclaves de leurs pères, et ceux-ci pouvaient les vendre jusqu'à trois fois. Les maîtres avaient dès l'origine pouvoir de vie et de mort sur leurs esclaves, et ce droit ne fut limité que dans la suite des temps. Les esclaves fugitifs étaient condamnés aux bêtes. Tout le monde connaît l'histoire d'Androclès, qui ne dut qu'à la reconnaissance d'un lion la vie qu'il était sur le point de perdre dans l'arène.

Bien plus, plusieurs lois romaines avaient limité la faculté d'émanciper les esclaves.

A la vérité, les jurisconsultes disaient bien : *Naturâ omnes homines liberi sunt;* et personne ne sera, sans doute, d'un avis contraire; mais il avait cru que l'esclavage, quoique ne dérivant pas du droit naturel, n'en était pas moins légitime, comme dérivant du droit des gens.

Quant aux prêtres, ils n'ont point proclamé l'esclavage contraire à l'Évangile.

Les apôtres, et notamment saint Paul, ont prescrit aux esclaves le respect et l'obéissance à leurs maîtres : *Non solùm propter iram, sed propter conscientiam.* Ils ont prescrit aux maîtres la douceur et la charité envers leurs esclaves; mais ils ne leur ont pas ordonné de les affranchir. Les prêtres ont mis l'affranchissement au nombre des œuvres de charité, et les maîtres chrétiens, dont les mœurs furent adoucies par l'Évangile, affranchirent librement leurs esclaves. L'Évangile n'a point aboli l'esclavage d'une manière formelle; mais les sentiments d'amour du prochain qu'il a inspirés aux hommes, ont porté les maîtres chrétiens à rendre la liberté à ceux qu'ils possédaient légitimement.

2. « La soif des richesses vint renverser toutes » ces idées généreuses ; l'esclavage peupla nos colo- » nies, et les sophismes religieux et politiques ne » manquèrent point pour légitimer cet infâme abus » de la force. »

Relativement à la traite des noirs, on peut bien nous citer des sophismes dictés par l'intérêt des colons ; mais je défie l'auteur de l'article d'établir que le corps du clergé, et sa partie la plus saine, ait autorisé cet odieux trafic de nos semblables. Les prêtres ont, au contraire, cherché à adoucir ce qu'ils ne pouvaient empêcher, en recommandant aux maîtres la plus grande douceur envers leurs esclaves.

Quant aux mauvais traitements exercés contre les Américains, après la découverte du nouveau Monde, l'on peut encore en rejeter tout l'odieux sur les conquérants avides d'or, et indifférents sur les souffrances d'un peuple dont ils regardaient les individus comme de grands enfants ; et l'on peut ainsi en justifier complètement la religion et ses ministres.

En effet, on lit dans La Harpe (*Histoire des Voyages*, tom. x, p. 210), auteur qui ne peut être suspect d'avoir voulu favoriser les prêtres, et encore moins les moines, à l'époque où il écrivait cet ouvrage, puisque l'édition est de 1780, et que ce ne fut qu'après la révolution que ce littérateur philosophe abjura, comme saint Augustin, ses anciennes erreurs, pour se jeter dans le sein de la religion ; on lit, disons-nous, le passage suivant :

« Cependant l'humanité, foulée aux pieds dans ces malheureuses contrées, commençait enfin à élever sa voix, et le respect dû à la vérité oblige d'avouer que les premiers cris se firent entendre par la bouche d'un moine dominicain. L'île espagnole continuait de perdre ses habitants naturels, sans que les ordonnances du roi fussent capables de réprimer la tyrannie des Castillans. Un prédicateur, nommé *Antoine Montésino*, qui s'était fait une grande réputation d'éloquence et de sainteté, prit un jour solennel pour monter en chaire à San-Domingo, devant l'amiral et tout ce qu'il y avait de personnes distinguées dans la colonie ; il s'éleva contre l'injustice et la barbarie avec laquelle il voyait traiter les Américains.....

» Les officiers royaux se rendirent au couvent pour s'expliquer d'abord avec le supérieur ; mais leur surprise fut extrême lorsque ce religieux, qui se nommait le père *de Cordoue*, leur déclara que le père *de Montésino* n'avait rien dit à quoi son devoir ne l'eût obligé, et qui ne dût être approuvé de tous ceux qui respectaient Dieu et le Roi. Les officiers, dans le premier mouvement de leur colère, déclarèrent à leur tour que le prédicateur se rétracterait en chaire, ou que les dominicains seraient chassés de l'île. Cependant, après quelques explications plus modérées, on convint que le père de Montésino prêcherait du moins dans un autre style, et qu'il satisferait ceux qui se croyaient offensés. Le concours fut extraordinaire à l'Église; mais, loin de tenir un autre langage, le prédicateur soutint avec fermeté ce qu'il avait dit la première fois, en protestant qu'il s'y croyait également obligé par l'intérêt de l'État et par celui de la religion. »

Nous trouvons donc ici un prêtre, un moine, premier défenseur des Américains, et nous voyons son supérieur et tous ses confrères prendre avec lui le parti de l'humanité et de la justice.

Le second exemple est offert par Las-Casas, dont Marmontel a fait le plus brillant éloge dans son roman des *Incas*. Il était prêtre et missionnaire lorsqu'il suivit Vélasquez à Cuba. La Harpe en fait le plus bel éloge dans son *Histoire des Voyages*, et dit de lui qu'il fut le plus célèbre défenseur des malheureux Américains, un de ces hommes dont la mémoire ne saurait être trop chérie, dont le nom ne saurait être trop honoré. Il serait trop long de rapporter tout ce que dit La Harpe au sujet de Las-Casas, depuis la page 233 jusqu'à la page 248.

On retrouve le même Las-Casas au Pérou, cherchant toujours à faire prévaloir la charité chrétienne, afin d'adoucir le sort des malheureux Indiens.

« Las-Casas, nous dit La Harpe (*Histoire des Voyages*, tom. XI, p. 471), sorti de sa retraite, pour signaler en faveur des Péruviens le même zèle qui avait adouci le sort des peuples du Mexique, s'était fait entendre encore à la cour; et sur ses représentations, elle avait accordé à ses nouveaux sujets des lois de douceur....., et les Américains du Pérou devaient être traités comme peuple conquis, et non comme esclaves. »

AGAPES (*religion*). — P. 352-354. — St.-Amand.

Cet article aurait dû être rédigé par un ecclésiastique, ou tout au moins d'après des documents fournis par un théologien ; nous allons voir si M. de Saint-Amand a rempli son sujet d'une manière exacte et convenable.

Les agapes étaient un repas public que faisaient les premiers chrétiens en commémoration de la Cène, et dans le but d'établir et de maintenir la bonne harmonie entre les chrétiens (*Fleury*, liv. 1. 46.).

Ce n'est point Fauste le manichéen, ni aucun de sa secte, que l'on doit consulter pour connaître l'origine et le but de cette pratique, qui subsista tant quelle produisit quelque bien, et qui fut abolie dès qu'elle ne remplit plus l'objet pour lequel elle avait été instituée.

Peu importerait que les païens eussent un usage semblable à celui des premiers chrétiens, relativement à ces repas religieux; mais nous ne voyons nulle part dans l'histoire ancienne qu'il ait existé.

Nous allons actuellement répondre à quelques erreurs qui se sont glissées dans la suite de cet article.

Dernier alinéa de la page 352-353.

1. « Toutefois les païens ne manquaient pas d'in- » criminer ces réunions, et de les présenter comme » servant d'abri aux désordres les plus scandaleux ; » leurs imputations se fondaient surtout sur le baiser » de paix qui se donnait indifféremment entre les » deux sexes, et sur l'usage de se placer sur des lits » pendant le temps du repas. »

Il est vrai que les païens avaient pu concevoir des soupçons sur la conduite morale des premiers chrétiens pendant ces repas de charité ; mais ces réunions n'étaient pas moins à l'abri de tout reproche fondé. Au commencement, ces agapes se passaient sans aucun désordre ; on n'a qu'à voir ce que saint Paul écrivait à ce sujet aux Corinthiens, Épître 1re, chap. 2, où il fait des reproches à certains d'entre eux de ce qu'ils dédaignaient de manger à l'église, et se bornaient à prendre chez eux leurs repas.

Il est vrai que les païens, qui n'avaient jamais assisté à ces réunions, firent à ce sujet aux chrétiens les reproches les plus odieux. On les accusa d'égorger les enfants, d'en manger la chair, de se livrer dans les ténèbres à toutes sortes d'abominations. Le peuple ajouta foi à ces calomnies; mais Pline, après des observations exactes, en rendit compte à Trajan, et assura que, dans les agapes, tout respirait l'innocence et la frugalité.

L'empereur Julien, surnommé l'Apostat, convenait que la charité des chrétiens envers les pauvres, *leurs agapes*, le soin que leurs prêtres prenaient des indigents, étaient un des principaux attraits par lesquels ils engageaient les païens à embrasser leur religion.

A la vérité, pour bannir toute apparence de mal, les pasteurs défendirent que le baiser de paix se donnât entre les personnes de différent sexe, et qu'on dressât des lits dans les églises pour y manger plus commodément, comme on faisait alors partout ailleurs : mais ce baiser de paix était toujours un baiser qui ne pouvait blesser la pudeur la plus scrupuleuse ; et les lits, que l'on avait dressés suivant l'usage généralement reçu, ne présentaient aucun danger puisque les sexes étaient séparés.

2. « Il paraît que leurs accusations n'étaient point » entièrement dénuées de fondement, puisque saint » Pierre, en parlant des agapes, dit, de quelques faux » docteurs, qu'ils n'aiment que leurs plaisirs, et que » leurs festins sont de pures débauches. »

Comment peut-on interpréter aussi faussement le chapitre II de la seconde épître de saint Pierre, que l'a fait M. Saint-Amand? J'ai lu avec la plus scrupuleuse attention ce chapitre, le seul qui ait rapport au passage ci-dessus, et je n'y ai rien trouvé qui eût trait aux agapes et aux prétendus désordres qui s'y seraient commis. Saint Pierre ne parle que des faux docteurs, des faux prophètes, qui enseignent une doctrine contraire à celle enseignée par

Jésus-Christ, et qui se livrent à leurs passions désordonnées. Il entend d'ailleurs si peu parler des repas de charité que l'on appelait agapes, que ces repas avaient lieu entre tous les fidèles, et que, dans son épître, saint Pierre ne s'adresse qu'aux prétendus docteurs qui séduisent beaucoup de chrétiens, mais qui seront, dit-il, punis comme les méchants au temps du déluge, et comme les habitants de Sodome.

Le verset 10 de ce chapitre est surtout remarquable.

« Magis autem eos qui post carnem in concupiscentiâ immunditiæ ambulant, *dominationemque contemnunt*, *audaces*, sibi placentes, sectas non metuunt introducere, blasphemantes. »

Ne dirait-on pas que ce verset a été fait exprès pour réprimer l'audace des novateurs amis de l'indépendance, qui ont secoué le joug de l'autorité de l'Eglise, et se sont livrés à leur sens réprouvé? Mais on n'y trouve rien qui ait rapport aux agapes.

3. « Soit donc pour remédier à des désordres réels, » soit aussi pour ôter tout prétexte aux attaques des » païens, on ordonna que le baiser de paix se don- » nerait séparément entre les individus de chaque » sexe, et qu'on ne dresserait plus de lits dans le » lieu des agapes. Enfin les abus continuant à s'in- » troduire dans ces réunions, on fut obligé de les » abolir. Ce fut le concile de Carthage qui les con- » damna en 397. »

Ce ne fut point pour remédier à des désordres

réels, comme nous venons de le dire, que l'on défendit le baiser de paix entre les personnes de différent sexe, et que l'on supprima l'usage de dresser des lits dans l'église, mais ce fut pour ôter aux païens tout prétexte de calomnier les adorateurs du Christ. Les abus ne *continuèrent* donc pas, mais commencèrent à s'introduire quelque temps après. Ce fut alors que saint Ambroise les supprima dans l'église de Milan, et que, dans celle d'Afrique, elles ne subsistèrent plus qu'en faveur des clercs, et pour exercer l'hospitalité envers les étrangers. Le concile de Laodicée défendit de manger dans les églises; mais on le faisait encore lorsque saint Augustin, évêque d'Hyppone, vint à bout de faire supprimer cet usage.

Il se renouvela cependant en partie du temps du pape saint Grégoire, qui permit aux Anglais nouvellement convertis de faire des festins sous des tentes ou des feuillages aux jours de la dédicace de leurs églises ou des fêtes des martyrs, mais non dans l'intérieur.

1er alinéa de la page 353.

1. « D'après les épîtres de saint Pierre et de saint » Paul, et les décisions des conciles, autorités peu » suspectes à l'égard des agapes lorsqu'elles se pro» noncent contre elles, on ne peut douter que de » graves désordres ne se soient introduits dans ces » festins. »

D'abord on doit reprendre ces expressions, tout au moins peu respectueuses, du passage que nous venons de voir, où, en parlant des épîtres de saint Pierre et de saint Paul et des décisions des conciles, l'on dit que ce sont *des autorités peu suspectes à l'égard des agapes lorsqu'elles se prononcent contre elles*.

Un chrétien ne se serait pas exprimé ainsi : il n'aurait point, par cette tournure de phrase, laissé entendre que ces autorités sont suspectes dans tout autre cas. Les livres saints n'ont pas besoin d'être défendus sur une partie des assertions qu'ils contiennent ; tout ce qu'ils disent est rigoureusement de foi ; surtout les écrits des apôtres et les conciles œcuméniques, de l'infaillibilité desquels on n'a jamais douté.

Cela posé, nous devons encore répéter que nous défions l'auteur de cet article de trouver un seul passage dans les épîtres de saint Pierre et de saint Paul qui condamne les agapes. Le premier, comme nous l'avons dit, blâme dans sa seconde épître les faux docteurs et les faux prophètes qui prêchent l'insubordination et ont l'audace de former de nouvelles sectes ; et les menace de la vengeance divine. Le second, bien loin de condamner les agapes, blâme au contraire ceux qui, s'adonnant à la bonne chère, dédaignent les repas de charité qui ont lieu dans les églises ; mais aucun ne parle des prétendus désordres qui auraient eu lieu dans ces festins.

Cependant, à la fin de ce même alinéa, l'auteur convient que « l'on ne doit point s'en rapporter au » témoignage des païens relativement à la nature et » à l'étendue de ces désordres, attendu les puis- » sants et nombreux intérêts qui parmi eux se trou- » vaient menacés par les progrès du christianisme. »

Je ne vois cependant d'autres intérêts menacés chez les païens que les passions et les injustices des hommes de ce temps ; car il est certain que le christianisme fit cesser, ou du moins diminua en grande partie cette barbarie de mœurs, qui faisait d'un peuple, où la philosophie avait fait les plus grands progrès, une horde de scélérats.

2. « Toute secte naissante est exposée aux persé- » cutions, à la calomnie surtout, qui est la plus » facile et la plus efficace de toutes celles dont on » puisse faire usage contre des réformateurs. »

J'ai déjà dit que le nom de *secte* ne pouvait convenir à une religion instituée par la Divinité elle-même ; mais je dois ajouter ici qu'il est inconvenant de donner un nom générique, qui ne s'applique qu'à de véritables sectes instituées par des novateurs audacieux et intéressés, à une religion pure, sainte, la seule capable d'éclairer et de sanctifier les hommes. Que l'on donne le nom de *réformateurs* à Luther, à Calvin et à leurs sectateurs, cette expression prise en mauvaise part peut très-bien leur convenir ; mais qu'on ne compare pas ces hommes, l'opprobre de l'Eglise dans laquelle ils naquirent et contre laquelle ils se révoltèrent, à

Jésus-Christ, fils de Dieu, qui naquit, souffrit et mourut pour le salut du genre humain.

3. « Au luxe, à la dépravation dont ils étaient en-» tourés, les premiers chrétiens opposaient le mé-» pris des richesses, une vie simple et austère. »

Ceci est parfaitement exact, mais ce qui suit mérite d'être relevé.

« Aux usurpations les plus inouies sur les droits » de l'humanité, ils opposaient le dogme et la pra-» tique de l'égalité absolue. »

Ce passage n'est pas très-clair; on pourrait peut-être en induire, surtout du mot *absolue*, que les premiers chrétiens furent des *démocrates* comme les premiers protestants; mais on sait, au contraire, que l'Évangile, lorsqu'il dit : *Rendez à César ce qui appartient à César*, que saint Paul et les pères de l'Église, lorsqu'ils recommandent la soumission aux puissants de la terre, même lorsqu'ils sont injustes, ne prêchent point l'égalité absolue. On sait aussi qu'il y a toujours eu dans l'Église une hiérarchie marquée; que saint Pierre en fut le chef dès l'origine, d'après ces paroles de notre Seigneur : *Tu es Pierre, et sur cette pierre je bâtirai mon Église;* on sait que les apôtres d'abord, ensuite les patriarches, les primats, les archevêques et les évêques occupèrent dans la société chrétienne, même au temps des persécutions, le rang le plus élevé; que les prêtres, et après eux les diacres, tinrent le milieu entre les prélats et les simples fidèles. Il n'y eut donc point d'*égalité absolue* entre les premiers chrétiens. Mais les apôtres, les évêques et les docteurs recommandèrent aux fidèles de s'aimer et de se secourir les uns les autres ; ils proscrivirent l'usure, l'abus de l'esclavage, et tous les moyens par lesquels les puissants et les riches vexaient les faibles et les pauvres. Les grands devinrent les pères des petits, mais ils ne furent point leurs égaux. Il est vrai que les récompenses du ciel furent promises sans distinction aux petits comme aux grands, aux laïques comme au clergé, selon leurs mérites; mais cette égalité n'est pas encore une égalité parfaite, puisque les récompenses seront plus ou moins grandes selon le plus ou le moins de mérite des bienheureux.

1er alinéa de la page 354.

1. « Il faut considérer les temps, les circonstances » que *cette religion* a traversés, les révolutions » qu'elle a subies. »

D'abord il faudrait du moins dire : que *la religion* a traversés, si l'on écrit en chrétien qui n'en reconnaît point d'autre.

.... *Les révolutions qu'elle a subies.*

La religion n'a point subi de révolutions; elle est telle qu'elle fut immédiatement après la descente du Saint-Esprit sur les apôtres dans le cénacle; telle qu'elle sera à la consommation des siècles; elle a eu, elle a, et elle aura toujours la même foi, la même hiérarchie. Si l'auteur entend parler des révolutions qui l'ont entourée, je rétracte mon observation; mais alors la phrase de l'auteur de cet article ne serait pas correcte; elle ne le serait qu'autant que l'on voudrait faire des sectes protestantes des parties de la même religion; mais ces sectes ne sont point l'Église, elles en sont séparées par leurs hérésies et leur schisme; et l'Eglise est et sera toujours la même.

2. « En procédant ainsi on trouvera que l'on doit » repousser les imputations odieuses dont on l'a » chargée dans les premiers temps de son existence, » et se défier des apologies dont elle a été l'objet » dans la suite. »

Il est malheureux que les articles de l'*Encyclopédie moderne* que nous sommes obligé de refuter ne présentent point un sens clair et facile à saisir.

D'abord, la première partie de ce passage semble se contredire avec ce qui a été dit plus haut, que *saint Pierre et saint Paul ont blâmé les agapes*, et que *les accusations des païens dans les premiers temps de l'Église n'étaient point sans fondement.*

Relativement à la seconde partie, nous demanderons quelles sont les apologies dont on doit se défier. Sont-ce celles de Quadratus, évêque d'Athènes, de Méliton, évêque de Sardes, d'Apollinaire, évêque d'Hiéraples? Sont-ce les deux apologies de saint Justin, et son dialogue avec le Juif Tryphon, le discours aux gentils par Tatien, la satyre contre les philosophes païens par Hermias, les trois livres de saint Théophile, évêque d'Antioche, à Antolycus, la lettre de Diogenète, et une foule d'autres qu'il serait trop long d'énumérer, sans oublier cependant l'apologétique de Tertullien? La plupart de ces apologies ont précédé la fin du second siècle de l'Église, c'est-à-dire la fin des persécutions des empereurs romains.

Veut-on parler de celles qui auraient pu être faites pour répondre aux attaques des protestants et des philosophes du dernier siècle?

Relativement aux premières, elles se trouvent pleinement justifiées d'après les auteurs qui ont écrit l'histoire ecclésiastique, et par l'assentiment de l'Eglise, depuis au moins quinze siècles.

Quant aux secondes, j'invite le lecteur à les méditer avec la plus scrupuleuse attention, à les peser, à les comparer avec les écrits qu'elles réfutent, et s'il prend cette peine avec un sincère désir de connaître la vérité, il verra de quel côté doit porter la défiance.

AGE DU MONDE (*antiquités*). — P. 359-369. — ELOI JOANNEAU.

M. Eloi Joanneau relève dans cet article la différence qui existe dans les divers calculs chronologiques qui fixent l'âge du monde.

Il est vrai qu'une différence existe entre les divers chronologistes qui, d'après les écrivains sacrés, ont divisé en sept âges le temps qui s'est écoulé depuis la création ; mais ils sont tous d'accord pour donner au monde une origine peu reculée.

En second lieu, la différence n'est point aussi sensible que le prétend M. Eloi Joanneau ; elle peut d'ailleurs provenir de ce que l'on a compté comme s'étant succédé des hommes qui ont vécu dans le même temps, ce qui rend plus probable l'opinion de ceux qui fixent à environ 4,000 ans le temps qui a précédé la venue de notre seigneur Jésus-Christ.

D'ailleurs, le Livre des Rois fixant en bloc le nombre d'années, depuis la sortie d'Egypte jusqu'à la fondation du temple de Salomon, à 481 ans, et la somme totale de 592 ans, que l'on trouve en calculant les différents nombres particuliers du Livre des Juges, n'étant point supputée et ajoutée dans l'original, on doit croire à la vérité de ce qui est affirmé dans le Livre des Rois, et, en reconnaissant également l'exactitude de celui des Juges, penser que ces différents nombres, exacts chacun en particulier, ne peuvent être ajoutés ensemble, sans qu'on soit exposé à séparer des temps qui ont pu être les mêmes.

AGES (*législation*). — P. 369-370. — COURTIN.

« La loi exige..... 30 ans pour exercer les fonc- » tions de juge conseiller dans les cours royales.....»

Nous ne connaissons point de loi qui ait rapporté celle du mois d'août 1808, dont l'article 65 est ainsi conçu :

« Nul ne pourra être juge ou greffier dans une cour impériale s'il n'a 27 ans accomplis, » etc.

On voit par cet article que l'âge de 30 ans n'est pas exigé pour les simples conseillers. Nous sommes persuadé que c'est par oubli que M. Courtin est tombé dans cette erreur, et qu'il s'empressera de la rectifier lors de la réimpression de l'*Encyclopédie*.

ALBIGEOIS (*religion*). — P. 474-478. — SCHNITZLER.

3e alinéa de la même page 474.

1. « On sait encore que les évêques et les abbés » songeaient alors bien plus aux jouissances de » toute espèce et aux moyens d'en faire les frais » qu'au salut des fidèles et à leurs devoirs pontifi- » caux. Il est impossible de nier ce malheureux état; » et les épîtres du célèbre Grégoire VII seraient là » pour convaincre les incrédules de cette vérité. »

Si l'on veut connaître parfaitement les mœurs et la doctrine des albigeois, l'on doit consulter le *Dictionnaire théologique* de Bergier au mot *Albigeois*. Nous en extrairons ce qui sera nécessaire pour réfuter les différentes erreurs qui se sont glissées dans l'*Encyclopédie moderne* au même mot.

On ne peut disconvenir que dans les XIIe et XIIIe siècles un grand nombre de monastères ne fussent déchus de leur antique piété, comme le clergé actif avait laissé amortir son zèle ; mais Dieu, qui veille à la conservation du feu sacré qu'il a allumé dans son Église, suscita dans le désert saint Bernard, réformateur d'un ordre antique, saint Bruno, instituteur d'un ordre nouveau ; qui donnèrent au monde, le premier à la Trape, le second à la Chartreuse, l'exemple de toutes les vertus.

On peut ajouter que saint Dominique et saint François d'Assises, par l'établissement de divers ordres vivant d'aumônes, et se livrant sans relâche à la prédication et à la direction des consciences, suppléèrent abondamment à ce qui manquait de savoir et de zèle au clergé séculier.

2. « Mais dans ces temps de détresse et de scan-
» dale on vit paraître plusieurs hommes distingués,
» qui, indignés des désordres qui souillaient l'Eglise,
» firent tous leurs efforts pour l'en retirer, et la ra-
» mener vers la simplicité et l'austérité des premiers
» siècles. Dans la France méridionale Pierre de
» Bruys et Henry de Lausane s'élevèrent contre le
» baptême des enfants, le sacrifice de la messe, l'ado-
» ration de la croix et l'efficace des bonnes œuvres ;
» Arnaud de Bresce y attaqua la hiérarchie des prê-
» tres, et s'efforça de ramener dans l'Eglise le ré-
» gime presbytérial ou républicain ; les patarins et
» les cathares signalèrent de nouveaux abus, et
» augmentèrent le nombre toujours croissant des
» hérétiques, connus alors sous les noms de *pétro-*
» *busiens*, de *henriciens*, etc. »

La manière dont ce passage est écrit nous dispenserait sans doute de relever les erreurs qu'il contient, parce qu'elles sont trop frappantes pour ne pas choquer l'homme le moins instruit de sa religion, et qu'il suffit de le lire pour être convaincu qu'il est l'ouvrage d'un protestant, qui donne toujours la préférence aux prétendus réformateurs de l'Église sur l'Église elle-même; cependant comme on ne voit aujourd'hui que trop de jeunes gens, instruits d'ailleurs dans les sciences et les belles-lettres, qui n'ont aucune notion sur la religion et sur l'histoire ecclésiastique, ou qui, s'ils en ont quelque connaissance, ne l'ont puisée que dans les ouvrages des ennemis du christianisme, c'est-à-dire dans ceux où les faits sont dénaturés, nous croyons devoir répondre au passage que nous avons transcrit, qui ne sera pas difficile à réfuter.

Il fut un temps, il est vrai, où quelques évêques, oubliant les devoirs de leur état, menaient une vie trop semblable à celle des barons dont ils marchaient les égaux; mais ce temps fut aussi celui de la ferveur de nouveaux ordres monastiques. L'on doit dire aussi que si saint Grégoire crut devoir adresser des représentations au clergé séculier, tous les évêques ne furent point compris dans ces censures; il en était encore un grand nombre qui, pénétrés des devoirs de leur état, s'étaient préservés de la contagion, et étaient des exemples de vertus et de modestie chrétienne.

Pour ce qui est des hommes distingués dont parle M. Schnitzler dans son article, on n'a qu'à consulter l'histoire pour savoir quelle considération ils durent obtenir.

Ce *Pierre de Bruys*, dont M. *Schnitzler* fait un si pompeux éloge, ne méritait pas, du moins quant à sa doctrine, tout le bien que l'on se plaît à dire de lui. Pierre-le-Vénérable, abbé de Clugni, qui vivait dans le même temps, fit contre les *pétrobusiens* un ouvrage dans la préface duquel il réduit leurs erreurs à cinq chefs principaux.

1° Ils niaient l'utilité du baptême administré aux enfants avant l'âge de raison;

2° Ils prétendaient qu'on ne devait point bâtir d'églises, mais détruire celles qui existaient;

3° Qu'il fallait brûler toutes les croix;

4° Ils niaient la présence réelle de Jésus-Christ dans l'Eucharistie;

5° Ils prétendaient que les sacrifices, les aumônes et les prières ne servent de rien aux morts. (Nous verrons plus tard quelles furent les erreurs des albigeois.)

Henri de Lausanne, disciple de Pierre de Bruys, et chef des hérétiques albigeois, et Arnaud de Bresce, suivirent à peu près la même doctrine.

Les disciples de *Pierre de Bruys*, appelés *pétrobusiens*, et ceux de *Henri de Lausanne*, appelés *henriciens*, s'élevèrent contre le baptême des enfants, le sacrifice de la messe, l'adoration de la croix et l'efficace des bonnes œuvres. Belle matière pour les éloges pompeux donnés à ces novateurs par M. *Schnitzler!* Voilà les grands abus signalés par ces hommes distingués, enflammés d'un saint zèle pour la gloire de l'Eglise ! On n'a pas besoin de justifier l'Eglise dans ses règles de discipline, et dans les dogmes qu'elle propose à la foi des fidèles; mais celle-ci, croyant comme elle a toujours cru que le baptême est la première voie sans laquelle il est impossible d'espérer le salut éternel, peut-elle être blâmée d'avoir, après que la religion chrétienne se fût étendue, donné le baptême à des enfants exposés, à cause de la faiblesse de leur complexion et des dangers qui environnent cet âge tendre, à être privés de la gloire et du bonheur du ciel ?

Etait-ce à un simple particulier qu'appartenait le droit de s'ériger en censeur de la discipline de l'Eglise? Quant à la messe, que l'on remonte jusqu'à la Cène, on la trouve établie par Jésus-Christ lui-même, disant à ses apôtres : *Faites ceci en mémoire de moi, je serai avec vous jusqu'à la consommation des siècles.* On sait que *Pierre de Bruys* avait la croix en horreur, et qu'il brisait toutes celles qu'il rencontrait. Qu'y a-t-il là d'édifiant et de digne d'éloge? Et relativement à l'efficace des bonnes œuvres, qu'y a-t-il de moral à prêcher que le bien que l'on peut faire en ce monde ne peut être d'aucune utilité pour le salut. Ces *grands hommes* soutenaient encore, quoique M. *Schnitzler* ne le dise pas, que les bonnes œuvres et les prières des vivants ne sont d'aucune utilité aux morts. L'Eglise, épouse de Jésus-Christ, me dit le contraire depuis son institution, et M. *Schnitzler* me permettra de reconnaître qu'il n'y a pas un grand abus à prier pour nos parents et pour nos amis après leur mort, à donner quelques secours aux malheureux dans la vue de soulager les âmes de leurs souffrances temporelles ; il me permettra de croire que le dogme de l'utilité des prières et des bonnes œuvres pour les morts, fût-il aussi faux qu'il est véritable, ne devait point être blâmé avec tant de chaleur. Il ne valait pas trop la peine, en le supposant erroné, que les pétrobusiens et les henriciens, hommes *si respectables* et si pénétrés de *l'amour de la religion*, le condamnassent avec tant d'acharnement.

Les patarins et les cathares ne furent pas plus recommandables que leurs prédécesseurs. On sait que dans le principe les *patarins*, *patérins* ou *patrins* ne furent autres que les *pauliciens* ou *manichéens*, qui avaient quitté la Bulgarie, et étaient venus s'établir en Italie. Ce nom leur fut donné parce qu'ils s'assemblaient dans le quartier de la ville de Milan nommé pour lors *Pataria*, et depuis *Contrada de Patari*. On les appelait *cathari* ou purs, et ils affectaient eux-mêmes ce nom pour se distinguer des catholiques. Leurs principales erreurs étaient d'attribuer la création des choses corporelles au mauvais principe, de rejeter l'ancien Testament, et de condamner le mariage comme une impureté.

Dans les XIIe et XIIIe siècles le nom de *patarins* fut donné à tous les hérétiques en général, et c'est pour cela que l'on a souvent confondu ces *cathares* ou *manichéens* avec les *vaudois*, quoique leurs opinions fussent très-différentes.

Quoi qu'il en soit, il résulte de l'histoire ecclésiastique de *Fleury* que les *albigeois*, desquels les protestants prétendent tirer leur origine, n'étaient autres que des *manichéens*, qui condamnaient tout ce que l'Église avait approuvé jusqu'alors, et renouvelaient en grande partie les erreurs de *Manès*, condamnées dans les premiers siècles du christianisme. S'il existait des abus dans le clergé, ces abus furent blâmés par Grégoire VII, qui condamna les mœurs déréglées du temps, et l'influence que ces mœurs avaient eue sur les prêtres eux-mêmes. Ainsi l'Église n'avait nullement besoin que les *albigeois*, les *patarins* et les *cathares* vinssent réformer sa doctrine et sa discipline.

1er alinéa de la page 475.

1. « Divisés sur plusieurs points de leur profession » de foi, ils (les nouveaux sectaires) étaient d'ac- » cord dans le désir d'une réformation de l'Église, » de l'épuration des mœurs, et dans la ferme con- » viction que la parole divine écrite peut seule faire » auto rité matière de religion. »

Puisqu'ils étaient divisés sur plusieurs points de leur profession de foi, il est certain que si tous ne se trompaient point, quelques-uns d'eux étaient dans l'erreur ; quelques-uns interprétaient mal la parole divine écrite, qui, d'après eux, peut seule faire autorité en matière de religion ; mais l'Église catholique ne s'écarte jamais de cette parole divine écrite, et il est prouvé que les sectaires s'en sont souvent écartés, et que leur liberté de croyance en a réduit un grand nombre à nier la divinité de Jésus Christ et l'efficace des bonnes œuvres, que l'Évangile recommande comme étant de la plus grande utilité, et même d'une nécessité indispensable pour le salut. Quant à leur désir de réformer l'Église, il est hors de doute que l'Église ne peut et ne doit être réformée. On a dû corriger les abus qui s'y étaient attachés, comme des plantes parasites s'attachent aux arbres pour les affaiblir et les ronger ; mais l'Église elle-même, délivrée de ces abus par le concile de Trente, est toujours, dans le fond, demeurée la même, l'épouse de notre divin Rédempteur, et la mère des fidèles.

Relativement à l'épuration des mœurs, objet de la réformation que ces novateurs avaient en vue, voyez l'histoire, et vous jugerez s'ils étaient dignes d'entreprendre une si belle œuvre.

2. « Ces hommes courageux furent partout ex-« pulsés, partout condamnés, mais jamais réfutés. »

Ces hommes courageux, dites : ces perturbateurs de l'ordre de la société, ces ennemis de la religion et de l'Église, ces brouillons ambitieux, qui *per fas et nefas* cherchaient à se faire une réputation dans le monde, et à se créer, sous les dehors d'une fausse piété, un parti puissant qui pût les aider dans leurs projets.

.... *Furent partout expulsés, partout condamnés.* Je ne sais si, malgré la liberté de conscience accordée par la Charte, liberté qui était devenue nécessaire à cause des partisans de sectes déjà anciennes; je ne sais, dis-je, si aujourd'hui des novateurs qui viendraient calomnier les magistrats et le clergé, qui apporteraient le trouble dans les consciences et les familles, qui chercheraient à se faire un parti à l'aide duquel ils pussent remuer l'Europe, ne seraient point condamnés, et forcés à quitter le territoire du royaume où ils se trouveraient.

Ils ne furent jamais réfutés. Il serait trop long d'énumérer ici toutes les réfutations puissantes des catholiques. Lisez Bossuet, lisez l'histoire ecclésiastique, et vous trouverez la réfutation la plus précise et la plus claire des sophismes de ces novateurs.

3. « Toutefois, leur zèle ne se refroidit point; ils » employèrent tous leurs efforts à dessiller les yeux » de leurs concitoyens, à leur faire apercevoir leur » malheureuse situation et leurs vrais besoins, et à les » faire revenir de leur attachement superstitieux et » débonnaire pour les moines. »

... *Leur zèle*, c'est-à-dire leur obstination.

.... *A dessiller les yeux de leurs concitoyens,* en leur prouvant qu'il vallait mieux laisser mourir les enfants sans baptême, que de les baptiser avant l'âge adulte, en disant que, malgré les paroles de Jésus-Christ, il ne fallait pas croire ce que l'Église avançait comme article de foi, ni obéir à ses commandements ; que le sacrifice de la messe n'était absolument rien, et ne pouvait être d'aucune utilité; que peu importait qu'ils fissent ou non de bonnes actions, ils n'en seraient point récompensés dans l'autre vie ; qu'il fallait avoir en horreur la croix, sur laquelle est mort pour nous un Dieu fait homme.

..... *A leur faire apercevoir leur malheureuse situation.*

Les peuples de ces temps étaient bien malheureux d'être dans le sein de l'Eglise ; cette mère, que Jésus-Christ nous avait commandé d'honorer, ne pouvait que les induire en erreur, et les conduire dans le précipice. Il leur était bien plus utile d'interpréter à leur fantaisie les livres saints, et de vivre dans une entière indépendance.

.... *Et à les faire revenir de leur attachement superstitieux et débonnaire pour les moines.*

En effet, on ne pouvait, sans superstition, écouter la parole de Dieu prêchée par ces hommes qui donnaient en même temps l'exemple des vertus qu'ils annonçaient au peuple.

On ne pouvait, sans être trop débonnaire, avoir de l'attachement pour ces moines, qui abandonnaient leurs familles, souvent riches et puissantes, pour mener une vie austère, s'occupant de la prière ou à des travaux utiles. Ces moines avaient rendu à la culture des marais qu'ils avaient desséchés, des forêts immenses qu'ils avaient défrichées ; ils conservaient le dépôt des lettres, qui sans eux se seraient perdues; ils instruisaient les enfants, attiraient par leurs bienfaits et leur douceur des troupes de serfs maltraités par leurs seigneurs, et qui trouvaient sur les terres monastiques sûreté et abondance. Avouons que les peuples étaient bien bons d'aimer des gens qui les traitaient ainsi, et que *Pierre de Bruys* et ses successeurs rendirent un grand service à ces misérables paysans en les faisant revenir d'un attachement si débonnaire et si superstitieux.

4. « Plusieurs d'entre eux, surtout leurs chefs, » expièrent leur audace au milieu des flammes ; mais » les sectes se multiplièrent en raison directe des » persécutions qu'on leur faisait éprouver. »

Il est très-vrai que parmi les novateurs quelques-uns expirèrent au milieu des flammes ; et j'avoue que le châtiment était trop rigoureux ; mais il est faux que les sectes se soient multipliées par la persécution. L'auteur de cet article voudrait ici donner un trait de ressemblance entre les premiers chrétiens et les hérétiques qui affligèrent l'Église dans la suite des temps. Les hérétiques se cachèrent ; ils se sauvèrent en d'autres pays, notamment en Bresce en Italie, où ils furent poursuivis par les foudres de l'Église et la sévérité de l'inquisition. Ces sectes finirent par tomber presqu'entièrement, et si l'on vit des hérétiques depuis cette époque jusqu'à Luther, ce furent de nouvelles sectes, qui, bientôt détruites, étaient remplacées par d'autres, avec lesquelles elles n'avaient rien de commun qu'une haine pour l'autorité de l'Eglise, et un esprit d'indépendance qui les a toutes caractérisées. *Luther* lui-même ne vit la sienne s'étendre que parce qu'il parvint à séduire quelques princes d'Allemagne. *Zuingle*, *Calvin* et autres protestants, qui entèrent leur réforme sur celle de *Luther*, et qui enchérirent sur ses erreurs, ne se soutinrent que par la séduction, la force et la révolte. Si la facilité de pratiquer leur prétendue religion n'avait séduit les grands du royaume et un grand nombre des membres du parlement de Paris, la réforme n'aurait pas poussé en France de profondes racines ; on connaît même un grand nombre de villes de France où il n'y avait pas un seul réformé avant la révolution. Mais à cette époque, où les hérétiques étaient encouragés et les catholiques proscrits, il revint un grand nombre de protestants des pays étrangers. Que le lecteur ne se méprenne point sur mes intentions, et ne pense pas que j'approuve les persécutions que l'on fit souffrir à ces malheureux frères égarés. Peut-être la voie de la douceur aurait-elle produit sur eux plus d'effet que les supplices et l'exil, et je n'approuverai jamais les moyens violents pour les ramener dans le bercail ; mais il est certain aussi que si des princes et des grands n'avaient pris en main leurs intérêts, ils n'auraient pu, comme les premiers chrétiens, se soutenir et étendre leurs sectes pendant trois cents ans de persécutions,

2° alinéa de la page 475.

1. « *Pierre de Vaud* (*Petrus Valdus*) attaqua » avec une nouvelle force les abus de l'Église dominante vers l'an 1170. C'était un honnête négociant de Lyon qui, frappé par la mort inopinée » d'un de ses amis, se concentra en lui-même, et » médita sur les voies inconcevables de la Providence. »

Et en méditant sur une chose impossible à concevoir le pauvre Pierre de Vaud perdit la tête.

Quant à la manière dont il attaqua, je ne dirai point l'église dominante, mais l'*Église*, car elle n'est pas seulement *dominante*, mais *une*, *infaillible* et *impérissable*, je ne sais si l'on peut appeler de la force un enthousiasme peu éclairé qui n'est basé sur rien de solide, et qui lutte contre ce qu'il y a de mieux établi, je ne dirai point parmi les catholiques, mais parmi tous les hommes qui savent lire.

2. « Ses réflexions le portèrent insensiblement » plus loin. »

Cela ne pouvait pas manquer à une tête exaltée.

« Et une bible latine qu'il trouva. »

Et que sans doute il ne comprit pas.

« Acheva de former sa conviction sur la doctrine « catholique romaine. »

Belle conviction que celle que prend contre l'autorité de l'Église *un honnête négociant* qui, frappé de la mort subite d'un de ses amis, se creuse le cerveau à méditer sur une chose incompréhensible, trouve par hasard une bible latine, dont les hommes les plus versés dans la langue de Cicéron ne peuvent toujours saisir le vrai sens, et, après avoir fait ses études comme un homme qui se destine à acheter et à vendre, après avoir été distrait de la littérature latine par ses affaires, comprend parfaitement !.... Et, pour augmenter la merveille, voilà que cet *honnête négociant* trouve dans cette bible un sens contraire à celui que lui avaient donné jusqu'alors les Pères de l'Église, les conciles, les papes et les évêques. J'avoue qu'entre l'autorité de ces derniers et celle de Pierre de Vaud je ne balancerais pas, et je pense que tout homme de bon sens qui ne sera pas prévenu par les préjugés de l'éducation contre l'Église catholique partagera mon opinion.

3. « Il s'entoura d'un petit nombre d'auditeurs, » mit entre leurs mains une traduction du nouveau » Testament, des Psaumes, et de plusieurs chapitres » tirés des pères de l'Église, et commença à leur en » expliquer le texte et à leur en interpréter le sens. »

Cet homme était-il inspiré par le Saint-Esprit ? M. Shnitzler n'ose le soutenir. Si l'on me disait que ses prétendues lumières venaient de Dieu, je répondrais avec l'Evangile : *Gardez-vous des faux prophètes qui viennent à vous couverts de peaux de brebis, et qui au-dedans sont des loups ravissants ;* et ceci : *Si l'on vous annonçait une doctrine contraire à l'Evangile, fût-ce un ange descendu du ciel, ne le croyez pas.* Mais si cet homme n'était pas inspiré, quelle confiance pouvaient prendre ses auditeurs en un marchand qui abandonnait sa profession pour devenir catéchiste et prédicateur. Si ses auditeurs n'avaient été de trop bonnes gens, ne devaient-ils pas préférer les instructions de leurs curés à celles que leur faisait un homme sans instruction et sans expérience? Ne devaient-ils pas lui dire : Maitre Pierre, ne perdez pas votre temps, revenez aux affaires de votre négoce que vous avez négligées, et laissez-nous revenir nous-mêmes aux prônes de M. le curé, qui entend mieux que vous la matière que vous traitez. Mais la nouvelle doctrine, en affranchissant les partisans de *Pierre de Vaud* des lois de l'Eglise, les dispensait d'entendre la messe les dimanches, de chaumer les fêtes, de faire maigre le vendredi et de jeûner le carême; et ce qui est bien plus intéressant, elle abolissait la confession, grand épouvantail de ceux qui voudraient paraître pieux en conservant leurs mauvaises habitudes. C'en fut assez sans doute pour attirer quelques disciples à Pierre de Vaud, mais non pour séduire des chrétiens fidèles à remplir leurs devoirs religieux.

4. « Sa réputation s'agrandit. »

Il fallait bien peu de chose dans ces temps d'ignorance.

« Un grand nombre de Lyonnais demandèrent à » être admis à ses instructions, et plusieurs de ses » disciples allèrent publier au loin sa nouvelle doc-

» trine, qui alors faisait le sujet de toutes les con-
» versations, et en faveur de laquelle la majorité de
» la nation semblait disposée. »

Je ne vois dans tout cela que l'orgueil d'un fanatique, qui abandonne ses calculs d'arithmétique pour sonder les profondeurs de la doctrine de l'Evangile. Cet homme ne comprend pas ce qu'il dit; il lui serait absolument impossible de donner des preuves de la vérité de ce qu'il avance; peu importe : il prêche une morale aisée à suivre; il décharge ses adeptes des obligations les plus gênantes; il se fait un nom, attire des disciples, qui, à leur tour, et sans être plus instruits que leur maître, vont répandre la fausse doctrine qui vient de leur être enseignée. Mais malgré la commodité de ces principes, il est faux que la majeure partie de la nation ait été disposée à les adopter. Ce ne fut qu'après *Calvin* que le protestantisme fit de dangereux progrès, quoiqu'il n'ait pas séduit la dixième partie de la population de la France. Mais *Pierre de Vaud* et ses adeptes ne firent pas un grand nombre de prosélytes.

5. « Les principaux points de cette doctrine
» étaient les suivants. »

Nous allons voir quelle confiance ils devaient inspirer.

1er alinéa de la page 476.

« Les décisions de l'Eglise en matière de foi ne » sont de nulle autorité : la Bible seule peut décider. »

C'est comme si l'on disait : *Les jugements et les arrêts ne sont d'aucune utilité : la loi seule peut décider*. Et cependant qu'arriverait-il si un pareil système était admis ? il arriverait que chacun, interprétant la loi à sa manière, lui donnerait toujours le sens le plus favorable à ses prétentions ; les tribunaux n'ayant plus aucune autorité, chacun serait juge dans sa propre cause, et comme entre deux intérêts opposés chacun voudrait soutenir le sien, il en résulterait des meurtres entre les particuliers et des guerres de famille, comme on en vit dans les premiers temps de la monarchie.

Revenant à notre sujet : chacun interprétant à son gré les livres saints, leur donnerait le sens le plus large et le plus commode. L'usure proscrite par l'Eglise ne serait plus un péché pour ceux qui penseraient comme les juifs, qu'il suffit de ne pas faire usure à ses frères, les chrétiens iraient sans doute plus loin que les juifs, puisque ces derniers comptent au nombre de leurs frères tous les enfants de Jacob, tandis que le chrétien interprète de ce passage pourrait ne défendre l'usure qu'envers les frères au premier degré. Le meurtre même pourrait se trouver autorisé par un passage de la Bible mal compris. La pureté des mœurs serait outragée par une fausse interprétation du *Cantique des Can-*

tiques, et nous verrions dans l'ordre religieux et moral les mêmes désordres qui auraient lieu dans l'ordre politique et civil si les tribunaux étaient supprimés.

2. « Le sacrifice de la messe, l'adoration des » saints, le trafic des indulgences ne peuvent être » tolérés. »

Le sacrifice de la messe. Ici les novateurs se trouvaient évidemment en contradiction avec l'Écriture sainte qu'ils voulaient interpréter, puisque notre seigneur Jésus-Christ, en instituant la Cène, a dit : *Ceci est mon corps*, *ceci est mon sang*, et ajouta : *Faites ceci en mémoire de moi* (1). Il avait dit pendant sa mission : *En vérité*, *en vérité*, *je vous le dis celui qui ne mange pas mon corps et ne boit pas mon sang n'aura pas la vie en lui.*

L'adoration des saints. L'Église ne tolère pas elle-même l'adoration des saints, surtout si l'on considère cette adoration comme un hommage de latrie tel que celui qui est rendu à Dieu. Tout catholique reconnaît que l'on ne doit adorer que Dieu seul. Si l'on suppose à l'Église des principes contraires, que l'on consulte l'*Exposition de la foi catholique* par Bossuet ; que l'on consulte les catéchismes des différents diocèses, mis entre les

(1) On peut voir l'ouvrage de Mgr. l'évêque d'Aire, intitulé : *Discussion amicale sur l'Église anglicane*, *et en général sur la Réformation*, tome 1, page 289 et suivantes, où il est prouvé que ces paroles doivent être prises dans un sens naturel et non dans un sens figuré comme le prétendent les protestants. (*L. A.*)

mains des enfants et des habitants de la campagne, et l'on verra le sentiment de l'Église à ce sujet; mais nous croyons que l'on doit honorer les saints comme les amis de Dieu, et en cela le culte que nous leur rendons se rapporte encore à Dieu; nous croyons que nous pouvons les prier d'intercéder pour nous auprès de la Divinité, et en cela rien qui ait rapport à l'adoration, rien qui blesse le devoir où nous sommes de n'adorer que Dieu seul.

Le trafic des indulgences. L'Église reconnaît dans son chef le pouvoir de disposer en faveur des vivants des mérites surabondants de notre Seigneur Jésus-Christ, pour alléger les pénitences canoniques qui devraient être imposées aux pécheurs, mais elle n'en trafique pas. En trafiquer serait une coupable simonie qu'elle condamnerait elle-même. Le pouvoir d'accorder des indulgences vient au successeur de saint Pierre de ces paroles de Jésus-Christ : *Tout ce que vous lierez sur la terre sera lié dans le ciel, et tout ce que vous délierez sur la terre sera délié dans le ciel.*

L'on sait que depuis la première origine de l'Église les apôtres, et après eux, les papes et les évêques se crurent autorisés à adoucir des pénitences trop rigoureuses. Saint Paul accorda la rémission d'une partie de la pénitence qu'il avait imposée à l'incestueux de Corinthe; saint Jean traita avec la même douceur un jeune homme qui peu de temps après son baptême s'était livré à toutes sortes de vices, et était devenu chef de voleurs. Les martyrs accordaient aux chrétiens qui par la crainte des tourments avaient sacrifié aux idoles des lettres de recommandation aux évêques, qui, par respect pour les confesseurs de la foi, abrégeaient les épreuves de la pénitence en faveur des malheureux qui avaient succombé.

Les papes accordèrent ces indulgences à ceux qui avaient fait de bonnes œuvres déterminées. Ainsi le voyage de la terre-sainte comme croisé faisait obtenir une indulgence plénière ; ainsi le voyage à Rome et la visite des tombeaux des saints apôtres saint Pierre et saint Paul dans l'année du jubilé faisaient obtenir une pareille indulgence.

Quelle fut la cause de l'apostasie du moine Luther? On ne l'ignore point. Le pape Léon X promit des indulgences non-seulement à ceux qui se croiseraient, mais encore à ceux qui aideraient, par quelque moyen que ce fût, à la conquête des Lieux-Saints. Luther, homme éloquent, désirait être chargé de prêcher pour annoncer ces indulgences, et de recevoir l'argent qui serait destiné à la croisade. Mais une autre corporation que la sienne reçut cette commission. Alors que fait-il? Plein de dépit à cause de son amour propre humilié, il prêche contre les indulgences et contre le pape, qu'il calomnie en cherchant à persuader que le pontife les vendait pour s'enrichir (1). Il quitte son

(1) Léon X fit prêcher une croisade contre les Turcs, et ayant appris par l'expérience des croisades précédentes que le défaut d'ensemble en avait empêché le succès, il avait conçu le plan

couvent, se marie, et annonce une nouvelle doctrine. Mais, je le répète, il est faux que l'Église admette le trafic des indulgences.

3. « Le chrétien doit être pauvre, car l'amour de » ce monde l'éloigne de l'amour de son Dieu. »

Sans doute le chrétien doit avoir l'esprit de pauvreté ; l'Évangile le prescrit, et l'Église l'enseigne : mais comme il faut que les richesses soient quelque part, et qu'elles seraient bien plus mal placées entre les mains des méchants, qui s'en serviraient pour opprimer le faible, qu'entre les mains des justes, qui, sans abandonner leurs capitaux, vivent dans la pauvreté et partagent entre les misérables tout ce qui n'est pas nécessaire à leurs besoins ; l'Évangile et l'Église n'ordonnent pas au riche vertueux d'a-

d'une nouvelle attaque mieux combinée. Pour cela il accorda l'indulgence de la croisade à tous ceux qui fourniraient de l'argent pour les frais de cette guerre. Il est vraisemblable que les troubles causés par les prédications de Luther apportèrent un obstacle insurmontable à l'exécution de ce grand dessein. Que devait faire Léon X? Devait-il tenter une expédition qui aurait transporté dans la Palestine l'élite des guerriers catholiques, aurait livré l'Allemagne, et peut-être toute l'Europe, aux fureurs des novateurs? Devait-il rendre à chacun ce qu'il avait donné pour cette œuvre? la chose était impossible. Que fit-il? ce que tout homme sage aurait fait dans une circonstance semblable : il employa les fonds qu'il avait en son pouvoir à la construction de la magnifique église de Saint-Pierre-du-Vatican. Si c'est là ce qu'on appelle *trafic des indulgences*, il faut accuser d'un trafic honteux tout gouvernement qui, ayant des fonds destinés à une œuvre devenue impossible, les emploiera pour un autre objet d'utilité publique. (*L. A.*)

bandonner des richesses légitimement acquises, mais seulement d'en détacher son cœur. *Bienheureux les pauvres d'esprit!* nous dit l'Évangile, c'est-à-dire, bienheureux ceux qui, quoique riches, ne font point un dieu de leur or comme l'avare, mais ne portent aux biens de ce monde aucune affection, et sont prêts à les sacrifier pour éviter le mal; bienheureux ceux qui, quoique riches, se regardent plutôt comme administrateurs que comme propriétaires des biens qu'ils possèdent, et qui, après avoir employé à leur usage la partie de leurs revenus nécessaire à leurs besoins selon leur condition, distribuent leur superflu à leurs semblables qui sont dans la misère! Mais la pauvreté absolue, quoique conseil de perfection, n'est point de précepte, et je crois que si MM. les protestants n'étaient point eux-mêmes de mon avis, on ne verrait point chez eux des fortunes plus brillantes et plus nombreuses que chez les catholiques.

4. « Les cérémonies sont inutiles, ne font qu'em» brouiller le culte, et les prêtres ne sauraient avoir » le privilége d'administrer les sacrements. »

Les cérémonies sont inutiles. Pourquoi l'Église d'Angleterre les a-t-elle conservées, quoique séparée de la véritable Église?

Mais d'ailleurs il est reconnu, même par un des auteurs de l'*Encyclopédie moderne* (M. Kératry au mot *Culte*), que les cérémonies élèvent l'esprit des fidèles vers la Divinité, forcent son attention et son recueillement. D'après le système des philosophes, notamment de Locke et de Condillac, toutes nos idées nous venant par le moyen des sens, est-il inutile de frapper les esprits par la majesté du culte, afin de les élever à Dieu à qui le culte est adressé?

Elles ne font qu'embrouiller le culte. Les prêtres qui sont les ministres de ces cérémonies, en comprennent parfaitement le sens mystérieux; s'ils l'expliquent rarement aux fidèles, c'est parce que le peuple, accoutumé à les voir, en est édifié sans en connaître la signification, et qu'il est plus nécessaire de l'instruire sur la morale chrétienne et les dogmes qui en sont le fondement. Si quelqu'un se plaignait que ces cérémonies, insignifiantes pour lui, l'*embrouillassent* dans sa dévotion, les pasteurs chargés de l'instruction de leur troupeau auraient la charité de les lui expliquer, et ces cérémonies mieux connues ne feraient que rehausser sa piété; d'ailleurs il est plusieurs ouvrages qui les expliquent.

Et les prêtres ne sauraient avoir le privilége d'administrer les sacrements.

Si depuis l'établissement du christianisme les prêtres ont seuls administré les sacrements, si de tout temps il a été reconnu que ce pouvoir n'appartenait qu'à eux, comment pourra-t-on prouver qu'ils ne doivent pas avoir seuls ce *privilége?*

Cependant le baptême peut-être administré, en cas de nécessité, par toute personne; l'eucharistie, la pénitence, l'extrême-onction, ne peuvent être administrées que par les prêtres; il en est de même de la bénédiction nuptiale à laquelle une partie des théologiens attribue toute l'efficacité du sacrement de mariage, tandis que d'autres trouvent le sacrement dans le seul consentement des parties. La confirmation et l'ordre appartiennent aux seuls évêques.

5. « Quelque opinion que l'on se soit formée de » ces doctrines, on a de tout temps été forcé de con- » venir de la pureté, de la simplicité et de l'austé- » rité de mœurs qui caractérisaient les *vaudois;* on a » rendu à leur moralité et à leur conduite publique » une éclatante justice. »

Si l'on considère les vaudois isolément, c'est-à-dire, si on les sépare des albigeois avec lesquels les écrivains philosophes ont affecté de les confondre, on ne peut nier que ces bonnes gens, occupés à paître leurs troupeaux, à cultiver quelques coins de terre dans les montagnes où ils étaient établis, n'aient mené une conduite à l'abri de tout reproche sous le rapport des mœurs; mais ils étaient bien éloignés de ressembler aux albigeois, contre lesquels furent publiées des croisades. Ces derniers professaient une doctrine conforme à celle des manichéens ; ils condamnaient le mariage, et se livraient à toutes sortes d'excès. Voici le portrait qu'en fait l'abbé *Bergier* dans son *Dictionnaire théologique*, tom. 1, p. 81 :

« L'on peut douter que tous les libertins et malfaiteurs de ces temps-là, connus sous le nom de *routiers, cottereaux* et *mainades*, ne se soient joints aux albigeois dès qu'ils virent que, sous prétexte de religion, l'on pouvait piller, violer, brûler et saccager impunément. C'est ainsi qu'à la naissance de la réforme l'on vit tous les ecclésiastiques libertins, tous les moines dyscoles et déréglés, tous les mauvais sujets de l'Europe embrasser le calvinisme, afin de satisfaire en liberté leurs passions criminelles. Mais les vaudois ne péchaient que par trop de rigueur et un zèle mal entendu; ils reconnaissaient le même dogme que l'Église catholique. Leur seule erreur consistait à s'arroger le droit de réformer le gouvernement ecclésiastique, en cherchant à le ramener aux anciens usages, sans faire attention que si le dogme et la morale sont inaltérables, la discipline doit se conformer aux temps et aux circonstances. »

6. « D'ailleurs ils pensaient que tout ce dont ils » demandaient la réforme n'appartenait point au » christianisme primitif, n'en faisait pas une partie » intégrante et nécessaire, mais s'y était glissé dans » la suite des temps. »

J'ai dit plus haut que parmi les choses que les novateurs voulaient réformer, les unes comme la messe, les prières pour les morts, le privilége des prêtres et des évêques d'administrer les sacrements selon leurs pouvoirs et la dignité de leur ordre, les indulgences, l'honneur rendu aux saints et leur invocation comme intercesseurs, existaient depuis l'origine du christianisme, qu'il était faux que l'on adorât les saints et que l'on trafiquât des indulgences.

2e alinéa de la page 476.

1. « Le clergé poussa de grands cris ; car ils ne » s'étaient point bornés à réformer la doctrine, ils » menaçaient ses intérêts les plus chers, et s'en firent » ainsi un ennemi irréconciliable. »

Si le clergé poussa de grands cris, c'est parce que commis par Jésus-Christ à la garde du troupeau des fidèles, il crut devoir faire entendre sa voix contre ces loups ravissants qui venaient les soustraire du bercail; c'est parce que ces novateurs prêchaient une doctrine qui détruisait de fond en comble, non-seulement les traditions respectables de l'Eglise, mais l'Évangile lui-même. Il y en eut là sans doute assez pour exciter le zèle et animer l'opposition du clergé, qui considéra bien moins dans cette lutte ses intérêts temporels que le bien de la religion.

2. « Ils furent condamnés comme hérétiques, » persécutés sur tous les points du pays, et les rois » de France et d'Angleterre étaient même disposés à » les exterminer par le fer et le feu, quand on jugea » préférable de créer cette horrible inquisition dont » le coup d'essai fut le carnage de ces malheureux. »

Des novateurs viennent troubler les consciences des hommes et la paix des familles par une nouvelle doctrine entièrement opposée à la croyance que l'on avait gardée depuis l'origine du christianisme; ils attaquent non-seulement la hiérarchie ecclésiastique, mais encore la *hiérarchie civile* (qu'on me pardonne cette expression) ; ils inspirent des craintes aux magistrats, aux préfets et aux souverains ; les magistrats et les princes ne croient pas qu'il existe d'autre moyen de rétablir la tranquillité dans le royaume que de sévir contre ces perturbateurs. Mais semblables aux anciens manichéens dont ils ont renouvelé en partie l'affreuse doctrine, ils ont le talent de se cacher, et de se convertir en apparence toutes les fois qu'on le désire ; les rois sollicitent et les papes accordent l'établissement de l'inquisition dans leurs États, non pour faire massacrer ces malheureux, car on sait que l'inquisition ne prononçait pas la peine de mort, mais pour examiner quels étaient les coupables et quels étaient les innocents.

Socrate fut condamné à la mort par les Athéniens, parce que le peuple crut que dans ses leçons de philosophie il attaquait la religion de l'État : les lois des empereurs romains condamnaient à la peine capitale ou à l'exil tous ceux qui attaquaient les croyances religieuses de l'empire ; les empereurs devenus chrétiens ne réformèrent pas ces lois, qui furent appliquées dans la suite aux hérétiques et aux schismatiques, comme les dispositions de notre code pénal, émises dans l'intérêt de la dynastie de Bonaparte, ont été appliquées dans l'intérêt de nos rois légitimes. Ces lois, qui se trouvent dans tous les codes, furent mises à exécution par les tribunaux chrétiens ; mais ce ne fut point l'inquisition qui fit couler le sang des enfants réfractaires de l'Église. Ce tribunal, que l'on peint de si noires couleurs, recherchait les hérétiques, s'assurait s'ils l'étaient, délivrait ceux que la haine, la vengeance accusaient faussement de mauvaises doctrines, et renvoyait aux tribunaux séculiers ceux qu'il jugeait coupables. Lorsque le crime lui paraissait mériter la mort, il recommandait l'accusé à la clémence des tribunaux: semblable à un jury qui, prononçant seulement sur la culpabilité, renvoie à la cour d'assises l'application de la peine que la loi prononce, et recommande quelquefois le malheureux sur lequel il vient de statuer à la clémence du souverain.

Les magistrats, faisant l'application des lois qu'ils avaient en main, punissaient souvent ces malheureux du dernier supplice, et peut-être avec trop de rigueur; mais ce sont des événements qui arrivent dans tous les temps et dans tous les lieux, et qui sont causés par tous les partis qui dominent contre les plus faibles. Les premiers chrétiens furent persécutés par les empereurs païens, les orthodoxes par les empereurs ariens ou iconoclastes, les catholiques par les protestants partout où ils furent les plus forts, les prêtres insermentés par les révolutionnaires. On devrait donc se taire sur les persécutions exercées contre les hérétiques, et si l'on gémit sur les supplices qu'ils ont soufferts, ne pas porter sa compassion inclusivement sur les gens de ce parti : un ouvrage consacré aux sciences, comme l'*Encyclopédie moderne*, devrait être impartial, et l'on doit convenir qu'un grand nombre de ses articles est marqué au coin de la plus criante partialité.

1er alinéa de la page 477.

« La ville de Béziers fut prise; environ soixante » mille de ses habitants furent livrés au fer et aux » flammes; les plus riches contrées de la France » furent horriblement ravagées, et l'on disposa à » volonté du patrimoine des malheureux comtes. »

L'auteur de l'article fait sonner bien haut les persécutions exercées contre les albigeois, mais ne parle pas des excès qu'ils avaient commis eux-mêmes. On n'a qu'à lire l'*Histoire ecclésiastique de Fleury*, tom. x, p. 157 de l'édition in-8°, chap. LXIX, n° 24, où en parlant des albigeois, il est dit : « On a » vu, par un crime inoui chez les chrétiens, rebap- » tiser les peuples, profaner les églises, renverser » les autels, brûler les croix, fouetter les prêtres, » emprisonner les moines, les contraindre à prendre » des femmes par les menaces et les tourments, etc. » Faut-il être étonné après cela, qu'après une guerre de dix-huit ans (et l'on sait comment se faisait la guerre dans ces temps à demi barbares), les habitations aient été livrées aux flammes et horriblement ravagées. Les protestants se sont-ils mieux comportés dans le XVIe siècle ?

Du reste, pour montrer la bonne foi de l'auteur de cet article, qui prétend que soixante mille habitants furent livrés aux flammes, nous allons transcrire un passage de l'*Histoire ecclésiastique de Fleury*, qui s'exprime ainsi, liv. LXXVI, n° 45, p. 178 de l'édition in-8°.

« . . . . Ils reçurent le comte, et marchant tous » ensemble, ils vinrent à Béziers. Les habitants » de cette ville étaient non-seulement hérétiques, » mais voleurs et chargés de toutes sortes de crimes. » Quarante-deux ans auparavant, ils avaient tué » dans l'église de la Madeleine *Raymond Trin-* » *cavel*, leur vicomte, et brisé les dents à l'é- » vêque qui les en voulait empêcher. L'armée des » croisés étant arrivée devant Béziers, y envoya » Renaud de Montpellier, qui était alors leur évê- » que, homme vénérable par son âge, sa vertu et sa » doctrine, pour ordonner aux catholiques, s'il y » en avait, de leur livrer les hérétiques que l'évêque » leur nommerait, et dont il avait fait la liste; sinon » qu'ils sortissent de la ville pour ne pas périr avec » les hérétiques. Les habitants de Béziers mépri- » sèrent cette sommation; au contraire, quelques- » uns d'entre eux sortirent de la ville, et, avant » que d'être attaqués, commencèrent à tirer vigou- » reusement des flèches sur les croisés. De quoi *les* » *valets de l'armée* étant indignés, ils s'approchè- » rent des murailles, et, *sans ordre de la noblesse*, » *même à leur insu*, ils prirent la ville d'emblée. Ils » firent main basse sur tous les habitants, et mirent » le feu à la ville. C'était le jour de sainte Made- » leine, vingt-deuxième jour de juillet, et dans » l'église qui lui était dédiée, on tua jusqu'à sept » mille personnes qui s'y étaient réfugiées. Ces deux

» circonstances furent remarquées comme des pu-
» nitions divines, tant à cause des blasphêmes que
» les hérétiques disaient contre cette sainte, *que du
» meurtre de leur vicomte*, qu'ils avaient commis
» dans son église. »

Je regrette avec l'auteur de l'article que je réfute que les catholiques se soient livrés à de pareils excès envers les albigeois; mais on connaît les droits de la guerre; on sait que lorsque les bourgeois d'une ville résistent aux assiégeants, si la ville est prise d'assaut, tous les hommes capables de porter les armes sont passés au fil de l'épée. On voit par ce que dit Fleury que la prise de la ville de Béziers et le massacre des habitants furent l'ouvrage des valets de l'armée, sans l'assentiment de la noblesse; et quoiqu'on ne parle que des habitants massacrés dans l'église, dont on porte le nombre à sept mille, il est à présumer que le nombre de ceux qui furent victimes de leur opiniâtreté et de leur révolte ne se porta pas beaucoup plus haut : l'historien n'aurait pas manqué d'en parler, si ce nombre eût été aussi grand que le dit l'auteur de cet article.

2. « Les indulgences que le pape accordait à
» pleines mains multipliaient continuellement le
» nombre des croisés; et les albigeois, après une
» défense vigoureuse, durent enfin succomber. »

Je désirerais un peu plus de respect pour les chefs de l'Église et pour les choses saintes : MM. les auteurs de la nouvelle *Encyclopédie* ont perdu de vue qu'ils écrivaient principalement pour les Français, et que la religion catholique est la religion de l'État. Ces messieurs, comme je l'ai déjà dit, devraient écrire avec impartialité, et, pour soutenir un parti, ne pas attaquer le plus respectable. Si j'avais l'honneur d'être un des collaborateurs de cet ouvrage, je raconterais les faits tels qu'ils se trouvent consignés dans l'histoire; je me bornerais à dire la vérité. Il me suffira, pour répondre au passage que l'on vient de lire, de renvoyer à ce que j'ai déjà dit de l'audace des novateurs et de la crainte fondée qu'ils inspiraient aux ministres de la religion et aux puissances légitimes. Après cela il est inutile que je continue la réfutation de cet article, écrit dans son entier de la manière la plus passionnée et la plus hostile contre l'Église catholique.

ALLÉGORIE (*littérature*). — P. 537-550. — TISSOT.

Cet article renferme des choses très-instructives; il s'y est cependant glissé une erreur que nous nous sommes imposé l'obligation de relever.

2e alinéa de la page 535.

« Autrefois les prophètes eux-mêmes se croyaient » obligés d'envelopper et de préparer les avis sé-

» vères qu'ils donnaient aux princes. Ils n'osaient » pas plus attaquer en face les crimes du saint roi » David ou les vices de son fils que les fureurs de » Jésabel ou d'Athalie. »

Ce n'est point la crainte qui retenait les prophètes lorsqu'ils usaient de l'allégorie. Le prophète Jonas ayant reçu de Dieu l'ordre d'annoncer à la ville de Ninive que si elle ne faisait pénitence elle serait détruite dans quarante jours, fit des efforts pour s'exempter de cette tâche, qui lui paraissait dangereuse; mais enfin arrivé dans cette ville, il n'usa point d'allégorie. Les prophéties contre Jésabel, Achab et Athalie furent accomplies à la lettre; mais si le prophète Nathan usa de l'allégorie envers David, c'est précisément parce que ce prince avait conservé un cœur droit malgré ses fautes, et que le prophète voulait obtenir de sa bouche l'aveu de son crime en lui faisant sentir l'énormité.

ALLEMAGNE (*géographie*). — P. 550-559. — EYRIÉS.

5e alinéa de la page 555.

« Depuis la réformation, les universités protes» tantes sont incontestablement supérieures aux » universités catholiques. »

Dans quelle partie sont-elles supérieures ? Est-ce

dans la théologie? On connaît la supériorité des théologiens catholiques sur les protestants. Est-ce dans la jurisprudence? Les jurisconsultes français instruits par des professeurs catholiques connaissent-ils moins la lettre et l'esprit des lois que ceux de l'Allemagne et de l'Angleterre? Et notre Code civil, adopté dans une grande partie de l'Allemagne, n'atteste-t-il pas que les Français catholiques sont pour le moins aussi bons légistes que les protestants? Est-ce dans la littérature? Quelle langue a acquis le degré de perfection de la nôtre? Ne connaissons-nous pas aussi bien que les Allemands, et mieux que les Anglais, les langues grecque et latine? Les sciences sont-elles en retard en France relativement aux pays protestants? Tout ce en quoi les universités allemandes sont supérieures à celle de France, c'est dans le nombre des élèves. Mais les Français ont-ils besoin d'aller chez les étrangers pour y puiser les connaissances humaines? Quoique nous ne fassions pas nos études dans les universités d'Oxford, de Cambridge, de Leyde, nous n'en avons pas moins de bons théologiens, de bons jurisconsultes, de bons médecins, et notre littérature n'en est pas moins supérieure à celle des protestants.

Aujourd'hui tout est concentré à Paris, qui non-seulement rivalise pour les arts et les sciences avec toutes les universités du monde, mais excelle sous plusieurs rapports. Avant la révolution, la Sorbonne n'était-elle pas la première école de théologie? La ville de Toulouse ne possédait-elle pas une université célèbre pour la science des lois, et Montpellier pour la médecine? Il y a aussi des savants en Espagne; et les Espagnols catholiques, quoique inférieurs aux Français, sont bien loin de renoncer à la supériorité qu'ils croient avoir dans leur université de Salamanque sur les universités allemandes et anglaises.

7e alinéa de la page 555.

« On attribue l'invention de la poudre à canon à » un Allemand. »

Et cet Allemand, bien loin d'être un protestant, était un moine.

FIN DE LA RÉFUTATION

DU PREMIER VOLUME DE L'ENCYCLOPÉDIE MODERNE.

RÉFUTATION

DU SECOND VOLUME

DE L'ENCYCLOPÉDIE MODERNE.

AMBITION (*morale*). — P. 21 — 25. — JAY.

4ᵉ alinéa de la page 21-22.

« L'homme et le chien, Sixte-Quint et Miraut sont
» deux ambitieux. »

On pourrait dire sans doute avec plus de raison :
L'homme et le chien, Bonaparte et Miraut sont deux ambitieux.

1ᵉʳ alinéa de la page 22.

« Le père le Tellier, confesseur de Louis XIV,
» sacrifiant la gloire du monarque, le repos de la
» France, tous les principes d'humanité au triomphe

» du fanatisme, à l'orgueil intolérant de sa compa» gnie, avait une ambition criminelle. »

On voit bien que les deux griefs que l'auteur de cet article veut reprocher au père Le Tellier, sont: 1° sa qualité de jésuite; 2° la révocation de l'édit de Nantes qu'on lui attribue.

Sur le premier grief, voyez le mot *Affiliation*.

Sur le second, nous sommes bien convaincu que les protestants et les prétendus philosophes sont persuadés que le père Le Tellier, étant confesseur de Louis XIV, ce fut lui qui lui conseilla la mesure tant blâmée de nos jours : mais premièrement il n'est point prouvé que le père Le Tellier ait été l'auteur de cette mesure; d'un autre côté, en supposant que par ses conseils il en eût été la cause, on pourrait peut-être alors lui reprocher un zèle déplacé, et si l'on veut, du fanatisme, puisque on emploie si souvent ce mot; mais je ne vois pas en quoi l'ambition du père Le Tellier ou des jésuites pouvait être favorisée par ce coup d'état.

On sait ce qui fut cause de la révocation de l'édit de Nantes. Bossuet avait écrit ses ouvrages de controverse, et son *Histoire des Variations*; et la force de la vérité présentée avec clarté par ce grand homme, avait dessillé les yeux à un grand nombre de protestants. On savait que Louis XIV désirait sincèrement la conversion de ces chrétiens égarés et, dans toutes les provinces, on faisait valoir tous les moyens que l'on supposait devoir les amener à une conversion volontaire. Le roi demandait souvent des nouvelles des protestants. Mais ses courtisans, ayant grossi pour le flatter le nombre des convertis, et lui faisant entendre que ceux qui jusqu'alors avaient résisté ne formaient qu'un petit nombre d'obstinés, Louis, qui aimait à être obéi, et qui croyait le nombre des protestants beaucoup plus petit qu'il ne l'était réellement, crut achever son ouvrage en révoquant l'édit de Nantes. En admettant qu'il se soit trompé, rien ne prouve que le père Le Tellier ait sollicité l'expulsion de ces malheureux.

4e alinéa de la page 23.

« L'ambition entée sur l'égoïsme est une source » féconde d'injustices et de crimes. Les forfaits les » plus épouvantables qui aient noirci les annales » des peuples sont dus à cette funeste passion. »

Bien jusques-là, mais où ce début nous conduira-t-il?

« Je n'en citerai qu'un exemple : »

Voyons comment il sera choisi?

« C'est l'ambition de la Cour de Rome, héréditai» rement transmise de pontife en pontife, qui, pen» dant des siècles a couvert l'Europe de sang et de » ruines; c'est-elle, pour tout dire en peu de mots, » qui a donné les jésuites au monde, et qui a créé » l'inquisition. »

C'est la cour de Rome, ce sont les jésuites, c'est l'inquisition qui excitent la fureur de nos philosophes; c'est contre ces trois puissances qu'ils dirigent tous leurs efforts, et si l'édifice ne croule pas sous les coups de belier qu'ils lui assènent de toutes leurs forces, ce ne sera pas leur faute.

Je demanderai d'abord à ces Messieurs ce qu'ils entendent par la cour de Rome : entendent-ils parler de la puissance temporelle, ou de la puissance spirituelle ?

Quant à la première, tout le monde convient, excepté le sénat de Napoléon, qui avait décidé dans un sénatus-consulte qu'aucun prêtre ne pouvait être souverain, tout le monde convient, dis-je, que le pape exerce, et a droit d'exercer à Rome, et sur le territoire qui compose son petit royaume, la même autorité que celle que les autres monarques exercent dans les leurs. Les papes n'ont point levé des armées, ils n'ont point cherché à conquérir des provinces : sous ce rapport ils ont donc été les moins ambitieux de tous les souverains.

D'ailleurs, sans justifier tous les papes de l'accusation d'avoir eu toute autre ambition que celle de propager l'Evangile, que l'on consulte l'histoire, et l'on verra que jamais aucun trône n'a montré plus de modération que le trône pontifical.

Dans le temps ou l'opinion, reine du monde, reconnaissait dans le pape la souveraineté universelle, les pontifes les plus entreprenants se sont bornés à accorder à certains rois des îles à conquérir, à en menacer certains autres de livrer leur couronne au premier occupant : depuis que l'opinion de l'Europe a changé à cet égard, quel pape a fait de pareilles concessions ou de pareilles menaces? Les opinions politiques varient suivant les siècles, et c'est l'opinion régnante chez les peuples civilisés qui forme ce qu'on appelle le droit public. Il n'est pas étonnant que les papes, se trouvant investis de cette autorité par le droit public de ces époques, aient usé du pouvoir que l'opinion leur reconnaissait; ils ne seraient dignes de blâme qu'autant qu'ils en auraient abusé.

Que Bonaparte ait trahi et détrôné le roi d'Espagne, son allié, qu'il ait traîné en captif le vénérable Pie VII, on ne l'appellera pas moins le grand homme de son siècle.

> Vous leur fîtes, Seigneur,
> En les croquant beaucoup d'honneur.

Mais qu'un pape ait excommunié un souverain, tyran plutôt que père de son peuple; qu'il l'ait menacé de délier ses sujets du serment de fidélité, afin de l'engager à mieux régler à l'avenir sa conduite et le gouvernement de ses États, c'est un crime impardonnable.

> Manger l'herbe d'autrui, quel crime abominable!

La puissance spirituelle, bornée aux matières qui concernent le royaume de Dieu, n'est point l'objet d'une ambition condamnable ; car cette ambition ne consiste qu'à gagner à Dieu des âmes qu'il a rachetées au prix de son sang. Et toutes les fois qu'elle n'aura que ce but, elle sera utile, elle sera légitime. Ainsi l'établissement des jésuites, et la protection que les souverains pontifes leur accordèrent, n'ayant d'autre objet que de favoriser un ordre religieux dont les membres allaient, au péril de leur vie, porter la foi et la morale chrétienne chez les peuples sauvages ou idolâtres, ne peut non plus être blâmée. Voyez d'ailleurs aux mots *Affiliation*, *Jésuite*, la réfutation de ce que l'on dit contre eux.

Relativement à l'inquisition : son institution et son but n'avaient rien que de louable et d'utile, puisque instituée par le pape...., à la sollicitation des souverains, elle ne tendait, dans son origine, qu'à reconnaître les manichéens et autres hérétiques, qui dissimulaient leur croyance toutes les fois qu'ils avaient quelque sujet de craindre de la manifester ; et qui, lorsqu'ils étaient les plus forts, pillaient les temples, profanaient les saints mystères, brûlaient les croix et maltraitaient les prêtres et les moines. Voyez d'ailleurs ce que nous avons dit plus haut....

Peut-on reprocher aux papes d'avoir couvert l'Europe de sang et de ruines ? Quel est cet Attila revêtu des ornements pontificaux qui a semé sur ses pas l'incendie et le carnage ? l'histoire ne nous en fait connaître aucun.

Mais si nous voulons choisir ailleurs, nous trouverons assez d'exemples d'une ambition égoïste qui a causé la ruine d'un grand nombre de pays, et la mort de plusieurs millions d'hommes. Alexandre, Pyrrhus, Sylla, Marius, César, Mahomet, Gengis-kan, Attila, Bonaparte; mais les papes, quoique souverains, n'ont jamais été guerriers.

Veut-on alléguer contre eux les croisades contre les Mahométans? J'ai dit plus haut que ces guerres saintes, que les papes avaient à la vérité encouragées, mais qu'ils n'avaient pas dirigées, avaient un but éminemment utile, soit sous le rapport de la politique, soit sous celui de la religion.

Veut-on parler de celles qui eurent lieu contre les albigeois et autres hérétiques? les papes les autorisèrent, il est vrai, par les indulgences qu'ils accordèrent; mais ils ne les dirigèrent pas non plus, et ces guerres n'étaient d'ailleurs autre chose que la défense du pouvoir légitime contre la révolte.

Veut-on parler des horreurs commises dans les guerres des protestants? que l'on consulte l'histoire, et l'on verra de quel côté il s'en commit le plus.

AME (*philosophie*, *métaphysique*). — P. 36-46.

1er alinéa de la page 38.

1. « L'opinion générale parmi les chrétiens, et » qui n'est point article de foi, est qu'elles sont » créées de Dieu et infuses à la naissance du corps. »

Cet article aurait besoin d'un peu plus de clarté; car on ne sait pas si c'est la création des âmes, ou bien leur jonction au corps qui n'est pas article de foi; je pense qu'on aurait parlé plus clairement en disant :

« L'opinion générale parmi les chrétiens est que l'âme, créée de Dieu lorsque le corps de l'enfant est formé, lui est jointe avant sa naissance. »

Je dis *avant sa naissance*, sans déterminer l'époque de la gestation à laquelle l'âme est unie au corps, parce que les théologiens s'en rapportent, à ce sujet, à la décision des médecins, qui seuls peuvent connaître à quelle époque l'embryon est assez formé pour pouvoir être uni à l'âme.

Dernier alinéa de la page 39-40.

« De la matérialité de l'âme, les anciens con-
» cluaient son influence immédiate sur le corps;
» telle fut l'opinion des premiers Pères de l'Église,
» qui, craignant d'assimiler la substance de l'âme à
» celle de Dieu, la supposèrent matérielle. »

L'auteur de cet article a encore consulté, au sujet de la spiritualité de l'âme, les auteurs ennemis de la religion : nous allons leur répondre par un passage du *Dictionnaire théologique* de Bergier, au mot *Ame*, p. 195 et suivantes.

« Dans l'impossibilité, nous dit cet auteur, de faire de Jésus-Christ un matérialiste, nos savants dissertateurs ont voulu imprimer cette tache aux

Pères de l'Église : ils ont soutenu que comme aucun des anciens philosophes n'a eu l'idée de la parfaite spiritualité, les Pères de l'Eglise ne l'ont pas mieux conçue; qu'ils ont seulement entendu par *l'esprit* une matière *subtile;* que selon leur opinion Dieu, les anges, les âmes humaines, sont foncièrement des corps, mais légers, ignés ou aériens.

» Nous n'avons certainement aucun intérêt à justifier les anciens philosophes; mais nous ne pouvons nous résoudre à croire que des hommes qui ont combattu de toutes leurs forces contre le matérialisme des épicuriens soient tombés cependant dans la même erreur. Cicéron, dans ses *Tusculanes*, a prouvé la spiritualité de l'âme aussi solidement que Descartes ; et il fait profession de répéter les leçons de Platon, de Socrate et d'Aristote. Nos littérateurs modernes se sont moqués de celui-ci parce qu'il a dit que l'âme est une *entéléchie;* ils ont vu que εντελεχεια chez les Grecs, signifie la même chose que *intelligentia* chez les latins. Voilà des dissertateurs fort en état de juger de la doctrine des anciens philosophes !

» Nous croirons encore moins que les Pères de l'Église aient préféré les leçons du Portique ou de l'Académie à celles de l'Écriture sainte, et qu'en admettant un Dieu créateur ils ont supposé un Dieu corporel (1) ; ces deux dogmes sont incompatibles.

(1) Ce n'est point l'erreur de l'auteur, puisqu'il dit que si les Pères de l'Église ont cru la nature de l'âme matérielle, c'était

La plupart ont insisté sur ce qu'il est dit dans la *Génèse* que Dieu a fait l'homme à son image, et ils n'ont jamais pensé qu'un corps, tant subtil qu'il pût être, pouvait ressembler à un pur esprit. Enfin tous ont attribué à l'âme humaine l'intelligence, la liberté et l'immortalité, propriétés qui ne peuvent appartenir à un corps.

» A la vérité, les Pères de l'Église, obligés de s'assujettir au langage ordinaire, ont été dans le même embarras que les philosophes; ils ont été forcés d'exprimer la nature, les propriétés, les opérations de l'âme, par des termes empruntés des choses corporelles, parce qu'aucune langue de l'univers ne peut en fournir d'autres; ainsi les uns ont pris le mot *corps* dans un sens synonyme à celui de substance, parce que celui-ci n'était pas employé chez les latins dans la même signification que chez nous; les autres ont appelé la manière d'être des esprits une *forme*, et leur action un *mouvement;* d'autres ont désigné la présence de l'âme dans toutes les parties du corps par le mot *diffusion*, *égalité* ou *quantité;* autant de métaphores sur lesquelles il est ridicule d'appuyer des arguments. Au IIIe siècle de l'Église, Plotin, disciple de Platon, dans sa quatrième *Ennéade;* au IVe, saint Augustin dans son livre *De Quantitate Animæ ;* au Ve, Clau-

pour ne point la confondre avec la nature divine; cependant comme le passage du *Dictionnaire théologique* que nous transcrivons combat l'une et l'autre erreur, nous n'avons pas cru devoir en extraire ce qui ne concerne que la nature divine.

dien Mamert, dans son traité *De Statu Animæ*, ont démontré l'immatérialité de l'âme par les mêmes preuves que Descartes : il est donc ridicule de leur attribuer le matérialisme par voie de conséquence, ou sur quelques expressions qui ne sont pas parfaitement exactes, pendant qu'ils font une profession formelle de la doctrine contraire.

» Le comble de la témérité a été d'affirmer, comme on l'a fait de nos jours, que saint Augustin est le premier qui, après bien des efforts, est venu à bout de concevoir la spiritualité et l'essence de l'âme; que cependant il a toujours raisonné en parfait matérialiste sur les substances spirituelles. Non-seulement dans l'ouvrage que nous venons de citer, mais dans le livre x *De Trinitate*, chapitre x, ce Père donne de la spiritualité de l'âme une démonstration à laquelle aucun matérialiste n'a jamais répondu.

» On attribuait autrefois à saint Grégoire Thaumaturge une dispute dans laquelle l'auteur prouve contre Tatien que l'âme humaine est une substance immatérielle, simple, et non composée, par conséquent immortelle. Cet ouvrage est sans doute d'un écrivain plus récent, mais qui raisonne très-solidement. Gérard Vossius observe que la même doctrine est formellement professée par saint Maxime dans une dissertation sur l'âme, par saint Athanase, par saint Jean Chrysostome et par saint Grégoire de Nazianze.....

» Parmi les passages allégués par les incrédules pour calomnier les Pères, il y en a plusieurs qui sont forgés, d'autres que l'on a tirés d'ouvrages qui ne sont point des auteurs auxquels on les attribue, d'autres dans lesquels on force le sens des expressions; mais nos adversaires ne sont pas scrupuleux sur le choix des armes dont ils se servent.

» Ils disent que les anciens étaient fort embarassés à expliquer l'origine de l'âme, surtout Tertullien, 1. *De Animâ*, chapitre XIX, et saint Augustin, 1. *De Origine Animæ*; mais avons-nous besoin de l'expliquer mieux que ne le fait l'Écriture sainte? Saint Augustin n'a traité cette question que parce qu'il aurait voulu concevoir comment le péché d'Adam est transmis à ses descendants. Cela n'est pas fort nécessaire; il suffit de croire le dogme du péché originel, tel qu'il est révélé. Tertullien, dans ce livre même, chap. XIV, soutient de toutes ses forces la simplicité, l'indivisibilité, et l'indissolubilité de l'âme. Cependant l'on s'obtine à dire qu'il a cru l'âme corporelle. »

Après ce que l'on vient de lire, il est inutile de rechercher dans quelles sources l'auteur de cet article a puisé ce que nous venons de critiquer; il est inutile aussi de chercher de nouvelles raisons pour réfuter l'erreur dans laquelle il est tombé.

AMIRAUTÉ (*marine*). — P. 97-98. — PARISOT.

Sur ce mot une seule observation.

On lit à la page 98 :

« L'un des nombreux bienfaits de la révolution » est la suppression de toutes les juridictions spé» ciales ou exceptionnelles. »

D'abord M. Parisot se trompe dans le fait, puisque la révolution a laissé après elle des cours spéciales, et que l'empire avait établi des cours prévôtales des douanes, sans parler des fréquentes commissions militaires qui ont versé tant de sang innocent, et qui ont rougi le sol français de celui d'un jeune héros destiné à être le soutien du trône des Bourbons. Louis XVIII a été le premier qui, par sa Charte, a supprimé les juridictions exceptionnelles. On devrait donc substituer au mot *révolution* celui de *restauration*, et l'erreur disparaîtrait. Mais la révolution a versé plus de sang innocent que les cours exceptionnelles n'ont versé de sang coupable depuis Louis XI jusqu'en 1789.

AMNISTIE (*politique*).—P. 108-122.—J.-P. PAGÈS.

Cet article est écrit avec une adresse qui donne, en détail, peu de prise sur lui; cependant on doit se méfier d'une grande partie des assertions qu'il contient, lorsque, après avoir fait l'éloge des républiques sous le rapport des amnisties, sans faire attention que tel était le gouvernement de Rome lors des proscriptions de Marius et de Sylla, il donne la préférence aux gouvernements purement despotiques sur les monarchiques, et qu'il nous dit que *les ministres, les courtisans, les favoris, les maîtresses, les confesseurs, ajoutent à la table de proscription* des monarchies absolues, l'on voit quel serait le goût de l'auteur, quels sont ses regrets, quels sont ses désirs. Qu'il nous cite un exemple que l'on puisse comparer à ceux que nous a offerts la France républicaine. Mais s'il est dans l'impossibilité de nous en fournir, il voudra bien nous permettre de penser que les amnisties des républiques, lorsqu'il leur plaît d'en accorder, contiennent bien plus d'exceptions que celles des souverains. Qu'il ne nous ôte pas surtout l'opinion où nous sommes que les confesseurs des rois sont loin de demander que l'on verse le sang de leurs concitoyens. Quant aux maîtresses et aux favoris, c'est insulter bien gratuitement la souveraineté que de lui attribuer assez de complaisance pour verser le sang des sujets dans le seul but de satisfaire une fantaisie aussi cruelle. Quant aux ministres qui sont toujours nouveaux à ces époques qui suivent un bouleversement général, l'on doit croire que dans les exceptions qu'ils proposent ils ne sont mus que par le bien public et la sûreté de l'État dont le gouvernement leur est confié.

Dernier alinéa de la page 113-114.

J'aurais été étonné si je n'avais pas trouvé dans cet article de M. J. P. Pagès quelque diatribe contre les prêtres; mais le passage suivant m'a prouvé que je ne m'étais pas trompé dans mon opinion à ce sujet. Il est ainsi conçu :

« L'aristocratie sacerdotale est plus effroyable en» core : si l'espionnage terrestre lui manque, elle » épouvante les consciences par des monitoires, et » les appelle à la délation en les menaçant des » tourments éternels de l'enfer ; le nom de Dieu est » le manteau qu'elle jette sur ses crimes. »

Voilà des phrases sonores, et de beaux lieux communs ; il n'y manque qu'une chose, la vérité.

Qu'on nous dise ce que c'est que cette aristocratie sacerdotale, ces monitoires, qui épouvantent les consciences, afin d'appeler à la délation des hommes simples dont la conscience est troublée ; et enfin quels sont les crimes que les prêtres couvrent à l'aide du nom de Dieu ?

Et d'abord quel est le gouvernement soumis à l'aristocratie sacerdotale ? Je ne connais aujourd'hui que les États du pape. Or quelles sont les proscriptions ordonnées par le père commun des fidèles ? Quelles sont les recherches ordonnées par les saints pontifes Pie VI et Pie VII après leur expulsion de la capitale des États romains ? Quels sont les monitoires qu'ils ont fait publier pour connaître les ennemis de leur gouvernement ? Quels sont les innocents proscrits par le pape ou ses ministres ? Si M. J.-P. Pagès n'entend point parler des États romains, qu'il nous indique le lieu et le temps où ces horreurs ont été commises.

2. « Elle veut amnistier ; mais pour oublier la » faute, il faut qu'on la lui révèle ; et pour pardon- » ner au coupable, il faut qu'on le lui nomme. Elle » le connaît à peine que les cachots de l'inquisition » absorbent les misérables victimes, qu'ils ne vo- » miront plus tard qu'au milieu des flammes de l'au- » to-da-fé. »

Voilà encore de belles phrases pour les ennemis des prêtres et de la religion ; mais je le demande encore, où commet-on de pareilles horreurs ? L'in- quisition d'Espagne, contre laquelle on élève tant de clameurs, ne s'est jamais portée à ces excès.

3. « Sous l'aristocratie militaire, on remarque » quelque apparence de loyauté dans l'oubli du » passé ; en Pologne, l'échafaud a rarement succédé » à l'amnistie. Ce n'est point que l'aristocratie des » camps soit plus magnanime que celle des palais ou » des temples ; mais elle est plus forte et ne semble » moins cruelle que parce qu'elle est moins lâche. »

Quant à l'aristocratie des palais et des temples, j'ai déjà dit, sur les passages précédents, que je ne voyais rien dans l'histoire qui justifiât les abomina- tions qne M. J.-P. Pagès ose donner comme cer- taines ; mais j'en sais assez pour ne point partager son opinion relativement à la loyauté qu'il attribue à l'aristocratie militaire. Oui, les militaires qui se tiennent dans les bornes de leur autorité, et qui obéissent à leurs chefs sont des hommes pleins de loyauté, de bonne foi et de courage ; ce sont des hommes à l'abri de tout soupçon, et auxquels on peut se confier sans crainte de compromettre ses intérêts ; mais si ces mêmes militaires usurpent une autorité qu'ils ne doivent pas avoir, s'ils veulent se mêler du gouvernement, ils deviennent, surtout lorsqu'ils sentent la faiblesse du parti qu'ils ont embrassé, les plus lâches et les plus cruels des hommes ; on n'a qu'à se rappeler les *cent-jours* et les horreurs commises par les militaires dans les provinces méridionales, pour être convaincu de la vérité de ce que j'avance, et je pourrais dire sans crainte d'être démenti :

. . . . Quæque ipse miserrima vidi,
Et quorum pars magna fui. . . . .

Nous avons répondu à l'alinéa qui suit par les trois observations que l'on vient de lire.

Mais au dernier alinéa de la page 115, on trouve les réflexions suivantes, au sujet des amnisties accordées par les gouvernements représentatifs, où, sous le masque de l'amour de la patrie, on blâme la conduite que tint le gouvernement à l'époque qui suivit les *cent-jours*.

Voici comment elles sont conçues :

1. « Combien j'aimerais à citer la France représen-» tative ! Pourquoi son amnistie de 1815 a-t-elle été » donnée au milieu des craintes individuelles et des » troubles civils ? »

Parce que l'aristocratie militaire des *cent-jours* avait imprimé une telle terreur que les gens du peuple, vexés pendant ce temps de calamité, réagirent par la force nécessaire des choses, et ne purent être arrêtés dans ce moment de fièvre morale, si l'on peut employer cette expression, par la sagesse du gouvernement qui se voyait encore menacé par ses ennemis.

2. « Pourquoi l'aristocratie politique s'en est-elle » emparée, pour restreindre la clémence, par la » funeste invention des catégories persécutrices? »

Parce que le roi et la France avaient été trahis au retour de Bonaparte de l'Ile d'Elbe, par ceux-là mêmes à qui ce bon souverain avait pardonné les crimes les plus nombreux et les plus énormes, notamment par les régicides, qui, amnistiés une première fois, n'en furent que les plus acharnés persécuteurs des royalistes. En Angleterre, lors de la restauration, les régicides furent tous condamnés à perdre la vie. En France le noble testament de Louis XVI avait fait tout oublier. Mais à la seconde restauration française, le roi put connaître les moteurs des troubles civils, ceux qui avaient appelé en France l'usurpateur, et il les excepta du pardon accordé à la masse des Français égarés.

Quant aux autres, ils avaient abusé de la confiance de leur souverain; ils avaient tout à la fois trahi et abandonné la cause royale : la politique exigeait un exemple, et les Labédoyère, et autres que je m'abstiendrai de nommer, parce que je ne veux pas révoquer en doute leur repentir, furent jugés ou exilés.

« Pourquoi l'aristocratie juridique a-t-elle pu » poursuivre ceux que la magnanimité n'avait point » garantis, mais que la puissance n'avait point » frappés? »

Parce que cette aristocratie juridique (puisque vous l'appelez ainsi, au lieu de lui donner le nom d'*autorité judiciaire*), est chargée par le souverain et par les lois de punir les coupables qui lui sont dénoncés, et que les principaux auteurs de nos troubles civils méritaient pour le moins autant d'être poursuivis par les tribunaux, qu'une foule de criminels obscurs qui n'ont point attaqué la société dans sa base, et qui n'ont lésé que les intérêts, souvent peu importants, de quelques particuliers. Les tribunaux ont fait leur devoir; et, n'en déplaise à M. J.-P. Pagès, protecteurs de la veuve et de l'orphelin dans leurs jugements civils, ils sauront toujours dans leurs cours d'assises et leurs chambres de police correctionnelle veiller à la sûreté du trône et de l'autel. M. J.-P. Pagès est peut-être le seul depuis la restauration qui ait osé taxer les tribunaux de sévérité.

« Pourquoi l'aristocratie civile a-t-elle garotté » par des surveillances ceux que l'autorité n'avait » point écartés par le bannissement? »

Parce que c'était bien la moindre chose que pût faire l'autorité administrative que de surveiller les ennemis du gouvernement. Dans les *cent-jours* n'a-t-on pas surveillé, emprisonné, menacé de faire fusiller les partisans des Bourbons?

« Pourquoi une hideuse populace, funeste instru-
» ment de toutes les aristocraties, a-t-elle ajouté
» aux rigueurs légales le pillage et l'assassinat? »

Parce que la populace, quelque parti qu'elle adopte, est toujours populace; parce qu'elle ne sait arrêter l'élan de sa fureur, lorsqu'une fois elle a rompu son frein. Les assassinats commis à Toulouse et à Nîmes ne sont pas plus étonnants que l'incendie des châteaux, les horreurs commises à Versailles et à Paris, et les massacres des nobles et des prêtres.

A l'alinéa suivant, p. 116 et 117, vers la fin, parlant de la manière dont les rois interprètent les amnisties qu'ils ont accordées, l'auteur de la notice nous dit :

« Louis XIII interprète l'amnistie par la prise de
» La Rochelle, dernier boulevard des réformés; et
» Louis XIV l'exécute par les *dragonades*, la con-
» fiscation, le bannissement et l'échafaud. »

Les réformés, s'érigeant en république au sein de la France, s'étaient fortifiés dans la ville de La Rochelle, où ils prétendaient se rendre indépendants. Peut-on, sans annoncer soi-même des intentions contraires à la monarchie, blâmer Louis XIII d'avoir exercé le droit qu'il avait incontestablement de rentrer dans la pleine souveraineté de cette ville, et de ramener ses sujets à leur devoir.

On parle beaucoup des *dragonades*, que l'on représente comme la plus criante persécution que l'on ait pu exercer contre les protestants; nous croyons utile, pour prévenir le lecteur contre ces déclamations des philosophes anti-catholiques, de faire connaître en quoi elles consistèrent.

Les protestants des Cevènes, sourds à toutes les représentations et à toutes les exhortations de saint François Régis, vivaient dans un état de révolte ouverte contre l'autorité souveraine. Louis XIV envoya quelques régiments de dragons en garnison aux frais des habitants. Ces dragons, semblables aux garnisons envoyées dans les temps les plus florissants de l'empire français, étaient exigeants; ils voulaient vivre en grands seigneurs aux dépens des pauvres paysans, et les menaçaient de leur sabre pour obtenir ce qu'ils leur demandaient. Ces derniers se rendirent enfin, et promirent de ne plus se révolter, afin d'éviter de nouvelles visites de ce genre. Voilà les *dragonades* contre lesquelles on a tant déclamé. J'avoue que ces visites n'étaient point agréables; mais, en se contentant de nommer les *dragonades*, sans expliquer en quoi elles consistaient, il semble que l'on cherche à faire croire que les dragons avaient été envoyés dans les Cevènes pour sabrer hommes, femmes, enfants. Je n'oserais penser que telle fut l'intention de l'auteur de cette notice....

Quoique je n'aie pas cru devoir réfuter ligne à ligne l'article de M. J-P. Pagès, je dois prévenir le lecteur que je suis loin de partager un grand nombre d'opinions qu'il a manifestées dans sa notice. Voici quelle est ma manière de voir au sujet de l'amnistie.

L'amnistie est un acte de clémence du souverain émis à la suite de troubles civils, et ayant pour but de mettre un terme à la vengeance des lois redoutée par un grand nombre de coupables.

L'amnistie diffère de la grâce en ce que cette dernière s'accorde à un petit nombre d'hommes, et leur remet la peine qu'ils ont encourue après que les tribunaux l'ont prononcée; l'amnistie, au contraire, empêche les poursuites et les jugements contre les coupables, supposés en plus grand nombre.

Mais de même que le souverain peut user comme il le juge à propos du droit de faire grâce, et que, dans une affaire donnée, il peut pardonner au grand nombre, et refuser la grâce à un petit nombre parmi ceux qu'il juge les plus coupables. De même à la suite d'une révolution, d'une guerre civile, d'une révolte, il peut accorder l'amnistie à la multitude égarée, et en excepter les moteurs et les chefs des troubles qu'il est parvenu à faire cesser. L'exception est souvent nécessaire afin d'empêcher le retour prochain de désordres semblables.

Le souverain qui amnistie et qui excepte ne proscrit pas; il pardonne à une partie de ses ennemis, et laisse aux tribunaux le soin d'appliquer aux autres la juste rigueur des lois. Les premiers doivent se féliciter de la bonté du souverain, les seconds n'ont aucune raison de se plaindre.

AMORTISSEMENT (*économie politique.*) — P. 122-123. — J.-P. PAGÈS.

Sur ce mot, on trouve à la page 127, deuxième alinéa, un calcul qui me paraît erroné. Voici ce que dit l'auteur :

« Le gouvernement a besoin de 100,000 francs, » il les demande au crédit; la rente est à 80 p. 0/0, » il faut donc emprunter 125,000 francs : il consacre » une rente annuelle de 6,250 francs pour le paie- » ment des intérêts, et une somme annuelle de » 10,000 francs pour éteindre le capital par l'amor- » tissement. On suppose, en outre, le gouverne- » ment économe et sage, ce qui fait monter la rente » au pair; et l'on trouve que la rente est rachetée, et » la dette éteinte en dix ans et trente jours; mais en » récapitulant les dépenses, on trouve aussi :

» Emprunté dans l'origine	125,000 fr.
» Payé à l'amortissement	101,300
» Payé en rentes aux créanciers.	63,400
» Total	289,700 fr. »

Je ne me connais pas beaucoup en finances; cependant il me semble qu'il n'est pas difficile de reconnaître l'exagération de ce calcul. En effet, j'accorde que la rente étant à 80, le gouvernement, qui a besoin de 100,000 francs, soit obligé de s'engager pour 125,000 francs, ce qui est déjà bien exagéré ;

car de deux choses l'une, ou la rente sera plus élevée lors de l'emprunt, ou elle ne montera pas subitement au pair; mais n'anticipons pas.

Le gouvernement a donc emprunté, pour avoir 100,000 francs, une somme de 125,000 francs; il paie une rente de 6,250 francs pour les intérêts de cette somme, et il affecte à l'amortissement 10,000 francs par an; ce qui fait annuellement une somme de 16,250 francs. Cela posé, il ne s'agit plus que de faire un calcul par échelettes, duquel il résulte que le gouvernement paie au bout de dix ans une somme de 161,657 fr. 17 cent.

Ajoutons à cela, comme je l'ai déjà dit, que la rente n'augmente pas si subitement de valeur que l'auteur de cette notice a voulu le supposer; ajoutons encore que les opérations de la caisse d'amortissement étant journalières, cela procure un bénéfice considérable sur les sommes à payer, et nous serons alors convaincus que l'on doit beaucoup diminuer de ce que dit M. J.-P. Pagès contre le mode de l'emprunt, et les opérations de la caisse d'amortissement; en effet l'Angleterre a une dette beaucoup plus élevée que la nôtre, et ses finances l'ont rendue une puissance colossale.

D'un autre côté, le peuple n'est point vexé par un impôt continu, et qu'il paie gaiement, parce qu'il a contracté l'habitude de payer; mais il le serait par un moyen violent, que l'on serait obligé d'employer dans un pressant besoin pour se procurer l'argent nécessaire. Le peuple sera certainement moins maltraité s'il est obligé de payer deux cent millions de plus en dix ans, que s'il était chargé de cent millions payables dans un an; d'où l'on doit conclure que le calcul de M. J.-P. Pagès, qui peut inspirer des craintes au premier aperçu, perd, dès qu'il est rectifié, tout ce qu'il peut avoir d'effrayant pour les contribuables.

1er alinéa de la page 130.

A propos d'amortissement, on ne se douterait pas que l'on pût attaquer les papes; mais, sous la plume de J.-P. Pagès, tous les sujets peuvent conduire à ce but. Voici ce qu'il nous dit :

« Comme le crédit public est basé sur la probité » publique, l'amortissement doit avoir une origine » licite. Cependant quelques gouvernements l'ont » puisé dans des sources honteuses : le pape Inno- » cent II réduisit l'intérêt de 4 à 3 pour cent, et » consacra cette réduction au paiement de la dette; » l'Angleterre a aussi réduit les intérêts, une pre- » mière fois de 6 à 5, et une seconde de 5 à 4, pour » accroître les fonds d'amortissement. Ceci n'est pas » une banqueroute, c'est une faillite; et cette opé- » ration financière ressemblerait fort à un concordat, » si elle n'était impérative d'un côté et obligatoire » de l'autre. »

Je n'examinerai pas ici si la réduction de l'intérêt des rentes dues par le gouvernement est utile et politique, ou si elle est plus nuisible qu'avantageuse; je laisse aux financiers le soin de discuter cette question importante d'économie politique: mais ce moyen est-il une voie honteuse, comme le prétend M. J.-P. Pagès? Je ne le pense pas; et s'il est aussi juste que tout autre, le pape Innocent II et le gouvernement d'Angleterre seront justifiés des accusations que cet auteur semble vouloir diriger contre eux.

En effet, qui ne sait que dans tous les États le souverain a le droit d'établir des impôts pour subvenir aux charges publiques? Dans les gouvernements absolus, il le peut seul; dans les gouvernements mixtes, il le peut avec le concours de l'autorité qui balance son pouvoir. Si le souverain peut établir des impôts fonciers sur les terres, des impôts indirects sur les boissons, ne peut-il pas faire contribuer les rentiers et les capitalistes dont il tient les fonds? S'il diminuait la dette comme on le fit au commencement de la révolution, ce serait une banqueroute; mais s'il se contente de réduire le terme de la rente, par exemple de 5 à 4, il ne fait autre chose qu'imposer les rentiers pour un cinquième de leurs revenus. Je n'entre pas, comme je l'ai déjà dit, dans l'examen de l'utilité de cette mesure; mais je pense qu'il serait aussi juste que les rentiers contribuassent aux charges que les propriétaires des vignes du Midi, par exemple, qui, après avoir payé l'impôt foncier, sont obligés de verser en contributions indirectes au moins la moitié de la valeur de leurs denrées. Que l'on ne dise pas que les rentiers ou capitalistes sont frappés par les contributions indirectes plutôt que les propriétaires; ce serait inexact. Les impôts sur les boissons frappent plus le cultivateur que le consommateur, parce que, outre la gêne que ce genre d'impôt cause au commerce de ces sortes de produits, celui qui achète fait entrer en considération les droits d'entrée ou de mouvement qu'il sera obligé de payer. Il est malheureux que, depuis la restauration, les ministres et les chambres n'aient pas voulu consentir à ce que cet impôt, que notre bon Roi Charles X et son auguste fils Monseigneur le Dauphin avaient promis d'abolir, ait été remplacé par un autre, et qu'on n'en ait changé que le nom.

Il paraît encore que M. J.-P. Pagès n'a pas une idée bien distincte de ce qui constitue la banqueroute ou la faillite. Si cet auteur consultait le Code de commerce, il verrait que la faillite est la situation du commerçant dont le passif surpasse l'actif, lorsque cette position étant découverte, il est mis hors d'état de remplir ses engagements. Mais de la faillite dérivent la banqueroute simple et la banqueroute frauduleuse.

Il y a banqueroute simple lorsque le failli a à se reprocher des fautes plus ou moins graves. Il y a banqueroute frauduleuse lorsque le failli cache sa situation à ses créanciers par des manœuvres condamnables, et cherche à couvrir une partie des biens qu'il doit leur abandonner. Voilà en abrégé la doctrine qui concerne les faillites et les banqueroutes; et l'on peut induire de là que cette différence, causée par les malheurs, par les fautes, ou par la mauvaise foi, ne consiste pas dans le défaut de paiement des intérêts, ou du capital des créances.

AMOUR (*morale*). — P. 134-152. — Eloi Joanneau.

Cette notice est écrite avec goût; je ne dois pas moins prévenir le lecteur contre quelques inexactitudes qui s'y sont glissées, et d'abord l'auteur semble blâmer les principes et contester les talents d'un homme pour lequel j'ai conçu, dès ma première jeunesse, la plus vive admiration. Voici comment il s'exprime au cinquième alinéa de la page 134 :

« L'auteur des *Martyrs* a le premier établi cette » division. C'est un des grands traits philosophiques » que l'on se plaît à rencontrer au milieu des idées » paradoxales, et des écarts continuels de sa bril» lante imagination. »

L'imagination du noble pair dont on parle ici est brillante, il est vrai; il est encore vrai que, dans les ouvrages de cet illustre auteur, l'on rencontre de grands traits philosophiques, et en plus grand nombre que ne le pensent certaines personnes. Mais l'auteur des *Martyrs* et du *Génie du Christianisme* est un philosophe chrétien; comme tel, ses idées ont paru extraordinaires dans le siècle, et surtout dans la partie de siècle où ses ouvrages ont paru; mais au milieu des écarts de sa brillante imagination, on trouve la vérité; et s'il existe des idées paradoxales dans quelques-unes de ses œuvres, c'est dans l'ouvrage qu'il a lui-même condamné, son *Essai sur les Révolutions;* mais son *Génie du Christianisme*, son *Itinéraire de Paris à Jérusalem* et ses *Martyrs* sont au nombre des ouvrages que je me plais à relire souvent, et dans lesquels je trouve, au milieu de quelques écarts d'imagination qui ne touchent qu'aux ornements du style, plus de véritable philosophie que dans toutes les œuvres de Voltaire et de Rousseau réunies.

Au cinquième alinéa de la page 138. On trouve une assertion qu'il est important de relever.

«L'amour mystique (nous dit l'auteur de cette »notice) confond l'émotion qui nous élève vers le »Créateur et celle qui nous rabaisse à la créature. »C'est cet amour qui dévorait Fénelon, et dont la »source entre ciel et terre laissait échapper les »torrents de Mme Guyon, où venaient se confon»dre les ivresses de l'amour terrestre, et les extases »de l'amour divin.»

L'amour mystique n'a point sa source *entre ciel et terre*, pour me servir de l'expression employée par M. Eloi Joanneau. Dieu, source unique et seul objet de cet amour, l'inspire aux âmes qu'il a préparées par sa grâce, et qui, fidèles à cette grâce, s'éloignent des affections terrestres. Saint Augustin, sainte Thérèse, sainte Madeleine de Pazzi, et plusieurs autres livrés à la contemplation, en ont éprouvé les douceurs : devant cet amour mystique, les liens du sang, de l'amitié, de l'intérêt disparaissent, il ne reste plus que la charité ; c'est cet amour qui faisait dire à sainte Thérèse, qu'elle souhaiterait que l'enfer fût éteint, et que ses flammes fussent transportées dans le ciel, afin de montrer qu'elle n'aimait Dieu que pour lui, et que les récompenses ou les peines éternelles n'influaient en rien sur son amour. C'est cet amour qui a consumé tous les saints qui se sont livrés à la contemplation ; mais l'amour terrestre n'est entré pour rien dans leurs extases ; il est même reconnu que, quoique dans le mariage on puisse aimer Dieu et obtenir la couronne céleste, ce n'est cependant que dans le célibat et en observant la plus parfaite continence que l'on peut s'élever au sublime de l'amour de contemplation.

Il est vrai que Fénelon émit dans son ouvrage sur les *Maximes des Saints*, des opinions erronées sur l'amour de Dieu ; il est vrai encore qu'essentiellement aimant il approuva d'abord la doctrine de Mme Guyon sur le quiétisme ; mais son cœur ne partagea point les erreurs de son esprit, et l'on doit croire avec Bossuet, qui combattit avec autant de force que d'éloquence le système embrassé par son adversaire, que si Fénélon, dont je ne conteste pas les talents et les vertus, avait prévu ce qui pouvait résulter de ces opinions, il ne les aurait pas embrassées. Aussi, dès qu'elles eurent été condamnées par l'autorité du Saint-Siége, s'empressa-t-il de les rétracter publiquement.

Je ne justifierai point ici Mme Guyon des imputations que lui adresse l'auteur ; mais il est permis de douter que cette Mme Guyon, à laquelle on peut reprocher un enthousiasme ridicule, se soit livrée aux excès que sa doctrine semblait autoriser.

ANABAPTISTE (*religion*). — P. 196-203. — GARY.

1er alinéa de la page 199.

« Les sectes Anabaptistes qui ont succédé désa-» vouent le royaume de Munster, détestent la guerre » et l'ambition, et leurs nombreuses églises qui bril-» lent par une *piété solide* comptent des savants dis-» tingués, de judicieux écrivains, des hommes émi-» nemment utiles. »

Avant de passer à la réfutation de ce passage, je dois dire que jusques là la notice paraît écrite avec bonne foi, puisque l'auteur ne dissimule pas les excès auxquels se livrèrent les premiers anabaptistes, aussi la critique que nous allons faire ne sera-t-elle qu'une simple explication, et un léger redressement de quelques expressions qui ont pu échapper à l'auteur.

On convient généralement que les anabaptistes actuels appelés *memnonites* ont les mœurs pures, qu'ils ont renoncé à un grand nombre des erreurs de leurs devanciers ; ils sont généralement honnêtes gens, et l'on peut compter sur leur bonne foi ; mais quant à la *piété solide* qu'on leur attribue, nous sommes obligés de dire qu'il ne peut y avoir de vraie piété hors de l'église catholique. Il peut y avoir une apparence de piété, et si l'on veut, la volonté de la part des individus de remplir en tout la volonté de Dieu ; cette bonne volonté, s'ils sont dans la bonne foi, peut les faire considérer comme enfants de l'Eglise dont ils sont séparés de fait par leur schisme ; mais, je le répète, ce n'est point chez des hérétiques que l'on peut rencontrer cette *piété solide* qui fait les saints. Je les suppose dans la bonne foi, mais y sont-ils réellement, s'ils connaissent leur origine ? Cette nouvelle secte n'est autre chose qu'un démembrement de celle de Luther. Les premiers anabaptistes, malgré le désavœu que font aujourd'hui les *memnonites*, furent des scélérats qui périrent dans les supplices, plutôt à cause de leurs crimes qu'à cause de leurs erreurs. et la bonne conduite des *memnonites* et des *morages*, qui ont succédé aux anabaptistes, est plutôt due à leur genre de vie paisible, et éloigné de tous les embarras causés par l'intérêt, qu'à la sainteté de leur institution.

Voyez sur ce mot le *Dictionnaire Théologique* de Bergier.

2e alinéa de la page 201.

« En Angleterre, les *particulars baptist* qui pro-
» fessent le calvinisme, pleins de zèle pour la reli-
» gion, et excellents citoyens... »

Les *particulars baptist* sont bons citoyens, j'en conviens, mais quant au zèle qu'on leur attribue *pour la religion*, je répéterai ce que j'ai dit plus haut, que hors de l'église catholique, il n'est point de *solide piété*; et j'ajouterai que comme il n'y a qu'une seule religion, (la religion catholique); on ne peut supposer que des individus qui sont séparés de l'Église, soient remplis de zèle pour la religion qu'elle professe, on ne peut donc dire avec exactitude qu'ils sont remplis de zèle pour la religion.

A la fin du premier alinéa de la page 202, on lit ce qui suit :

« L'école des baptistes anglais et américains, di-
» visée en deux branches, l'une calviniste, comme
» nous l'avons dit, l'autre alliée à l'*église armé-
» nienne*, et professant tous les dogmes primitifs
» établis par les défenseurs de l'*église gallicane*,
» devint studieuse, sage, éclairée et recommandable
» par les vertus privées et publiques. »

Je ne veux point contester aux baptistes anglais et arméniens les vertus de l'honnête homme, l'étude, la sagesse humaine et les lumières que donnent les sciences; mais je dois relever une amphibologie, dans ce que l'on dit, que ces *baptistes professent tous les dogmes primitifs établis par les défenseurs de l'église gallicane;* si l'auteur entend par l'église gallicane, les protestants de France, il se trompe : l'Église de France est catholique et non protestante ; s'il entend par église gallicane, le clergé et les fidèles qui forment ce qu'on appelle l'église gallicane, par opposition à l'église des autres nations, il se trompe encore, l'église gallicane est catholique, et a toujours reconnu la supériorité et la primauté du pape, et en cela cette église différerait toujours des sectaires qui ne le reconnaissent point pour chef de l'église.

ANALOGIE (*philosophie.*) — P. 210-215. — SATUR.

Au premier alinéa de la page 215, on lit ces mots :

« L'intolérance et le fanatisme religieux. »

Les mots *tolérance*, *intolérance*, relativement à ses semblables, ne sont ni chrétiens, ni philosophiques ; ils ne sont pas chrétiens, parce que le chrétien ne tolère pas seulement les pécheurs et les hérétiques, mais il les aime comme ses frères ; ces mots ne sont point philosophiques, puisque un philosophe reconnaît dans chaque homme le droit inaliénable et imprescriptible de croire ce qu'il veut, et de manifester comme il veut sa croyance.

La tolérance est un mot politique, qui signifie qu'un gouvernement doit laisser faire ce qui ne peut être empêché, sans un inconvénient plus grand que le mal qu'on désirerait supprimer. Ce sont donc les gouvernements qui doivent juger dans leur sagesse s'ils doivent tolérer ou non les hérétiques, les philosophes, les jeux de hasard, les filles publiques, etc., etc.

Qu'entendent donc les philosophes du jour par *intolérance?* Ils ne peuvent entendre autre chose qu'une croyance fixe, qui fait rejeter toute doctrine qui lui est opposée. Celui qui est théiste par croyance, et non pas seulement par opinion, ne peut tolérer l'athéisme; celui qui croit à une révélation, comme le chrétien, le juif et le mahométan, ne peut tolérer le déisme. Le juif ne tolère pas le christianisme; le chrétien ne tolère ni le judaïsme, ni l'islamisme; le catholique ne tolère pas l'hérésie, et celle-ci, si elle est conséquente, ne peut tolérer le catholicisme. Cette intolérance, qui tient à l'essence des choses, n'a pour objet que les doctrines opposées à celles qu'une croyance déterminée présente comme fondées sur la véracité de Dieu; mais elle n'emporte aucune haine contre les personnes. Les erreurs et les vices sont à l'esprit et au cœur ce que les maladies sont au corps : l'on cherche à guérir son ami malade, l'on va même quelquefois jusqu'à lui faire violence, pour lui faire prendre un breuvage amer, duquel dépend sa guérison; telle est l'intolérance religieuse qui n'appartient pas exclusivement à l'Église catholique ; elle est inséparable de toute croyance déterminée et certaine.

Quant au fanatisme, un chrétien doit être assez éclairé pour distinguer le fanatisme du zèle religieux; nous verrons au mot *fanatisme* ce que les auteurs de l'*Encyclopédie* entendent par cette expression.

ANARCHIE (*politique.*) — P. 232-239. — J.-P. PAGÈS.

Dès que l'on connaît le nom de l'auteur, on doit prévoir sans doute que les principes religieux seront vigoureusement attaqués. Nous allons combattre, dans nos observations, les doctrines qui nous paraîtront les plus opposées à la vérité.

2e alinéa de la page 236.

1. « C'est ainsi (nous dit l'auteur, après avoir » parlé de l'anarchie au commencement de sa no- » tice), c'est ainsi, pour ne point sortir de notre » sujet, que les évêques, en s'interdisant l'anarchie » armée, pouvaient accuser les papes, et s'accuser » entre eux devant ces *assemblées démocratiques*, » connues sous le nom de conciles. »

M. J.-P. Pagès nous apprend que les conciles sont des assemblées démocratiques ; nous ne nous en serions pas doutés : en effet, qui ignore que les conciles ressemblent plutôt, par leur composition, à une assemblée aristocratique qu'à une assemblée démocratique, puisqu'ils ont toujours été composés des évêques seuls, c'est-à-dire des princes de l'Église, des représentants et successeurs des apôtres. Si quelque simple prêtre y a été admis, il n'a point eu voix délibérative, si ce n'est en qualité de légat, c'est-à-dire de procureur fondé des papes ou des patriarches.

On peut encore ajouter que les canons des conciles ont quelque rapport avec les lois, qui sont toujours proclamées par le souverain, puisque leur autorité dépend de la publication réservée régulièrement au pape qui les confirme, comme le Roi proclame les lois approuvées par les chambres.

On a vu des assemblées, appelées conciles, où pouvait régner une certaine anarchie, notamment dans celles tenues par les ariens et par les iconoclastes, protégés par les empereurs de Constantinople ; mais ces assemblées, toujours partielles, c'est-à-dire composées d'un nombre d'évêques insuffisant pour constituer un concile œcuménique, étaient toujours gênées par la présence de gardes qui en éloignaient la liberté nécessaire à ces sortes de délibérations. Dans ces conciliabules (car on ne leur a pas conservé le nom respectable de concile), les ennemis de l'Église étaient les seuls juges, et les orthodoxes étaient accusés. Cependant la vérité a toujours conservé toute sa supériorité sur le mensonge, l'Église dispersée a toujours réclamé contre la faiblesse de ceux qui s'étaient laissés vaincre par la violence; et bientôt des conciles œcuméniques ont proclamé solennellement les triomphes de la vérité sur l'erreur.

2. « Si l'Église a pris la démocratie pour arbitre » entre l'aristocratie et l'anarchie, c'est que le clergé » sortait alors de la classe du peuple et des derniers » rangs de la société. »

D'abord il est faux que la démocratie ait eu aucune autorité dans l'Église, puisque, comme je l'ai déjà dit, les conciles n'étaient composés que des successeurs des apôtres, des évêques, qui représentent les grands seigneurs dans l'ordre civil, et non des simples fidèles, qui représentent le peuple.

Il est faux encore que, dans la primitive Église, le clergé sortît en général de la dernière classe du peuple. Nous ne concevons point d'où M. J.-P. Pagès a pu tirer cette assertion : en effet, étaient-ils des derniers rangs de la société, saint Denis l'aréopagite, premier évêque d'Athènes, saint Grégoire de Nazianze, saint Basile, saint Ambroise, saint Augustin? L'auteur de la notice a-t-il recueilli tous les titres généalogiques des évêques de ces premiers siècles? Pour moi, je ne connais que saint Onésime, évêque d'Éphèse, qui fut de condition servile : les apôtres eux-mêmes n'étaient pas de basse condition, quoiqu'ils fussent pêcheurs; des hommes qui ont sur un grand lac, que l'on appelle mer, des barques et des filets, qui ont à leur suite des hommes de journée pour faire ce qu'il y a de plus pénible, sont peut-être de meilleures familles que beaucoup de grands du XIXe siècle. Quelques-uns d'entre eux étaient proches parents de N. S. J. C. ; par conséquent issus de la famille des rois de Juda, ou du moins ses alliés, sortis d'une famille sacerdotale, élite d'une des premières tribus d'Israël.

Dans les siècles suivants, les évêques étaient pris dans les familles romaines, qui seules cultivaient les sciences, et conservaient, au milieu de peuples à demi-sauvages, un reste d'urbanité.

Plus tard, les Francs, les Normands et les Goths entrèrent dans le clergé, et tout le monde sait que ces peuples, vainqueurs de l'Europe méridionale, sont l'origine de l'ancienne noblesse. Cependant l'on écrit au hasard ce qui se présente à l'esprit, et les jeunes gens qui n'ont pas encore étudié l'histoire, surtout celle de la religion, se remplissent l'esprit des préjugés que leur inspirent les prétendus ennemis des préjugés.

Quant à l'anarchie dont parle M. J.-P. Pagès, il est encore hors de doute qu'il n'y a eu d'autre anarchie dans l'Église, que celle qu'y ont apportée les hérétiques et les schismatiques de tous les siècles, depuis les ariens jusqu'aux sectateurs de Luther.

3e alinéa se continuant à la page 237.

1. « Les rois, l'oriflamme à la main, le clergé, la » bannière haute, se mirent à la tête du peuple, et

» commencèrent cette vaste jacquerie monarchique, » qui ne finit que par la destruction entière du sys- » tème féodal. »

Où l'auteur de cette notice a-t-il trouvé ce qu'il vient d'avancer? Quel rapport peuvent avoir les efforts des rois et du clergé pour détruire l'empire monstrueux de la féodalité avec la Jacquerie, assemblée tumultueuse de gens de la lie du peuple, qui massacraient les nobles et les seigneurs, pendant que le roi Jean était prisonnier d'Édouard?

Même alinéa, page 237.

2. « Tous les esprits sages ont apprécié avec jus- » tesse le 14 juillet. »

Cela est vrai; mais quels sont les esprits sages dont veut parler M. J.-P. Pagès? Quel est le point de vue sous lequel ils ont envisagé cette révolte, inutile même à la liberté?

« Il n'en est pas ainsi de la ligue. »

Je pense, au contraire, que tous les esprits sages ont vu dans le commencement de la ligue, un but utile à la religion et au gouvernement légitime; que cette association ne tendait d'abord qu'à défendre le trône légitime d'Henri III, et la religion catholique contre les protestants révoltés; mais qu'elle fut corrompue par l'ambition des Guises et l'intervention des Espagnols, ce qui fit qu'elle se déclara plus tard contre le légitime souverain Henri III, et contre le bon Henri IV que sa naissance appelait la succession d'Henri III.

3. « Il est facile de se convaincre que l'on portait » dans l'ordre politique le génie démocratique de » l'évangile. »

Cette assertion dérive encore de l'idée fausse que l'esprit de l'Évangile fut démocratique, nous avons démontré le contraire dans nos observations précédentes, il est inutile d'y revenir.

ANATOMIE (*médecine*). — P. 240-256. — MARC et ANDRAL fils.

Nous ferons sur cet article d'ailleurs très-bien rédigé, une simple observation.

Dernier alinéa de la page 255-256.

« Le cerveau centre commun où aboutit la per- » ception, et d'où part la volonté. »

Il est vrai que par l'effet de l'union incompréhensible pour le médecin, comme pour le philosophe, de notre âme avec notre corps, les perceptions sont portées des sens au cerveau par le moyen du fluide nerveux que les anciens philosophes appelaient *esprits animaux;* l'âme les reçoit, les digère pour ainsi dire, et du cerveau partent encore les mouvements du corps, toujours par l'intermédiaire du fluide nerveux; mais il ne faut pas confondre la volonté, qui n'est qu'une opération de l'âme, avec l'effet de la volonté, qui ne s'exerce sur le corps que lorsque nous voulons agir immédiatement. La volonté vient de l'âme; c'est une chose certaine; mais où est l'âme? Elle n'a point de dimension : on ne peut donc pas dire qu'elle soit dans le cerveau plutôt qu'ailleurs. On ne peut pas dire non plus que la volonté part, puisque c'est une opération purement intellectuelle, qui n'est point susceptible d'un mouvement corporel. Mais elle influe sur le cerveau, d'où part le fluide nerveux qui donne la force et l'activité aux membres de notre corps. Je connais les lumières de M. Andral en matière de médecine et ses bonnes intentions; mais les opérations de l'âme exigent, pour être connues, plus que des connaissances anatomiques.

ANCIENS (*littérature*). — P. 264-287. — TISSOT.

1er alinéa de la page 264.

1. « En effet, suivant toutes les apparences, l'o-
» rigine du monde et son antiquité resteront cou-
» vertes d'un voile que nous ne lèverons jamais. »

Oui, pour le philosophe incrédule qui veut rechercher cette antiquité à l'aide des seules lumières de la raison ; mais le philosophe chrétien ne dédaignera pas de consulter et de croire les livres saints, qui lui feront connaître à peu de différence près quel peut être l'âge du monde, dont on veut sans raison reculer l'origine. Si l'on joint ensuite aux documents que nous fournit l'Écriture sainte ceux que nous pouvons puiser dans les conjectures tirées des peuples qui nous sont connus, nous verrons que le nord des Gaules et l'Angleterre furent peuplés par les Germains, le midi de l'Europe par des colonies de Grecs et d'Africains; l'Afrique, par des hommes venus soit de l'Égypte, soit des pays circonvoisins; la Chine et les autres parties de l'Asie orientale, par des peuples venus du côté de l'Arménie ou de la Palestine, peu après le déluge.

L'Amérique a pu être peuplée par des navigateurs égarés, arrivés là soit du Japon, soit même des côtes de l'Océan; car il n'est pas absurde de supposer que, dans un temps où la boussole n'était pas connue, une tempête ait poussé quelque vaisseau au large, et que, ne sachant plus quelle route tenir, il ait ensuite abordé sur les terres du Nouveau Monde. Les traditions qui existaient en Amérique lorsque les Espagnols firent la découverte de cette quatrième partie du monde viennent à l'appui de cette conjecture. Du reste, point de monuments humains qui contredisent les livres saints à cet égard (1); et quant à ceux qu'on voudrait trouver

(1) On trouve au contraire d'anciens monuments qui s'accordent avec les livres saints. Le lecteur ne sera pas fâché que je reproduise ici une note qui se trouve dans le 3e volume de *l'Essai sur l'Indifférence en matière de Religion*, p. 402.

dans la situation de la terre elle-même, nous aurons occasion d'en parler bientôt.

2. « Peut-être le monde est-il très-vieux. »

Il est en effet âgé de 5,827 ans d'après le calcul le plus probable ; mais le plus élevé ne le porte pas à 7,000 ans.

3. « Peut-être n'est-il encore arrivé qu'à la jeu-» nesse, et sa vie n'est-elle qu'un faible commence-» ment relativement à la vie qu'il doit avoir. »

J'avoue que le systême contraire n'est pas article de foi ; mais des écrivains respectables présument que sa durée ne s'étendra pas au-delà de 6,000 ans à compter de son origine (1).

4 « Comment savoir ce qu'était l'homme en sor-

« L'automne dernier, un violent orage éclata près de Browns-» velle, dans la partie occidentale de la Pensilvanie, et déracina » un chêne énorme, dont la chute laissa voir une surface en » pierre d'environ 16 pieds carrés, sur laquelle sont gravées » plusieurs figures : entre autres deux de forme humaine, repré-» sentant un homme et une femme séparés par un arbre. La der-» nière tient des fruits à la main. Des cerfs, des ours et des » oiseaux sont sculptés sur le reste de la pierre. Ce chêne avait » au moins cinq à six cents ans d'existence ; ainsi ces figures ont » dû être sculptées long-temps avant la découverte de l'Amérique » par Colomb. » (*Annales de la Littérature et des Arts*, tome x, page 286, 287.)

(1) Il n'y a rien dans l'Écriture qui l'indique ; mais il est parlé de ces 6,000 ans dans l'évangile attribué à saint Barnabé. Hermès en parle aussi dans son livre *Du Pasteur* ; mais ces ouvrages n'ont point reçu de l'Église l'authenticité des livres canoniques.

» tant des mains de la nature, ce qu'il a gagné dans » le premier rapport de l'état social? »

Si vous voulez le savoir, consultez la *Génèse*.

1er alinéa de la page 261.

1. « On a dit, on répète souvent dans notre siècle » que le christianisme a singulièrement amélioré la » condition humaine. »

On n'a qu'à lire l'histoire ancienne et la comparer avec la moderne pour être convaincu de la vérité de cette assertion, que M. Tissot approuve d'ailleurs lui-même.

« De cette observation, que je regarde comme » vraie, résulte la conséquence nécessaire d'un per- » fectionnement moral. »

La conséquence est juste; et c'est d'ailleurs la partie morale de la condition humaine que le christianisme a améliorée.

2. « Quelle était, par exemple, la situation mo- » rale des peuples auxquels les coupables conquêtes » de l'Espagne ont porté la désolation, la guerre et » la religion chrétienne? »

On n'a qu'à lire l'*Histoire des Voyages* de La Harpe pour être convaincu que les Mexicains et les Péruviens étaient livrés, lorsque les Espagnols firent la conquête du Nouveau Monde, à toutes sortes de vices. Ils égorgeaient par milliers les victimes humaines; une témérité barbare était la seule vertus chez eux en honneur ; du reste, point de bonne foi dans les traités ; le plus fort accablait le plus faible ; et si les Mexicains n'avaient pas achevé la conquête des provinces voisines de leur empire, ce n'était, d'après leur aveu, que dans l'intention de conserver des victimes pour leurs horribles sacrifices.

Les Espagnols, à la vérité, portèrent dans le Nouveau-Monde la désolation et la guerre ; et je ne me constitue pas ici le défenseur de leurs droits et l'apologiste de leurs excès ; mais on a vu dans une de mes précédentes observations quels furent les protecteurs les plus zélés et les plus humains de ces malheureux Indiens.

Ils leur apportèrent aussi la religion chrétienne, que les américains adoptèrent plus ou moins promptement, avec plus ou moins de sincérité.

3. « Les chrétiens du Mexique et du Pérou, sou-
» mis aux représentants d'un prince étranger, ont-
» ils plus de bonheur, et, par conséquent, plus de
» vertus que les idolâtres nés au milieu de leurs
» caciques nés au milieu de leurs sujets. »

Si M. Tissot admettait que le bonheur est la conséquence de la vertu, cette manière de penser pourrait être exacte, mais ne conduirait point au résultat qu'il veut faire envisager.

En effet, le seul bonheur dont on puisse jouir dans ce monde provient de la paix de la conscience qui ne nous reproche aucun crime, ou du contentement que nous éprouvons lorsque nous sommes dans l'habitude de faire de bonnes actions; un peuple composé d'hommes vertueux serait aussi le peuple le plus heureux de la terre. Tels étaient les premiers chrétiens, tels étaient les habitants du Paraguai, vivant sous l'influence paternelle des jésuites. Les premiers chrétiens étaient heureux, malgré les persécutions qu'ils avaient à souffrir, par la paix de leur conscience et les liaisons de charité qui existaient entre eux.

Les habitants du Paraguai étaient heureux, parce que, dirigés par une autorité religieuse et paternelle, et pratiquant toutes les vertus du christianisme, ils ne connaissaient ni les violences ni les vexations, ni les injustices, ni les adultères, sources communes du malheur des peuples.

Mais si M. Tissot veut donner à entendre qu'un peuple est vertueux en raison directe de son bonheur, il me permettra de ne pas croire à la vérité de ce qu'il avance; car si la vertu est la cause du bonheur, le bonheur est bien loin d'être toujours la cause de la vertu. En effet, les Romains, conquérants de l'Europe et de tout ce que l'on connaissait alors en Asie et en Afrique, Alexandre-le Grand et ses Macédoniens, après qu'ils eurent subjugué l'Asie et vaincu un grand nombre de peuples riches et illustres, furent heureux, au moins de ce bonheur apparent que procurent la gloire et les richesses; mais furent-ils vertueux?

Les premiers chrétiens, poursuivis, persécutés, en butte aux railleries des philosophes païens, furent vertueux : on ne le conteste pas ; et si on le contestait, l'histoire serait là pour le prouver : étaient-ils heureux ? et s'ils l'étaient, était-ce à leur bonheur qu'ils devaient leur vertu ? N'était-ce pas au contraire leur vertu seule qui était la source du bonheur qu'ils goûtaient au milieu de leurs souffrances et de leurs privations ?

Mais enfin, pour achever de répondre à la question que semble nous adresser M. Tissot, je dois ajouter que les peuples du Mexique et du Pérou étaient peut-être moins malheureux lorsqu'ils étaient gouvernés par leurs caciques que dans le temps précis où les Espagnols portèrent chez eux le ravage et la désolation ; mais si ces mêmes Indiens se convertirent sincèrement, ils purent trouver dans la pratique des vertus chrétiennes un soulagement à leurs maux, conséquence de leurs nouvelles mœurs ; et quoique plus malheureux extérieurement, ils purent jouir d'un bonheur plus pur que leurs ancêtres, livrés à des mœurs dissolues, à un culte idolâtre, et à la férocité de barbares qui sacrifiaient des victimes humaines. Mais je reviens encore au Paraguai, et je demande à M. Tissot si les néophytes de ce pays n'étaient pas plus vertueux et plus heureux que leurs ancêtres, toujours en guerre et se dévorant les uns les autres ?

Alinéa de la page 276 se continuant à la page 277.

1. « Assurément Clopstock a trouvé dans un sujet » chrétien, dans les croyances qu'il suppose, une » image plus grande que celle de Virgile. »

Les croyances qu'il suppose. Ce sont les croyances de tous les chrétiens, sauf quelques ornements qu'il a pu ajouter à son poëme.

2. « Et le Christ, portant jusque dans le séjour de » la gloire immortelle les traces de son sacrifice, » offre, *comme fiction*, un caractère plus idéal que » l'ombre d'Hector sanglant et déchiré par la lance » du cruel Achille. »

Ce mot *comme fiction* tendrait à faire croire que l'auteur de la *Messiade* donnait comme une pure fiction ce qui est l'objet de la foi des chrétiens. Non, les traces que porte notre Seigneur Jésus-Christ du sacrifice qu'il a offert ne sont point une fiction. « Ils verront, disent les livres saints, le côté qu'ils ont percé, et les marques des clous qui pénétrèrent dans ses pieds et dans ses mains. »

1er alinéa de la page 286.

« Voltaire a réformé presque tous les jugements » portés par les siècles passés, et même par ses con» temporains, sur les choses humaines. »

Et Dieu sait comment il a jugé lui-même. Lisez les *Erreurs de Voltaire* par l'abbé Nonnote.

« Son *Essai sur les Mœurs et l'Esprit des Nations*, malgré des imperfections de détail et des » inégalités, renferme tout un code de philosophie à » l'usage du genre humain. L'ouvrage de Voltaire » se répandra partout, et contribuera singulière- » ment aux progrès de la raison générale. »

Les principes de Voltaire sont assez connus pour que tout homme qui désire que ses enfants conservent les sentiments de religion qu'il a tâché de leur inspirer, leur interdise la lecture des ouvrages où cet auteur, malheureusement trop célèbre, s'érige en réformateur des jugements des siècles passés.

On sait quelle a été la philosophie des partisans de ce hardi novateur. On sait que ceux qui prêchaient la tolérance en 1788 ont été les plus cruels persécuteurs en 1793.

ANGE (*religion*). — P. 298-301. — SAINT-AMAND.

4e alinéa de la page 298.

1. « Les Juifs, à l'exception des Saducéens, re- » connaissaient des anges bons et mauvais, ils ap- » pelaient les derniers *satans* ou *ennemis* ; ils divi- » saient les autres en dix ordres, et leur rendaient » un culte. »

Les Juifs reconnaissaient comme les chrétiens

trois hiérarchies, et divisaient chaque hiérarchie en trois ordres ou chœurs.

La première comprend les séraphins, les chérubins et les thrônes;

La seconde, les dominations, les vertus et les puissances;

La troisième, les principautés, les archanges et les anges.

Les Juifs comme les chrétiens regardaient les anges comme les messagers de Dieu et comme les protecteurs des hommes; mais ils ne leur rendaient aucun culte.

Page 298-299.

2. « On peut penser que cette croyance leur fut » en partie communiquée par les peuples auxquels ils » furent si long-temps soumis; d'abord parce que » tous les noms de leurs anges sont chaldéens ou » persans, et qu'ensuite il n'est pas dit un seul mot » des mauvais anges dans les cinq livres de Moïse. »

Il paraît bien que M. de Saint-Amand a trouvé ce passage dans l'ancienne *Encyclopédie* ou dans les œuvres de Voltaire. Si l'estimable auteur de cet article avait puisé à une meilleure source, il ne serait pas tombé dans une pareille erreur. En effet, les Juifs n'ont point reçu leurs dogmes des peuples chez lesquels ils ont été en captivité; ce sont eux au contraire qui ont conservé dans sa pureté la croyance des premiers hommes; et les autres peuples de la terre l'ont plus ou moins dénaturée par l'introduction de leurs allégories, qui furent la première cause du polythéisme.

Où M. de Saint-Amand a-t-il vu que les noms des anges sont ou chaldéens ou persans? Connaît-il assez l'hébreu, le chaldéen ou le persan pour établir un terme de comparaison entre ces trois langues? Pour moi, j'ai le malheur de n'en connaître aucune des trois; mais par le peu que j'ai appris de l'hébreu, j'ai su que cette langue et la langue chaldéenne avaient beaucoup de rapport l'une avec l'autre. Les caractères sont les mêmes et les terminaisons des mots se ressemblent aussi beaucoup. Il faut donc avoir envie de critiquer tous les points de croyance admis par l'Église, pour supposer que les juifs ont puisé leurs connaissances sur les anges chez les Chaldéens ou les Persans, au lieu de croire ou que les Chaldéens et les Persans les avaient puisées chez les Juifs, ou bien, ce qui est beaucoup plus probable, que cette croyance, admise par les premiers hommes, s'était conservée chez tous les peuples par la tradition.

Mais, nous dit-on, *il n'est pas dit un seul mot des mauvais anges dans les cinq premiers livres de Moïse.*

L'auteur ne s'est pas borné à prétendre que la connaissance des mauvais anges venait aux Juifs des Chaldéens et des Persans; il a prétendu aussi que la connaissance des anges en général leur était venue par cette voie.

Mais, quand il ne serait rien dit des mauvais anges dans les premiers livres de Moïse, cela ne prouverait pas que ce dogme n'est venu aux Juifs que pendant leur captivité; si l'on trouve dans les premiers livres de Moïse qu'il soit parlé des anges.

Or, on voit dans ces livres qu'il est question non-seulement des anges du Seigneur, mais encore des mauvais anges.

Et d'abord, dans le chapitre III de la *Génèse*, premier livre de Moïse, il est parlé du serpent qui tenta la première femme, et les Juifs et les chrétiens ont toujours été convaincus que ce serpent n'était autre chose qu'un ange révolté, qui, jaloux du bonheur de nos premiers parents, avait cherché à faire tomber Ève dans le péché.

A la fin du même chapitre III, il est dit que Dieu plaça devant le paradis un chérubin armé d'un glaive de flamme. L'histoire de ce chérubin n'a pas été puisée par Moïse dans les croyances des Chaldéens ou des Persans.

Dans le chapitre XVIII du même livre de la *Génèse*, trois anges viennent visiter Abraham, et lui promettent un fils.

Dans le chapitre XIX, Loth reçoit deux anges à Sodome.

Dans le chapitre XXII, un ange arrête le bras d'Abraham prêt à immoler son fils.

Dans le chapitre XXVIII, verset 12, Jacob voit pendant son sommeil une échelle qui atteint au ciel, et des anges qui montaient et descendaient.

Chapitre xxxii, Jacob revenant de chez Laban rencontre des anges.

Au chapitre xii de l'*Exode*, un ange fait mourir tous les premiers nés des Égyptiens, et épargne tous les premiers nés des Hébreux.

Au chapitre xiv du même livre, un ange précède les Hébreux se retirant de l'Égypte.

Au chapitre xxxvii, les Juifs font deux chérubins en or, qu'ils placent, un de chaque côté du propitiatoire.

Dans le chapitre xvii du *Lévitique*, il est défendu aux Juifs d'offrir des sacrifices aux démons.

Chapitre xxii des *Nombres*, un ange se présente un glaive à la main devant l'ânesse du prophète Balaam.

Reprenons notre observation.

Nous avons dit :

1° Que les noms des anges n'étaient pas plus chaldéens ou persans qu'ils n'étaient hébreux ;

2° Que, parce qu'il ne serait pas parlé des mauvais anges dans les premiers livres de Moïse, cela ne prouverait pas que les Juifs ne crurent aux anges qu'après leur captivité à Babylone.

3° Il est parlé deux fois des mauvais anges dans les cinq premiers livres de Moïse.

1er alinéa de la page 299.

« Les Pères de l'Église sont partagés sur la na- » ture des anges. Les uns, comme Origène, Tertul- » lien, saint Justin, Clément d'Alexandrie, saint » Augustin, leur donnent des corps matériels; les » autres, tels que saint Athanase, saint Cyrille, » saint Chrysostôme, etc., en font de purs esprits.»

Il est faux que les Pères de l'Église soient partagés sur la nature des anges. Tous les Pères ont reconnu que les anges sont de purs esprits. Quelques-uns, à la vérité, ont pensé que lorsque ces envoyés de Dieu communiquaient avec les hommes, ils revêtaient des corps aériens; mais aucun n'a cru qu'ils ne fussent qu'une substance corporelle. Voyez d'ailleurs ce que nous avons dit sur le mot *Ame*.

Note sur cet alinéa.

« M. Kératry, dans ses inductions physiologiques, » pense que les anges ne sont pas de purs esprits.»

Le concile de Lactance, tenu en 1215, et l'Église universelle ont décidé formellement que les anges sont de purs esprits; M. Kératry pense le contraire. Malgré le respect que nous portons à ce savant auteur, il nous permettra de penser comme l'Église.

3. « L'Église ne rend de culte qu'aux trois anges Michel, Raphaël et Gabriel. »

Ce sont, à la vérité, les seuls noms d'anges qui se trouvent compris dans les Litanies des Saints.

Il n'est cependant pas vrai de dire que le culte d'honneur et la prière d'intercéder pour nous ne s'adressent qu'à ces trois archanges. L'Église reconnaît que chacun de nous a auprès de lui un ange gardien qui le protége, et que nous devons prier de nous aider dans les moments difficiles. Tous les anges d'ailleurs sont honorés collectivement par l'Église, et ces créatures spirituelles étant innombrables, il eût été impossible de les nommer et de les désigner toutes (1).

(1) *Micha-el* signifie en hébreu : *Qui est semblable à Dieu?* interrogation que l'Écriture suppose que le premier des anges fidèles adressa à tous les esprits célestes au moment où la révolte des mauvais anges éclata ; mot de ralliement pour les bons anges, qui devint le nom de celui qui le prononça. Ce n'est pas qu'on prétende que les anges parlassent hébreu dans le ciel, mais parce que la chose ne pouvait se rendre que par des expressions de langue employée par l'écrivain sacré.

Gabri-el signifie *la force de Dieu.* Ce nom a été donné par l'Écriture à l'ange qui fit connaître à Daniel la prochaine délivrance du peuple de Dieu de la captivité de Babylone, et celle du genre humain de la captivité du démon par la venue du Messie, dont il fixa l'époque. Cet ange mérite encore ce nom parce que c'est lui qui a annoncé à Marie le grand et sublime mystère de l'incarnation.

Rapha-el signifie *le remède de Dieu*, et ce nom a été donné par la sainte Écriture à celui qui est spécialement chargé de consoler les justes affligés, et qui, exerçant d'une manière invisible ses charitables fonctions, s'est montré visiblement comme tel aux vertueux Tobie, père et fils. Voyez le *Livre de Tobie.*

(*L. A.*)

ANGLETERRE (*géographie*). — P. 306-334. — EYRIÉS.

Nous ferons une petite observation sur cet article.

Page 320, suite du dernier alinéa de la page 319.

« Henri toucha même au dogme en s'écartant des » principes de Luther, ainsi que de ceux de l'Église » romaine et de Calvin. »

Je prie M. Eyriés de me pardonner la critique que je fais de ce passage, qui peut être regardé comme exact; mais la délicatesse chrétienne ne peut souffrir ce mélange, qui paraît affecté, de l'Église romaine avec les sectes de Luther et de Calvin.

Cependant Henri VIII créa une nouvelle secte; il s'écarta du dogme de l'Église catholique; mais il n'adopta point pour cela celui de Luther et de Calvin; et je ne vois point pour quelle raison il aurait suivi les croyances de ces hérésiarques. Calvin s'était-il conformé au dogme de Luther? et ce dernier n'avait-il pas pris sur lui d'abandonner la véritable Église? Il en est de l'erreur comme de la mauvaise conduite : il n'y a que le premier pas qui coûte. Dès qu'on s'est écarté de la ligne droite, il n'est pas étonnant que l'on s'éloigne encore de la nouvelle route que les novateurs ont frayée. On pourrait donc réduire le passage de M. Eyriés à ces mots :

Henri VIII fut le fondateur d'une nouvelle secte dont le dogme différait non-seulement de celui de l'Église catholique, mais encore de celui des sectes de Luther et de Calvin.

ANIMAL (*histoire naturelle*). — P. 334-365. — BORY DE ST.-VINCENT.

2e alinéa de la page 341.

« Le troisième, le médullaire ou nerveux, pul-» peux, mou, albumineux, paraît jouir de la fa-» culté de sentir. »

Cela est vrai ; mais avec le secours de l'âme.

« Et de lui résultent la mémoire, le jugement et » la volonté. »

Ce n'est point du médullaire ou nerveux ni de ses qualités de pulpeux, de mou et d'albumineux que peuvent résulter la mémoire, le jugement et la volonté. Ces actes, purement spirituels, ne peuvent être le produit d'un simple arrangement de la matière, qui par elle-même est insensible. Voyez le *Catéchisme philosophique* de Feller. Voyez aussi ce que nous avons dit sur le mot *Ame*.

« Protégé par de puissantes membranes, introduit » dans tous les organes, c'est lui qui paraît le mo-» teur de la vie intellectuelle. »

C'est-à-dire que dès qu'il cesse d'exister, la vie intellectuelle est éteinte, et l'âme n'existe plus; la conséquence est forcée, et le matérialisme triomphe. Mais poursuivons.

« .... Et qui donne aux muscles leur force exécu-» trice. »

Ceci est vrai.

« Sentir est l'attribut de ce tissu. »

Non point sentir, mais servir d'instrument à la sensation.

« Source de perceptions, et pour lequel le som-» meil est un temps de suspension nécessaire.

Il est vrai, du moins dans l'opinion de ceux qui pensent que toutes nos idées viennent des sens, que le cerveau paraît destiné à servir d'instrument à l'âme qui les reçoit; mais ce n'est point le cerveau qui perçoit, du moins d'une manière intellectuelle.

2e alinéa de la page 344.

« En partageant la manière de voir de M. de La-» marck sur l'importance secondaire d'une cavité in-» testinale, nous ne saurions penser avec lui que » l'animalité puisse être séparée de la volonté. »

Nous croyons au contraire, et tout homme qui ne sera pas matérialiste pensera comme nous, que l'animalité et la volonté sont deux choses différentes qui peuvent exister indépendamment l'une de l'autre.

En considérant la proposition dans un sens absolu, elle est entièrement fausse. L'admettre, ce serait supposer dans la Divinité, dans les anges et dans l'âme humaine un défaut de volonté, ou nier l'existence de ces êtres supérieurs.

En la considérant dans un sens relatif, c'est-à-dire, en ne l'appliquant qu'à l'homme dans son état de vie animale, la proposition serait encore fausse. En effet, pour l'admettre il faudrait supposer que l'homme agit toujours dans le sens de son appétit ou des besoins de son corps, ce qui, pour être vrai relativement à un grand nombre d'hommes, ne l'est point relativement à ceux qui s'élevant au-dessus de la matière, savent combattre leurs penchants et leur résister. Les anachorètes, les religieux des ordres monastiques austères, sont des preuves frappantes de la fausseté de la proposition de M. Bory de St.-Vincent. Le stoïcien qui, dans un accès de goutte, soutenait que la douleur n'est point un mal, Socrate, qui refusait à ses amis de sortir de sa prison, qu'ils lui avoient ouverte en séduisant le geôlier, étaient-ils dirigés par l'animalité? L'homme vertueux, qui résiste aux attraits les plus séduisants de la volupté, le chrétien fidèle, qui observe régulièrement les lois de l'Église sous le rapport du jeûne et de l'abstinence, sont-ils dirigés par l'animalité? Leur volonté ne s'élève-t-elle pas au contraire au-dessus de l'animal et vers la Divinité, qui l'attire vers elle? Philosophes antichrétiens, combattez vos passions; désirez, vous dit J.-J. Rousseau lui-même, de devenir croyants, et vous le deviendrez.

2. « Car sans elle l'être vivant se laisserait mou-
» rir, parce qu'il n'éprouverait pas le sentiment qui
» le détermine à faire tous les efforts dont son orga-
» nisation le rend capable, pour conserver ce qui
» lui est le premier des biens. »

Ceci n'est pas une preuve de la vérité de la première proposition que nous avons combattue ; car, quoique l'on reconnaisse que ce sont les besoins du corps qui excitent en nous un appétit qui nous porte à rechercher ce qui nous est nécessaire pour la conservation de notre vie, il n'en est pas plus vrai que la volonté se laisse toujours entraîner par cet appétit. Ceux qui jeûnent, par exemple, luttent contre cet appétit; et cela par l'effet de leur volonté, qui lui est contraire.

3e alinéa de la page 344-345.

1. « Nous ne pensons pas non plus que nulle
» sorte ou particule de matière, ne puisse avoir par
» elle-même la propriété de se mouvoir, ni de vivre,
» ni de sentir. »

Il est malheureux pour M. Bory de St.-Vincent que son assertion contrarie les lois de la physique, d'après lesquelles nul corps ne peut être mis en mouvement que par une puissance étrangère.

Il est encore plus malheureux pour lui d'être du

nombre, heureusement petit, malgré la perversité de notre siècle, de ceux qui soutiennent que la matière peut vivre et sentir sans le secours d'une âme.

Il est encore malheureux pour lui de se contredire dans la seconde partie du même alinéa, comme nous allons le voir dans l'observation qui va suivre.

Même alinéa, page 345.

2. « Toute molécule de matière, au contraire,
» est nécessairement entraînée au mouvement par
» ses relations avec les autres molécules, de nature
» et de pesanteur différentes.

Si cela est vrai, il est faux de prétendre que la volonté puisse exister dans la matière; d'ailleurs ce mouvement, auquel les molécules sont entraînées par leur relation avec les autres molécules, peut-il produire l'intelligence, la mémoire, ou la volonté?

Dernier alinéa de la page 345-346.

1. « La matière se sera donc organisée et la vie
» s'y sera développée spontanément.

La matière s'organise, c'est-à-dire s'animalise par la nutrition, et cette matière participe ensuite à la vie du corps auquel elle s'est jointe. Mais elle ne vit pas par elle-même, c'est toujours l'âme qui lui donne la vie et le mouvement.

« Or la matière peut devenir vivante. »

Oui, de la manière que nous venons de le dire.

« Et nous irons plus loin quand nous prouverons, » à l'article que nous nous proposons de lui consa- » crer, qu'il est une matière essentiellement vi- » vante par elle-même. »

Nous verrons comment ce sera prouvé.

1er alinéa de la page 346.

1. « C'est, comme l'a parfaitement exposé le grand » philosophe avec lequel nous nous enorgueillissons » de tomber d'accord sur le point important de l'or- » ganisation primitive et rudimentaire. »

Le savant estimable dont parle ici M. Bory de St.-Vincent rirait sans doute s'il voyait aujourd'hui les systèmes qu'il a hasardés transformés en points de doctrine. Buffon (1) fut sans doute un très-grand homme, mais j'aime à croire qu'il n'ajouta point une grande confiance à son système de productions spontanées, pas plus qu'à celui de la formation du globe terrestre par le contact d'une comète avec le soleil. On doit sans doute respecter les grands hommes, et chercher à les imiter dans les travaux qui les ont rendus célèbres ; mais adopter leurs rêves comme des vérités incontestables, c'est pousser trop loin le respect.

(1) Un nouvel examen de la notice de M. Bory de St.-Vincent nous a convaincu qu'il entendait parler de M. Cuvier, et non de Buffon ; mais comme ce dernier a soutenu le même système, nous n'avons pas cru devoir réformer notre article.

2. « C'est par des générations spontanées que » procède d'abord la nature. »

Pour les philosophes incrédules, à qui il répugne d'admettre la création.

3. « Elle n'en peut cependant produire qu'à la » faveur de petits corps gélatineux, qui font la » base de toute organisation vivante ; mais ces pe- » tits corps gélatineux vivaient déjà individuelle- » ment ; et leur vie individuelle est mise en com- » mun, comme véhicule ou moteur de la vie plus » développée dont jouit l'être compliqué qui s'en » trouve être une réunion. »

Et voilà pourquoi votre fille est muette, aurait ajouté le *Médecin malgré lui* de Molière.

En effet, si M. Bory de Saint-Vincent s'était étudié à dire des choses incompréhensibles, il n'aurait pu mieux réussir que dans ce passage. Cependant un jeune homme qui ne veut pas donner sa foi à la religion, l'accordera à cet amphigouri scientifique, et affirmera ce qu'on vient de lire comme au-dessus de toute espèce de doute. Ces molécules essentiellement vivantes par elles-mêmes, et par conséquent immortelles, lui plairont singulièrement ; ces petits corps immortels dont nous sommes composés exciteront son admiration. Un brachmane se prosteroera devant un os, par cela seul qu'il saura que cet os, qu'il croyait appartenir à un cadavre, contient de la gélatine, c'est-à-dire une quantité innombrable d'êtres animés, doués sans doute chacun d'une âme raisonnable, c'est-à-dire, pour ne point nous écarter des principes de notre auteur de la faculté de sentir, de comprendre, de se souvenir et de vouloir; il sera même exposé à mourir de faim, parce que, réfléchissant que tout ce qui s'incorpore en nous est déjà doué d'une vie animale, comme les racines et les choux, ou tout au moins comme les céréales qui contiennent, d'après l'opinion des chimistes, une grande quantité de gluten, il ne pourra se décider à porter ces objets sous sa dent criminelle.

1er alinéa de la page 347.

« Ainsi s'exprime M. le baron Cuvier, dont les » recherches sur les créatures antidiluviennes ont » déjà prouvé la grande antiquité de l'existence ani» male sur notre planète, et les révolutions nom» breuses qui se sont succédées à sa surface, où cer» tains ouvrages consacrés ne supposaient avoir eu » lieu que par un grand cataclysme.»

On peut répondre à ce grand argument contre la non antiquité du monde, que, quand même on trouverait plus de débris des animaux antidiluviens, cela ne prouverait point que les animaux dont on les suppose les dépouilles aient existé. Je dirai, avec le célèbre auteur du *Génie du Christianisme*, que celui qui a tout créé de rien peut avoir créé le monde avec l'apparence d'antiquité qu'on lui suppose. Mais je vais plus loin, et je soutiens que cette prétendue preuve d'ancienneté n'existe pas; que d'ailleurs quatre mille ans qui se sont écoulés depuis le déluge universel, et le bouleversement général qu'il dut occasioner, ont nécessairement produit toutes les apparences que l'on croit reconnaître.

2e alinéa de la page 347.

« M. Cuvier n'a pas imaginé, à l'exemple d'un » écrivain qui traita poétiquement de l'histoire na- » turelle, qu'il était de la dignité de notre espèce » de s'élever au-dessus du règne où son organisation » la rejette, pour prendre le vain titre de roi de la » terre. »

Non, M. Cuvier n'a pas soutenu que l'homme ne fût pas le roi de la terre, le premier des animaux comme animal lui-même, et en outre leur maître comme doué d'un âme raisonnable; les auteurs qui ont traité poétiquement cette partie ne reconnaissaient pas moins vraie la proposition qu'ils ont avancée.

Il est hors de doute que l'organisation physique de l'homme lui donnera toujours la prééminence sur tous les animaux; ce qui le constitue roi de la nature, abstraction faite de son âme raisonnable qui lui fait tourner ses regards vers le ciel, c'est la faculté qu'il a de se former en société avec ses semblables, de se réunir avec eux pour combattre des ennemis qui, isolés, seraient plus forts qu'il ne l'est;

c'est ce génie au moyen duquel il a inventé et perfectionné des armes offensives et défensives, il s'est créé des refuges à l'abri desquels il peut braver l'approche des animaux les plus vigoureux et les plus lestes : ces avantages lui donneraient toujours la supériorité sur le tigre, le lion, l'éléphant et le rhinocéros. Non-seulement il peut lutter contre les bêtes féroces, mais il a su attacher à son char le superbe cheval, courber la tête du taureau sous un joug, rassembler des troupeaux qui lui fournissent de la laine pour se vêtir, et de la chair pour se nourrir; les habitants de l'air ont été enfermés dans nos volières, ou apprivoisés dans nos basses-cours; les abîmes de la mer fournissent à l'homme une nourriture légère et délicieuse, et des matières qui peuvent servir à nos arts; les reptiles eux-mêmes nous deviennent utiles par les remèdes qu'ils nous apportent, et l'on voudrait contester à l'homme le titre de roi des animaux ! (1)

(1) Pronaque dum spectant animantia cætera terram,
Os homini sublime dedit, cœlumque tueri
Jussit, et erectos ad sidera tollere vultus.
(*Ovide.*)

« L'homme, fait pour adorer le Créateur, commande à toutes les créatures. Vassal du ciel, roi de la terre, il l'ennoblit, la peuple et l'enrichit. Il embellit la nature même; il la cultive, l'étend et la polit, en élague le chardon et la ronce, y multiplie le raisin et la rose. » (*OEuvres de Buffon*, t. XII, p. 11.)

« Quel être ici-bas hors l'homme sait observer tous les autres,

Mais si nous rentrons dans notre manière de voir, si nous croyons les livres saints, l'homme sera élevé encore bien plus haut. Un Dieu a bien voulu prendre sa nature, pour l'élever en quelque sorte jusqu'à la divinité; une femme sortie de sa race est placée dans les cieux au-dessus des trônes, des dominations et des archanges; l'homme spirituel, immortel, est appelé à une gloire qui ne finira jamais, et à participer d'une certaine manière au bonheur de Dieu même. Voilà l'homme des chrétiens. Mais l'homme de M. Bory de St.-Vincent est bien malheureux de n'avoir pas dans la nature un rang plus élevé qu'un chien ou un chat, et d'être l'inférieur du lion ou du tigre.

1er alinéa de la page 361.

« Outre la colonne vertébrale, qui fait l'une des
» pricipales parties constitutives des animaux intel-
» ligents, ceux-ci possèdent un cerveau et une

mesurer, calculer, prévoir leurs mouvements, leurs effets, et joindre, pour ainsi dire, le sentiment de l'existence commune à celui de son existence individuelle? Qu'y a-t-il de si ridicule à penser que tout est fait pour moi, si je suis le seul qui sache tout rapporter à lui? Il est donc vrai que l'homme est le roi de la terre qu'il habite; car non-seulement il dompte tous les animaux, non-seulement il dispose des éléments par son industrie, mais lui seul sur la terre en sait disposer, et il s'approprie encore par la contemplation les astres dont il ne peut approcher. »

(*Émile*, t. III, p. 64.)

» moelle épiniaire d'où partent les nerfs, agents di-
» rects de toute intelligence. »

De manière que sans nerfs on ne peut avoir d'intelligence : ainsi Dieu et les anges, qui n'ont point de nerfs, en sont dépourvus.

ANIMAUX FOSSILES (*histoire naturelle*). — P. 365-367. — Bory de St.-Vincent.

Voici une autre notice de M. Bory de St.-Vincent, dans laquelle cet auteur étale bien plutôt son incrédulité que les connaissances qu'il peut d'ailleurs posséder. Cet article est très-dangereux; aussi tâcherons-nous de ne laisser sans réponse aucun des points qui paraissent dirigés contre la foi des chrétiens.

3e alinéa de la page 367-368.

« Habitués dès notre enfance à l'idée que tout ce
» qui nous entoure est sorti complet du chaos pen-
» dant la durée d'une semaine; à nous peindre le
» Père commun des hommes imposant, vers les
» premiers jours de la création, son nom véritable
» à chaque individu de la cohorte vivante qui venait
» animer un univers naissant, nous ne concevons
» guère que des races nouvelles puissent se déve-
» lopper, et que de vieilles races tout entières en
» aient pu disparaître. »

Cela est vrai jusqu'à un certain point ; car rien dans la foi ne défend de croire que Dieu ait pu créer, depuis l'origine du monde, de nouvelles races d'animaux. Quant au développement de ces nouvelles races, nous sommes bien loin de penser qu'elles puissent se former spontanément et d'elles-mêmes, et je crois que la moindre lueur de raison suffit pour éloigner cette singulière croyance de tout homme qui veut réfléchir.

Que de vieilles races aient disparu, cela ne paraît guère probable ; tout ce que l'on pourrait croire à cet égard, ce serait que les anciennes auraient été modifiées, ou auraient dégénéré par l'influence du climat, des eaux, de l'air, et des habitudes que l'homme aurait pu leur imprimer.

1er alinéa de la page 368.

1. « Cependant nous démontrerons au mot *Créa-* » *tion* que chaque jour quelque génération imprévue » peut et doit même augmenter le nombre des êtres » vivants. »

A Dieu ne plaise que je veuille borner la puissance de Dieu en soutenant qu'il ne peut aujourd'hui créer de nouvelles races d'animaux sur la surface de notre globe ; mais que cette création soit nécessaire, ou plutôt, comme le prétend l'auteur de cette notice, que ces nouvelles races se forment d'elles-mêmes et sans création, non-seulement rien ne le prouve, mais ce système est en opposition avec les connaissances généralement reçues. Tout vient d'un germe : c'est par la génération que la plupart des animaux produisent; quelques-uns, à la vérité, par section; mais il n'en vient point spontanément. S'il se forme de nouvelles espèces de la même race, cela provient des causes que nous avons énumérées; et ensuite, en croisant les espèces, on peut en établir de nouvelles. Voilà tout ce que l'on peut admettre.

2. « Il suffira, dans cet article, de prouver que le » temps a détruit jusqu'au souvenir d'existences » qu'on n'eût pas reconnues sans les progrès qu'ont » faits de nos jours les sciences naturelles, et sans » les belles recherches de cet illustre Cuvier, l'un » des savants à qui ces sciences ont le plus d'obliga- » tion, par la marche véritablement philosophique » qu'il contribua tant à leur imprimer. »

Je veux bien croire que l'on ne peut se rappeler aujourd'hui l'existence d'espèces d'animaux que l'on pouvait même ne pas connaître, et que l'on n'a pas décrits. J'admettrai aussi que, les espèces ayant dégénéré, les analogues de quelques-unes qui ont existé autrefois n'existent plus aujourd'hui ; mais il demeurera toujours vrai que l'espèce primitive, celle dont toutes les autres ont découlé, existe toujours, mais avec les différences occasionées par les causes dont nous avons parlé.

2° alinéa de la même page.

« Dès qu'on appesantit la réflexion sur ces monu-
» ments d'antiques destructions, on y cherche des
» preuves d'une grande révolution physique, d'un
» déluge universel, dont la plupart des mythologies
» ont perpétué la tradition, en représentant ce
» grand désastre comme un châtiment du ciel mé-
» rité par l'impiété de nos pères. »

Cela est vrai; et l'on trouve ces preuves non-seulement sous le rapport physique, dans ces transpositions de matières marines sur le sommet des montagnes les plus élevées au-dessus de la mer, mais sous le rapport moral, dans ce consentement de toutes les nations du monde à admettre cette étonnante révolution, et à lui assigner la même cause que celle que lui donne Moïse.

Dernier alinéa de la page 368-369.

1. « C'est dans cette pensée, et pour lui établir
» des preuves dans la nature même, qu'on vit long-
» temps des savants, qui tenaient plus à la lettre
» qu'au sens des livres sacrés, fouiller les vieux
» charniers de notre planète, y reconnaître des tra-
» ces de ces géants dont les désordres avaient sur-
» tout provoqué la fureur de Dieu, y supposer des
» ossements d'hommes qui eussent été témoins du

» déluge, et qui pussent attester qu'un plan de créa-
» tion ayant été arrêté d'un seul jet dans le sein de
» l'Éternel, rien n'avait changé dans les résultats de
» ce plan après le déluge ; les êtres dont on pouvait
» interroger les ossements noyés dans ce grand ca-
» taclysme, indiquant des animaux pareils à ceux
» dont un couple avait été sauvé dans l'arche. »

Rien n'annonce aujourd'hui le contraire, et quand même on ne trouverait plus aujourd'hui de ces ossements, cela ne prouverait point qu'on n'en eût trouvé plus tôt. Relativement aux races d'animaux, je renvoie à ce que j'ai dit précédemment.

Page 369.

2. « Dans cet esprit quelques naturalistes soute-
» naient encore naguère qu'on devait retrouver les
» analogues de tous les fossiles, soit dans les parties
» des grands continents où l'on n'a pas encore pé-
» nétré, soit dans les abîmes pélagiens où la sonde
» n'a pas jusqu'ici descendu. »

Rien n'établit en effet la fausseté de cette assertion.

D'ailleurs, comme nous l'avons déjà dit, ces analogues peuvent différer de leurs types, soit en grandeur, soit par l'effet des modifications dont nous avons parlé.

3. « Les plastrons et les caparaces des tortues
» fossiles étaient pour eux les crânes de nos pre-

» miers parents, confondus dans le limon aban-
» donné par les eaux vengeresses. »

Les premiers naturalistes purent se tromper, comme ils purent rencontrer plus juste que les nouveaux ; mais cela ne prouve rien contre le déluge.

4. « Une grande salamandre fut une contempo-
» raine de ce patriarche qui perpétua notre race;
» et quelques pièces de bois pétrifié, les débris du
» vaisseau qui sauva du déluge les êtres destinés à
» perpétuer leur espèce.

Voyez les observations précédentes.

1er alinéa de la page 369.

« Les anfractuosités d'un sol coupé, le déchire-
» ment des vallons, des rocs fracassés, l'entassement
» des montagnes, l'inclinaison des couches de la terre
» ou des bancs solides, les traces de fougueux cou-
» rants, en un mot tous les accidents topographi-
» ques qui se remarquent à la surface du globe, fu-
» rent regardés comme des effets, soit de l'ouver-
» ture des cataractes célestes, par lesquelles tant
» d'eaux supérieures s'étaient précipitées sur la
» terre bientôt délayée; soit de la retraite impé-
» tueuse de ces eaux, qu'on indique avoir été fort
» prompte. »

Qu'est-ce qui nous prouve le contraire? Les lois de la nature ne sont-elles pas d'accord avec cette manièrede voir?

Dernier alinéa de la page 369-370.

1. « Cependant si les débris d'animaux de toute » espèce, dont on regardait les fragments épars ou » réunis en lits immenses, comme des témoignages » d'une si terrible révolution; si ces débris eussent » effectivement été le résultat d'une brusque catas- » trophe, ils eussent, sans exception, présenté par- » tout un désordre, un sens dessus dessous, tels que » les crues d'eaux et les débordements de nos moin- » dres ruisseaux en occasionent trop souvent dans » nos campagnes quand ils les ravagent. »

Je ne sais si M. Bory de Saint-Vincent, malgré ses grands talents en géologie, est assez habile pour juger des effets qu'a dû produire un déluge universel, peut-être précédé d'un tremblement de terre et d'éruptions volcaniques. Quoique je sois bien inférieur à l'auteur de cette notice en connaissances géologiques, je me permettrai cependant de dire que je n'ai pas toujours observé la régularité dont il parle: d'un côté, j'ai remarqué dans les terres d'alluvion, je dis plus, dans les terres éboulées, ces couches marquées de pierres ou de terre, que M. Bory de Saint-Vincent voudrait ne pas trouver dans les bancs des rocs dont abondent les provinces de l'Auvergne, du Limosin et du Quercy. J'ai trouvé aussi, dans des chemins peu frayés et sur des montagnes, des coquilles pétrifiées, auxquelles ne faisaient aucune attention les habitants de ces contrées. Ces coquilles dont quelques-unes étaient demeurées gravées sur le roc, et dont les empreintes se voient encore, étaient tournées les unes d'une manière convexe, les autres présentant la concavité de la coquille dont la partie supérieure semblait avoir été séparée.

Ces couches de roc, que M. Bory de'Saint-Vincent nous présente comme si régulières, sont tantôt horizontales, tantôt obliques, et penchant vers tous les points de la terre : si ce n'est point là le désordre occasioné par le déluge, je le demande à nos savants philosophes, que leur faut-il de plus? Seraient-ils bien aises, avec leur sens dessus dessous, que toute la terre végétale fût cachée sous deux à trois cents toises de rocs durs, et qu'il n'en existât plus sur la surface du globe que nous habitons?

Pour nous chrétiens, nous trouvons dans cette position de la superficie de la terre la preuve convaincante d'un déluge universel, et nous bénissons Dieu de ce que, par la direction qu'il donna à ces eaux dévastatrices, elles n'ont pas tout bouleversé, et de ce qu'il reste encore un peu de terre où nous puissions cultiver les plantes, et nourrir les bestiaux nécessaires à notre propre existence.

Page 370.

2. « Réamur observa le premier qu'il n'en était » pas constamment ainsi, et que si, dans beaucoup

» de circonstances, des fossiles se trouvaient entas-» sés confusément, il arrivait aussi qu'en beaucoup » de cas on trouvait des restes d'animaux pétrifiés, » dans la situation où ces animaux avaient dû vivre » naturellement et mourir. »

Ne serait-il pas possible que les animaux trouvés dans cette situation fussent morts avant le déluge?

3. « Nous connaissons à Sainte-Croix-du-Mont, » dans le riche bassin de la Garonne, des bancs de » coquilles et particulièrement des rochers entière-» ment formés d'huîtres, qui ont certainement vécu » tout le temps nécessaire à leur développement au » lieu même où nous les voyons conservés, sans que » le moindre indice puisse faire soupçonner qu'une » autre cause que le terme assigné à leur existence, » et la retraite lente et graduelle des eaux ait causé » leur mort, ou mis un terme à leur reproduction » successive. »

Je ne voudrais d'autre preuve que ces coquillages n'ont pas vécu long-temps au lieu où on les voit aujourd'hui, que leur agglomération. Du reste nous ne serions pas éloigné d'admettre que ces coquillages ont pu vivre en cet endroit, d'ailleurs, très-peu élevé au-dessus du niveau de la mer qui a pu y séjourner encore long-temps après le déluge, puisqu'il est reconnu que la mer s'abaisse tous les jours, et s'éloigne continuellement des rivages qu'elle baignait autrefois, non comme le prétendent certains philosophes pour s'élever en d'autres lieux, mais pour se plonger dans les cavités souterraines qui sont ouvertes, soit par la filtration des eaux, soit par l'éruption des volcans sous-marins.

1er alinéa de la page 370.

1. « Nous pourrions citer d'autres localités, où le » même fait peut être facilement vérifié : et les récifs » croissant des archipels de l'Asie et de la mer du » Sud nous indiqueraient quels moyens emploie la » nature pour former, sans le secours d'aucuns dé- » luges, d'insensibles et mornes rocs avec les débris » d'êtres vivants. »

Les rocs, dont veut sans doute parler notre auteur, sont sans doute ces massifs de corail produits du travail de ces animaux marins, qui élaborent la matière calcaire, et l'élèvent jusqu'au-dessus des eaux; on voit de ces rocs de corail dans la mer du sud, auprès des îles des Amis et de la Nouvelle-Hollande. Quant aux débris de coquillages que l'on trouve dans l'Archipel de la Méditerranée, ils ne prouvent rien contre le déluge: ils ont pu être formés soit avant, soit après, soit subitement lors du cataclysme général; mais il n'en est pas moins vrai que si de pareils monuments de la nature se trouvent aujourd'hui sur des lieux élevés au-dessus du niveau de la mer, ils ont dû être formés lors du déluge universel, étant impossible de concevoir une autre révolution qui ait pu leur donner l'existence.

2. « Il nous suffira de dire que plusieurs fois les

» eaux abandonnèrent et reconquirent les mêmes » lieux; que si leur invasion put être brusque, leur » séjour fut souvent long, et leur retraite lente. »

Je me plais à croire que si les livres saints rapportaient eux-mêmes l'histoire de ces conquêtes répétées des eaux sur la terre, s'ils donnaient comme certain que les eaux ont abandonné quelques lieux pour se reporter sur d'autres, nos philosophes, n'ayant aucun égard à la puissance de Dieu qui peut tout, nous diraient avec emphase que la chose est impossible, et nous opposeraient la loi physique en vertu de laquelle l'eau cherche toujours son niveau, c'est-à-dire, à s'étendre sur les endroits les plus rapprochés du centre de la terre, et d'une manière également éloignée de ce même centre. Nous n'admettons qu'un déluge universel, et cela avec tous les peuples de la terre qui en ont conservé la tradition; et on invente de nouvelles hypothèses pour détruire les preuves de ce déluge : voilà la marche de l'esprit humain lorsqu'il s'écarte des sentiers battus par la sagesse.

3. « Nous ajouterons que la surface de notre » globe, ou du moins beaucoup de ses parties, fu» rent sujettes à plus d'un déluge, ou grandes inon» dations alternatives, et dont il est resté des traces » aussi irrécusables que profondes. »

Il est incontestable qu'il peut y avoir eu, et qu'il y a eu réellement de grandes inondations partielles, mais ces inondations ne pouvaient provenir de l'invasion de la mer, par les raisons que j'ai données dans l'observation précédente; elles pouvaient être produites par des crues subites des fleuves ou des rivières, par l'encombrement de l'aval, par la chute des rochers qui les bordaient, et qui devaient nécessairement retenir les eaux à une certaine hauteur jusqu'à ce qu'elles eussent vaincu les obstacles, ou se fussent frayé un autre passage. Ces inondations ont encore pu arriver par l'affaiblissement des terres, occasioné par des volcans souterrains, ou par l'éboulement des appuis qui pouvaient soutenir la partie supérieure des cavernes: voilà à peu près les seules causes que l'on peut assigner à ces déluges partiels, dont on veut tirer de si puissants arguments, et qui n'empêchent point la nécessité d'admettre un déluge universel.

Dernier alinéa de la page 370-371.

« MM. Cuvier et Brognard ont, par exemple, re-
» connu dans leurs importantes recherches sur les
» ossements fossiles des environs de Paris, que la
» mer, après avoir long-temps couvert la contrée où
» s'élève l'immense capitale de la France, et avoir
» tranquillement déposé les couches diverses qui en
» forment le sol inférieur, l'abandonna aux eaux
» douces qui vinrent s'y accumuler en vastes lacs;
» que dans ces lacs, par une longue succession de
» siècles, se formèrent les gypses, et les marnes qui
» recouvrent ces gypses ou alternent avec eux; que
» des animaux particuliers, dont les ossements rem-

» plissent nos pierres, vivant dans ces lacs ou sur » leurs bords, laissèrent leurs restes enfouis dans la » vase qui nous les a conservés; qu'à une époque » plus récente la mer vint occuper encore son an- » cien domaine, et laisser, pour monument de son » irruption nouvelle et de son dernier séjour, des » bans composés de ces coquilles qu'elle nourrit; en- » fin l'onde amère fit une autre fois place à des ma- » rais et à des étangs, à la longue existence desquels » sont dues ces couches épaisses de pierres remplies » de coquilles d'eau douce, ou ces vases supérieures, » devenues fertiles par leur desséchement, dont se » composent aujourd'hui les champs qui nourrissent » ce Parisien fort peu soucieux de connaître les ano- » plothériums, les paléotériums, et autres animaux » qui vécurent avant lui sur les rives de la Seine. »

On n'a pas besoin de supposer l'invasion répétée des eaux de la mer sur les rives de la Seine pour expliquer la formation des gypses, des pierres calcaires, et l'existence des ossements fossiles qu'on y rencontre. La mer descendant toujours, on peut supposer que, quelque temps avant le déluge, ces régions n'étaient point encore dégagées des premières eaux. Avant ce grand cataclysme, les eaux douces purent s'y accumuler faute de passage pour leur écoulement; le déluge arrive, et enfin la mer se retirant, les eaux supérieures formèrent encore des lacs, des étangs, et ensuite des marais, jusqu'à ce qu'elles se fussent frayé une route pour arriver sans obstacle jusqu'à la mer.

1er alinéa de la page 371.

« De tels terrains ont été retrouvés depuis dans
» la France entière, et partout on y a découvert
» des ossements d'animaux semblables à ceux dont
» nos pierres de Montmartre sont remplies; nous
» avons nous-mêmes observé en Espagne plusieurs
» indices d'une même succession de catastrophes.
» Notre savant ami Drapiez les rencontre dans cette
» Belgique, qui doit s'enorgueillir de nous avoir
» enlevé un tel citoyen; l'Italie en présente divers
» exemples; plusieurs parties du monde en présen-
» tent également, et sans doute on en doit décou-
» vrir un beaucoup plus grand nombre quand le
» génie de l'observation pénétrera en tant de lieux
» qui réclament son œil investigateur. »

On a trouvé dans toute la France, en Italie, en Espagne, en Belgique, et dans plusieurs autres parties du monde, les mêmes traces du séjour des eaux sur la terre; donc ce qui les a produites a été une révolution universelle, et non des révolutions partielles: plus on en découvrira, plus mon assertion sera prouvée. Partout on trouve et l'on peut trouver des preuves que la mer a séjourné sur la terre. Les lieux bas furent abandonnés plus tard. La mer s'éloigne toujours de ses anciens rivages pour se précipiter dans les gouffres creusés sous ses eaux. Le Delta, formé par les alluvions du Nil, l'éloignement actuel d'Aigues-Mortes, où s'embarqua saint Louis partant pour la croisade, les atterrissements qui se font tous les jours en Amérique sur les bords des grands fleuves et à leur embouchure prouvent la vérité de ce que nous avançons à cet égard; nulle part les eaux ne s'élèvent, et en bonne physique, il est certain que tant que la terre conservera sa forme, l'eau qui cherche toujours son niveau ne s'abaissera pas dans une partie du monde pour s'élever dans une autre.

Dernier alinéa de la page 371-372.

« Toutes les classes d'animaux actuellement exis-
» tants ont des représentants dans les débris du
» vieux monde, mais presque aucune des espèces
» contemporaines ne s'y retrouve. »

Toutes les classes d'animaux actuellement existants ont des représentants dans les débris du vieux monde : donc ces classes existaient à l'époque du déluge universel; donc, en suivant le système de M. Bory de Saint-Vincent, le déluge n'est pas d'une si haute antiquité.

Mais les espèces contemporaines ne s'y retrouvent pas, parce que les espèces actuelles n'ont conservé que ce qui appartient à leur classe, et qu'elles ont été modifiées par une foule de causes que nous avons fait connaître; on a trouvé dans le Nord un éléphant couvert de poil, et on a conclu que cet éléphant était autre que ceux que l'on trouve en Asie. Mais qui vous assure qu'avant le déluge les pères des éléphants actuels n'avaient point de poil; un déluge et quatre mille ans peuvent bien dénaturer les espèces.

Page 372.

2. « Quand il n'y a pas eu anéantissement de ra-
» ces, il y a déplacement total des climats habités
» par elles, et le même fait s'observe dans le règne
» végétal : une multitude de plantes ont, comme une
» multitude d'animaux, disparu de la terre pour y
» faire place à la nouvelle végétation dont elle est
» parée. »

Ce déplacement des plantes est encore une preuve d'une révolution générale. Quant à la différence du feuillage de ces plantes avec celui des plantes que l'on connaît aujourd'hui, on peut répondre par trois questions ; en effet,

1° Connaît-on encore aujourd'hui toutes les plantes qui tapissent la surface de la terre?

2° Dans quelle saison, relativement aux climats où existaient ces plantes, arriva le déluge universel?

3° Ces mêmes plantes du même genre que celles que l'on voit aujourd'hui n'ont-elles pas dégénéré quant à l'espèce?

On sait de combien de manières les climats, les saisons, les greffes, les semences répétées sur telle nature de terrain, dans telle saison, influent sur les plantes; d'un œillet simple, dont la graine est semée par un jardinier, naissent une foule de variétés qui embaument l'air de leurs parfums et récréent la vue des fleuristes.

Un arbre dont les noyaux ou les pepins sont semés produit aussi plusieurs espèces de fruits, que le pépiniériste multiplie encore par le moyen des greffes.

Qu'on cesse donc de chercher à nous prouver que de nouveaux végétaux naissent spontanément sur la surface du globe; ces nouvelles espèces sont des espèces dégénérées ou perfectionnées; il en est de même des animaux.

3. « Ces plantes, conservées comme dans les » pages d'un herbier naturel dans les épontes des » houillières, appartiennent généralement à des fa- » milles qui n'existent plus, ou qui maintenant ne » sauraient subsister sous le parallèle qu'ombra- » gèrent les plantes maintenant fossiles. »

Qu'est-ce qui a assuré à M. Bory de St.-Vincent que ces mêmes plantes ont ombragé les lieux où elles se trouvent aujourd'hui? Ces plantes ne peuvent-elles pas avoir été transportées par la force des courants? D'un autre côté, nous admettrons volontiers que la force de la végétation était plus active avant le déluge, de même que la force des animaux, et que telle plante ou tel animal qui aujourd'hui ne pourrait résister aux rigueurs de l'hiver des pays tempérés, pouvait leur résister autrefois.

Mais, nous le répétons encore, combien de variétés de plantes peuvent provenir d'un même germe ?

1er alinéa de la page 372.

« Tout le monde connaît l'histoire de ce rhino-
» céros septentrionnal dont la race a disparu, et
» dont un individu fut retrouvé de nos jours, par
» l'effet de l'éboulement d'une colline, avec ses
» poils, sa chair et sa graisse. »

Ce rhinocéros pouvait être un rhinocéros méridional entraîné par les courants sur les lieux où il fut trouvé, ou bien l'on peut encore supposer qu'avant le déluge ces animaux pouvaient vivre indifféremment dans toutes les contrées de la terre.

2e alinéa de la page 373.

1. « Le calcaire gris et compacte, qui forme la
» plus grande partie des montagnes adossées aux
» grandes chaînes appelées primitives, présente à
» son tour une multitude de restes dont les ana-
» logues vivants ne sont plus connus ; tels sont les
» ammonites, les lenticulaires, les camérines et les
» bélemnites. »

On peut répondre à ce passage par ce que nous avons dit plus haut de la dégénération des races et du changement des espèces.

2. « Dans un calcaire probablement plus moderne
» apparaissent ensuite les restes de créatures dont
» les espèces sont perdues, mais dont les genres
» existent toujours : ce sont des madrépores, des
» oursins, des térébratules, des nautiles, des huî-
» tres plissées, etc. »

Même réponse ; mais on peut ajouter que telles espèces que l'on croit perdues ne le sont peut-être pas, et que l'homme ne peut assurer aujourd'hui que tout a été soumis à son investigation.

Dernier alinéa de la page 373-374.

1. « Bientôt des restes de reptiles viennent s'y
» montrer, et attester une époque où les eaux et
» leurs voisinages étaient peuplés de nouvelles
» classes d'êtres d'organisation plus compliquée. »

Ceci ne prouve encore rien contre le déluge universel. Ces reptiles peuvent avoir existé dans un temps où la terre n'était pas encore habitée par l'homme, comme on les voit répandus en grand nombre dans les contrées désertes ou peu habitées.

2. « Des tortues, des crocodiles, de gigantesques
» lézards du genre monitor, vivaient alors en même
» temps que les dernières cornes d'ammon, des
» baculistes, des turrilites, de petites nautilacées,
» et d'autres genres près de disparaître. »

Tout cela ne prouve rien contre le déluge. Voyez les précédentes observations.

3. « Mais les mammifères n'existaient pas. En » vain a-t-on cru retrouver dans le calcaire grossier » de Maestrich des bois d'élan ou de cerf ; Faujas y » prit des fragments de tortue pour des andouillers.

Comment sait-on que ceux qui ont cru trouver dans le calcaire de Maestrich des bois d'élan ou de cerf n'ont pas aussi bien vu que ceux qui ne sont pas de leur avis? Il est d'ailleurs possible que les mammifères, placés d'abord autour de l'homme, ne se fussent point encore répandus dans les pays désignés par notre auteur. On pourrait cependant tirer la preuve qu'il en existait de ce rhinocéros prétendu septentrional trouvé en entier, et dont parle M. Bory de St.-Vincent au 1er alinéa de la page 372.

1er alinéa de la page 374.

« Et c'est au milieu de six cents espèces au moins, » parfaitement bien reconnues, qu'on en trouve » environ une dixaine que l'on croit pouvoir regar- » der comme ayant encore leur progéniture dans le » monde actuel. »

Nous avons dit que la progéniture ne ressemblait pas toujours aux aïeux. Par exemple, combien d'espèces de chiens sont sans doute provenus du premier couple, et combien de différentes espèces viennent encore du croisement des races et des autres modifications que j'ai indiquées plus haut?

Qui nous assure que le cheval, l'âne, le zèbre, et ces mules productives que l'on trouve en Asie, ne viennent pas d'un seul couple? Que le cerf, l'élan, la chèvre, la brebis et les races intermédiaires, ne proviennent pas de la même source? Buffon s'est prononcé pour l'affirmative, et rien ne démontre qu'il se soit trompé.

Dernier alinéa de la page 374-375.

« Les environs de Vérone et de Vicence dans la » haute Italie, présentent enfin une formation pro- » bablement plus récente, et fort analogue à celle » d'OEningen et de Pappenheim en Franconie. On y » trouve comme dans ces lieux un plus grand » nombre d'animaux fossiles mêlés à des animaux » perdus. »

J'ai déjà dit qu'il était extraodinairement difficile de reconnaître si des races se sont perdues, et que, par cela seul qu'on n'en trouverait pas aujourd'hui d'analogues du moins en apparence, ce ne serait pas une raison d'en conclure qu'elles ont entièrement disparu.

2. « Les poissons surtout s'y entassent, et l'on doit » remarquer qu'aux lieux qui paraissent dater de la » formation de ce calcaire ne se trouvaient pas en- » core de vertèbres; à mesure que ceux-ci paraissent, » ils y indiquent un ordre de choses où l'eau devait » encore couvrir la plus grande partie de la terre. » Car, selon les vieilles archives de l'existence, les

» poissons furent les premiers, les reptiles vinrent » ensuite; les dauphins, les phoques et les lamentins, » toujours aquatiques, précèdent les mammifères » terrestres; quand les traces de ces mammifères » deviennent plus nombreuses, elles appartiennent » encore à des espèces qui fréquentaient les bords » des eaux; enfin le peu d'ornitolithes qui nous sont » parvenus sont des pélicans, des ibis, ou des bé- » casses, qui sont toujours des oiseaux de rivage. »

D'après la Bible, les poissons et les oiseaux furent effectivement les premiers des animaux créés; et en suivant le système de Buffon qui, cherchant à concilier l'Écriture sainte avec sa manière de voir, a dit que les jours dont il est parlé dans la Génèse doivent être considérés comme de grandes époques, les arguments de notre auteur seraient facilement réfutés : mais en ne nous écartant pas de la lettre, n'est-il pas vrai que les poissons se multiplient d'une manière incroyable, et ne peut-on pas supposer aussi que, peu de temps après la création du monde, il devait s'en trouver un nombre infini, tandis que les mammifères devaient être très-rares? Les reptiles avaient dû s'écarter des habitations des hommes et multiplier plus que les mammifères. Les oiseaux aquatiques produisent aussi plus que les autres, notamment plus que les oiseaux de proie. Qu'y a-t-il donc d'étonnant dans tout ce que nous dit M. Bory de Saint-Vincent?

1er alinéa de la page 375.

1. « Nous sortirions du cadre où nous sommes » forcés de nous renfermer par la nature de cet ou- » vrage, si nous donnions même la liste de tous les » animaux perdus et retrouvés, dont les débris ont » formé la croûte extérieure de cette planète, où » nos débris s'accumuleront à leur tour sur un sol » toujours renouvelé par la poussière des généra- » tions qui le foulent. »

Nos débris s'accumuleront à leur tour; mais pour cela il faut supposer que nos ossements seront pétrifiés comme les coquilles des huîtres ou les squelettes des animaux surpris par le déluge : car, qu'on ne s'y trompe point, toutes les pétrifications que l'on a remarquées n'ont pu provenir que d'une révolution subite, et qui n'aura point laissé à la dissolution le temps d'être produite; mais nous avons l'expérience que les ossements humains ni ceux des autres animaux ne résistent pas à l'action du temps, et sont réduits en poussière, plus tard que les chairs, il est vrai, mais cependant au bout d'un temps qui n'est pas très-long.

2. « Il suffira d'indiquer, par des généralités, » quelle fut l'importance du rôle que jouèrent ces » animaux perdus dans l'ensemble de la création. »

Il a suffi de transcrire ce passage, qui ne dit rien de contraire aux livres sacrés, si on l'interprète d'une manière conforme à la tradition ; si on lui donne un sens contraire, nous avons déjà répondu.

1er alinéa de la page 376.

1. « Les mastodontes, autres grands animaux per-
» dus, qui furent d'abord regardés comme des élé-
» phants fossiles, ont du être effectivement fort voi-
» sins des éléphants par la forme extérieure. »

Et qu'est-ce qui nous assure aujourd'hui que ces animaux n'en furent pas, quand même il y aurait entre eux et les éléphants qui existent de nos jours une plus grande différence.

2. « Cinq espèces de mastodontes sont aujourd'hui
» suffisamment reconnues, et paraissent avoir existé
» à une époque de beaucoup postérieure à celle où
» vécurent les animaux dont les ossements se ren-
» contrent dans les bancs calcaires ; leurs restes ne
» se sont guère rencontrés que dans la tourbe des
» marais ; le nouveau Monde surtout en présente
» d'abondants débris. »

Au lieu de chercher à établir, sans aucune donnée suffisante, qu'il y a eu plusieurs révolutions dans le monde, après lesquels ont péri successivement des espèces d'animaux qui ne se sont plus reproduits, et à assigner la place qu'ont du occuper ces animaux sur la surface de notre globe, pourquoi n'adopterait-on pas un système plus raisonnable, conforme à la nature, et qui ne s'écarte pas des livres saints ?

Ce système consisterait à dire que les coquillages qui se tiennent ordinairement au fond des eaux, ont dû, lorsque celles du déluge se retirèrent, rester immédiatement sur le fonds qu'ils occupaient; les poissons s'arrêtèrent sur la partie supérieure, les reptiles et les amphibies, qui durent se tenir dans la partie la plus élevée pour respirer, se trouvent sur ces derniers, et enfin les mammifères, dont les corps noyés surnagèrent quelque temps après leur mort, durent couvrir tous les autres. Voilà sans doute une explication naturelle de ces différentes positions des animaux, sans en chercher la cause dans des révolutions successives dont on ne rencontre aucune trace remarquable.

Dernier alinéa de la page 376-377-378.

1. « Le grand mastodonte fut l'espèce la plus re-
» marquable du genre où les naturalistes le classent:
» non-seulement il fut le plus gros de tous les ani-
» maux terrestres qui aient existé; mais il a servi à
» convaincre les plus incrédules de la possibilité
» d'une destruction de races. »

Je ne prétends pas moi-même qu'il soit absolument impossible qu'une race ait été détruite; mais il est plus probable que cette race s'est conservée avec les modifications apportées par les différences de température et autres que j'ai déjà indiquées.

2. « En vain on avait voulu ne voir dans ces débris

» que ceux d'un éléphant; ces restes, mieux exami-
» nés, ont rétabli un être gigantesque qui peupla
» l'Amérique du Nord, où sa nourriture devait être
» totalement végétale, et non animale comme on l'a
» avancé sans trop savoir pourquoi? »

Comment sait-on que cet être gigantesque peupla l'Amérique du Nord, et que les cadavres de ces animaux n'ont pas été entraînés par les courants? Comment sait-on que cet animal n'était pas ou un éléphant, ou un tapir dont l'espèce peut avoir dégénéré depuis le déluge, quoiqu'elle provienne de la même race.

3. « Ils assurent que la race du grand masto-
» donte vulgairement nommé marumouth, a cou-
» vert la surface du pays avec des hommes qui ne
» lui cédaient guère sous le rapport des propor-
» tions. »

L'Écriture sainte d'un côté, la mythologie de l'autre nous parlent de géants qui offensèrent Dieu, qui voulurent escalader le ciel, et cette conformité de souvenirs, cette tradition uniforme du peuple de Dieu et des gentils, est pour nous une preuve de plus que les races ont dégénéré soit que l'on considère l'homme, soit que l'on considère la brute.

Page 378.

4. « Les Sibériens, environnés de vieux débris
» d'éléphants, de rhinocéros et de mastodontes, ont

» aussi imaginé leur mammouth, dont ils racontent » des choses non moins merveilleuses. »

Sur ce passage je n'ai d'autre observation à faire que celles déjà faites sur les précédents.

Alinéa de la page 378-379.

1. « Le mégathérium ne le cédait guère au mas- » todonte, non plus qu'à nos éléphants pour le vo- » lume; il habitait l'Amérique du Sud, où ses restes » ont été retrouvés, particulièrement au Paraguai. »

J'ai déjà dit que la découverte du squelette d'un animal ne prouvait pas que cet animal eût vécu dans l'endroit même où il était trouvé; j'ai dit encore que la différence de volume entre un tel animal et ceux qui existent aujourd'hui ne prouvait point l'extinction de la race à laquelle il avait appartenu.

Page 379.

2. « Les membres de derrière, encore que l'os » de la cuisse y soit presque carré, c'est-à-dire aussi » épais que haut, sont plus longs; et, à l'inspection » des pieds, tout porte à croire que l'animal devait » jouir de la faculté de se lever tout droit, et de » grimper aux arbres quand il ne se servait pas de » ses ongles pour fouir et chercher les racines, qui » firent probablement, avec le feuillage, sa nourri- » ture habituelle. »

Cette description se rapproche beaucoup de celle des ours, dont on sait qu'une grande partie se nourrissent de végétaux.

1er alinéa de la page 379.

1. « Le mégalonix est encore un autre grand ani-» mal, probablement perdu, qui appartient au même » genre que le mégathérium. »

Voyez les observations précédentes.

2. « L'illustre Jefferson, qu'une grande réputation » fondée sur la culture des sciences, éleva à la pre-» mière dignité d'un État libre et puissant, décrivit, » avant tout autre, cette créature sans postérité. »

Il n'est pas prouvé qu'elle n'ait pas eu de postérité.

3. « Il rapporta quelques traditions qui portaient » à croire qu'un petit nombre d'individus vivent » encore dans les parties sauvages des États-Unis, » où l'on dit avoir entendu leurs mugissements; » mais il est difficile d'ajouter foi à des contes de » sauvages, et les ossements des mégalonix, » trouvés avec ceux de plusieurs animaux détruits » dans d'immenses cavernes, sont des témoins bien » plus certains de leur disparition que tout ce que » peuvent dire sur leur existence actuelle d'igno-» rantes peuplades portées à confondre les objets » leslus distincts. »

Et si ces peuplades ont vu les animaux auxquels s'applique la description donnée par nos philosophes, la simplicité de ces sauvages sera pour moi un plus sûr garant de la vérité de ce qu'ils racontent que ne le serait l'assertion d'hommes instruits aux moyens des livres ; d'ailleurs, entre des gens qui assurent avoir vu des objets que nos naturalistes reconnaissent avoir existé, et les vains raisonnements par lesquels on voudrait nous prouver que ces races n'existent plus, je ne balancerais pas dans le choix ; et ces raisonnements fussent-ils plus concluants, on pourrait leur répondre par cet adage de l'école : *Ab actu ad posse valet consequentia.*

Dernier alinéa de la page 379-380.

1. « L'infatigable Cuvier, qui semble lire dans les » fragments brisés qui nous restent d'une création » effacée, comme l'antiquaire exercé lit dans ces » collections où la plupart des médailles sont frus- » tes, a récemment encore fait connaître, sous les » noms de lophiodon, de charopotame, des genres » d'animaux mammifères perdus. »

Renvoi aux premières observations.

2. « Ce savant rétablit les squelettes, sur lesquels » ont passé des milliers de siècles, avec une adresse » extraordinaire. »

Il est malheureux pour M. Bory de Saint-Vincent que l'on ne compte pas encore une centaine de siècles depuis la création du monde; il nous semble d'ailleurs que cinq ou six mille ans d'antiquité sont quelque chose, et qu'un savant qui rétablit avec facilité des squelettes, sur lesquels ont passé quarante ou cinquante siècles, n'a pas besoin, pour acquérir de la réputation dans le monde, de multiplier les siècles par milliers.

1er alinéa de la page 380.

1. « Outre les traces de ces mammifères retrouvés » dans le sein des rochers ou de la terre, il en existe » dans des localités fort différentes, et qui, pour indiquer des espèces détruites, n'établissent pas » que toutes aient été détruites en même temps. »

Toutes ces suppositions parlent d'un système qui n'a sa base sur aucune preuve solide. On trouve des ossements d'animaux à une plus grande, ou à une moindre profondeur; on en conclut que les animaux trouvés plus bas ont cessé d'exister avant ceux trouvés plus haut, tandis que l'on pourrait expliquer ces différentes oppositions par le bouleversement occasioné par le déluge universel.

2. « Dans l'humus ou terreau, dont se trouvent » remplies plusieurs grandes cavernes, dont le calcaire des montagnes est souvent pénétré, on rencontre des ossements qui n'ont subi d'altération

» que celle qu'impriment l'humidité, l'enfouisse-» ment, et les ourdes minéraux dont le sol est » rempli. »

Ceci, je le pense, ne prouve pas que ces ossements n'aient pas été laissés dans ces lieux par le déluge.

Dernier alinéa de la page 380-381.

1. « Quelques restes d'espèces qui appartiennent » à des genres d'herbivores se trouvent confondus » avec ceux des carnassiers dont il vient d'être ques-» tion, sans qu'on puisse se rendre compte de l'ac-» cumulation de tant de créatures ennemies dans les » mêmes retraites. »

J'ai déjà dit que l'accumulation des ossements d'un grand nombre d'animaux au même lieu faisait supposer une révolution générale causée par les eaux qui devaient les avoir entraînés au même endroit; mais l'observation de M. Bory de Saint-Vincent est d'ailleurs très-judicieuse. En partant du principe qu'il a admis, il est certain que, si l'on trouve des restes d'animaux ennemis dans la même retraite, ne pouvant supposer qu'ils l'aient habitée paisiblement ensemble, on ne peut s'expliquer comment on les trouve aujourd'hui réunis; mais un chrétien qui, d'après les livres sacrés, admettra un déluge universel, conclura : ou que, dans ce désastre général, les animaux, oubliant leur antipathie naturelle, se sont réfugiés pêle-mêle dans les cavernes qu'ils ont trouvées à leur portée, ou qu'ils ont été entraînés par les courants dans ces mêmes lieux, dont les issues auront été fermées plus tard par des éboulements provenus des lieux supérieurs.

Ces deux suppositions me paraissent conformes à la raison, et elles ont l'avantage inappréciable d'être d'accord avec *l'Écriture sainte.*

2. « Quelque inondation aurait-elle conduit à la » fois vers les asiles, que la nature avait creusés dans » ces lieux élevés, des animaux qui, fuyant le dan» ger, avaient, par l'effet d'une terreur commune, » renoncé à leurs inimitiés? »

Voilà ma première supposition.

3. « Entassés dans ces lieux, tous ces animaux y » auraient-ils été noyés, où s'y seraient-ils dévorés » les uns les autres? »

La seconde hypothèse est possible; mais la première est la plus vraisemblable.

Page 380-381.

4. « Quoi qu'il en soit, nous devons faire observer » que les restes les plus anciens des mammifères » perdus, c'est-à-dire ceux qui se retrouvent dans » les couches plus anciennes du globe, appartinrent » à des espèces qui vivaient de végétaux; qu'on ne » trouva d'ossements d'animaux de proie que dans

» les formations récentes. Nous reviendrons sur ce » sujet à l'article *Création.* »

On peut, il est vrai, connaître à la forme des dents les animaux carnassiers et les animaux herbivores ou frugivores; mais, quant à la formation des couches, on ne peut guère savoir si elles sont plus anciennes les unes que les autres; nous verrons d'ailleurs au mot *Création* ce que nous aurons à répondre à M. Bory de Saint-Vincent.

1er alinéa de la page 381.

« Outre les animaux perdus qu'on reconnaît dans » les rochers, les couches inférieures du sol et les » cavernes, on en rencontre de plus modernes en» core dans certaines tourbières, tels sont des cerfs, » des élans et des bœufs de grande taille, qui ont » dû vivre au temps des premiers hommes, puis» qu'on a trouvé, dans quelques endroits où les restes » de ces ruminants étaient enfouis, des lames d'épées » en cuivre, qui dénotent une époque où la société » existait avec ses instruments de carnage. »

Ce que l'on vient de lire ne dit rien qui contredise les livres sacrés, aussi m'abstiendrai-je d'en faire la critique, je l'ai cependant mis sous les yeux du lecteur pour montrer que l'on peut voir des traces de l'existence de l'homme du temps où les amas d'ossements se sont formés. Ce ne sont pas, nous dira-t-on, des espèces perdues; mais d'abord il n'est point prouvé que des espèces se soient perdues; d'un autre côté, rien ne constate que les ossements que l'on attribue à des espèces perdues soient plus anciens que ceux dont on parle dans le passage précédent.

2e alinéa de la page 381.

« Comme dans ces amas, des restes d'animaux » dont les races existent encore se trouvent con- » fondus avec ceux d'animaux dont les races n'exis- » tent plus, il est clair que leur formation touche » au point de contact d'un changement d'habitants » arrivé sur le globe, et à cette époque où tant d'es- » pèces perdues allaient faire place aux espèces nou- » velles qui se perpétuent de nos jours. »

Je ne sais où M. Bory de St.-Vincent trouve la clarté et l'évidence; mais je sais bien que ce que ce savant auteur veut nous donner comme clair est dénué de toute vraisemblance. Ce célèbre naturaliste aurait en moi un fort mauvais élève : je n'aurais pas le don de comprendre ses leçons, et je le persécuterais jusqu'à ce qu'il m'eût donné une explication satisfaisante. Mais abordons le sujet. Et d'abord je ne reviendrai pas sur ce que j'ai déjà dit relativement à ces espèces perdues, et à ces espèces qui, si l'on en croit l'auteur, sont sorties spontanément et sans germe du sein de la terre. Le lecteur aura pu retenir ce qu'il a lu à ce sujet. Mais comment les premières espèces se seront-elles perdues? Auront-elles été privées sans cause connue de la faculté de se reproduire? auront-elles été détruites par d'autres espèces leurs ennemies? ou bien une révolution les aura-t-elle fait disparaître de la surface de notre globe?

1re *hypothèse.* — Elle me paraît impossible à admettre sans une cause surnaturelle émanée de la puissance divine; et, ne connaissant point cette cause, on ne pourra facilement se persuader que Dieu ait ainsi voulu détruire par un miracle une espèce entière d'animaux innocents, et, si on en croit nos naturalistes, un grand nombre d'espèces diverses.

2e *hypothèse.* —Elle paraît contraire à l'ordre de la nature; car ordinairement les animaux qui pourraient être détruits par leurs ennemis sont plus faibles qu'eux. Ainsi les lapins, les lièvres, peuvent être détruits par les chats sauvages, les moutons par les loups, les cerfs et même les bœufs par les tigres et les lions. Quant aux éléphants, ils pourraient peut-être succomber quelquefois; mais ils peuvent au moins se faire respecter. Cependant nous voyons les lièvres, à qui des animaux et les hommes font la guerre, les petits oiseaux, qui ont un grand nombre d'ennemis, et qui en comptent parmi les reptiles et parmi les mammifères, exister depuis les premiers temps dont nous connaissons l'histoire; nous voyons le singe appelé *paresseux,* qui ne fait rien qu'avec douleur, animal faible, languissant, malheureux, dont l'espèce se perpétue. On doit donc supposer, si l'on veut admettre la perte d'une race, une révolution générale qui en aura causé la destruction ; et nous rentrons dans la troisième hypothèse.

3e *hypothèse.* — Mais cette révolution, qui aura fait disparaître les animaux d'une certaine espèce, aura-t-elle épargné ceux d'une autre ? Alors comment auront été conservées celles que nous voyons aujourd'hui ? Philosophes observateurs de la nature, réfléchissez, et voyez si l'on peut attribuer d'autre cause à la conservation des animaux que nous possédons que l'arche de Noé, et d'autre cause de destruction que le déluge. D'après cela on pourrait facilement rétorquer à ces messieurs les arguments qu'ils portent contre le grand cataclysme, et prouver son existence par les observations qu'ils font pour le faire révoquer en doute.

Dernier alinéa de la page 383-384.

1. « Les poissons sont, avec les reptiles, les ani-
» maux dont on trouve le plus de restes dans cer-
» taines parties de la terre; on sait que le mont
» Bolca en est presque entièrement formé. »

Les poissons et les reptiles sont en effet les animaux qui se multiplient avec le plus de promptitude.

2. « Les corps aplatis de ces animaux ont été

» comme encaqués en ce lieu; et les galeries du Mu-
» séum offrent une série aussi instructive que riche
» de ces monuments d'un entassement dont on ne
» peut deviner la cause. »

Cela est vrai, mais peut-être pas dans le sens que l'auteur voudrait admettre.

Page 384.

3. « Certaines espèces y sont universellement con-
» servées, comme si la mort les eût frappées simul-
» tanément au milieu de l'exercice habituel de leurs
» facultés; on voit entre les individus éternisés dans
» la collection de Paris un poisson qui en avalait un
» autre. »

Ceci prouve que ces animaux ont péri par l'effet d'une révolution subite, et il est à présumer que les poissons n'ont pas été plus épargnés par le déluge universel que les animaux terrestres.

On sait bien, et l'Écriture se joint, pour nous l'attester, aux monuments naturels, que les animaux de la terre ont péri noyés par les eaux qui la couvraient tout entière. Quant aux poissons, ils durent périr par l'effet d'une diminution subite de ces mêmes eaux, qui laissèrent promptement à sec une partie de la terre, ou par toute autre révolution qu'il nous est impossible d'imaginer, et dont les auteurs sacrés n'ont pas jugé nécessaire de nous conserver le souvenir.

Nous venons enfin de terminer ce long article,

où il semble que M. Bory de St.-Vincent a voulu attaquer la croyance chrétienne relativement au grand cataclysme qui a renouvelé la face de la terre, et fait périr la majeure partie des animaux qui l'habitaient. Comme le lecteur pourrait avoir oublié les observations dans lesquelles nous avons réfuté les divers passages qui nous ont présenté quelque inexactitude, nous avons cru devoir réunir les principales idées que nous avons exposées, en suivant un ordre plus méthodique que celui que nous avons été obligé d'embrasser.

Tout prouve l'existence de la grande révolution attestée par les livres saints, et que M. Bory de St.-Vincent semble contester dans le préambule de cet article. Cette grande révolution fut évidemment (et tout le prouverait quand bien même l'Écriture sainte ne l'attesterait pas), cette grande révolution fut, disons-nous, un déluge universel, pendant lequel les eaux montèrent au-dessus des plus hautes montagnes.

En effet, ces amas de coquillages marins, ces bancs de poissons, dont il est parlé dans cet article de l'*Encyclopédie*, sont des monuments irrécusables du séjour des eaux sur la terre, et de leur prompt retour dans le lit que la mer dut occuper.

On peut néanmoins supposer que les eaux, qui se retirèrent promptement pour laisser un espace libre et sec aux habitants de la terre conservés dans l'arche, séjournèrent encore quelque temps dans les plaines les plus basses, où elles furent cependant bientôt remplacées par les eaux douces, qui y séjournèrent jusqu'à ce qu'elles se fussent frayé un passage en brisant ou entraînant les obstacles qui s'opposaient à leur libre cours.

Il serait possible à la rigueur que de vieilles races eussent disparu de la surface de la terre; mais cela ne paraît pas probable, et l'on doit plutôt croire que ces anciennes races ont pu dégénérer.

Il ne s'en est point formé de nouvelles. La Genèse nous dit que Dieu s'est reposé le septième jour, c'est-à-dire qu'il a tout fait en six jours, et qu'il n'est plus sorti de son repos éternel; mais si l'on voulait absolument qu'il existât de nouvelles espèces d'animaux ou de plantes, pourquoi n'admettrait-on pas que Dieu a créé des germes d'autres animaux et d'autres plantes qui se sont développés par l'effet des lois qu'il a établies dans la nature, et d'après telle ou telle condition? L'homme a été le dernier des ouvrages du Créateur, et l'on ne peut admettre, sans contredire les livres saints, que de nouvelles races d'animaux aient été créées dans la suite des temps.

Tous les jours, il est vrai, l'on voit et l'on peut voir de nouvelles espèces, mais ces espèces différentes entre elles, et peu semblables aux premières, n'en viennent pas moins d'une source commune; celles qui en sont provenues ont été modifiées par l'influence des climats, des lieux, des eaux, de l'air, et des habitudes que l'homme, maître de la nature, leur imprima pour ses besoins ou pour ses plaisirs.

On n'a pas besoin d'un désordre universel, et

d'un sens dessus dessous, que M. Bory de Saint-Vincent voudrait trouver dans la nature, pour être convaincu de l'existence de cette grande révolution. Le désordre occasioné par le déluge est assez visible; d'un côté, comme à la Chine, trois cents pieds de terre végétale; ailleurs, le roc entièrement nu; ici des couches de ce même roc horizontalement placées, là des couches verticales ou obliques; les animaux du Midi transportés au Nord, et ceux du Nord transportés à leur tour au Midi; là des bancs de poissons placés sur des montagnes, ici des marbres, des mines de métal mêlés et confondus: partout on trouve des marques de ce désordre occasioné par le déluge.

Rien ne prouve l'existence de ces conquêtes réitérées des eaux sur la terre, et de la terre sur les eaux; les livres saints nous font connaître l'histoire d'un déluge universel, et cette histoire est confirmée par des monuments irrécusables. Mais y en a-t-il eu plusieurs? En admettre plusieurs d'universels ce serait aller contre ce que nous dit la Genèse. Ce livre divin assigne pour cause à celui que nous connaissons la vengeance de Dieu exercée sur les hommes; quelles seraient les causes de celui ou de ceux qui l'auraient précédé?

Y a-t-il eu des déluges partiels? On peut certainement les admettre; mais ces déluges causés par des trombes, par des orages épouvantables, par l'inondation des fleuves et des rivières, par l'encombrement des lieux qui devaient servir au passage des eaux, n'ont dû occuper que les pays enclavés entre de hautes montagnes, et n'ont pu produire les effets que l'on doit attribuer au seul déluge universel.

Il serait absurde de supposer que les eaux ont tourné autour de notre globe, qu'elles auraient occupé successivement et par parties. D'après les lois de la nature, les eaux cherchent toujours leur niveau, et se précipitent dans les lieux les plus bas; ces lieux les plus bas sont les plus rapprochés du centre de la terre, et il est certain que les montagnes qui ont été occupées par les eaux du déluge ont toujours été plus éloignées du centre de la terre que le vaste bassin de l'Océan et de la mer du Sud.

Il est inutile de rappeler dans ce résumé toutes les réponses que nous avons faites à la notice de M. Bory de Saint-Vincent. Ce court exposé suffira sans doute au lecteur pour détruire tous les arguments portés contre le déluge; l'on peut d'ailleurs consulter sur chaque article noté la réponse qui s'y applique.

ANNALES. — P. 386-392. — SAINT-AMAND.

3e alinéa de la page 387.

1. « Les plus anciennes (annales) dont nous » ayons directement connaissance sont celles de la » Chine. »

Pour un chrétien, les plus anciennes annales sont celles de Moïse; et un philosophe sceptique de bonne foi, s'il peut en exister, n'ajoutera pas plus de confiance aux annales de la Chine qu'à celles du peuple de Dieu.

2. « Les annales de Sémacouang remontent jus» qu'au règne de Fohé, c'est-à-dire jusqu'en l'an » 3331 avant l'ère chrétienne. »

On doit observer :

1° Que les annales du peuple de Dieu remontent à la création, et sont par conséquent plus anciennes que celles de Sémacouang ;

2° Qu'il est sans doute intervenu des doubles emplois dans celles de la Chine ; lesquels doubles emplois font remonter leur histoire à un temps beaucoup plus éloigné qu'il ne l'est réellement ;

3. « Cette chronologie, qui donne tant de poids » aux calculs et aux raisonnements par lesquels on a » prouvé l'impossibilité physique d'un déluge uni» versel, a été vivement attaquée et contestée par » les missionnaires. »

Nous avons répondu, dans nos observations contre la notice précédente, aux principaux arguments qu'ont portés nos philosophes contre le déluge universel. Quant à la chronologie de la Chine, que l'on veut donner comme un argument de plus, nous répéterons d'abord ce que nous avons dit sur le passage qui précède immédiatement celui-ci, que cette chronologie est erronée. Du reste, comme le fait remarquer l'auteur lui-même dans une note qu'il a eu la bonne foi d'ajouter au bas de la page 387, il existe une autre chronologie qui, remontant également jusqu'à Fohé, ne donne que 2983 ans avant Jésus-Christ (1).

1. « Un certain Sumarica, qui fut le premier évê» que de Mexico, fit brûler au nom du Seigneur, » et après les avoir exorcisés, les tableaux historiques » qu'on put découvrir dans cette partie de l'Amé» rique. »

(1) Ces dernières annales ne sont pas plus exactes que les précédentes. Bergier, dans son *Traité historique et dogmatique de la vraie Religion*, avec la réfutation des erreurs qui lui ont été opposées dans les différents siècles (Paris, 1780), détruit d'une manière péremptoire l'opinion exagérée de l'antiquité de la Chine. Voici comment il s'exprime :

« Nous n'insisterons point sur les fables dont on a farci les commencements de l'histoire de la Chine. Elles sont néanmoins gravement répétées par l'empereur actuel dans son éloge de la ville de Mouckden. Celles qui se trouvent dans les deux premiers chapitres de *Chou-King* suffiraient seules pour décréditer ce livre. Il y a plusieurs faits incontestables qui peuvent nous faire concevoir en quel temps la Chine a commencé à se policer, et comment on a trouvé le secret d'en allonger l'histoire et la chronologie. Environ l'an 1122 avant notre ère, Vouvang, fondateur de la troisième dynastie, nommée *Tchéou*, vint de l'Occident avec trois mille hommes, s'empara de l'empire, ou plutôt du royaume du Chang, renferma dans une seule ville tous les sujets du prince détrôné, et leur donna des lois. On convient qu'à cette époque et dans les temps suivants, la Chine fut divisée en plusieurs royaumes indépendants ; et on ne peut pas prouver qu'il y eût alors un souverain principal, dont les autres fussent tributaires ou feudataires. La Chine était encore très-peu peuplée, puisque huit cents ans après, la partie méridionale était à moitié sauvage. Pendant tout cet intervalle il y eut des troubles, des guerres continuelles entre les divers souverains, et très-peu de

Le fait est vrai, et l'on sait que malheureusement l'évêque de Mexico se trompa relativement à ces annales, qu'il prit pour des livres magiques; plaignons son erreur, mais excusons son intention, qui était bonne quoique basée sur un fondement erroné.

2. « Cette action qui rappelle celle du musulman » Omar, et du pape Grégoire, eut sans doute le » même motif dans l'esprit de son auteur. »

Nous prions M. de Saint-Amand de vouloir bien

communication entre les divers États. Avant cette dynastie de Tchéou, il n'est point de monument authentique d'un empire de la Chine; il ne s'est formé que long-temps après par la réunion de ces souverainetés isolées. Vers l'an 550 avant Jésus-Christ, Confucius fit l'histoire ou la chronique du royaume de Lou; d'autres pouvaient avoir fait avant lui celle des royaumes voisins, des souverains qui y avaient régné, de la police qu'on y observait. Dans le *Chou-King* il compila ces divers mémoires, en recueillit les faits principaux, se contenta de nommer les personnages, sans distinguer les temps ni les lieux où les événements s'étaient passés. En composant sa chroniqne, il n'avait pu remonter plus haut qu'à deux cents ans avant lui, et il avait fixé la chronologie par les éclipses. En faisant le *Chou-King* il ne put rien déterminer, parce que les faits étaient plus anciens, et que ses mémoires n'étaient pas fort exacts. Des écrivains très-postérieurs ont voulu y mettre un ordre quelconque : ils ont placé bout à bout des dynasties collatérales, des personnages et des événements contemporains; il ont ainsi allongé la succession des règnes pour donner à leur monarchie une antiquité plus respectable; à force de calculs, de conjectures, de disputes, on est enfin parvenu à donner un air de vraisemblance à cet ouvrage d'imagination. Que l'on attribue à quel prince on vounous indiquer quel est celui des quatorze papes connus sous le nom de Grégoire qui a agi comme le musulman Omar? *L'Histoire Ecclésiastique* de Fleury, qui ménage si peu les papes, n'en parle pas ; nous désirerions savoir dans quel ouvrage nous pourrions trouver des renseignements à ce sujet.

1er alinéa de la page 390.

1. « Nous manquons d'annales certaines et régu-

dra la fondation de l'empire chinois, avant la dynastie des Tchéou, jamais on ne pourra fixer avec certitude le temps auquel ce fondateur a vécu : point de livres, point de monuments, point de lumières avant cette dynastie; tout ce qui précède est placé au hasard. Selon le témoignage du père Ko, il n'y a pas de lettré à la Chine qui ne sache que la chronologie ne remonte d'une manière probable et satisfaisante que jusqu'à l'an 841 avant Jésus-Christ. Environ cent ans après, c'est-à-dire en 776, commencent les Olympiades chez les Grecs, et la certitude de leur chronologie; l'an 747 est chez les Chaldéens le commencement de l'ère de Nabonassar. Les partisans des antiquités de la Chine disent que les matériaux dont ses annales sont composées, ont été comparés, discutés, corrigés par les savants les plus habiles, pendant près de dix-huit cents ans. C'est peut-être ce qui doit nous rendre cette histoire plus suspecte. Si elle avait été moins fabuleuse et moins hasardée, il n'aurait pas fallu tant de temps ni de discussion pour tout concilier. Malgré les efforts de tous ces savants, les doutes ne sont pas dissipés; eux-mêmes ne sont pas d'accord. Quand ils le seraient, nous ne pourrions encore rien faire de mieux que d'examiner leurs preuves. »

Ce passage de Bergier se trouve dans le *Cours de Morale chrétienne et de Littérature religieuse* de l'abbé Feller, t. 1, p. 411-412.

» lières pour les premiers siècles de notre histoire, » ce qui tient à la profonde ignorance où les sociétés » de l'Europe furent plongées dans ces temps mal- » heureux, par suite du fanatisme religieux, et des » désordres civils. »

Dites donc par l'effet de la barbarie introduite en France par les peuples du nord. D'ailleurs il n'est pas exact de dire que nous n'ayons pas d'annales des premiers siècles de notre histoire; on sait que les moines, seuls instruits dans ces temps d'ignorance, conservaient la mémoire des faits historiques. Il se trouve à la vérité quelque contradiction entre les divers récits des auteurs de ces temps; mais ne s'en trouve-t-il pas dans l'histoire des temps les plus rapprochés de nous? Celle de notre révolution, par exemple, est-elle écrite dans le même sens par les royaliste et les partisans de Napoléon, par les émigrés et les révolutionnaires? Il exista, il est vrai, des désordres civils, causés par le défaut de lois certaines qui fixassent la succession à la couronne, et par la trop grande division des provinces; mais où M. de St.-Amand a-t-il trouvé le fanatisme qu'il impute aux historiens de ces temps reculés? Entend-il par fanatisme l'esprit de religion, le respect pour les évêques et les moines? Mais ignore-t-il donc que, bien loin que le respect pour le clergé ait été une cause d'ignorance, c'est ce même clergé, ce sont ces mêmes moines qui nous ont conservé par leurs travaux infatigables les copies des anciens auteurs grecs et latins, qui sans eux auraient été livrés à un oubli éternel.

2. « On sait que l'art d'écrire a été très-rare en » France et en Allemagne jusqu'au XIVe siècle. Les » prêtres seuls étaient capables de tenir les annales. »

Mais s'ils les ont tenues, pourquoi n'ajouterait-on pas autant de foi à des prêtres du Seigneur qu'à des hommes de lettres ennemis de la religion? Il semble que les prêtres d'un Dieu de vérité doivent nous inspirer plus de confiance que de prétendus philosophes qui peuvent écrire par spéculation, ou pour faire triompher une opinion qu'ils auront embrassée.

3. « L'histoire des premiers règnes de la monar- » chie française a été faite presque entièrement sur » les écrits de Grégoire, évêque de Tours, qui vi- » vait au VIe siècle; long-temps encore après cette » époque, on ne trouve les documents de l'histoire, » ou l'histoire elle-même, que dans les écrits des » moines. »

Qu'est-ce que cela prouve ? Cela prouve que c'est à Grégoire de Tours et aux moines que nous devons la connaissance des faits historiques qui se sont passés en France dans les premiers siècles de la monarchie. Mais un évêque et des religieux ne sont-ils pas aussi dignes de foi que nos philosophes incrédules, et dominés par l'esprit de parti? que Voltaire, par exemple, qui s'est plus étudié à décrier la religion de ses pères qu'à rapporter fidèlement les faits?

2e alinéa de la page 390.

« L'interprétation des annales a donné lieu à de » longues querelles parmi les savants. Les prêtres » chrétiens ont constamment nié l'authenticité de » celles dont l'antiquité contrariait l'autorité des » livres saints. »

Et certainement ils n'ont pas eu tort : témoin ces annales de la Chine, dont les unes remontent à l'année 3331 avant l'ère chrétienne, et les autres n'aboutissent qu'à l'année 2983 avant Jésus-Christ, quoique les unes et les autres commencent au règne de Fohi; témoin ce zodiaque de Denderah, que l'on prétendait avoir été fait avant l'époque assignée par les chrétiens à la création du monde, et qui, bien examiné, a été reconnu être du temps des Ptolomées. On sait que les livres saints s'accordent parfaitement, pour la chronologie et pour un grand nombre de faits historiques, avec les histoires des Assyriens, des Égyptiens (1), des Perses, des Mèdes, des Grecs et des Romains. Pourquoi ne pas préférer des annales suivies et régulières à celles du Mogol ou de la Chine, dans le cas où elles se-

(1) Les Égyptiens ont aussi une chronologie qui les ferait remonter plus haut que le déluge; mais cette chronologie a été faite dans des temps modernes, et n'était pas connue du temps de Moïse.

raient en opposition avec la Bible? Ce qui fait préférer une histoire à une autre, c'est son authenticité. Or une histoire consacrée depuis dix-huit siècles par la vénération de tous les chrétiens, une histoire respectée par un peuple dont néanmoins elle faisait connaître les fautes et les crimes, n'est-elle pas plus authentique que celles qui, nouvellement déterrées, ne représentent aucun rapport avec celles déjà connues, et de la certitude desquelles il est par conséquent impossible de juger.

3e alinéa de la page 390.

« En matière d'antiquité, le scepticisme est non-» seulement permis, il est en quelque sorte com-» mandé par la raison; mais s'il faut se défier de la » vanité des peuples, qui se complaît généralement » dans la croyance d'une haute antiquité, il faut se » défier aussi des attaques dirigées contre cette inno-» cente prétention, par un intérêt aussi clair, aussi » palpable, et d'une aussi grande importance que » celui dont on vient de parler. »

La prétention à une antiquité qui remonterait au-delà du déluge n'est point innocente, premièrement parce qu'elle blesse la vérité, et que la vérité doit toujours être respectée ; en second lieu, parce qu'elle attaque directement la croyance des peuples chrétiens.

Mais pourquoi se défierait-on des attaques dirigées contre une prévention envers laquelle on convient que l'on doit se tenir en garde? Quel est cet intérêt si clair, si palpable et si important, qui dirige les chrétiens dans leurs attaques contre des annales erronées? C'est celui de la vérité, c'est celui de la vraie religion, qui, basée sur des preuves irréfragables, rejette tout ce qui est en opposition avec ces mêmes preuves. Mais quel intérêt ont les juifs, dont nous avons adopté les annales, à défendre, dans l'ordre moral, leurs idolâtries, leur désobéissance envers un Dieu dont ils reconnaissent la puissance et les bienfaits; et dans l'ordre politique, leurs défaites et leurs captivités? Et cependant les juifs, ennemis du culte du Christ, sont d'accord avec les chrétiens relativement à la foi en leurs annales qui les condamnent.

Dernier alinéa de la page 391-392.

« Les lois, les règlements, les manifestes, les
» journaux, les mémoires particuliers, les écrits de
» toute espèce que chaque jour dépose sont autant
» d'annales que leur multiplicité met pour toujours
» à l'abri du zèle barbare des Omar, des Grégoire,
» et des Sumarica futurs. »

Voyez la seconde observation sur le 1er alinéa de la page 389, p. 236.

ANNEAUX (*histoire naturelle*). — P. 405-406. — BORY DE ST.-VINCENT.

Dernier alinéa de la page 405-406.

« Des personnes qui ont voulu faire de la méta-
» physique sur une science rigoureusement exacte,
» généralisant le mot, ont prétendu que chaque
» créature était un anneau d'une grande chaîne,
» qu'ils s'imaginaient être formée de l'ensemble
» total de ces créatures, et dont l'homme était
» le chaînon le plus près de la Divinité ; au mot
» *Création* nous démontrerons la vanité d'un sys-
» tème que les moindres observations détruisent,
» tout séduisant qu'il peut être pour des esprits
» superficiels. »

Il est difficile de concevoir sur quel point porte la critique de M. Bory de St.-Vincent. Porte-t-elle sur la prétention de quelques philosophes qui ont écrit que la nature est une chaîne dont chaque créature est un anneau, et qui se prolonge depuis la matière brute et organique jusqu'à l'homme doué de la faculté de se connaître, de connaître les êtres qui lui sont inférieurs, et d'arriver même à la connaissance de Dieu? Dans ce cas sa critique ne ne porterait point ; car tout le monde sait que le mot *anneau* n'a été employé que dans un sens figuré. Du reste il est hors de doute qu'il y a des rapports suivis d'une créature à une autre. M. Cuvier exprime le rapport par le mot *passage*. Il est certain aussi que l'homme est de toutes les créatures visibles celle qui approche le plus de la perfection.

Nous verrons au mot *Création* ce que nous aurons à répondre au système de M. Bory de Saint-Vincent qui, à en juger par les antécédents, ne manquera pas d'attaquer la croyance des chrétiens.

ANNIVERSAIRE. *Revenant avec l'année.* — P. 417-420. — ARNAULT.

Dernier alinéa de la page 419-420.

« Chez la plupart des peuples de l'Europe on fête
» en famille les anniversaires de la naissance. Cela
» est plus raisonnable que de fêter la fête patro-
» nale, comme nous le faisons en France. C'est
» à l'église qu'il faut fêter le saint; à la maison fê-
» tons l'homme.

Je veux bien croire que les protestants, qui ont en horreur toute marque de vénération donnée aux saints, ont abandonné l'usage de célébrer le jour de la fête patronale, et ont adopté celui de ne fêter que l'anniversaire de la naissance. Je m'abstiendrai de blâmer ce changement; mais pourquoi se permet-on de critiquer l'usage contraire? qu'a de déraisonnable une coutume qui honore tout à la fois le saint protecteur du chef de famille, et le chef de famille lui-même? Que trouve-t-on de ridicule à choisir, pour se réjouir honnêtement le jour consacré plus spécialement à la fête du saint qui nous protège? Il est hors de doute que pour un chrétien l'usage de la France est plus convenable que celui des peuples protestants. C'est la veille de la fête que sont apportés les bouquets et les petits présents qui les accompagnent ; c'est alors que l'épouse, les enfants et les amis du patriarche s'empressent autour de lui, et rappellent dans les compliments qu'ils lui adressent le protecteur qu'il a dans le ciel. Le matin du jour suivant, le père, accompagné de ses enfants, se rend au temple pour remercier Dieu des bienfaits qu'il lui a accordés jusqu'à ce jour, et adresse des vœux au saint patron afin qu'il continue son intercession. Le soir, un banquet réunit les enfants, les gendres et les petits enfants. Qui ne voit que cette fête patriarchale, plus religieuse que celle de la naissance, n'est pas pour cela moins agréable? Je le répète, je ne blâmerai pas l'usage contraire, dans lequel la religion peut aussi intervenir, surtout si l'on se rappelle alors que c'est le jour où l'on est sorti par le baptême de l'esclavage du démon. Mais, je le déclare, je préfère le nôtre à celui des protestants.

ANTHROPOPHAGES (*histoire naturelle*). — P. 438-442. — Bory de St.-Vincent.

1er alinéa de la page 440.

« Des peuplades indiennes, des Tartares, pres-
» que de nos jours (en 1740), les Juifs en diverses
» occasions, furent anthropophages. »

Les Juifs, nous dit M. Bory de St.-Vincent, furent anthropophages. Comment les Juifs, qui ne mangeaient point de graisse ni de sang, les Juifs, qui ne pouvaient se nourrir que de certains animaux choisis, les Juifs que leurs lois déclaraient impurs, si par quelque accident ils avaient touché un cadavre, auraient mangé de la chair humaine? Où l'auteur de notre article a-t-il puisé un pareil conte? On sait bien que pendant le siége de Samarie, sous le règne d'Achab, une femme juive, pressée par la faim, avait fait rôtir son enfant; nous lisons aussi dans Josèphe et dans l'histoire ecclésiastique que pendant le siége de Jérusalem une autre femme s'était livrée, par le même motif, au même acte de désespoir; mais l'horreur que la vue de ce mets affreux excita dans l'âme des brigands qui la surprirent atteste assez que ce fait insolite ne peut pas être compté, pas plus que celui de Samarie. Voltaire ne dit-il pas dans sa *Hen-*

riade qu'une chose pareille avait été faite lors du siége de Paris? Ne voit-on pas tous les jours dans les relations des naufrages les matelots dévorer leurs camarades morts de faim, et quelquefois tirer au sort entre les vivants à qui sera mangé le premier? On ne dit pas pour cela que les Français et les Anglais sont anthropophages.

Voltaire, il est vrai, a soutenu cette fausseté dans son *Dictionnaire philosophique*, trompé ou feignant de l'être (car sa bonne foi est assez connue), par une fausse interprétation d'un passage d'Ézéchiel, où ce prophète annonce que les bêtes sauvages, les oiseaux de proie, et tous les animaux carnassiers accourront pour dévorer les nombreuses victimes que Dieu immolera sur les montagnes d'Israel. « Vous mangerez, dit le prophète, en parlant à ces animaux, la chair des braves, et vous boirez le sang des princes de la terre, vous vous repaîtrez de leur graisse, vous vous enivrerez de leur sang, et vous serez rassasiés à ma table. »

Le philosophe de Ferney feignit de croire que ce mot de *table*, pris au figuré dans le passage poétique du prophète, ne pouvait s'appliquer à des loups et à des vautours; et il l'attribua libéralement aux Juifs. Voir sur cet article les *Lettres de quelques juifs portugais, allemands et polonais à M. de Voltaire*, tome II, page 186 et suivantes, lett. II, § 3.

1er alinéa de la page 442.

« Cependant, il faut en convenir, la religion elle-» même pouvait être insuffisante. Sa voix, qui n'est » pas toujours écoutée, même par ses ministres, » n'empêcha pas toujours ceux-ci d'immoler des » victimes humaines. Un autodafé ressemble, à » bien peu de chose près, aux préparatifs d'un festin » de cannibales. »

Je ne prétends pas ici me créer l'apologiste de l'inquisition et des autodafés. Il est certain cependant que, si toutes les déclamations de nos philosophes étaient réduites à la simple vérité, on trouverait bien de la différence entre la chose elle-même et les histoires qu'on en débite. On sait que depuis des siècles l'inquisition supprimée en France et en Allemagne a été beaucoup adoucie en Espagne, en Portugal et en Italie; on sait que l'on ne condamnait à mort après que l'inquisition avait renvoyé aux tribunaux séculiers, que pour les crimes que les lois punissaient de la même peine en France et en Angleterre. Quant au cortége qui accompagnait le patient, et un prédicateur en surplis qui l'assistait pour l'engager à se convertir à la foi catholique, ils ne faisaient partie de cette cérémonie que pour aider de leurs prières le malheureux qui allait perdre la vie, comme de nos jours un prêtre accompagne le criminel que les cours d'assises ont condamné à la peine de mort. Du reste, ceux qui se plaignent tant des autodafés et de l'inquisition, que feraient-ils s'ils étaient les maîtres, qu'ont-ils fait dans la révolution? La déportation et la peine de mort prononcées contre les prêtres, les noyades de Nantes, les mariages républicains nous montreraient au besoin quelle tolérance nous devrions attendre de ces prédicateurs de la tolérance.

ANTIPODES (*géographie*). — P. 462-464. — EYRIÉS.

2e alinéa de la page 463.

« Ces dernières opinions (de ceux qui niaient » l'existence des antipodes) devinrent des articles » de foi. Aventinus, dans ses *Annales Boiorum*, rap- » porte que Virgile, évêque de Salsbourg dans le » huitième siècle, ayant enseigné qu'il y avait des » antipodes, Boniface, légat du Pape dans ce pays, » le pressa de se dédire; l'évêque, s'y étant re- » fusé, fut dénoncé au pape Zacharie. Le souverain » pontife écrivit : Quant à la perverse doctrine » de Virgile, s'il est prouvé qu'il soutienne qu'il y » a un autre monde et d'autres hommes sur la terre, » un autre soleil et une autre lune, chassez-le de » l'Église, dans un concile, après l'avoir dépouillé » du sacerdoce. »

Il est faux que l'opinion de ceux qui niaient les

antipodes soit devenue un article de foi. Il est vrai que Virgile, ou plutôt Vigile qui n'était point évêque de Salsbourg, mais qui le devint dans la suite, fut repris par Boniface, archevêque de Mayence et légat du pape Zacharie, pour avoir soutenu l'existence des antipodes.

Il est encore vrai que le Pape écrivit une lettre à Boniface dans les termes que nous venons de transcrire; mais il est certain aussi que l'affaire n'eut pas de suite, soit que Virgile n'eût pas réellement soutenu qu'il existait des antipodes, soit qu'il eût expliqué sa croyance de manière à ce qu'elle ne contredît point les livres saints.

Il est évident que dans cette circonstance, le pape Zacharie fut induit en erreur par le rapport de Boniface, qui sans doute entendit lui-même assez mal la question. Il est certain aussi que le pape Zacharie avait raison d'écrire dans le sens qu'il le faisait, et qu'il ne condamnait point l'existence d'habitants sur toute la terre, mais l'existence d'hommes habitant un autre monde que le nôtre, et celle d'un autre soleil et d'une autre lune, parce que cette opinion aurait contredit l'Écriture sainte, qui nous fait tous descendre d'un même père. Que dans ces temps de barbarie le pape Zacharie et l'évêque de Mayence aient mal compris la question, rien d'étonnant; les philosophes de ces temps n'étaient pas plus habiles; mais l'erreur d'un pape en matière de géographie ne lui ôte pas son autorité en matière de religion. D'un autre côté aucun concile n'a condamné la croyance des antipodes; c'est donc dans l'objet unique de tourner la religion en ridicule, et sans aucun fondement solide, que l'on a prétendu qu'il fut un temps où il était de foi que la terre n'était pas ronde.

Ajoutons encore, d'après le *Dictionnaire théologique* de Bergier, au mot *Antipode*, page 187, que Philoponus, qui vivait sur la fin du VIe siècle, a démontré dans son livre *De Mundi creatione*, liv. 5, ch. XIII, que saint Basile, saint Grégoire de Nysse, saint Grégoire de Nazianze, saint Athanase et la plus grande partie des pères de l'Église ont su que la terre est ronde; il est même parlé des antipodes dans saint Hilaire (*In Ps.* 2, *n°* 23.), dans Origène (*Lib.* 2, *De princip. cap.* 3.), dans saint Clément, pape (*Epist. I. ad Cor. n°* 20.); il n'est donc pas vrai qu'il fût de foi, jusqu'au XVe siècle, qu'il n'existât point d'antipodes.

APHORISME (*législation*). — P. 487-488. — COURTIN.

Il est une petite observation à faire sur un prétendu aphorisme que nous donne notre ancien collègue à la fin du second alinéa de la page 488 : *On ne peut de rien faire quelque chose.* S'il entend parler d'une chose impossible à l'homme, je suis d'accord avec lui, puisque l'homme n'a reçu d'autre pouvoir que celui de changer ou de modifier la matière, en lui donnant une nouvelle forme; mais s'il entend émettre cette proposition d'une manière absolue, je me garderai de l'approuver, parce que Dieu peut créer de rien, et a en effet créé le monde de rien.

APOCALYPSE (*religion*). — P. 489-490. — LANJUINAIS.

2e alinea de la page 489.

1. « Depuis la publication des Encyclopédies » françaises, les doctes objections d'Abauzit contre » l'Apocalypse, dernier livre du nouveau Testament, » ont été répétées avec plus ou moins d'énergie et » de talent par Voltaire, par Dupuis et autres » écrivains. »

C'est ainsi que débute M. Lanjuinais dans son article sur le mot *Apocalypse:* je demanderai à cet auteur si la manière qu'il a adoptée est la bonne manière de faire connaître les choses; il eût été plus convenable de commencer comme le *Dictionnaire théologique* de Bergier :

Apocalypse, du grec Αποκαλυψις, *révélation*. C'est le nom du dernier livre canonique de l'Écriture.

Après cela, l'auteur aurait pu rapporter les sentiments des pères de l'Église sur ce livre de l'Écriture sainte, et enfin il aurait pu faire connaître les opinions des modernes, catholiques et protestants, sur ce livre sacré. Puisque l'auteur de cet article ne l'a pas fait, nous allons essayer de le faire nous-même.

On disputa long-temps dans les premiers siècles de l'Église sur l'authenticité et la canonicité de ce livre.

Sur son authenticité : Les uns disaient que Cérinthe avait attribué l'Apocalypse à saint Jean pour donner du poids à ses rêveries, et pour établir le règne de Jésus-Christ pendant mille ans sur la terre après le jugement; saint Denys d'Alexandrie, cité par Eusèbe, l'attribue à un écrivain nommé Jean, différent de l'Évangéliste.

D'autres aussi anciens répondaient que si les anciennes copies manuscrites de l'Apocalypse portaient en tête le nom de Jean le Divin, les pères grecs ont donné par excellence ce surnom à l'apôtre saint Jean pour le distinguer des autres évangélistes, et parce qu'il a traité spécialement de la divinité du Verbe, et en outre parce que, 1° dans l'Apocalypse, saint Jean est nommément désigné par ces termes : *A Jean, qui a publié la parole de Dieu, et qui a rendu témoignage de tout ce qu'il a vu de Jésus-Christ;* ce qui ne peut convenir qu'à saint Jean l'Évangéliste.

2° Ce livre est adressé aux sept églises dont saint Jean avait le gouvernement.

3° Il est daté de l'île de Pathmos, où tous les anciens pères de l'Église conviennent que saint Jean fut relégué en 95, et d'où il revint en 98, époque qui fixe encore le temps où ce livre fut écrit.

4° enfin, saint Justin, saint Irénée, Origène, Victorin, et après eux une foule de pères et d'auteurs ecclésiastiques des premiers temps de l'Église, l'attribuent à saint Jean l'Évangéliste.

Sur sa canonicité : Saint Jérôme rapporte que dans l'Église grecque, même de son temps, on la révoquait en doute; Eusèbe et saint Épiphane en conviennent. Dans le catalogue des livres saints dressé par le concile de Laodicée, par saint Grégoire de Nazianze, par saint Cyrille de Jérusalem, et par quelques autres auteurs grecs, il n'en est fait aucune mention; mais on l'a toujours regardée comme canonique dans l'Église latine. C'est le sentiment de saint Augustin, de saint Irénée, de Théophile d'Antioche, de Méliton, d'Apollonius et de Clément d'Alexandrie. Le troisième concile de Carthage, tenu en 397, l'inséra dans le canon des Écritures, et depuis ce temps l'Église d'Orient l'a admise, comme celle d'Occident.

L'Apocalypse fut rejetée par les alogiens, hérétiques du second siècle, et défendue par saint Épiphane.

Il y a eu plusieurs Apocalypses supposées.

1° L'Apocalypse de saint Pierre;

2° Celle de saint Paul;

3° Celle d'Adam,

4° Celle d'Abraham, supposée par les hérétiques séthiens;

5° Celle d'Esdras;

6° Celle de Moïse;

7° Celle de saint Thomas ;

8° Celle de saint Etienne.

9° Celle du prophète Élie.

Porphire, dans la Vie de Photin, cite encore les Apocalypses de Zoroastre, de Zosheim, de Nicothée, d'Allogènes, etc.

Dans les derniers temps, les calvinistes ont rejeté l'Apocalypse ; mais on doit observer que ce livre renferme un tableau de la liturgie apostolique qui ne leur est pas favorable.

Abouzit, professeur à Lauzanne, a fait une dissertation contre l'Apocalypse, et Voltaire en a copié les objections dans quelques-uns de ses ouvrages.

Les luthériens et les anglicans reconnaissent au contraire l'authenticité de ce livre. Les premiers en ont tiré des arguments contre le Pape et l'Eglise catholique.

Voyez le *Dictionnaire théologique* de Bergier, et les auteurs qu'il cite ; voyez *Apocalypse*.

Quant aux objections d'Abouzit, de Voltaire et de Dupuis, elles ont été réfutées avec succès, et elles doivent nécessairement céder aux conciles, et au consentement de l'Église universelle.

1. « Ce livre n'en a pas moins conservé la vénération de toutes les communions chrétiennes; il est devenu plus que jamais un sujet d'interprétation. »

C'est ce que nous avons dit sur le passage précédent. Il est vrai que des catholiques ont donné diverses interprétations de l'Apocalypse, mais aucune n'a été reçue par l'Eglise, qui ne l'a pas expliquée elle-même. Elle attend les événements prédits, avec le respect dû à la parole de Dieu. Les protestants de diverses communions ont aussi interprété l'Apocalypse, et leur explication s'est trouvée fausse relativement au pape et à l'Eglise romaine.

2. « Ainsi l'on voit subsister et se répandre, non-
» seulement à Stokolm et à Londres, mais à Paris
» et ailleurs, l'église particulière des swedenbor-
» gistes, qui a pour fondement la persuasion que
» cette même église est précisément *la nouvelle*
» *Jérusalem* indiquée dans l'Apocalypse. »

Heureusement cette secte de rêveurs ne fait point les progrès qu'on lui attribue, nous devons dire cependant qu'il n'y a point d'opinion ridicule que ne puissent embrasser des hommes qui se sont une fois séparés de l'Église catholique.

Dernier alinéa de la page 489-490.

1. « Le plus savant et le plus nouveau commen-
» taire est celui de M. le président Agier, publié à
» Paris en 1823, en deux volumes in-8°. Il insiste
» beaucoup, ainsi que le plus grand nombre des plus
» modernes théologiens, sur la conversion des
» juifs, qu'il croit prochaine, et devant arriver dans
» le siècle présent. Il donne les plus piquants détails
» sur la consommation de l'apostasie des gentils,
» 1° par les excès de l'ultramontanisme, 2° par le
» faux christianisme des jésuites, 3° par l'antichristia-

» nisme des déistes et des sceptiques, 4° par le ma-
» térialisme des athées. »

Quoique je ne connaisse point l'ouvrage dont il est parlé dans le passage que l'on vient de lire, il est visible que son auteur est protestant ou janséniste. Il est ennemi des athées ou matérialistes, des déistes ou sceptiques, et en cela il partage le sentiment des catholiques; mais dans quelle partie de l'Apocalypse a-t-il trouvé le faux christianisme des jésuites et les excès de l'ultramontanisme? Luther, Jurieu et Mélancthon avaient aussi représenté Rome comme la grande Babylone, et le pape comme l'antechrist; mais l'erreur dans laquelle ils tombèrent sur l'époque de la chute de cette grande Babylone a prouvé qu'on ne pouvait prendre aucune confiance en leur interprétation (1). Les jésuites sont d'excellents chrétiens; le pape sera jusqu'à la consommation des siècles le chef de l'Église, épouse de Jésus-Christ. Les abus de la cour de Rome ont disparu depuis long-temps, et existassent-ils encore, ce ne serait point ce qui amènerait l'extinction de la foi parmi les gentils. Quant aux juifs, il est certain qu'ils se convertiront, ou du moins qu'ils seront spécialement appelés à la conversion à la fin des siècles.

(1) Bossuet assure dans ses ouvrages de controverse qu'il avait entre les mains un calcul que les ministres faisaient courir chez les protestants, d'où il résultait que Babylone, c'est-à-dire Rome, devait tomber sans ressource dans le mois de mai 1699 (*tom.* XXII, *p.* 193).

2. « C'est de là principalement qu'il voit se for-» mer et se développer la coalition de l'antechrist et » de son armée, sous le commandement d'un » prince russe, et sous la direction d'un pape. »

Je serais curieux de voir cet ouvrage. En effet, il faut que son auteur amène bien des événements romanesques pour faire concourir un prince russe, c'est-à-dire du rit grec et séparé de l'Église dont le pape est le chef, et le souverain pontife lui-même, à la destruction de cette même Église. M. le président Agier a pu faire un roman amusant sous quelques rapports ; mais certainement son ouvrage ne sera jamais considéré par les catholiques et par les hommes de bon sens comme une explication exacte de l'Apocalypse ; et on ne saurait s'empêcher de gémir en voyant ce langage, moitié impie, moitié ridicule, dans la bouche d'un chef de la justice en France.

APOSTASIE. — P. 501-506. — ARNAULT.

1. « Pour être réellement *renégat* ou *apostat*, il » faut avoir cru, ou du moins avoir cru croire la » religion qu'on abjure; il faut l'avoir volontaire-» ment pratiquée. »

De sorte qu'il suffira à un individu qui aura abjuré la religion chrétienne pour se faire turc ou adorateur du grand *Lama*, de dire qu'il n'a jamais cru les dogmes de la religion qu'il pratiquait extérieurement avant son changement. Celui qui aura donné des preuves de christianisme en assistant aux prières publiques ou en participant aux sacrements pourra dire : Je ne suis point apostat, parce que j'étais forcé de donner des marques extérieures de religion, par mes parents, par mes maîtres, par l'opinion publique, par la crainte de perdre ou de ne point obtenir des places avantageuses.

2. « A ce compte, bien des gens ont été très-inju» rieusement gratifiés de ces épithètes, dont nous » autres, bons catholiques, sommes quelquefois un » peu prodigues. »

Les bons catholiques ne sont pas prodigues d'épithètes injurieuses. La charité les porte au contraire à excuser les fautes de leurs semblables, toutes les fois que la chose est possible; mais les philosophes du jour sont au contraire assez prodigues d'imputations calomnieuses envers les bons catholiques.

3. « C'est témérairement, il faut en convenir, » que nous avons appelé *apostat* un grand empe» reur, un grand stathouder, et un grand roi. »

Henri IV ne fut point apostat, parce que sa première conversion ne fut que simulée, et fut d'aussi courte durée que le temps où il fut forcé de dissimuler sa croyance, c'est-à-dire aussi court que le temps de sa prison à la cour de Charles IX et de Catherine de Médicis.

Nous parlerons plus tard de Guillaume de Nassau.

Quant à l'empereur Julien, cette qualité d'apostat ne peut lui être enlevée par quelques déclamateurs se disant philosophes, qui se plaisent à noircir la mémoire du premier empereur qui se fit chrétien, et à exagérer les qualités de Julien. Que celui-ci ait été, avant de parvenir à l'empire, un mauvais chrétien, on ne le contestera pas ; et il est probable que s'il avait tenu à sa religion il ne l'aurait point abandonnée pour de vaines idoles. Mais il est certain que Julien fut chrétien pendant long-temps, qu'il n'était point forcé à l'être, et qu'il quitta sa religion pour embrasser le paganisme. Quant à ses vertus, que l'on compare les histoires écrites par les chrétiens avec celles de leurs ennemis, et que l'on ne donne pas si légèrement la préférence à celles écrites par les païens.

4e alinéa de la page 502-503.

1. « Julien dit *l'Apostat* ne fut point apostat très » à plaindre sans doute, puisque les lumières de la » foi ne l'avaient pas éclairé ; il n'avait été chrétien » que de nom, et par la volonté impériale de son » oncle. »

Julien dit *l'Apostat* a été appelé de ce nom par les Pères de l'Église et par les historiens du temps. Il avait été élevé dans la religion chrétienne, et il l'abjura ensuite pour faire profession du paganisme; c'est un fait attesté par ses panégyristes eux-mêmes

(*Liban. ort. parent. in Jul.* § 9). Il en convient lui-même dans une de ses lettres aux habitants d'Alexandrie (*epist.* LI); dans une autre, son frère Gallus le félicite sur sa piété envers les martyrs. Il est certain encore que l'an 360, lorsqu'il eut été déclaré Auguste, il assista à l'Église le jour de l'Épiphanie avec la pompe de son rang, afin de plaire aux soldats et au peuple des Gaules, presque tous chrétiens. Que Julien ait ajouté plus ou moins de foi à la religion de Jésus-Christ, il n'en est pas moins vrai qu'il a pratiqué certains devoirs de cette religion, qu'il est resté long-temps chrétien (1); d'où l'on doit conclure que Julien a mérité la qualification d'apostat, qui lui a été donnée par ses contemporains et par la postérité.

1. « De peur qu'il ne devînt un héros, on voulait » en faire un moine. »

On ne voulait pas en faire un moine, puisque avant qu'il abjurât la religion chrétienne, il avait eu la liberté d'aller où il voulait; qu'on lui permit de se rendre à Athènes pour y acquérir des connaissances philosophiques, et qu'il commença à l'école des philosophes païens à révoquer en doute les vérités de la religion chrétienne. On ne voulait pas en faire un moine, puisqu'il fut créé César.

D'ailleurs que le lecteur ne confonde pas les moines de ces temps de la primitive Eglise, avec les religieux dont les ordres se sont formés en Occi-

(1) Il reçut même l'ordre de lecteur.

dent après la destruction de l'empire romain. Dans cette partie de l'Europe, les premiers étaient des solitaires qui s'étaient retirés du monde, soit pour fuir la persécution des païens, soit pour éviter les périls de toute espèce qui les auraient environnés dans le monde. C'est de la solitude où ils se retirèrent dans les déserts que leur vint le nom de μονος, seul, solitaire, d'où l'on a fait *moine*; et dans ces temps on ne faisait pas des moines, comme on le fit sous la première race de nos rois, pour rendre impropres au gouvernement les princes que l'on voulait en écarter.

3. « La violence dont Constance avait usé envers » lui à cet effet, n'était guère propre à lui faire » aimer une religion qui pour être celle de l'empe» reur, n'était pas celle de l'empire. »

Ce fut Constance qui permit à Julien d'aller à Athènes pour s'instruire dans la philosophie; ce fut lui qui, en l'année 355, le rappela en Italie, où il le déclara césar en présence des soldats, le 8e des ides de novembre, sous le consulat d'Arbetion et de *Lollien*, c'est-à-dire le 6e novembre 355. Et peu de jours après, le même Constance lui fit épouser sa sœur Hélène. On voit par là jusqu'à quel point on doit ajouter foi aux déclamations des philosophes qui prétendent que l'on força Julien à embrasser le christianisme, et que son oncle voulait en faire un moine.

Mais la religion chrétienne, pour être celle de l'empereur, n'était pas celle de l'empire.

A la rigueur, Constance ne suivait pas la religion de l'empire, puisqu'il était arien, et que l'empire était catholique. « Ce ne fut point, nous dit M. » Thouret (*Encyclopédie moderne*, p. 48. Voyez » *Abjuration.*), l'apparition d'une croix dans les » nuées, mais une habile politique qui détermina » Constantin à se faire chrétien : sa conversion le » mit à la tête d'une secte nombreuse, etc. » On s'attendrait à trouver les auteurs de la nouvelle *Encyclopédie* d'accord du moins avec eux-mêmes.

4. « La religion de l'empire est la seule que Julien » ait embrassée librement, et volontairement pratiquée. Plaignons singulièrement ce philosophe de » n'avoir pas été plus chrétien que *Marc-Aurèle*, » ce qui lui suffit *pour être damné*, mais ne l'accusons pas pour le déshonorer d'avoir été apos- » tat. »

Qu'est-ce que l'auteur de cet article entend par la religion de l'empire? Est-ce la religion de l'empereur? Non, puisqu'il vient de nous dire que la religion chrétienne, pour être la religion de l'empereur, n'était pas celle de l'empire. Est-ce celle de la majorité des sujets? Nous avons vu plus haut qu'un collaborateur de l'*Encyclopédie* nous a dit que ce fut par politique, et pour plaire à une secte nombreuse que Constantin se fit chrétien : qu'était-ce donc que cette religion de l'empire que l'empereur Julien tenta de rétablir, et qui retomba aussitôt après lui ? C'était la religion de quelques philosophes qui ne la croyaient point vraie ; et de quelques individus qui n'avaient refusé d'embrasser le christianisme que pour se livrer sans remords à tous les crimes autorisés par l'exemple des divinités païennes. Voilà la religion de l'empire d'après M. Arnault, qui ne craint point de lui donner une certaine supériorité sur la religion chrétienne, pour justifier l'empereur Julien.

Mais cette prétendue religion de l'empire fut-elle celle de Julien? Non ; il ne la crut pas vraie lui-même ; mais il voulut former une religion nouvelle avec les débris du paganisme et la morale chrétienne. Il n'en fut pas moins apostat, parce que, après avoir professé la religion de Jésus-Christ, il l'abandonna pour suivre le culte des idoles ; et quand il n'aurait pas été apostat, en serait-il plus digne de la vénération de ses apologistes? Un homme qui a la lâcheté de dissimuler la religion qu'il professe au fond de son cœur, surtout lorsqu'il n'a point pour excuse, comme Henri IV, lors de sa première conversion, son extrême jeunesse et un péril imminent de mort, est-il plus digne d'estime que celui qui quitte la vraie religion pour en embrasser une fausse? Que le lecteur juge cette question.

Quant à cette mauvaise plaisanterie tirée des diatribes de Voltaire contre la religion, nous devons répondre d'abord que le vrai chrétien ne décide jamais du salut éternel des individus; il connaît la seule voie qui conduit au bonheur éternel, il la suit en tremblant pour sa faiblesse, et mettant toute sa confiance en la bonté de Dieu; il voit la mauvaise route que suivent les infidèles, les hérétiques, les incrédules; il les plaint de leurs erreurs; il adore les desseins de Dieu sur les enfants des hommes, et espère toujours en la miséricorde divine; il craint toujours sa justice, et ne juge jamais ceux que Dieu a jugés. Nous ne connaissons par la foi la damnation de personne que celle de Caïn, d'Antiochus et de Judas; mais, si malgré les bornes de nos connaissances à cet égard, on peut être autorisé à prononcer sur le salut de quelqu'un, il est hors de doute que l'on doit plutôt craindre pour celui de Julien-l'Apostat, qui, ayant connu la religion chrétienne, l'abandonne pour suivre une religion ridicule, que pour celui de Marc-Aurèle, qui put, à la fin de sa vie, recevoir, par une inspiration subite de la grâce, la récompense de ses vertus (1).

1er alinéa de la page 503.

1. « Henri IV ne fut pas apostat non plus, quand, » malgré sa première conversion, qui ne fut pas

(1) Il serait à désirer que ce que nous disons de Marc-Aurèle fût rigoureusement vrai; mais combien il s'en faut que ce Marc-Aurèle, que les païens et les philosophes ont honoré à l'égal d'un dieu, fût à l'abri de toute tache. Ce Marc-Aurèle, qui disait le soir, lorsqu'il n'avait pas fait des heureux : « J'ai perdu ma journée, » *diem meam perdidi*, ce Marc-Aurèle persécuta les chrétiens. Il en fut de même de Trajan et d'Antonin. Voyez l'*Histoire ecclésiastique* d'Eusèbe. Voyez aussi le *Catéchisme philosophique* de Feller, t. II, p. 256.

» opérée par la grâce, mais par ces trois mots: » *mort*, *messe* ou *Bastille*, il retourna au prêche, ou » bien *ad vomitum*, comme le disent élégamment » les gens de l'école; et quand une fois échappé du » Louvre, il continua de professer la croyance dans » laquelle il avait été nourri, c'est à cette croyance » qu'il avait été renégat. »

Henri IV ne fut point apostat, nous en convenons, parce qu'il ne pratiqua la religion catholique que pendant le temps qu'il demeura sous l'influence des poignards de la St.-Barthélemy, parce que, lorsqu'il retourna à son ancien culte, il ne fit que suivre l'impulsion de son cœur, et il ne cessa point, lors de sa conversion apparente, d'être dominé par les préjugés que lui avaient inspirés les ministres de sa secte. Mais lorsqu'il feignit de se faire catholique, il ne fut point renégat, parce que cette qualification ne s'applique qu'à ceux qui abandonnent la vraie religion. Je l'ai déjà dit, je n'aurais aucune estime pour celui qui abandonnerait une religion, fût-elle fausse, s'il n'était pas convaincu de sa fausseté. Henri IV peut trouver une excuse dans son extrême jeunesse, dans les fortes menaces qui lui furent faites, et principalement dans l'opinion où sont en général les protestants, que l'on peut se sauver parmi les catholiques. Mais si Henri IV, protestant, commit une faute en feignant d'être catholique, nous nous écrierons avec raison : Heureuse faute! qui a procuré à la France un bon roi et des descendants dignes de lui!

2. « Mais, il faut en convenir, il est un peu plus » excusable sous ce rapport que saint Pierre : les me» naces du roi très-chrétien étaient plus faites pour » intimider un brave homme que les propos d'une » servante pour interloquer un apôtre. »

La comparaison que l'on fait ici est choquante, et a pu trouver place tout au plus dans les écrits de Voltaire, qui s'est plu à tourner en ridicule tout ce qui tient à la religion. On ne peut d'ailleurs établir de comparaison exacte entre un protestant qui semble abandonner pour un moment sa fausse religion pour la vraie, et saint Pierre qui, comptant trop sur ses forces, tomba dans un excès contraire. Je n'entreprendrai pas de justifier le chef des apôtres ; mais lorsqu'il renia Jésus-Christ, il avait à craindre plus qu'une servante. Il se trouvait dans la maison du grand-prêtre, entouré de satellites, et d'ennemis de son divin maître : il craignait d'éprouver le sort de notre Seigneur. Il commit une grande faute sans doute, mais Jésus-christ, qui connaissait le fond de son cœur, la lui pardonna presque à l'instant, et il la pleura lui-même toute sa vie, de manière, nous dit l'histoire ecclésiastique, que ses joues en étaient sillonnées. Nous devons encore ajouter que si la faiblesse fit commettre une faute à saint Pierre, il la répara par l'exercice de la vertu contraire, par un courage que les persécutions et les tourments les plus cruels ne purent ébranler. Saint Pierre, après avoir prêché l'Évangile aux Juifs, dont il convertit un grand nombre, après avoir été enfermé dans une prison de laquelle il sortit miraculeusement, après avoir fondé à Rome cette chaire supérieure à toutes les attaques de l'hérésie et de l'incrédulité, et qui subsiste inviolable depuis dix-huit siècles, eut le bonheur de sceller de son sang les vérités de la religion. On sait qu'il fut crucifié à Rome vers l'année 66.

2e alinéa de la page 503.

« Le Béarnais, à la vérité, finit par faire de bon » gré, en 1593, ce que, en 1572, il avait fait de » force; mais cela ne peut lui être imputé à crime » par les protestants. »

Cela est vrai.

« D'abord le salut de la France était attaché réel- » lement à cette conversion. »

Cela est encore vrai, mais ce qui suit n'en est pas moins répréhensible.

« Et que ne devait-il pas faire pour le salut de la » France, *si Paris seul valait bien une messe?* »

Il devait tout faire, il est vrai, excepté de trahir sa conscience ; et un catholique qui apostasierait pour le plus grand intérêt serait inexcusable. Ces mots *Paris vaut bien une messe* ont été prêtés à Henri IV par les protestants, qui ont préféré reconnaître dans ce bon roi un motif humain, qui n'aurait pas excusé l'abandon de sa religion, plutôt que d'y voir le résultat de la conviction après l'examen le plus approfondi. Mais d'après les Mémoires de

Sully, protestant lui-même, ce ne fut point l'intérêt ni aucun motif humain qui décidèrent Henri IV à se convertir; il n'aurait même jamais consenti à se faire catholique, s'il n'avait été réellement convaincu que la religion qu'il embrassait était la seule vraie, la seule qui pût conduire au salut (1).

« De plus, passer d'une croyance quelconque à » la foi catholique, ce n'est pas apostasier, c'est se » convertir, chose très-différente. »

Ceci est très-vrai, et peut-être plus que ne le veut l'auteur. Dieu veuille qu'il n'ait pas parlé ironiquement!

3e alinéa de la page 503.

« Quant au premier des Nassaux, lorsqu'il se détacha de la communion romaine, comme Henri IV, » il retournait à la croyance de son père; comme Julien, il manifestait une opinion jusqu'alors comprimée en lui par une autorité tyrannique; il se » montrait enfin ce qu'il était. Guillaume ne fut ni renégat, ni apostat, ni converti, ou perverti, si vous » l'aimez mieux. »

(1) « Qui ne sait, nous dit Bossuet, dans sa *Défense de la Déclaration du Clergé de France*, t. XX, p. 155, édit. de Liège, 1768, que ce grand prince embrassa la religion chrétienne, non par force....., mais heureusement gagné par ceux qui lui demeurèrent fidèles, et dans le temps que ses victoires et ses triomphes lui avaient déjà assuré sa couronne », etc.

Ce qui peut excuser Henri IV d'apostasie, comme nous l'avons déjà dit, c'est la violence des menaces qui lui furent faites, sa jeunesse, l'extrême contrainte où il se trouva, et le peu de temps qu'il demeura soumis en apparence à l'Église catholique. Julien et Guillaume de Nassau furent plus libres que Henri, et ils demeurèrent trop de temps enfants apparents de l'Église pour ne pas avoir mérité la qualification d'apostats.

Dernier alinéa de la page 503-504.

1. « Il n'en est pas ainsi du fameux comte de » Bonneval, lors des persécutions de toute espèce » qu'un caractère impétueux et indépendant lui » avaient attirées. Après s'être fait Allemand, ce » chevalier français se fit Turc. »

Je conviens que ce chevalier français fut un véritable apostat; mais, parce qu'il fut excité par son caractère impétueux et indépendant, mérite-t-il plus ce titre que Julien, que le même caractère et une inconstance difficile à exprimer portèrent à réveiller les superstitions païennes. Voici comment s'exprime Fleury, qui nous donne, pages 495 et 496, édition in-8°, le portrait physique et moral de cet homme extraordinaire :

« Quand le prince Julien vint à Athènes, il entra dans la connaissance de Basile et de Grégoire, et étudia avec eux non-seulement les lettres profanes, mais les saintes Écritures, quoique dès lors il eût résolu de renoncer au christianisme ; mais il n'osait le déclarer. Ils découvrirent le dérèglement de son esprit par sa physionomie et tout son extérieur. Il était de médiocre taille, le cou épais, les épaules larges, qu'il haussait et remuait souvent, aussi bien que la tête. Ses pieds n'étaient point fermes ni sa démarche assurée. Ses yeux étaient vifs, mais égarés et tournoyants; le regard furieux, le nez dédaigneux et insolent, la bouche grande, la lèvre d'en bas pendante, la barbe hérissée et pointue; il faisait des grimaces ridicules, et des signes de tête sans sujet, riait sans mesure et avec de grands éclats, s'arrêtait en parlant et reprenait haleine, faisait des questions impertinentes, et des réponses embarrassées l'une dans l'autre, qui n'avaient rien de ferme ni de méthodique. Grégoire disait en le voyant : « Quel mal nourrit l'empire romain! Dieu veuille que je sois faux prophète ! »

On peut inférer de ce passage, que ce qui décida Julien-l'Apostat (car on ne peut avec raison nous blâmer de lui donner cette qualification) fut un certain esprit de désordre qui se montrait jusque dans les habitudes de son corps, et dès lors il n'est pas plus excusable que le comte de Bonneval.

Page 504.

Ce que l'on va lire prouverait que le comte de Bonneval, qui abandonna la religion chrétienne pour se faire musulman, ne croyait ni à l'une ni à l'autre de ces religions, et en cela il aurait sans doute un caractère de ressemblance avec l'empereur Julien.

2. « Souvenez-vous bien, écrivait-il à son frère, » qu'il n'y a que fadaises dans ce bas monde, distin- » guées en gaillardes, sérieuses, politiques, juri- » diques, ecclésiastiques, savantes, tristes, etc., etc.; » mais, ajoute-t-il, il n'y a que les premières et de » se tenir toujours le ventre libre, qui fassent vivre » joyeusement et long-temps. »

3. « Lorsqu'on a fait à un pareil intérêt un pareil » sacrifice, il est probable qu'on n'a été ni bon » chrétien ni bon musulman. »

C'est ce que je viens de dire.

« Néanmoins Bonneval, qui pour Rome est un » apostat, est un converti pour Constantinople, où » nous ne sommes nous autres que des infidèles. »

Que signifie cette observation digne de Voltaire? Que les partisans d'une religion croient et appellent infidèles ceux qui ne la suivent pas? c'est une chose qui n'a pas besoin d'être dite. Que toutes les religions sont indifférentes, et ne sont pas meilleures les unes que les autres? C'est ainsi que l'on devrait interpréter la phrase pour lui donner un sens; mais alors il faut renvoyer l'auteur de cette notice aux ouvrages dans lesquels on trouve les preuves de la religion chrétienne ; il faut lui apprendre son catéchisme.

APOTHÉOSE (*antiquités*).— P. 509-514.— GHEIBRAUT.

3e alinéa de la page 509.

« Toutes les religions ont eu leurs apothéoses. »

D'après la définition donnée par l'auteur, l'apothéose signifie proprement la déification d'un être mortel.

D'après cette définition, il est inexact de dire que toutes les religions ont eu leurs apothéoses.

Je ne m'attacherai point à l'examen des prétendues religions des Indes, à l'islamisme, au woabisme, et aux cultes des anciens peuples de l'Amérique. Cela n'entre point dans mon plan, qui ne consiste qu'à relever les erreurs qui pourraient être contraires aux croyances de l'Église catholique.

La religion juive et la religion chrétienne, qui au fond ne font qu'une seule et même religion divisée en deux époques différentes, l'une avant la venue de Jésus-Christ, l'autre après l'avènement du Fils de Dieu jusqu'à la consommation des siècles, n'ont pas eu d'apothéoses.

Les Juifs ont honoré les patriarches, les juges, les rois, les prophètes et les pontifes; mais ils ne les ont point élevés au rang des dieux.

La religion chrétienne rend un culte d'honneur aux saints personnages de l'ancien Testament, à ses martyrs, à ses pontifes, et aux saints de tous les états; mais elle n'en a élevé aucun au rang des dieux. Je ne pense pas que l'auteur du passage ait voulu faire considérer comme apothéose la reconnaissance de la divinité de Jésus-Christ; ce serait un blasphème horrible, que je ne puis supposer dans son intention; mais comme ce ne sont point les chrétiens qui ont fait Jésus-Christ Dieu, puisqu'il est Dieu de toute éternité, malgré tout ce qu'ont dit les ariens et les sociniens, l'on ne peut supposer que toutes les religions ont eu leurs apothéoses.

2e alinéa de la page 512.

1. « Ce qui a droit de nous étonner davantage, » c'est que les empereurs chrétiens se laissèrent dé- » cerner les honneurs divins par les païens, qu'ils » persécutaient. Constantin eut le double avantage » d'être mis au rang des dieux par la religion qu'il » avait détrônée, et au rang des saints par celle » qu'il avait fait triompher. »

Les Romains idolâtres ont rendu des honneurs divins aux empereurs païens vivants; mais les empereurs chrétiens n'ont jamais souffert qu'on les leur rendît à eux-mêmes. Cependant Constantin et ses successeurs, jusqu'à l'empereur Théodose, reçurent après leur mort les mêmes honneurs que leurs prédécesseurs : mais pouvaient-ils empêcher ces vaines cérémonies ?

Les païens, dont le nombre diminuait cependant tous les jours, paraissaient encore trop puissants pour qu'on pût leur refuser le libre exercice de leur religion, et tous les empereurs, depuis Auguste, sans en excepter Tibère et Néron, avaient reçu les honneurs de l'apothéose. C'était, en quelque sorte, un usage reçu, et que les empereurs n'auraient pu empêcher sans exposer les chrétiens au retour des persécutions. Le titre de *divus*, qu'on donnait aux empereurs pendant leur vie, n'était point un honneur divin, mais une simple marque de respect. Voilà les raisons qui forçaient les empereurs à fermer les yeux sur cet abus, qu'ils ne pouvaient détruire encore.

Les empereurs chrétiens ne persécutaient pas les païens; mais ils cherchaient à éteindre peu à peu le reste des superstitions de l'idolâtrie. Les cérémonies de ce culte ridicule furent tolérées, et les temples restèrent ouverts jusqu'à Théodose. Du reste, la meilleure preuve que les chrétiens ne persécutaient pas les païens est cette tolérance des cérémonies de l'apothéose que les empereurs chrétiens laissaient faire à l'égard de leurs prédécesseurs.

Ce ne fut point un avantage pour Constantin, adorateur de Jésus-Christ, d'être mis au rang des dieux, pas plus qu'il n'est avantageux à un comédien de représenter sur le théâtre Jupiter ou Apollon. Quant au titre de *saint*, Constantin n'a jamais été honoré comme tel dans l'Église romaine. Je n'ai lu l'histoire de sa canonisation nulle part. Dans l'Église grecque l'on fait mémoire de l'empereur Constantin et du concile de Nicée. Cette mémoire n'est pas une invocation adressée à cet empereur ni aux trois cents évêques réunis au concile, mais une action de grâces rendue à Dieu pour le bien fait à l'Église par l'empereur et le concile.

2. « Ses successeurs, moins heureux que lui, furent seulement divinisés par leurs sujets païens, et cette coutume ne cessa qu'avec le paganisme. »

Nous avons dit que Constantin ne fut pas canonisé.

1er alinéa de la page 514.

« La raison a repris ses droits; on ne verra plus désormais un sénat avili déifier les hommes qui, comme l'imbécille Claude ou l'impudique Héliogabale, ne se seraient illustrés que par leur stupide faiblesse ou leur dégradante lubricité. »

A qui devons-nous ces heureux changements? Au christianisme plutôt qu'à la raison philosophique. N'a-t-on pas vu sous le règne de la déesse *Raison* des femmes de mauvaise vie jouer dans les temples les rôles des statues de Vénus et de Minerve? Marat n'a-t-il pas reçu dans les caveaux du Panthéon français les honneurs de l'apothéose philosophique ?

APOTRE. — P. 514-524. — Arnault.

2e alinéa de la page 516.

« Ainsi on appelle saint Denis l'apôtre des Gaules, » saint Boniface l'apôtre de l'Allemagne, le moine » Augustin l'apôtre de l'Angleterre, et le jésuite » François Xavier l'apôtre des Indes. »

Saint Denis et saint Boniface, personne ne leur conteste le titre de saint. Mais Augustin était moine, et François Xavier était jésuite. Est-ce la raison pour laquelle l'auteur de cet article leur a refusé le titre qu'il donne aux deux premiers ? Le lecteur saura que l'Eglise catholique a mis au nombre des saints saint Augustin et saint François Xavier. On peut exclure les moines et les jésuites des royaumes de ce monde, mais on ne les exclura pas du royaume des cieux.

3e alinéa de la page 516-517.

1. « Pierre, André, Jean, étaient des hommes » sans instruction, des idiots, dit le texte sacré, » *homines sine litteris*, *idiotæ* (Act. Apost. cha. IV, » vers. 13). »

Un lecteur qui ne connaîtra point les livres sacrés, sera sans doute étonné que nous réfutions un passage où ces mêmes livres sont cités avec le numéro du chapitre et du verset; cependant nous devons le faire avec d'autant plus de raison que les mots que l'on cite disent tout le contraire de ce qu'on leur fait dire dans la notice donnée par M. Arnault.

Pour bien entendre les mots, *homines sine litteris, idiotæ*, il faut lire le chapitre IV d'où ils sont extraits, et l'on trouvera dans les versets qui précèdent le 13ᵉ, que ces prétendus idiots convertirent cinq mille Juifs, vers. 4. On trouvera que Pierre fut rempli de l'Esprit saint, vers. 8. Et enfin, au vers. 13 cité par l'auteur de l'article, on trouve la preuve la plus claire, que ces *ignorants*, ces *idiots* avaient été complètement changés; voici comment ce verset est conçu :

« *Videntes autem Petri constantiam et Joannis, comperto quòd homines essent sine litteris et idiotæ, admirabantur, et cognoscebant eos quoniam cum Jesu fuerant.* »

La suite du chapitre montre encore jusqu'à quel point ces *ignorants* et ces *idiots* inspiraient des craintes aux docteurs de la loi et aux pharisiens, et fait connaître les efforts inutiles que firent ces savants pour leur imposer silence.

On doit conclure de tout cela, non comme le dit l'auteur de cet article, que Paul fut le seul qui prêcha avec succès, et qui convertit beaucoup de monde; mais que Pierre, Jean, André, qui auparavant étaient des ignorants, et si l'on veut des idiots, devinrent d'autres hommes après la descente du Saint-Esprit; qu'ils opérèrent un grand nombre de conversions; qu'ils étonnèrent par leurs réponses et leur courage ceux qui auparavant les avaient méprisés; on doit en conclure enfin qu'une religion qui transforme ainsi les hommes d'une manière si subite, qui d'un imbécille fait un homme plus instruit que les docteurs; qui d'un lâche, qui a craint les interpellations d'une servante, fait un homme courageux qui lutte avec avantage contre la science et la puissance réunies, est la vraie et unique religion.

1er alinéa de la page 518.

1. « Passons à la seconde question, les apôtres » pouvaient-ils se marier? »

Tous les apôtres étaient mariés avant d'être appelés à l'apostolat, excepté saint Jean et saint Paul; auraient-ils pu le faire ensuite? Cela dépend des défenses que notre Seigneur Jésus-Christ aurait pu leur faire à raison de la haute perfection à laquelle leur vocation les engageait. Ce qu'il y a de certain, c'est que ceux qui n'étaient point mariés ne se marièrent jamais, et que ceux qui l'étaient vécurent avec leurs femmes dans la plus parfaite continence.

Voyez le mot *Célibat*.

Dernier alinéa de la page 518-519.

1. « Rien dans l'Évangile ne prouve que le ma-
» riage leur fût interdit. »

Personne ne prétend que la défense faite aux évêques et aux prêtres de se marier soit de droit divin; l'Eglise, pour rendre ses ministres plus dignes d'approcher du Saint des saints, a voulu qu'ils s'abstinssent du mariage. C'est une règle de discipline ecclésiastique, à laquelle doivent se soumettre les prêtres qui n'ignorent point que l'Église a reçu de Jésus-Christ le pouvoir d'ordonner et de défendre, de lier et de délier.

Voyez le mot *Célibat*.

Quant à présent, il nous suffira de dire que l'Église est notre mère, qu'elle a reçu de Jésus-Christ, son époux, le droit de faire tels règlements de discipline qu'elle jugerait à propos, et qu'il serait injuste de lui contester ce droit, surtout à l'égard des ministres du culte.

1er alinéa de la page 519.

« Il faut, dit saint Paul, que l'évêque soit irré-
» prochable, *oportet episcopum irreprehensibilem*
» *esse;* qu'il soit mari d'une seule femme, *unius*

» *uxoris virum;* sobre, *sobrium;* prudent, *prudentem;* » soigné dans sa toilette, *ornatum.* »

Tout cela a été expliqué par ce que nous avons dit plus haut : Dans le principe, les prêtres étaient mariés lorsqu'ils étaient ordonnés ; mais on n'a point vu qu'ils se soient mariés après qu'ils ont été promus au sacerdoce. Ainsi lorsque saint Paul dit *unius uxoris virum*, cela signifie que si celui que l'on veut élever à l'épiscopat a été marié, il ne doit avoir eu qu'une femme. Timothée et Tite ont constamment vécu dans le célibat: saint Paul n'exige donc pas que l'évêque ait une femme; mais aurait-il pu exiger qu'il fût célibataire? Qu'était le célibat chez les païens? Pouvait-on trouver dans la classe des célibataires les autres qualités que demande le grand apôtre? Aurait-il fallu ordonner des enfants et livrer l'Église de Dieu à la conduite de prêtres imberbes? non sans doute ; il fallait les choisir parmi les pères de famille, parmi ces hommes respectables qui ayant perdu leurs femmes, avaient vécu depuis dans la continence en s'occupant de l'éducation de leurs enfants; ou parmi ces chrétiens qui, unis à une épouse vertueuse, savaient respecter la sainteté du lit nuptial.

Quant au mot *ornatum*, il signifie que celui que l'on choisit pour l'épiscopat doit être un homme grave et décent, instruit, poli, en un mot réunir toutes les qualités qui concilient l'estime et le respect du public, *habentem bonum testimonium etiam ab iis qui foris sunt*, c'est-à-dire estimés même des païens.

2ᵉ alinéa de la page 519.

« Telle est la traduction littérale du texte. Dans » les versions connues, on rend, il est vrai, *unius* » *uxoris virum*, par, qu'il n'ait épousé qu'une seule » femme : cette version n'est pas fidèle ; en substi- » tuant le passé au présent, on en altère essen- » tiellement le sens : *esse* signifie *être*, et non avoir » été. »

Lorsque l'on veut corriger les autres, on ne devrait pas donner soi-même prise à la critique. Les traductions approuvées par l'Église portent que *l'évêque doit n'avoir épousé qu'une femme*, parce que c'est ainsi que l'Église l'a toujours entendu, et que jamais un évêque ne s'est marié après sa consécration ; mais la traduction que nous donne M. Arnault, est-elle plus exacte ? Ne faut-il pas lorsque l'on traduit donner un sens raisonnable à sa version ; et quel sens peut-on lui donner si on n'adopte celui qui a été déjà reçu ?

Oportet ergo episcopum irreprehensibilem esse, unius uxoris virum.

Il faut donc que l'évêque soit irréprochable, époux d'une seule femme.

Veut-on dire qu'il doit nécessairement avoir une femme ? Saint Paul, l'apôtre des gentils, saint Jean, disciple que Jésus aimait, Timothée, Tite, et une foule d'autres n'en eurent jamais.

Veut-on dire qu'il ne doit en avoir qu'une? Mais d'après l'Évangile la polygamie était aussi bien défendue aux simples fidèles qu'aux évêques et aux prêtres, et alors la phrase présenterait un sens inutile. Le mot *esse* peut d'ailleurs s'appliquer parfaitement à celui qui a été marié et qui a perdu sa femme, et c'est ainsi d'ailleurs que ce passage a été traduit dans toutes les versions approuvées par l'Église.

Dernier alinéa de la page 519-520.

1. « Tel était l'état des choses dans la primitive » Église. Les âmes ardentes, craignant que les soins » d'une famille ne les détournassent du soin de » l'apostolat, se sont depuis éloignées du mariage.

Voilà une des raisons qui ont porté l'Église à prescrire le célibat aux évêques, aux prêtres, aux diacres et aux sous-diacres. Les âmes *ardentes* du feu sacré de l'amour divin ont suivi le conseil de Jésus-Christ et de saint Paul.

Page 520.

2. « Origène même, prenant à la lettre les paroles » de Jésus, se mit dans l'impossibilité d'éprouver » jamais une pareille distraction. C'est avoir porté

» la vertu bien loin ; c'est avoir prouvé la vérité de » ces paroles de saint Paul : « La lettre tue, mais » l'esprit vivifie. »

Origène comprit mal les paroles de notre Seigneur, qui ne conseillait qu'une chasteté volontaire, et non l'impuissance. Jésus-Christ avait dit à ses apôtres : *Qui potest capere capiat,* pour leur faire entendre que ce qu'il disait ne devait point être pris à la lettre ; et ensuite il leur en avait expliqué le sens. Du reste l'action d'Origène a été condamnée par l'Église.

3. « Il est permis de douter qu'on plaise à Dieu » par de pareils sacrifices. Saint Paul, qui voulait » de la sobriété jusque dans la sagesse, et qui a dit » avant Quinault : « Ce n'est pas être sage qu'être » plus sage qu'il ne faut » (*Armide, acte* II.) ; *Non* » *plus sapere quam oportet sapere, sed sapere* » *ad sobrietatem*....... (Epist. ad Rom., c. XII, » v. 3.) »

Ce rapprochement entre un apôtre et un auteur d'opéras ne devrait point se trouver dans les écrits d'un chrétien.

« Saint Paul avait prévu et condamné ces excès, » et signalé d'avance à Timothée comme hypo» crites, comme déserteurs de la foi, les hommes » qui interdiront le mariage, *prohibentium nubere.* » Cela est au moins singulier. »

L'auteur aurait dû ne pas citer de tête. S'il avait lu le texte, il aurait dit *prohibentes nubere.*

Il n'y a point de singularité dans ce que dit saint

Paul ; tout ce qu'il y a d'étonnant, c'est la manière dont M. Arnault interprète ses prédictions. Tout le monde sait que saint Paul, en annonçant qu'il y aurait des hommes qui interdiraient le mariage, prédisait la venue d'hérétiques qui le *prohiberaient;* puisque notre auteur exige absolument une traduction littérale, qui *l'interdiraient comme une chose mauvaise.* Saint Paul approuve le mariage, mais il donne la préférence au célibat, comme un état plus parfait en lui-même ; mais les manichéens, qui vinrent quelque temps après troubler l'Église avec leur pernicieuse doctrine, prétendirent que la génération était l'œuvre du démon ; ils défendirent le mariage, et se livrèrent d'ailleurs à toutes sortes de désordres. Quant au célibat des prêtres, il fut établi, je le répète, par l'autorité de l'Église, qui avait reçu de Jésus-Christ le pouvoir de lier et de délier, d'ordonner et de défendre.

Dernier alinéa de la page 520.

« Tout entiers au spirituel, après s'être partagé
» l'univers, les apôtres qui, le jour de la Pentecôte,
» avaient reçu le don des langues, portèrent la foi
» dans les trois parties de l'ancien monde, mais
» non toutefois dans le nouveau, quoi qu'en aient
» dit de très-pieuses personnes, dont les induc-
» tions ont moins d'autorité en pareille matière que
» les assertions des voyageurs. »

Rien ne prouve, en effet, que les apôtres ou aucun d'eux soient allés prêcher l'Évangile en Amérique; mais ce ne sont point les assertions des voyageurs qui pourraient nous faire douter de ce fait. On sait bien que Volnay, qui a visité l'Orient, et qui a composé, sous le titre de *Ruines de Palmyre*, un ouvrage des plus contraires aux vérités du christianisme, a visité aussi Jérusalem, et n'y a rien trouvé qui pût le détourner de ses doctrines antichrétiennes, quoique M. le vicomte de Châteaubriant en ait rapporté les preuves les plus positives de la vérité de nos croyances. Ce qui nous porterait à croire que les premiers apôtres n'ont point visité le nouveau monde, c'est qu'il ne s'en est point conservé de souvenir traditionel. Cependant ce qui a pu faire croire aux âmes pieuses que la religion chrétienne avait été prêchée en Amérique, c'est un usage que les premiers conquérants trouvèrent au Pérou, de consacrer du pain que l'on distribuait aux dévots, en leur disant qu'ils recevaient la chair de Vitsilyputsly, principale idole de cet empire. Cet usage pourrait bien être une dégénération d'un des mystères les plus respectés de la religion chrétienne. Le meilleur parti que puisse prendre un chrétien est de suspendre son jugement sur la question proposée, en reconnaissant néanmoins que tout est possible à celui qui a créé de rien le ciel et la terre.

D'ailleurs il n'est point nécessaire, pour que les prophéties soient accomplies, que le christianisme ait été prêché en Amérique dès les premières années de la formation de l'Église, puisque cette prédication a eu lieu postérieurement.

Dernier alinéa de la page 521-522.

« Saint Paul et saint Pierre sont morts à Rome,
» l'un décapité, et l'autre crucifié la tête en bas,
» ainsi qu'il l'avait requis ; enfin saint Jean fut
» plongé à Rome dans une chaudière d'huile bouil-
» lante, d'où il sortit, il est vrai, plus frais et plus
» vigoureux qu'il n'y était entré. »

Les faits consignés dans le passage précédent sont vrais : aussi ne blâmons-nous que le ton de plaisanterie avec lequel il a été écrit. Saint Paul fut décapité parce qu'il était citoyen romain. Saint Pierre, qui ne jouissait point de ce privilége, fut condamné à mourir sur une croix, et il demanda par humilité à être crucifié la tête en bas. Notre auteur sait bien que saint Pierre ne pouvait pas requérir, et qu'il ne pouvait que demander comme grâce à ses juges qu'il lui fût infligé tel supplice plutôt que tel autre.

Quant à saint Jean, il ne reçut aucun mal par suite de son immersion dans l'huile bouillante, c'est ce qu'atteste l'histoire des premiers temps de l'Église ; Tertullien dit même qu'il en sortit plus frais qu'il n'y était entré. Du reste le ton de plaisanterie avec lequel on rapporte des faits que les chrétiens ne se rappellent qu'avec respect peut faire sourire quelques jeunes libertins, mais excitera la pitié de tout homme grave et religieux.

Dernier alinéa de la page 523.

Je ne transcrirai point ce passage, qui n'aurait point dû s'y trouver. On connaît assez la manière impie de Voltaire de plaisanter sur ce qu'il peut y avoir de plus saint parmi les hommes. Une Encyclopédie doit être un dictionnaire de sciences, et non un recueil de bouffonneries.

APPEL (*législation*). — P. 530-535. — COFFINIÈRES.

Dernier alinéa de la page 530-531.

(Appel). « C'est le recours exercé devant une » juridiction supérieure pour obtenir l'infirmation » ou la réformation d'un jugement rendu en der- » nier ressort. »

On a sans doute voulu dire, *en premier ressort.*

2e alinéa de la page 532.

« Les magistrats souverains croient quelquefois » pouvoir se dispenser d'apprécier des faits que les » premiers juges ont examinés. Souvent même sur » des points de droit ils adoptent une opinion qui » n'eût pas été la leur, parce que le jugement l'a con- » sacrée ; en un mot ils jugent en quelque sorte sur » parole, si l'on peut s'exprimer ainsi, au lieu de » juger d'après leurs lumières et leur expérience. »

Voilà une imputation bien gratuite contre les cours royales ; et j'avoue que, quoique magistrat depuis douze ans, je n'aurais pas soupçonné ce qu'avance l'auteur de cet article. Je dois cependant faire deux observations, la première sur le fait, la seconde sur le droit.

Sur le fait. Il n'est pas étonnant que les cours d'appel s'en rapportent souvent à l'appréciation des faits faite par les tribunaux de première instance, soit parce que les magistrats des lieux sont en général plus à portée de les connaître que les magistrats supérieurs, qui sont plus éloignés de la source où l'on peut puiser de bons renseignements ; soit parce que les premiers juges, ayant déjà employé les moyens usités pour découvrir la vérité, comme les enquêtes, les expertises, les comparutions devant des commissaires, la cour ne pourrait employer que les mêmes moyens , ce qui serait augmenter considérablement les frais, sans acquérir des connaissances plus certaines.

Quant au droit. On ne doit pas accuser les cours de confirmer sans examen les jugements des premiers magistrats. Certainement si les cours royales devaient avoir des égards pour une autorité judiciaire, ce serait pour la cour régulatrice; et l'on sait quelle opposition les cours du Midi ont apportée à la jurisprudence qu'avait adoptée la cour suprême relativemement à la fameuse question des *Rapports à successions.*

Dernier alinéa de la page 532-533.

« Un usage, ou plutôt un abus, qui s'est introduit
» dans les cours judiciaires, favorise peut-être ce
» penchant des magistrats supérieurs à confirmer
» les jugements qui leur sont dénoncés, c'est l'ex-
» trême facilité de rendre un arrêt confirmatif avec
» cette formule : *Adoptant les motifs des premiers*
» *juges....*

De sorte que ce serait la paresse qui serait la cause des mauvais arrêts que notre auteur attribue aux cours royales. Il faut sans doute qu'il ait perdu quelque procès important en première instance et en appel, pour insulter ainsi ce que la magistrature a de plus respectable. On prétend bien que le plaideur malheureux a vingt-quatre heures pour maudire ses juges (1) ; mais a-t-il le droit de diffamer la partie la plus élevée de la magistrature dans un ouvrage imprimé ?

(1) C'est un préjugé populaire, qui ne serait point admis par les tribunaux : *Res judicata pro veritate habetur.*

FIN DE LA RÉFUTATION

DU SECOND VOLUME DE L'ENCYCLOPÉDIE MODERNE.

RÉFUTATION

DU TROISIÈME VOLUME

DE L'ENCYCLOPÉDIE MODERNE.

ARABES (*philosophie des*). — P. 1-16. — MILLON.

Alinéa de la page 14-15.]

« Nous devons être étonnés, observe Denina (*Vicendo della letter.* l. 1, p. 47.), quand nous apprenons que nos ancêtres ont emprunté aux mahométans, que sans cesse ils injuriaient, la plus grande partie des doctrines qui furent enseignées pendant beaucoup de siècles dans les écoles chrétiennes. »

Nous sommes plus étonnés que l'on veuille attribuer aux mahométans l'origine des doctrines enseignées dans les écoles chrétiennes, lorsque dans ces écoles on pouvait consulter l'Évangile et les pères de l'Église, qui certainement valaient bien les doctrines des Arabes.

Si M. Denina prétendait que les écoles chrétiennes ont puisé dans Platon sa doctrine sur l'Être divin et ses attributs, la grâce, le libre arbitre, la vertu et les vices ; s'il disait que les poètes grecs ont donné la première idée des récompenses et des punitions dans une autre vie, l'on pourrait le réfuter sérieusement, en montrant dans les saintes Écritures ou dans les traditions les sources dans lesquelles Platon et les poètes ont puisé leurs notions sur ces objets, et les écoles chrétiennes leurs doctrines.

Le lecteur saura que la forme dialectique introduite dans les écoles a pris naissance dans une traduction latine que des moines arabes, chrétiens et catholiques, firent dans le IXe siècle des œuvres d'Aristote, et que les mahométans n'y sont pour rien.

2. « Telle fut la doctrine sur l'Être divin et ses » attributs, la grâce, le libre arbitre, les actions » humaines, la vertu et le vice, la punition éternelle » et le ciel.

De sorte que ce sont les mahométans qui n'admettent point la Trinité, qui ne reconnaissent point de libre arbitre, qui se permettent toutes sortes d'excès avec les femmes, qui n'offrent pour récompense d'une bonne vie, que des plaisirs sensuels après la mort ; ce sont les mahométans, nous dit l'auteur, qui ont enseigné les doctrines contraires, que l'on a toujours professées dans les écoles chrétiennes.

3. « Les titres même des ouvrages composés sur » ces sujets par les Arabes, et par les disciples des » écoles chrétiennes se ressemblent tellement que » les uns doivent avoir été copiés sur les autres. »

Nous venons de voir que les doctrines des Arabes ne sont point celles des mahométans, mais celles professées par des moines chrétiens du IXe siècle. On compte des martyrs arabes qui souffrirent pour la foi vers l'année 522, par l'effet d'une persécution suscitée sous le juif Duneau. Voyez *l'Histoire Ecclésiastique* de Fleury. v. XXXI, p. 60.

ARACHNIDES (*histoire naturelle*). — P. 45-52. — BORY DE SAINT-VINCENT.

Dernier alinéa de la page 49.

« Le pou du nègre n'est pas le même que celui du » blanc; et comme chaque espèce d'animaux a com- » munément ses pous particuliers, on tire de cette » différence de parasites, une induction en faveur » de l'opinion qui fait du blanc et du nègre deux » espèces différentes du genre homme. »

Si le nom d'espèces attribué aux blancs et aux nègres n'exclut point une origine commune, nous nous garderons de contredire l'auteur de cet article;

mais s'il entend établir par là que les blancs, les nègres et les hommes de différentes couleurs sont provenus de sources diverses, il nous permettra de ne point embrasser son opinion : en effet, d'après Buffon, il n'existe d'autre différence entre les blancs et les nègres, que celle qui provient de l'influence des climats habités par les uns et par les autres. Les mariages entre des hommes et des femmes de différente couleur sont productifs; ce qui, aux yeux de ce naturaliste, est une preuve de l'identité de l'espèce. Les nègres transplantés dans les régions tempérées perdent peu à peu les marques caractéristiques de leur espèce, et les blancs établis au sud de l'Afrique ou de l'Asie, perdent aussi leur blancheur. Les cheveux de ces derniers, blonds précédemment, deviennent de génération en génération plus semblables à ceux des nègres. Combien ne voit-on pas d'enfants d'un même père et d'une même mère, dont les uns sont blonds, et les autres bruns, dont les uns sont doués d'une taille avantageuse, et les autres sont petits ou contrefaits; cependant on ne niera point qu'ils ne soient d'une même espèce. Or, si une influence qui nous est inconnue, produit sur des frères une telle différence, quelle est celle qui devra résulter de la différence des climats, d'habitudes différentes et des moyens que prennent les parents pour donner à leurs enfants une forme déterminée? Le célèbre Buffon a pensé que ces causes produisaient tous les jours des différences sensibles dans les races; il a été jusqu'à dire que les chèvres, les chamois et les brebis pouvaient n'avoir qu'une seule et même origine.

Mais si les causes dont nous avons parlé plus haut peuvent distinguer d'une manière si marquée les races qui habitent différents climats, et qui sont soumises à diverses influences, les animaux parasites ne peuvent-ils pas se ressentir de ces modifications? Le même homme habitant de la Russie qui se sera établi sur les rives du Gange ou de l'Indus ne peut-il pas servir de pâture à des pous ou autres animaux qui n'existent point dans les climats du Nord? Que le lecteur juge après avoir réfléchi.

ARBITRAIRE (*politique*). — P. 62-79. — JEAN-PIERRE PAGÈS.

« Les pachas de l'Asie sont les Torquémada de » l'arbitraire politique, et les *Torquémada* d'Es- » pagne sont les pachas de l'arbitraire sacerdo- » tal. »

Voyez le mot *Inquisition*.

Alinéa de la page 63-64-65.

1. « L'égoïsme s'est assis sur les trônes, et les » audacieux caractères en ont disparu. »

De sorte que c'est à l'égoïsme de nos rois que nous devons le gouvernement paternel dont nous avons joui sous leurs règnes. S'il en est ainsi, faisons des vœux pour que Dieu nous donne toujours des rois égoïstes.

2. « Et le hasard pousse tellement en aveugle les » hommes et les choses, qu'on serait tenté de bri- » ser l'autel de la Providence pour relever le temple » du dieu inconnu. »

Ce n'est point le hasard qui pousse les hommes et les choses; c'est cette même Providence dont on serait tenté de briser l'autel. C'est elle qui se sert des projets des hommes pour parvenir au but qu'elle s'est proposé de toute éternité; devant elle le génie humain est en défaut, et cependant la volonté divine s'accomplit. L'histoire des actions des hommes depuis l'origine du monde jusqu'à nos jours est l'histoire de nos déceptions, et de la Providence divine. L'immortel Bossuet l'a fait sentir dans son *Discours sur l'Histoire universelle*, et un génie plus élevé que le nôtre montrerait dans le récit des faits qui ont suivi l'établissement de l'empire de Charlemagne et dans la révolution française une continuation des preuves de ce qu'a avancé Bossuet. D'ailleurs ce Dieu inconnu aux Grecs et aux Romains, ce Dieu, que les philosophes du siècle méconnaissent, est le Dieu que saint Paul prêcha à l'aréopage d'Athènes, ce Dieu est le Dieu des chrétiens.

1er alinéa de la page 70.

« On le voit, les formes diffèrent, le fonds est » le même, et toutes les chambres ardentes se res» semblent : les égards convenus du juge aristocra» tique, la charité pateline de l'inquisiteur sacer» dotal, l'affligeante dureté du magistrat anar» chique, ne sont que des scènes de théâtre jouées » par des auteurs plus ou moins habiles ; mais le » drame est toujours le même, et l'échafaud ne » manque jamais au dénouement. »

Tous ces rapprochements ne prouvent rien, si ce n'est que tous les tribunaux jugent d'après les lois qui les régissent, et que dans l'énoncé du jugement chaque tribunal prend le caractère qui lui est propre ; vérité bien simple, connue de tout le monde, et qui, énoncée avec emphase, n'est autre chose qu'un mauvais sarcasme. Cependant si je dois être condamné pour avoir manqué à mes devoirs envers le gouvernement, je préférerai sans doute qu'un magistrat me témoigne sa douleur, en faisant contre moi l'application forcée d'une loi de circonstance, que si, semblable aux cannibales de la révolution, il ajoute à la peine injuste infligée par une loi révolutionnaire l'ironie et l'insulte.

Dernier alinéa de la page 70-71-72.

1. « Sepulvéda n'établit-il point que le sacerdoce » a le droit du glaive sur les infidèles ; que la crainte » ne peut entraîner à l'apostasie, et ne fait-il pas » ainsi de l'arbitraire sacerdotal et de la morale re- » ligieuse ? »

L'opinion erronée d'un théologien qui accorde au sacerdoce plus de pouvoir qu'il ne doit en avoir n'est pas de l'arbitraire sacerdotal! Les philosophes ont poussé si loin leurs doctrines, qu'ils peuvent bien permettre à un théologien combattant leurs erreurs de donner dans un excès contraire. Le sage et le chrétien laissent les discoureurs de l'un et de l'autre parti se perdre dans leurs fausses spéculations, et s'en tiennent à l'Écriture sainte et aux décisions admises par l'Église.

2. « Lisez enfin la relation du digne Las Casas, » véritable homme d'état, véritable chrétien, véri- » table honnête homme. »

Nous applaudirons d'autant plus volontiers à l'éloge que l'on fait ici du digne Las-Casas, que nous en avions parlé nous-mêmes dans une de nos précédentes observations. Voyons ce qui suit.

« Seul, au milieu d'un peuple d'assassins en si- » marre, de meurtriers en soutane, d'égorgeurs en » uniforme, seul, il possède la vraie conscience, la » vraie religion, la vraie politique. »

Nous avons répondu à ce passage dans notre première observation sur la page 319 du 1er volume de l'*Encyclopédie moderne*. Voyez page 77 ci-dessus.

1er alinéa de la page 72.

1. « Mais il est des époques où cette bonne foi ne » peut plus servir d'excuse à cette servilité; lorsque » la philosophie, par une lutte courageuse et persé- » vérante, rétablit les droits de la conscience mo- » rale, en attaquant les usurpations de la con- » science politique. »

La philosophie qui détruit la conscience religieuse est-elle une bonne philosophie? Oui, dira l'incrédule qui, gêné par la croyance de ses voisins, voudra les rendre aussi incrédules que lui, pour se livrer sans honte aux désordres de sa vie. Mais que peut usurper la conscience religieuse dont les lois sont les plus conformes aux lois naturelles? que peut usurper la conscience religieuse qui, outre les devoirs qu'elle prescrit envers Dieu, nous commande de vivre honnêtement, de n'offenser personne et de rendre à chacun ce qui lui est dû : *Honestè vivere, alterum non lædere, suum cuique tribuere.*

Il faut d'ailleurs être bien étranger à la saine philosophie pour opposer la conscience philosophique à la conscience religieuse et à la conscience politique. Et d'abord qu'est-ce que la conscience?

La conscience est un jugement intérieur qui avertit chacun de nous qu'une action qu'il a faite ou qu'il va faire est bonne ou mauvaise.

L'esprit ne peut former un jugement qu'autant que la vérité l'éclaire, et que sa conscience se trouve dirigée dans le bien, ou que l'erreur attaquant sa raison, sa conscience est dirigée vers le mal sous une fausse apparence de bien. La vraie religion, la vraie politique, la vraie philosophie, communiquant à l'esprit la vérité qui est en elles, produisent une conscience droite. La fausse religion, la fausse politique, la fausse philosophie, communiquant à l'esprit l'erreur dont elles sont entachées, produisent par suite une conscience erronée. Une action n'est bonne en elle-même qu'autant que la conscience éclairée par la vérité la déclare telle ; mais une conscience trompée par une fausse religion, une fausse politique, une fausse philosophie, en faisant commettre des actions que la vérité réprouve, peut trouver son excuse dans son erreur, lorsque celui qui les commet est de bonne foi. Voilà pourquoi l'homme que la vérité éclaire, c'est-à-dire celui qui est en même temps vrai chrétien, vrai politique, vrai philosophe, peut condamner les actions vicieuses, mais s'abstient d'accuser leurs auteurs toutes les fois qu'il peut croire que le cœur n'a aucune part aux erreurs religieuses, politiques ou philosophiques.

Ainsi le passage de l'*Encyclopédie* que nous

venons de transcrire ne signifie autre chose si ce n'est : Peut-être la religion ni la politique ne renferment aucune vérité capable d'exercer quelque influence sur les consciences. Parlez donc hardiment, messieurs les philosophes, et dites-nous sans balancer que la philosophie est tout, et que pour être philosophe il faut fronder toutes les opinions religieuses et politiques.

2. « Lorsqu'il est prouvé que le Maître du ciel ne » peut vouloir le crime, et que les maîtres de la » terre n'ont pas le droit de le commander, alors » tous les instruments de l'arbitraire ne sont plus » des séides aveugles fanatiques, mais des assassins » clairvoyants et ambitieux. »

Cela est vrai ; mais à qui l'auteur adresse-t-il cette pompeuse allocution ? Aux séides révolutionnaires, aux conspirateurs, aux Louvel?....

Dernier alinéa de la page 73-74.

1. « Les Vendéens dégénérèrent en *chouans*, les » *chouans* en *chauffeurs*. »

Parmi les soldats de la république et de l'empire ne s'en est-il pas trouvé quelques-uns qui, après leur licenciement, ont déserté les sentiers de l'honneur ?

Voilà ce que l'on pourrait dire si l'on se laissait guider par la passion, et si la raison et la justice ne venaient réformer un jugement trop précipité. Les

Vendéens devinrent *chouans*, ou furent appelés de ce nom par leurs ennemis, et sous ce nom ils firent la guerre comme la faisaient les anciens peuples d'Afrique, en voltigeurs. Jusque-là on ne peut blâmer leur manière de combattre, qui a valu à l'Espagne son indépendance, et que conseillaient d'employer les envoyés de Bonaparte en 1814. Mais les Vendéens vaincus par les républicains furent-ils tous des *chauffeurs*, et tous les *chauffeurs* furent-ils Vendéens? Il serait injuste de le prétendre, comme il le serait d'accuser tous les officiers de l'armée de Napoléon, dont un grand nombre a tenu une conduite vraiment honorable, d'avoir été des conspirateurs et des traîtres.

2. « C'est ainsi que des prélats ambitieux, des » courtisans rapaces, voyaient le triomphe de la » religion dans cette révocation de l'édit de Nantes, » qui leur permit d'envahir les biens des protes- » tants. »

On ne voit point que le clergé se soit emparé des biens des protestants. Eût-il reçu quelques dons aux dépens de ces biens? on ne pourrait l'accuser d'avoir provoqué cette mesure impolitique. J'ai déjà dit qu'on devait l'attribuer principalement aux courtisans, qui avaient persuadé à Louis XIV que les protestants étaient réduits à un petit nombre d'obstinés qui ne résisteraient point à la sévérité qu'il emploierait.

Dernier alinéa de la page 75-76.

« Les ministres de France avaient le pouvoir » d'attenter à la vie par des commissions, à la » liberté par des lettres de cachet : qu'ont-ils fait de » cette puissance durant les règnes de Louis XIV et » de Louis XV ? Ils ont frappé quelques hommes » qui ont osé railler les Montespan, les Maintenon, » les Pompadour, les du Barry, parce que l'arbi- » traire ministériel a toujours été aux gages des » courtisanes royales. »

On voit tous les jours des journalistes dont un ministre a contrarié les vues s'échauffer contre lui, et en dire autant de mal que possible ; mais que l'on présente d'un trait de plume tous les ministres passés, présents et futurs comme étant aux gages des courtisanes royales, cela ne peut se concevoir que de la part d'un écrivain qui en veut au pouvoir royal lui-même.

En effet il est hors de doute qu'un roi, même après avoir acquis toutes les connaissances auxquelles un homme peut atteindre, ne peut seul gouverner un peuple nombreux. Il faut qu'il se choisisse des conseillers qui l'éclairent sur ce qu'il y a à faire dans les différentes branches de son administration. Il lui faut donc des ministres qui puissent prendre pour lui les renseignements qui lui sont nécessaires ; et si un roi, quelque instruit qu'il puisse être, a besoin de ces auxiliaires, il est évident qu'en les attaquant tous sans aucune exception on attaque le pouvoir royal qui ne peut s'en passer.

J'ajouterai à cette observation que Mme de Maintenon ne peut convenablement être placée entre les Montespan, les Pompadour, les du Barry. Le lecteur connaît assez la différence que l'on doit mettre entre la première et celles qui la suivent.

1er alinéa de la page 76.

« Forts de la puissance de la cour, ils (les mi-
» nistres) exilent le parlement toutes les fois qu'il
» refuse des subsides et que les courtisans ont be-
» soin d'argent ; forts de la puissance sacerdotale,
» ils oppriment les protestants ; forts de la puissance
» ultramontaine, ils persécutent les jansénistes ;
» forts de la puissance du clergé gallican, ils jugent,
» condamnent et chassent les jésuites.

1. « Forts de la puissance de la cour, ils exilent
» le parlement, toutes les fois qu'il refuse des sub-
» sides et que les courtisans ont besoin d'argent. »

Je ne prétends pas m'ériger en juge entre le roi Louis XV et le parlement ; je laisse à d'autres plus habiles que moi le soin de prononcer sur la justice ou l'injustice de cet acte d'autorité ; mais il est hors de doute que la manière dont cette phrase est conçue prouve la vérité de ce que j'ai avancé, que c'est au roi que l'on en veut plutôt qu'aux ministres.

2. « Forts de la puissance sacerdotale, ils oppri-» ment les protestants. »

Nous avons vu plus haut que ce n'est point à la puissance sacerdotale que l'on doit attribuer la révocation de l'édit de Nantes, dont se plaignent les philosophes du jour; ce n'est point à cette puissance que l'on doit attribuer le massacre de la St.-Barthélemi; mais c'est bien aux maximes philosophiques de J.-J. Rousseau que l'on doit la révolution française et ses horreurs; c'est bien à la *Minerve* que l'on doit l'assassinat du duc de Berri; et cependant on affecte de ne relever que les excès dont les protestants ont été les victimes, et l'on ne parle pas de ceux commis par les prétendus apôtres de la tolérance.

3. « Forts de la puissance ultramontaine, ils per-» sécutent les jansénistes. »

On ne voit point quelles sont les persécutions souffertes par les jansénistes, si l'on ne comprend sous ce nom leur remplacement par des ecclésiastiques orthodoxes, et la défense qui leur était faite d'administrer les sacrements et de séduire les simples (1).

(1) Il est vrai que les persécutions dont se plaignent les jansénistes ont été poussées quelquefois jusqu'à l'exil envers les plus turbulents; mais ce zèle des philosophes pour les jansénistes,

En matière de religion, ce sont les papes et les conciles qui sont nos juges, et la puissance séculière doit tenir la main au maintien de la foi catholique. On peut tolérer les opinions particulières, quelque bizarres qu'elles soient, on peut accorder à des sectes anciennes l'exercice séparé des cérémonies de leur culte; mais lorsque des prêtres, se disant plus instruits que les évêques et les papes, viennent mettre le désordre parmi les fidèles, en leur prêchant des doctrines condamnées par l'Église, il est du devoir de l'autorité civile d'aider à l'autorité ecclésiastique à séparer l'ivraie du bon grain, à maintenir les successeurs des apôtres dans leurs droits, et à préserver les fidèles des mauvaises doctrines. Point de supplices, point de persécutions, à moins que les novateurs ne violent les lois de l'État, et n'apportent le désordre dans le royaume; mais il faut les mettre à leur place, et les faire connaître pour ce qu'ils sont.

4. « Forts de la puissance du clergé gallican, ils » jugent, condamnent et chassent les jésuites. »

Ici je ne justifierai pas le ministre Choiseul, imbu des opinions philosophiques du jour, ni le parle-

dont la doctrine est diamétralement opposée à la leur, ne peut prendre sa source que dans la haine de la religion. Si l'Église admettait, pour le bien et le mal moral, pour le paradis et l'enfer le fatalisme des jansénistes et leur implacable rigorisme dans les règles des mœurs, ho! pour lors les philosophes auraient beau jeu. (*L. A.*)

ment, entaché de jansénisme, mais je serai fondé à justifier le clergé français, qui ne fut pas plus l'instigateur de la mesure qui chassa les jésuites qu'il ne l'avait été sous Charles IX du massacre de la St.-Barthélemi (1).

Si l'auteur entend par clergé gallican quelques prêtres jansénistes, je les abandonne aux sarcasmes de M. J.-P. Pagès.

ARCHIPEL (*histoire naturelle*). — P. 139-140. — HUOT.

Dernier alinéa de la page 140.

« Au surplus, ces envahissements et ces retraites » opérés par l'Océan n'ont rien d'inadmissible, puis» qu'une foule de faits géologiques prouvent le sé» jour périodique des mers dans plusieurs contrées :

(1) Bien loin d'avoir contribué à l'expulsion des jésuites, le clergé de France fit au roi de très-humbles remontrances pour empêcher la suppression de leur ordre. Tous les évêques les accueillirent dans leurs diocèses. Plusieurs leur confièrent leurs séminaires. Tous, ou presque tous, leur conférèrent des bénéfices à charge d'âmes; preuve évidente que ce ne fut pas en vertu de la puissance du clergé gallican que les jésuites furent détruits en France, mais bien en vertu de la toute-puissance que les philosophes avaient acquise à la cour de Louis XV.

(*L. A.*)

» et que nous ne connaissons point les causes qui » peuvent mettre en jeu les forces de la nature. »

Les faits géologiques, dont on parle ici, prouvent, comme nous l'avons dit au mot *Animaux fossiles*, l'existence d'un déluge universel, et non des retraites et envahissements réitérés de la mer, que nous avons démontrés impossibles, d'après les lois de la physique. Cependant nous avons dit que la terre pouvait envaser sur la mer, soit par l'effet des alluvions ou attérissements formés à l'embouchure des fleuves, soit par l'enfoncement des terres sous lesquelles des abîmes avaient pu s'ouvrir par la force des eaux, ou par l'effet des volcans inférieurs au sol. Mais, je le répète, il est aussi impossible que la mer envahisse les montagnes en abandonnant un rivage opposé, qu'il l'est qu'une eau courante remonte vers sa source.

ARGILE (*histoire naturelle*). — P. 175-178. — HUOT.

2e alinéa de la page 177.

« Ces observations ne sont pas sans importance » pour la géologie ; elles prouvent avec quelle abon» dance l'argile est répandue sur notre globe ; elles » prouvent que les dépôts qui constituent son enve» loppe n'ont point été faits à la même époque ni

» dans le même ordre sur les différents points de » la terre. »

Les observations qui précèdent, et qui sont relatives à la formation de l'argile ne nous occuperont point; mais quant aux dépôts qui auraient été faits par les eaux, ils ont dû l'être par une seule irruption de la mer, comme nous l'avons démontré plus haut. Peu importe d'ailleurs que ces dépôts aient eu lieu dans des désordres différents : ces désordres ont pu être causés par des courants, les positions topographiques, les vents et autres causes qui nous sont inconnues. Voyez au surplus ce que nous avons dit au mot *Animaux fossiles*.

ARIANISME (*religion*). — P. 179-200. — SAINT-AMAND.

1er alinéa de la page 183.

« *Consubstantiel.* — Cette expression si fameuse, » qui dans la suite exprima constamment la foi des » catholiques touchant la divinité de Jésus-Christ, » avait été rejetée comme impropre par le concile » d'Antioche, tenu en l'année 270 contre Paul de » Samosate. »

Voici ce que dit le *Dictionnaire théologique* de Bergier sur le mot *Consubstantiel* :

« La divinité de Jésus-Christ avait été attaquée dans le premier siècle par les ébionites et par les cérinthiens ; dans le second par les théodosiens ; dans le troisième par les artémoniens, et ensuite par les samosatiens ou samosateniens, sectateurs de Paul de Samosate. L'an 269 on assembla un concile à Antioche pour décider ce dogme : Paul et l'évêque d'Antioche, qui pensait comme lui, furent déposés ; mais dans son décret ce concile n'employa point le mot *Consubstantiel* (ομουσιος) ; les Pères craignirent que l'on n'en abusât pour confondre les personnes, ou pour supposer que le Père et le Fils étaient formés d'une même matière préexistante. C'est la raison qu'en donne saint Athanase.

« L'an 325, lorsque les ariens nièrent de nouveau la divinité de Jésus-Christ, le concile général de Nicée jugea que l'abus de ce terme n'était plus à craindre ; qu'il n'y en avait point de plus propre à prévenir les équivoques et les subterfuges des ariens ; conséquemment il décida que le Fils de Dieu est consubstantiel à son Père, et il l'exprima aussi dans le symbole que l'on récite encore aujourd'hui à la messe. »

1er alinéa de la page 194.

« L'empereur Gratien se trouva ainsi en posses-
» sion de l'Orient, dont il disposa en faveur de
» Théodose, autre tyran plus habile, mais non
» moins détestable que ceux qui l'avaient précédé. »

Lorsque l'on puise ses renseignements chez les auteurs ennemis du christianisme, il est hors de doute que les empereurs qui ont soutenu l'Église catholique sont des tyrans, et ceux qui ont persécuté les orthodoxes sont de grands hommes. Ainsi, d'après ces mêmes auteurs, Julien n'est point un apostat, c'est un philosophe éminemment juste, c'est un héros. Théodose a achevé de détruire les superstitions païennes, il a renversé les idoles, abattu les temples des divinités infâmes du paganisme, ou les a consacrés au culte du vrai Dieu : c'est un tyran détestable, un monstre digne de la haine des générations futures.

On peut reprocher à Théodose une trop grande vivacité de caractère, qui le rendit coupable d'un grand crime aux yeux de la religion et de l'humanité. Le massacre de Thessalonique est une tache qui a obscurci ses grandes actions ; mais Théodose, pécheur comme David, reconnut comme le roi prophète l'énormité de son crime ; il s'humilia sous le poids de la pénitence canonique qui lui fut imposée par saint Ambroise ; et s'il n'effaça point entièrement sa faute aux yeux des hommes, il est à présumer que le Dieu de miséricorde, qui entend nos soupirs et compte nos larmes, lui a accordé le pardon de sa faute.

2e alinéa de la page 194.

1. « En 581, il (Théodose) assembla le second
» concile général reconnu ; on y condamna les

» ariens, les macédoniens et les apollinaristes; on y
» confirma aussi la formule de Nicée, à laquelle on
» ajouta un article touchant la divinité du Saint-
» Esprit. Après ce concile la passion de Théodose
» s'exalta de jour en jour : il multiplia les édits, les
» menaces, les interdictions, contre les hérétiques.
» Il avait porté le délire jusqu'au point d'ordonner
» à tous ses sujets d'embrasser la foi catholique; il
» poussa la fureur jusqu'à leur permettre de courir
» sus aux ariens, et de les traiter comme des bêtes
» féroces. »

C'est sans doute par la faute de l'imprimeur que l'on trouve en tête du passage précédent que Théodose assembla le second concile général en 581. Ce concile fut assemblé en 381, au mois de mai, sous le consulat d'Eucher et de Syagrius.

Il est vrai que ce concile, composé de cent cinquante évêques, condamna les ariens et autres hérétiques, qui avaient troublé l'Église sous le règne de Valence, qui toléra toutes les sectes, même les superstitions païennes, et persécuta au contraire les catholiques avec le dernier acharnement.

Voyez le XVIIe livre de l'*Histoire ecclésiastique* de Fleury.

« Après ce concile la passion de Théodose s'exalta
» de jour en jour; il multiplia les édits, les me-
» naces, les interdictions, contre les hérétiques.»

Il est vrai que l'empereur Théodose porta un grand nombre de constitutions contre les hérétiques, comme Valens en avait porté contre les catholiques; mais ces constitutions sont bien loin de présenter le degré de sévérité qui leur est attribué par M. St.-Amand. Ces constitutions, rapportées dans le code théodosien, liv. XVI, tit. 5, sont:

La 6e, qui défend toute assemblée d'hérétiques, qui ne reconnaîtraient point le symbole de Nicée;

La 7e est portée contre les manichéens, connus soit sous ce nom, soit sous celui d'encratites, d'apotactites, d'hydroparastes ou saccophores; et leur défend l'exercice de leurs mystères abominables;

La 8e, de l'année 381, portée contre les ariens, aétiens ou eunomiens, leur défend de construire des temples, sous peine de confiscation de ces mêmes temples; et leur défend aussi de s'assembler, même dans des maisons particulières, sous la même peine de confiscation des lieux où ils se seraient assemblés;

La 9e, portée contre les manichéens, défend à ceux appelés solitaires (*solitarii*) de faire testament, et ordonne que ceux appelés encratites, saccophores et hydroparastes, surpris commettant les crimes imputés à ceux de leur secte, seront punis du dernier supplice. (Tout le monde sait quelles abominations commettaient ces hérétiques.)

La 10e, de l'année 383, relative aux hérétiques appelés tascodrocites, défend de les chasser de de leurs siéges, à moins qu'ils ne se rassemblent en troupe dans quelque église; s'ils se rassemblent, ils doivent être renvoyés sans délai;

La 11e, contre les hérétiques en général, notamment contre les eunomiens, les ariens, les macédoniens, les pneumatomachiens, les manichéens, les encratites, les apotactites, les saccophores, les hydroparastes, leur défend de se rassembler et de rien faire en public ni en particulier qui puisse nuire à la sainteté de l'Église catholique; et s'ils n'exécutent point cette ordonnance, il est permis aux fidèles de les chasser; (Nous reviendrons bientôt sur cette ordonnance.

La 12e, de l'année 383, porte défense aux hérétiques de s'assembler et de faire des ordinations, sous peine de confiscation des lieux où ces choses auront été faites; elle ordonne en outre que ces hérétiques demeureront dans leurs domiciles respectifs;

La 13e, de l'année 384, condamne à l'exil les hérétiques connus sous le nom d'eunomiens, de macédoniens, d'ariens, d'apollinariens, dans le cas où ils suivraient les rites et cérémonies de leurs sectes, et où ils s'arrogeraient un pouvoir sacerdotal;

La 14e, de l'année 388, interdit toute assemblée religieuse et toute fonction ecclésiastique aux apollinariens et autres hérétiques, et leur défend même d'approcher de la *sérénité impériale.*

La 15e, adressée à Trifolius, défend les assemblées et cérémonies des *sectes perfides et impies*, et leur interdit la simulation des saints mystères. Elle ordonne que, dans le cas où ils désobéiraient à ce rescrit, ils soient livrés à la justice, et punis suivant la rigueur des lois;

La 16ᵉ, contre les ariens, déclare faux un ordre qui leur était favorable, et qu'ils prétendaient être émané de l'empereur, et ordonne que ceux qui voudront s'étayer de cet ordre soient poursuivis comme faussaires;

La 17ᵉ, de l'année 389, défend aux eunomiens de faire testament;

La 18ᵉ, contre les manichéens, déclare que ceux qui cherchent à faire des prosélytes doivent être chassés de la ville, leurs biens confisqués, et leurs testaments annulés;

La 19ᵉ, de l'année 389, ordonne de chasser de la ville tout hérétique qui tenterait de remplir des fonctions ecclésiastiques;

La 20ᵉ renouvelle la défense faite à tout hérétique de s'assembler;

La 21, de l'année 392, prononce contre les hérétiques qui rempliraient des fonctions religieuses une amende de dix livres d'or. Elle prononce aussi la confiscation des édifices où le propriétaire aurait reçu volontairement les assemblées hétérodoxes;

La 22ᵉ, de l'année 394, défend aux évêques hérétiques d'administrer les sacrements de l'ordre et de la confirmation;

La 23ᵉ, de la même année 394, révoque celle qui défendait aux eunomiens de donner ou de recevoir par testament.

« Il avait poussé le délire jusqu'au point d'ordon-

» ner à tous ses sujets d'embrasser la foi catho-
» lique. »

Après les persécutions des empereurs qui précédèrent Constantin et Julien-l'Apostat contre les chrétiens, après celle de Valence contre les orthodoxes, sur lesquelles on glisse très-légèrement, on arrive à un empereur chrétien, et il est traité comme un tyran, comme un frénétique, parce que son zèle pour la religion et pour la foi catholique le porte à engager ses sujets à se soumettre à l'autorité de l'Église. S'il leur avait ordonné sous peine de mort de sacrifier aux idoles, Théodose eût été un grand homme; mais il ordonna à ses sujets de se faire catholiques : il mérite toute l'animadversion des philosophes.

« Il poussa la fureur jusqu'à leur permettre de
» courir sus aux ariens, et de les traiter comme des
» bêtes féroces. »

Ceci est une calommie. Nous avons donné l'analyse de toutes les constitutions de l'empereur Théodose contre les hérétiques, et nous n'en avons trouvé aucune qui portât une disposition semblable à celle que l'on veut lui attribuer.

La 11e constitution, qui est la 6e émise par l'empereur Théodose, est ainsi conçue :

« Omnes omnino quoscumque diversarum hæreseôn error exagitat, id est eunomiani, ariani, macedoniani, pneumatomachi, manichæi, encratitæ, apotactitæ, saccophori, hydroparastæ, nullis circulis coeant, nullam colligant multitudinem, nullum ad se populum trahant, nec ad imaginem ecclesiarum parietes privatos ostendant; nihil vel publicè vel privatim quod catholicæ sanctitati officere possit exerceant. *At si extiterit qui tam evidenter vetita transcendat, permissâ omnibus facultate quos rectæ observantiæ cultus et pulchritudo delectat, communi omnium bonorum conspiratione pellatur; dat,* » etc.

Je demanderai à tout écolier de *cinquième* si l'on peut trouver dans cette constitution le sens que lui prête M. St.-Amand? si d'après cette ordonnance, qui est celle qui se rapproche le plus du sens de l'auteur, il est permis à tout fidèle de courir sus aux ariens, et de les traiter comme des bêtes féroces? si l'on ne doit pas plutôt lui donner le sens que nous avons donné nous-même dans l'analyse que nous en avons faite?

2. « Tel est l'homme pourtant, le même qui or- » donne le massacre de Thessalonique, dont les » écrivains catholiques nous vantent les vertus, et » qu'ils se plaisent à décorer du nom de *Grand.* »

D'après les catholiques, Julien fut un apostat et un tyran; Théodose fut un grand homme, auquel on ne peut reprocher qu'une mauvaise action, qu'il pleura le reste de sa vie, et pour laquelle il se soumit à une pénitence publique, comme aurait pu faire le dernier des fidèles; de sorte que cet acte de barbarie sert encore à rehausser l'éclat de sa gloire, puisqu'elle a fait connaître Théodose sous le rapport d'une vertu qui semble fuir les hommes à mesure qu'ils s'élèvent; je veux parler de l'humilité. Du reste on s'est aperçu depuis long-temps de cette manie qu'ont eue les philosophes du siècle précédent, et dont les nôtres ont hérité, d'exalter outre mesure les princes que leurs crimes et leur impiété ont fait ranger au nombre des tyrans, et de déverser le blâme, pour ainsi dire, à pleines mains sur les grands hommes qui avaient fait servir leur puissance ou leur génie à soutenir la vraie religion. M. Feller, dans son *Catéchisme philosophique*, cite une épître à M. le comte de Falkenstein, où cette manie philosophique est mise dans tout son jour. Je n'en rapporterai que quelques vers.

« Oui, pour atteindre à leur estime,
Fût-on le plus grand des héros,
Le prince le plus magnanime,
Il faut marcher sous leurs drapeaux.
Du jour plus pur qui les éclaire
Il faut empruntant le flambeau,
De l'illusion populaire
Fouler à ses pieds le bandeau.
C'est sur cette règle infaillible
Que leur suffrage incorruptible
Fixe les honneurs et les rangs,
D'un Julien fait l'apothéose,
Et met au nombre des tyrans
Un Constantin, un Théodose. »

Quoi qu'il en soit, Théodose ne fut point un tyran; il eut à se reprocher une faute grave, un acte de cruauté ; mais il pleura amèrement sa faute, et se soumit pour l'expier à la pénitence canonique qui lui fut infligée par saint Ambroise (1). Il fut d'ailleurs un grand souverain et un bon prince. Que l'on consulte l'*Histoire ecclésiastique* de Fleury, dont le talent pour la critique est généralement reconnu, et l'on verra si nous disons vrai.

5e alinéa de la page 197.

« Mais après un intervalle d'environ neuf cents » ans, et lorsque les anciens abus de l'Église de » Rome eurent amené la réforme, et avec elle la » liberté d'examen, la doctrine d'Arius fut retrou- » vée ; et malgré les nombreuses diversions de cette

(1) La Pâque étant arrivée, l'empereur Théodose s'affligeait de ne pouvoir assister à la célébration des saints mystères : les officiers de sa cour le pressèrent d'y aller en lui faisant espérer que l'évêque, content de sa soumission, le recevrait. Je le connais, dit l'empereur ; il ne sera pas intimidé par ma présence. Cependant, cédant aux instances qu'on lui faisait : Eh bien ! dit-il, j'irai, et s'il me repousse, je me soumettrai. Théodose parut en effet à la porte de l'église : Ambroise lui demande s'il vient pour faire violence à l'Église de Dieu. Théodose lui répond en chrétien pénitent et soumis ; Ambroise le reçoit ; et comme pénitence salutaire pour l'avenir, il lui inspire de faire une loi qui ordonne de suspendre pendant trois jours l'exécution des sentences de mort. Si cette loi avait été portée par les prédécesseurs de Théodose, celui-ci ne serait pas rendu coupable du massacre de Thessalonique. (*L. A.*)

» époque, elle eût encore assez d'importance par » elle-même pour former un parti. »

Et voilà précisément ce qui fait gémir les chrétiens sincèrement attachés à la religion catholique: ils savent que toute voie qui n'est point celle de l'Église éloigne du salut, au lieu d'y conduire, et ils comptent avec douleur le grand nombre de sectes qui depuis la réforme de Luther ont voulu inventer un nouveau culte qu'elles ont basé sur une infinité de croyances qui ne s'accordent pas plus entre elles qu'elles ne s'accordent avec le sentiment des saints Pères et des conciles écuméniques. Je n'entreprendrai point ici de démontrer par une suite de raisonnements que, malgré les abus de la cour de Rome (1),

(1) On ne peut disconvenir qu'une réforme était nécessaire: de grands abus s'étaient introduits par suite de l'ignorance presque universelle et du grand schisme d'Occident : tous les bons chrétiens la désiraient; mais ce n'était que les mœurs qui avaient besoin de réforme : la doctrine était pure; et dans ces temps de déplorable mémoire, l'on donne le défi à tous les protestants de montrer un seul jugement doctrinal porté par le saint Siége qui s'éloigne tant soit peu de la doctrine constante des siècles les plus florissants de l'Église.

Luther voulut réformer ce qui était divin dans l'Église, c'est-à-dire la foi; et en affranchissant les chrétiens du frein que la discipline ecclésiastique mettait à la dissolution des mœurs, il laissa à la corruption du siècle toute sa licence. Il introduisit la liberté d'examen; et de cet examen résulta l'abandon des pratiques de pénitence, l'apostasie des religieux, la polygamie même, comme il paraît par la consultation de Luther en faveur du landgrave de Hesse; et de cette liberté d'examen résulte la réforme fut un plus grand abus encore; les ouvrages de controverse de l'immortel Bossuet suppléeront à mon insuffisance; mais il est certain que, parmi toutes ces opinions que la liberté d'examen a mises au jour, il ne pourrait jamais y en avoir qu'une seule vraie, si elles ne sont pas toutes fausses;

encore le bouleversement de toutes les croyances. Luther reconnaît la présence réelle de Jésus-Christ dans l'Eucharistie; Bucer la trouve au moment de l'action de la Cène; Zuingle la nie complètement; Calvin veut que dans la communion on reçoive réellement le corps et le sang de Jésus-Christ, quoique ni l'un ni l'autre n'y soient; tous ces réformateurs reconnaissent les mystères de la Trinité et de l'Incarnation; Fauste Socin nie l'un et l'autre; et toujours par cette même liberté d'examen le déisme et l'athéisme se sont répandus dans les sociétés chrétiennes. C'est sous de pareils auspices que l'ombre d'Arius a été évoquée de l'enfer. Pour juger sainement des prétendus bienfaits de la réforme une observation suffit; et l'histoire nous la fournira.

Quelque corrompus que fussent les chrétiens au siècle de Luther, ils l'étaient bien moins que ne l'avaient été les païens lors de la publication de l'Évangile. Ceux-ci en devenant chrétiens devinrent meilleurs, et les chrétiens ne pouvaient devenir mauvais qu'en se rapprochant de la conduite des païens. La doctrine chrétienne était donc bonne. Les réformés au contraire ne devinrent pas meilleurs par la profession de la nouvelle doctrine. Les chrétiens catholiques ne sont devenus mauvais qu'en se rapprochant des réformés; c'est l'abandon des pratiques de la religion romaine qui a conduit à l'irréligion un si grand nombre de personnes qui n'ont pas ouvertement abjuré la foi de l'Église, et qui tiennent encore à la chaîne apostolique par un fil que nos philosophes voudraient rompre; et ces messieurs aspirent au titre de bienfaiteurs de l'humanité!.... (*L. A.*)

au lieu que, dans l'Église catholique gouvernée par les successeurs des apôtres, il n'existe qu'une seule manière de voir, qui est celle de tous les temps et de tous les lieux. De quel côté est la vérité? Un bon logicien répondra qu'elle doit se trouver dans la croyance uniforme d'un grand nombre d'hommes respectables de tous les siècles et de tous les pays, plutôt que dans les mille et une opinions isolées admises par les protestants (1).

Dernier alinéa de la page 197-198.

« Wisthon au commencement du XVIII siècle, » fit paraître le christianisme primitif rétabli, dont » le but est de prouver que le dogme de la con- » substantialité était inconnu aux premiers chré- » tiens. »

Il est facile d'avancer des paradoxes : Wisthon a-t-il atteint son but? a-t-il établi que les premiers chrétiens n'admettaient pas la divinité de celui au

(1) La liberté d'examen ne peut enfanter que des opinions humaines, et par conséquent sujettes à l'erreur. Dieu seul est vérité, et cette vérité ne peut-être connue de l'homme qu'autant qu'elle veut se communiquer à l'homme. Elle l'a fait en venant habiter sur la terre. L'Homme-Dieu, qui a dit : *Je suis la vérité*, en a confié le dépôt aux apôtres, et c'est dans les mains des successeurs de ces mêmes apôtres, et dans cette suite de témoignages que lui ont rendus les hommes respectables de tous les siècles que le sage doit la chercher. (*L. A.*)

nom duquel ils étaient baptisés, c'est-à-dire du Père, du Fils et du Saint-Esprit? a-t-il établi que les premiers chrétiens admettaient plusieurs dieux? Il a pu prouver sans doute que les premiers Pères de l'Église n'employaient pas uniformément les mêmes expressions pour rendre les mêmes idées. Mais que peut-on conclure de cette diversité? C'est que, pour une doctrine récemment enseignée aux nations qui n'avait aucune analogie avec les idées anciennes, il fallait du temps pour former un langage uniforme. Ce sont les hérétiques qui, sans y penser, ont mis les conciles et les docteurs dans la nécessité de rejeter certaines expressions, et d'en admettre d'autres, parce que les premières auraient pu donner lieu à des équivoques dangereuses en matière de foi, et que les secondes détruisaient tous les subterfuges de l'hérésie. Tel a été l'ομουσιος du concile de Nicée, et la *transsubstantiation* du concile de Trente. Ces conciles n'ont défini aucun nouveau dogme; mais ils ont exprimé le dogme constant de tous les siècles chrétiens par ces expressions, que l'hérésie ne pouvait en aucune manière détourner à son sens; et si, dans la fureur des innovations la subtilité philosophique trouvait le moyen de détourner ces expressions du sens dans lequel l'Église les entend, et de les concilier avec leurs nouvelles doctrines, rien n'empêcherait la mère commune des fidèles, toujours attachée à la conservation du dépôt de la foi, d'employer quelque expression jusqu'alors inusitée, mais toujours conforme à l'enseignement de la foi, et contradictoire à l'erreur. (*L. A.*)

2. « A quelque temps de là, Clarke professa à peu » près le même sentiment dans sa *Doctrine de l'É-» criture touchant la Trinité*; il entreprend en outre » de concilier le symbole de Nicée avec la doctrine » d'Arius. »

L'auteur de cet article fait très-bien de dire *il entreprend*; car on n'a qu'à consulter les actes du concile de Nicée pour voir combien il est impossible de le concilier avec la doctrine des ariens.

2e alinéa de la page 199.

« Rapproché de l'état des idées au milieu des-» quelles il prit naissance, (l'arianisme) il révèle et » caractérise encore une des époques les plus remar-» quables de l'esprit humain; considéré dans ses » effets sur le christianisme, il se présente à la fois, » et comme le dernier terme de la corruption de » cette grande révolution morale, et comme la » cause principale, et la plus prochaine de l'établis-» sement de l'Église. »

Voïci encore une de ces phrases alambiquées, où l'on ne peut connaître suffisamment le sentiment de l'auteur, et que nous critiquons bien moins pour combattre l'opinion de celui qui l'a écrite que pour empêcher la mauvaise interprétation qu'on pourrait en faire.

Il est bien certain que l'arianisme prit *naissance à une des époques les plus remarquables de l'esprit humain.*

La religion chrétienne, après avoir été persécutée pendant trois siècles, était sortie triomphante de la grande lutte qu'elle avait eue à soutenir contre le polythéisme, et s'était enfin assise sur le trône des Césars; mais la philosophie, qui s'est constamment montrée l'ennemie des croyances religieuses (1),

(1) Dès l'origine du monde, l'orgueil, père de la philosophie, entraîna l'homme à la révolte contre les croyances révélées. Le serpent voulut faire *philosopher* Ève, lorsqu'il lui demanda quelle raison avait Dieu de lui défendre de manger du fruit de l'arbre de la science du bien et du mal. Noé avertit les hommes du déluge, et les hommes, aimant mieux *philosopher* que de se convertir, demandent des preuves physiques de cette prochaine inondation.

Le monde étant sorti des eaux, les enfants de Cham ne tardèrent pas à devenir philosophes, et cette philosophie corrompant la société, détruisant les liens de la fraternité universelle, produisit des révolutions; les révolutions causèrent l'émigration des vaincus; ces émigrés, réfugiés dans les immenses forêts qui couvraient la terre, obligés de se nourrir de glands ou du produit de leurs chasses, tombèrent bientôt dans l'état sauvage, et les peuplades qu'ils formèrent, ne conservant presque aucun souvenir de l'ancien état dont leurs pères étaient sortis, sont peu à peu revenus à une certaine civilisation, pour laquelle l'homme a un penchant naturel et irrésistible. Ils ont recueilli de leurs anciens souvenirs quelques idées positives; les poètes les ont ornées de fictions, les philosophes les ont embrouillées de leurs arguments, et se sont modestement donnés comme les créateurs de la vérité parmi les hommes. Enfin la philosophie a toujours avait voulu prendre sur la religion chrétienne la prééminence qu'elle avait obtenue sur les anciennes superstitions : elle avait voulu raisonner sur les mystères de la foi, soumettre le dogme à l'examen de la raison humaine; et de là les hérésies de la primitive Eglise, dans des temps plus voisins de nous la prétendue réforme, et enfin dans le dernier siècle la philosophie moderne. La religion chrétienne, persécutée d'abord par les païens, sortit, disons-nous, toute formée de l'obscurcissement où elle avait été retenue; mais Jésus-Christ avait prédit, et les apôtres après lui, que l'Église aurait à combattre jusqu'à la consommation des siècles; aussi, après sa première victoire contre les païens, les hérétiques d'une foule de sectes différentes, et principalement les ariens, lui livrèrent-ils de nouveaux assauts: mais l'Eglise, dont Jésus-Christ a dit que les portes de l'enfer ne prévaudraient point contre elle, triompha de l'arianisme comme elle avait triomphé des superstitions des gentils.

Il est encore vrai que la doctrine des ariens *se présente comme le dernier terme de la corruption;*

agi de la même manière ; elle a altéré chez les gentils les vérités positives révélées au premier homme ; elle a altéré chez les Juifs les lois données à Moïse et créé les pharisiens et les saducéens ; elle a altéré la doctrine de l'Évangile et créé les hérésies, et va toujours altérant, corrompant toutes les doctrines utiles aux hommes pour y substituer un scepticisme universel. (*L. A.*)

je ne dirai point *de cette grande révolution morale*, parce qu'on pourrait entendre par là que le christianisme fut corrompu (ce qui n'a point eu lieu, puisque l'Église, malgré les persécutions qui la vexent, malgré les tyrans qui peuvent l'opprimer, est toujours demeurée pure comme l'épouse bien-aimée du Fils de l'homme); mais je dirai qu'elle se présente comme le dernier terme de la corruption qui peut infecter l'esprit et le cœur de l'homme qui abandonne l'autorité de l'Église pour se livrer à une orgueilleuse interprétation des Ecritures.

En reconnaissant que l'arianisme, comme toutes les sectes qui ont troublé le repos de l'épouse de Jésus-Christ, a amené l'Église à une élévation supérieure à celle qu'elle avait obtenue auparavant, je dirai cependant qu'elle n'a point été établie par l'effet de l'arianisme ; elle existait depuis la descente du Saint-Esprit sur les apôtres ; si prenant son vol au-dessus des peuples de la terre, elle s'éleva comme un aigle, ce fut par suite de sa victoire contre les ennemis de ses dogmes et de son autorité; comme elle s'élèvera rayonnante de gloire, lorsque elle aura ramené dans son bercail les chrétiens égarés par la réforme, et qu'elle aura terrassé l'hydre de l'incrédulité.

1er alinéa de la page 200.

1. « L'arianisme moderne, en tant que ce nom » peut être donné à la doctrine des sociniens, se » présente sans contredit comme le dernier terme » de la réforme du dogme ; c'est en quelque sorte le » point intermédiaire entre les idées religieuses » proprement dites, et les idées purement philo- » sophiques. »

Il est une bonne théologie et une bonne philosophie, il est au contraire une mauvaise théologie et une mauvaise philosophie.

La bonne théologie est celle qui est conforme à la parole de Dieu, renfermée dans l'Écriture sainte et la tradition, expliquée par les conciles, les Pères et l'autorité de l'Église unie à son chef.

La bonne philosophie est celle qui, fondée sur les connaissances essentielles et premières que nous recevons, sans examen, de la société, nous sert à développer et à comprendre les vérités de la foi.

D'où l'on voit que ces deux sciences, bien loin d'être opposées, se donnent la main, et sont d'accord entre elles. Cela doit être, d'autant plus que la vérité est une, et que ce qui est vrai, perçu par l'étude d'une science, ne saurait être faux lorsqu'on l'examine à l'aide d'un autre genre de connaissances. Le philosophe chrétien cherche à mettre à profit les talents dont Dieu l'a doué, pour acquérir les connaissances naturelles auxquelles l'esprit de l'homme peut atteindre ; si sa raison est arrêtée par des obstacles, s'il ne peut concilier les diverses connaissances qu'il a acquises, il reconnaît la petitesse de son être, il s'humilie devant le Dieu tout-puissant qui l'a créé, et arrête ses investigations toutes les fois qu'elles pourraient le conduire à douter des dogmes révélés.

Le théologien, soumis à l'autorité de l'Église, étudie l'Écriture, les conciles, les saints Pères, et s'il élève son esprit par la réflexion à des considérations nouvelles, il soumet ces nouvelles idées à l'approbation de l'autorité qui a le droit de juger si elles sont en harmonie avec la croyance éternelle de l'Eglise. Si ces idées sont condamnées, il s'humilie, reconnaît son erreur, et, comme le philosophe théologien Fénélon, il n'hésite point à condamner au feu ses propres ouvrages.

Nous avons vu que la saine philosophie est unie à la bonne théologie, et que ces deux sciences, émanées d'un Dieu souverainement vrai, ne peuvent conduire à deux résultats différents l'homme religieux qui en fait son étude; mais la mauvaise théologie, suivant une marche contraire, conduit à la philosophie perverse de l'athéisme, ou tout au moins du scepticisme le plus déhonté.

En effet le théologien orgueilleux qui se permet d'interpréter, d'après ses seules lumières, les ouvrages canoniques, est puni de sa témérité par celui qui confond dans sa sagesse l'homme savant et se plaît à éclairer le simple et l'humble de cœur. S'il s'est frayé une route isolée, s'il ne tient plus en main le fil conducteur qui doit l'empêcher de s'égarer dans le cours de ses recherches, l'on ne sait où son orgueil opiniâtre peut le conduire : il rejette d'abord l'autorité de l'Eglise ; mais Jésus-Christ a déclaré dans son Évangile que celui qui n'est point soumis à l'Eglise doit être mis au rang des païens et des publicains. Ces paroles de Jésus-Christ l'embarrassent, elles sont trop claires pour être interprétées dans le sens qu'il a adopté; il les rejette avec mépris, et en débarasse son Évangile, qu'il ne consulte plus que comme un traité de morale. Le voilà arrivé au déisme, il n'y a plus pour lui de théologie, puisque toute notre théologie est basée sur la divinité et les miracles de Jésus-Christ ; le voilà philosophe sans religion : mais la vraie philosophie l'y ramènerait encore malgré lui, il la rejette, et adopte les sectes qui nient les attributs de Dieu dont la connaissance le conduirait encore à la révélation ; ainsi ce Dieu ne se mêle plus des intérêts de la race humaine, c'est un Dieu insouciant, indifférent à tout ce qui se passe sur la terre : bientôt ce Dieu n'est plus juste, n'est plus bon, n'est plus tout-puissant ; il n'a point créé la matière qui existe de toute éternité ; cette matière s'est ordonnée par hasard et a formé, au moyen d'atomes ronds, cubiques, longs ou crochus, ce soleil qui nous éclaire pendant le jour, cette lune qui prête à la nuit son pâle flambeau, ces étoiles innombrables qui reflettent sur la surface des eaux leurs rayons argentés. La terre, produite par le contact du soleil avec une comète, d'abord refroidie, s'est peuplée par hasard des végétaux qui la décorent, et des animaux qu'elle nourrit; Dieu n'a contribué en rien à toutes ces opérations d'une aveugle fatalité; enfin Dieu n'est pas nécessaire, Dieu n'existe point. Voilà le chemin que suit l'homme qui se sépare de l'Église, et si cette marche n'est pas celle de tous, les générations y amènent les sectes elles-mêmes. C'est ainsi que les protestants sont devenus sociniens, que les sociniens sont devenus déistes, et les déistes athées. Avec de pareilles maximes nécessairement amenées par une liberté indéfinie d'examen, qui garantira l'État d'une subversion générale? qui garantira la fortune publique et les fortunes privées?

2. « Sous ce point de vue il révèle dans toute son » étendue la puissance de la liberté d'examen in» troduite par la réformation, et devient un vaste » sujet d'étude. »

Nous avons montré dans l'observation précédente quelle est la marche que suivent ceux qui se sont arrogé cette puissance de liberté d'examen introduite par la réforme.

ARME (*art militaire*). — P. 213-217. — Le général Alix.

Dernier alinéa de la page 216-217.

« Enfin si c'est par elles (les armes) que la ty-
» rannie s'établit, c'est aussi par elles que l'homme
» détruit tout à la fois et les tyrans et la tyrannie. »

Voilà donc la doctrine du tyrannicide admise par un des auteurs de la nouvelle *Encyclopédie*. D'autres cependant s'en feront un prétexte d'accuser les jésuites. Quelle que soit l'opinion de l'auteur à cet égard, il est certain que cette phrase est dangereuse.

ARMÉE (*art militaire*). — P. 217-262. — Le lieutenant-général Lamarque.

Dernier alinéa de la page 238-239.

» Les villes et les communes furent donc char-
» gées de lever à leurs frais un certain nombre de
» troupes, et les curés marchaient à leur tête avec
» les bannières de l'Église. »

L'histoire parle de quelques évêques qui marchèrent le casque sur la tête et la lance au poing contre les ennemis. Ces évêques furent en petit nombre. Quant aux curés, l'histoire n'en parle pas; et M. le lieutenant-général Lamarque aura sans doute trouvé ce qu'il avance dans quelques romans historiques, qui ne font point foi en ces matières.

2° alinéa de la page 245.

« Le règne de Henri III fut celui des intrigues de » la cour, du fanatisme et de l'exaltation de toutes » les classes; le crime de la St.-Barthélemy avait » familiarisé avec tous les crimes. »

Il est vrai que le règne de Henri III fut celui du fanatisme. Ce fut le temps des guerres de religion, pendant lesquelles il se commit beaucoup d'horreurs de part et d'autre. Le massacre de la St.-Barthélemy, exécuté sous Charles IX, fut aussi un grand crime, mais un crime politique, comme je l'ai dit au commencement de ce volume.

ARMOIRIES (*morale*, *blason*). — P. 278-280. —

1. « La révolution, en détruisant tous les privi- » léges, avait conséquemment détruit aussi les ar- » moiries et toute espèce de décorations exté- » rieures; son but, qui fut dépassé, était légitime,

» puisqu'elle avait voulu rendre le mérite per-
» sonnel. »

Le but de la révolution, sous le rapport des privilèges, ne peut être légitime, puisque cette révolution fut dirigée par les sujets contre le souverain. Ce qu'avait fait Louis XVI pour établir l'égalité des droits en matière de justice commutative aurait dû suffire au bonheur des Français, comme la CHARTE octroyée par Louis-le-Désiré doit suffire au bonheur de notre génération. Ce que fit Louis XVI fut bien (1) ; ce que fit la révolution fut mauvais et illégitime.

Quant au mérite personnel, il est positif que tout gouvernement bien organisé, et qui veut s'entourer de bonnes têtes, doit avoir égard à ce genre de mérite. Le gouvernement le plus absolu y est intéressé par le sentiment de sa propre conservation, parce que les places ne doivent pas être données dans l'intérêt de ceux qui les obtiennent, mais dans celui de la société universelle. Un honnête homme ne demande et n'accepte de place que dans ce seul intérêt. C'est assez dire que l'intrigue et la basse flatterie doivent être bannies du cœur de celui qui veut servir son roi et son pays, dans quelque em-

(1) Je ne parle point ici de ce que Louis XVI fut contraint de faire par suite de l'empiétement de la révolution sur l'autorité royale, par exemple, de la destruction des couvents et de la constitution civile du clergé : ces actes n'appartiennent pas à Louis XVI, mais à la révolution.

ploi que ce soit; mais lorsque le mérite personnel est égal, pourquoi les places, considérées principalement sous le rapport de l'honneur, ne seraient-elles point données préférablement aux enfants de celui qui aurait bien mérité de son roi et de ses concitoyens? Pourquoi celui qui compterait vingt aïeux magistrats intègres, officiers courageux, administrateurs irréprochables, ne serait-il point préféré à celui dont l'origine encore récente ne pourrait offrir les mêmes garanties? En principe, les places ne devraient jamais être demandées; mais elles devraient être offertes au mérite, et elles devraient, à mérite égal, être obtenues par les descendants de ceux qui auraient servi avec honneur en suivant la même carrière.

2. « Mais bientôt, sous l'empire, qui ressuscita » la noblesse, et avec elle les abus qui en furent au» trefois le cortége inséparable, les armoiries furent » renouvelées à leur tour. »

La noblesse n'est point un abus; elle est une récompense des services des pères accordée aux enfants. Les armoiries, n'étant qu'un signe sans conséquence et sans danger, ne sont point un abus. Peut-être l'orgueil des nouveaux nobles pouvait-il en être un; car il n'est plus question aujourd'hui de priviléges: mais la plus ancienne noblesse a eu son commencement, et de tout temps les parvenus ont été plus orgueilleux que les anciens nobles.

3. « Celles du régime impérial avaient l'avantage » d'être claires, positives, et de parler aux yeux;

» en les voyant, on savait d'avance à quelle qualité » elles s'appliquaient. Comme elles étaient également d'origine guerrière, elles se trouvaient graduées ainsi que le sont les marques distinctives » des divers grades militaires : un chevalier avait un » plumet, un baron en avait trois, un comte cinq, » et un duc sept. Ces signes caractéristiques étaient » réunis, il est vrai, aux vieilleries des temps antiques ; mais seuls il étaient apparents, ou seuls » du moins ils étaient connus. »

Cette addition des marques caractéristiques des divers degrés de noblesse était, il est vrai, une belle innovation, puisque d'un coup-d'œil on pouvait connaître à qui on devait céder le pas, et qui devait le céder; mais ces *vieilleries* faisaient connaître plus que cela : elles offraient à tous les yeux l'image des bannières des preux du bon vieux temps, et comme les portraits des ancêtres que l'on révérait à Rome, elles rappelaient les beaux faits d'armes de ceux qui les avaient portées. Dans la suite la science du blason devint, il est vrai, inextricable par l'abus que l'on en avait fait; mais dans l'origine les armoiries furent utiles, et aux familles dont elles perpétuèrent l'illustration, et à l'État qui conserva dans son sein une caste toujours disposée à verser son sang pour la gloire de son pays.

1er alinéa de la page 280.

« Maintenant on a supprimé les plumets, et on en » est revenu aux armoiries de l'ancien régime; de » sorte qu'il ne serait pas impossible de rencontrer » des personnages importants de l'époque qui » tiennent à honneur de porter encore aujourd'hui » les armes de quelques-uns de leurs aïeux morts » jadis en criminels sur un échafaud. »

Si dans une longue suite d'aïeux il s'en est trouvé quelqu'un qui ait eu le malheur de trahir sa patrie, et d'encourir à cette occasion la peine de mort, doit-on pour cela rejeter les armes de ceux qui ont illustré la race, et qui ont bien mérité du roi et de leurs concitoyens? Ce que l'on dit dans le passage précédent peut être vrai, mais il est déplacé : toutes les vérités ne sont pas bonnes à dire.

ARTS (*beaux*). — P. 355-383. — KÉRATRY.

Dernier alinéa de la page 359-360.

« Vingt-deux lettres, dont les signes mobiles tien- » draient dans la main d'un enfant suffiront pour con- » duire en triomphe l'*Iliade* et l'*Énéide* jusqu'au » dernier jour de ce globe, si tant est que l'heure

» suprême sonne pour l'antique domicile de notre » race.....; et si la cloche du trépas universel reste » muette...., » etc.

Si je m'érigeais en critique des fautes contre la pureté du langage, je demanderais ce que c'est que des signes mobiles...... qui suffiront pour conduire en triomphe l'*Iliade* et l'*Énéide* jusque...., etc. Cette phrase, dirais-je, est tout au moins obscure; mais ce n'est point ce que je veux reprendre.

Il n'y a point de doute que l'heure suprême sonnera un jour pour la race humaine, l'Évangile l'annonce, et toutes les communions sont d'accord sur ce point. Il est inutile de le prouver par de longs raisonnements et de nombreuses citations, on n'a qu'à consulter le catéchisme.

Alinéa de la page 362-363.

1. « L'Angleterre, dans son égoïsme aussi vaste » que ses possessions, s'est mise depuis long-temps » en dehors du genre humain. Mais si ses ministres » bravent la loi universelle, ses citoyens lui restent » soumis; Castlereagh se punit pour l'avoir en- » freinte, et Wilson pour y obéir se jette généreu- » sement dans les hasards d'une guerre étrangère. »

Qu'est-ce que c'est que cette loi universelle? D'après nous, ce serait celle qui obligerait tous les hommes à respecter l'ordre qui règne dans les sociétés, et qui les encouragerait à rétablir cet ordre, lorsqu'il se trouverait détruit ou dérangé par de mauvais citoyens ; alors Castlereagh n'aurait point enfreint la loi universelle en concourant avec la sainte-alliance au but qui a rendu à la France les descendants du bon Henri, et Wilson ne pourrait se louer de son inutile équipée en Espagne, où il allait soutenir de ses faibles moyens les rebelles et les révolutionnaires contre le gouvernement légitime de Ferdinand.

2. « Tandis que les cabinets aveuglés sur leurs » propres intérêts conspirent contre les peuples, » de simples particuliers entrent dans une ligue bien » plus sainte, jusque-là que des lords et des mi- » nistres oligarques souscrivent pour la liberté de » la Grèce ; tant sont imprescriptibles et sacrés les » droits de la justice ! »

Je me garderai de confondre les révoltés de l'Espagne, de Naples et du Piémont avec les Grecs luttant contre les Turcs. Les premiers furent de véritables rebelles qui tentèrent de détruire une puissance légitime dont ils avaient pendant plusieurs siècles reconnu les droits. Les Grecs au contraire, toujours opprimés, n'ont jamais été soumis de droit à l'empire turc. La différence des religions, le despotisme et le fanatisme des musulmans, les avanies et les injustices qu'ils ont continuellement exercées sur les malheureux Grecs, n'ont jamais permis à ceux-ci de se regarder comme sujets de la Porte ottomane. Les Grecs sont un peuple vaincu, qui cherche à recouvrer son indépendance contre un vainqueur insolent qui abuse de sa victoire. Mon opinion a toujours été que l'Espagne, Naples et le Piémont ont dû obtenir des secours des puissances contre les *descamisados* et les *carbonari*, qui cherchaient à mettre le désordre dans ces États respectifs, et que ces mêmes puissances seraient louées à jamais si elles délivraient les malheureux Hellènes de l'oppression tyrannique des sectateurs de Mahomet.

D'après cela, Wilson fut un étourdi qui vola au secours d'une troupe de frénétiques révoltés contre une autorité légitime; ceux au contraire qui ont combattu ou souscrit pour la liberté des Grecs me paraissent dignes des plus grands éloges. Je pense même que ces souscriptions auraient été plus avantageuses si les bons royalistes n'avaient craint que les fonds en provenant, livrés en général aux coryphées de la révolution, n'eussent été employés à un usage moins légitime.

7e alinéa de la page 263.

« Qu'un mausolée public ne soit dressé qu'à un
» bienfaiteur de l'humanité, ou au moins à la con-
» trée qui le vit naître. Mirabeau fut porté au Pan-
» théon par décret de l'assemblée nationale à la-
» quelle sa défection était connue : on fit bien
» d'oublier un tort qui fut sans suite, pour hono-
» rer le talent par lequel la liberté fut inaugurée :

» les grandes renommées sont la richesse d'un » peuple, et il faut y regarder à deux fois avant » de renverser une statue de son piédestal. »

Un passage comme celui qu'on vient de lire n'a pas besoin de commentaire. Chacun peut voir d'un coup d'œil quel est l'esprit de l'auteur de cet article. Les révolutionnaires l'applaudiront, et les bons citoyens verront avec douleur prôner le vice et la rébellion, quoique ornés de talents, lorsqu'on se fait un jeu de blâmer avec aigreur les amis du trône et de la religion.

1er alinéa de la page 378.

« On lui assure (et de grandes probabilités le » disent) qu'appelé par la justice distributive à une » autre vie, il y conservera les goûts et les at- » tachements de celle-ci; sa restitution organique » lui est même garantie par une religion qui, en » tenant ce langage, semble être entrée dans le » secret de son avenir. »

L'auteur de cet article est tombé dans une erreur très-grave, qui pourrait bien le faire classer parmi les millenaires qui avaient pensé qu'à la fin du monde les justes ressuscités jouiraient de tous les plaisirs des sens, et dont l'opinion fut réfutée par saint Denys d'Alexandrie, par saint Augustin dans son ouvrage de la *Cité de Dieu*, et par saint Jérôme dans son *Commentaire sur les Prophètes*.

Les chrétiens ne doutent pas de l'existence d'une autre vie ; les justes y conserveront-ils les goûts et les attachements de celle-ci? Oui, sous le principal rapport, puisque la charité, c'est-à-dire l'amour de Dieu *et des hommes en Dieu* aura été leur premier attachement dans cette vie : ils verront aussi avec le plus grand plaisir au milieu d'eux, dans le séjour du bonheur, ceux de leurs parents et de leurs amis qui auront reçu la récompense de leurs bonnes œuvres. Mais s'il restait en eux quelque attachement terrestre qui n'eût point Dieu pour principal objet, quelque innocente que puisse être cette affection, les saints en seront délivrés ; la vue et la possession de Dieu sera la principale, et l'on peut même dire l'unique cause du bonheur dont ils jouiront.

La restitution organique, c'est-à-dire la résurrection des corps leur est aussi promise, mais non point pour qu'ils puissent abuser, comme dans ce monde, de leur constitution physique : leurs corps qu'ils auront châtiés sur la terre participeront dans le ciel au bonheur de l'âme; et comme il n'existera plus de besoins, ni pour l'espèce humaine, ni pour les individus, tous les plaisirs qui n'ont été attachés à notre corps que pour l'exciter à satisfaire ces besoins généraux ou particuliers n'occuperont plus les élus, ils seront purs de toute affection terrestre.

2. « Il faut donc qu'avec la terre, il fasse le ciel, » et Dieu sait si l'amour n'y tiendra pas sa place. »

Oui, l'amour y tiendra sa place, et y jouera le rôle principal; mais cet amour sera une charité épurée, un amour de l'âme envers Dieu et les hommes, et non un amour comme celui qui cause tant de désordres sur la terre.

ASILE (*politique*). —P. 427-435. —J. P. Pagès.

Dernier alinéa de la page 428.

» Les temples servaient d'asile; ceux qui fuyaient » la main des hommes semblaient ainsi se placer » sous la main de la Divinité, et en appeler de l'op- » pression des tyrans à la justice céleste, ou de la » justice de la terre à la miséricorde du ciel. Bientôt » le sacerdoce usurpa, dans son intérêt personnel, » cette généreuse humanité: les asiles ne furent plus » alors qu'un réceptacle de brigands protégés par » le Dieu dont ils enrichissaient les prêtres. »

Je ne prétends point défendre ici les prêtres du paganisme évidemment intéressés, quoiqu'ils reçussent souvent dans leurs temples des hommes qui ne pouvaient guère les enrichir.

Quant au clergé catholique qui a pu protéger dans ses temples, ou dans ses monastères, de malheureux poursuivis par la justice, ils usaient en les recevant d'un droit immémorial, et ils remplissaient un devoir commandé par la charité chrétienne, par l'exemple de celui qui renvoya la femme adultère prête à être lapidée par ses concitoyens. Si l'auteur de cet article est protestant, nous lui rappellerons l'usage que fit le clergé de France de ce droit d'asile lors du massacre de la Saint-Barthélemy.

2e alinéa de la page 429.

1. « Théodose rétablit les asiles : le sacerdoce s'en » empara de nouveau, et étendit leurs franchises sur » toutes les terres de sa juridiction. »

Cela ne se fit que parce que les empereurs et les souverains qui leur succédèrent le voulurent bien.

2. « Les serfs proprement dits s'y précipitèrent en » foule, parce que les fiscalins des églises jouissaient, » à cette horrible époque, de quelques légères im- » munités dont étaient privés les esclaves ordi- » naires. »

Oui, dans ces temps de barbarie, le clergé seul avait pour les serfs les égards commandés par la charité chrétienne. Nous l'avons trouvé défendant les malheureux Indiens de St.-Domingue, du Mexique et du Pérou. Partout où le clergé peut se faire entendre il adoucit le sort des malheureux qu'il ne peut entièrement délivrer de la servitude; c'est lui qui hâte l'époque de la liberté des peuples; et cependant c'est contre lui que tous les coryphés de la philosophie moderne dirigent tous leurs efforts.

3. « Les coupables, protégés par les prêtres, in- » sultaient à la justice des lois. »

Comme ils lui insultent aujourd'hui lorsqu'ils peuvent parvenir à se sauver dans un pays étranger.

Du reste les prêtres ne pouvaient faire un choix entre les innocents persécutés par un pouvoir tyrannique, et les coupables scélérats qui ne se réfugiaient dans les temples que pour se soustraire à la juste vengeance des lois. Ils n'étaient point juges; mais prêtaient, comme nous l'avons déjà dit, un ministère de charité aux malheureux qui avaient à redouter l'injustice ou la juste sévérité des lois humaines.

3e alinéa de la page 429.

« Voilà l'histoire des asiles civils appelés religieux. Ils furent élevés par des hommes justes; » ils furent dénaturés par des prêtres ambitieux. »

On ne nous dit pas de quelle manière et par quels moyens ils furent dénaturés; on ne nous dit pas non plus comment ces asiles ont pu servir l'ambition des prêtres, et il serait nécessaire d'éclairer ses lecteurs à ce sujet.

2e alinéa de la page 430.

« La loi qui ordonnait aux protestants de changer » de religion, et qui leur défendait de quitter le » royaume rendit leur révolte nécessaire; la loi

» qui interdisait l'émigration et qui emprisonnait » les nobles suscita la Vendée. »

La première de ces lois était émanée d'un souverain légitime; elle ne laissait d'autre ressource aux protestants que la conversion à la foi catholique ou la mort..... Cette alternative est dure; mais les premiers chrétiens ne sacrifièrent point aux idoles, et, quoiqu'assez nombreux pour se révolter avec avantage, il souffrirent le martyre avec le courage le plus sublime et la douceur que leur avait commandée le divin fondateur de leur religion.

La seconde, émanée d'un pouvoir anarchique, ne put obliger des hommes dévoués à leurs anciens rois : ils crurent servir tout à la fois le trône de saint Louis, la religion et la patrie, en refusant de se soumettre aux tyrans de la révolution. Les protestants furent des sujets rebelles à leur roi après avoir abandonné la religion de leurs ancêtres; les Vendéens furent des sujets fidèles qu'aucune considération ne put détourner de leurs affections, j'ose le dire, de leur devoir.

3e alinéa de la page 430-431.

« Partout la puissance est ombrageuse lorsqu'elle » n'est pas cruelle : elle craint que tout étranger ne » vienne interrompre les antiques traditions de la » servitude. »

Lorsqu'un séditieux a fui son pays pour éviter la

juste sévérité des lois qui punissent les rebelles et les traîtres, le souverain étranger dans le royaume duquel un tel homme se retire peut, sans crainte de passer pour timide, repousser cette peste du milieu de ses sujets.

2e alinéa de la page 431.

1. « Mais, disent les jurisconsultes, l'étranger qui » cherche un asile peut être coupable ou peut être » dangereux : que vous importe? Est-ce pour le » passé? Il est justiciable du pays qu'il abandonne, » qui ne peut l'atteindre hors de son territoire, et » qui ne peut vous confier le soin de sa justice et de » sa vengeance. »

Pourquoi non? Un scélérat, accablé sous le poids des plus grands crimes, cherchera un lieu de refuge dans un royaume étranger, et le souverain chez lequel il se sera retiré, n'aura pas le droit de le remettre aux magistrats du pays que ce misérable aura souillé de ses crimes? Un chef de rebelles aura formé des complots, ourdi des conspirations contre la vie de son souverain et la tranquillité de l'État; il dirigera, du lieu où il se sera retiré, les hommes dont il demeure toujours le chef, et fomentera l'esprit de licence et d'anarchie au milieu des sujets du prince qui l'aura reçu, et il ne sera pas permis au premier de le réclamer, et au second de le livrer à la juste sévérité des lois de son pays?

Le droit ne peut contenir de pareilles maximes: elles seraient subversives de tout ordre, et amèneraient infailliblement l'anarchie et des révolutions. Ce serait bien alors que les coupables, protégés non par des prêtres, mais par des lois contraires à la raison, insulteraient à la justice des lois conservatrices de la société (voyez le 2e alinéa de la page 429 de l'*Encyclopédie moderne*). Ils feraient même plus, cet asile serait pour eux un lieu de sûreté d'où ils dirigeraient leurs complices, et d'où partiraient les instructions et autres moyens pour engager à commettre le crime ou pour le faciliter.

2. « Est-ce pour l'avenir? Le pays qu'il adopte » a des lois: s'il les enfreint, qu'on le punisse; » mais on doit attendre qu'il ait failli pour être » frappé (on voulait dire sans doute pour le frapper.) » La peine ne peut précéder le délit; et les crain- » tives appréhensions des souverains pusillanimes » ne sauraient leur donner sur l'étranger, ni la » puissance du glaive, ni le droit d'oppression. »

Lorsqu'un gouvernement livre un coupable réfugié sur son territoire, il ne viole point le droit des gens; il le violerait au contraire s'il lui donnait asile dans le cas où le réfugié serait poursuivi pour un crime politique, parce que l'intérêt général des Etats doit être préféré à celui de quelques particuliers isolés, surtout si ces particuliers sont eux-mêmes les plus grands ennemis de la tranquillité publique.

Du reste tout individu est sujet aux lois du pays qu'il habite; et si le souverain a ce droit d'oppression dont parle M. J.-P. Pagès, l'étranger s'y trouve soumis aussi bien que celui qui naquit sur le sol de la servitude.

1er alinéa de la page 432.

» Mais le droit d'asile n'a été respecté que dans » les pays républicains ; seuls ils semblent sentir » la dignité de l'homme et les droits de la liberté ; » seuls ils paraissent concevoir que l'oppression d'un » souverain ne peut franchir les limites de son ter- » ritoire. »

C'est dans un royaume que l'on écrit ces choses impunément, et l'on ose se plaindre de l'oppression !... Mais puisqu'il faut répondre à un passage qui porte cependant en lui-même sa réfutation, nous dirons qu'il est dans l'ordre que les gouvernements monarchiques se secourent mutuellement contre les factieux, qui voudraient les remplacer par des républiques, et que celles-ci au contraire, dont les membres croient leur gouvernement le meilleur de tous, protégent les individus qui partagent cette opinion. Mais je suis bien éloigné de croire que les républiques refusassent l'extradition de ceux qui conspireraient contre elles en faveur d'un gouvernement monarchique, pas plus qu'un gouvernement monarchique ne livrerait à une république celui qui se serait réfugié sur ses terres pour une cause semblable.

2e alinéa de la page 432.

« Afin de pouvoir violer les droits d'asile, les » États aristocratiques ont imaginé de le confondre » avec l'hospitalité ; car en politique, il n'est pas » de crime qui ne prenne sa source dans un so- » phisme, et c'est pour cela qu'il importe de réha- » biliter sans cesse les principes qu'on dénature à » chaque instant. »

Qu'est-ce donc que le droit d'asile, puisque l'on proclame ici qu'il ne doit pas être confondu avec l'*hospitalité?* Est-ce un droit accordé à tout homme qui aura violé les lois de son pays d'être reçu chez la nation voisine comme un sujet paisible et digne de sa protection ? N'est-ce pas plutôt une faveur accordée aux malheureux qui ont commis un crime par lequel la société n'est que légèrement offensée; et ne dépend-il pas du gouvernement chez lequel cet homme se retire, de le recevoir ou de l'expulser? Ne dépend-il pas d'un souverain absolu, ou même d'un roi constitutionnel, lorsque les lois fondamentales de l'Etat ne lui en interdisent pas le droit, de le livrer à la nation dont il a enfreint les lois ? Un souverain n'a-t-il pas assez de peine à surveiller les malintentionnés de son royaume; faut-il qu'il reçoive comme ses amis, comme ses enfants, les Berton, les Caron, les Louvel, qui auront pu échapper au glaive des lois, et qui cher-

cheront à faire triompher les opinions démocratiques dans le royaume qui les aura reçus? Un roi, parce qu'il est roi, est-il obligé de recevoir et de réchauffer dans son sein des serpents toujours prêts à le déchirer?

3e alinéa de la page 432.

« L'étranger qui ne demande que la protection » des lois, ne contracte que l'obligation de se sou- » mettre à l'ordre établi; il n'est pas l'obligé du » gouvernement, car ce gouvernement ne lui ac- » corde rien qu'il puisse lui refuser : voilà le droit » d'asile: Tels étaient chez nous les réfugiés consti- » tutionnels d'Espagne, de Portugal, de la Grèce » et d'Italie. »

L'erreur dans laquelle est tombé M. J.-P. Pagès, relativement au droit d'asile, provient du faux principe qu'il a avancé dans le passage précédent. « Le gouvernement, dit-il, n'accorde aux réfugiés rien qu'il puisse leur refuser. » C'est une erreur: on ne trouve rien dans le droit naturel, ni dans le droit des gens qui impose aux souverains l'obligation de recevoir ceux qui cherchent un asile sur leurs terres. L'histoire est remplie de faits qui prouvent, jusqu'à l'évidence que l'asile, n'est pas un droit, mais une faveur; rien surtout ne peut obliger un souverain à recevoir chez lui les fauteurs de rébellion, d'anarchie républicaine.

5e alinéa de la page 432-433.

« On voit déjà pourquoi l'on cherche à confondre l'hospitalité avec l'asile. On veut être bienfaisant pour se dispenser d'être juste ; on ne place quelque faste dans l'accomplissement d'un devoir, on n'accueille les étrangers qui plaisent, qu'afin de pouvoir chasser ceux qui font ombrage ; mais faut-il décider le droit par le fait ? »

Faut-il décider le droit par l'opinion d'un ou de quelques individus isolés ? ne faudrait-il pas prouver l'existence de ce droit ?

1er alinéa de la page 433.

1. « Si le réfugié sollicite des secours, qu'on en fasse le salaire de son obéissance ; s'il ne demande rien, qu'il jouisse en paix de sa liberté. »

Il demande toujours la protection des lois qui ne furent point faites pour lui ; il doit donc d'abord être agréé par le gouvernement duquel il veut être reçu ; en second lieu, se soumettre à l'autorité des lois dont il vient chercher la protection.

2. « S'il ne les remplit point (les conditions du traité), le contrat est rompu ; alors il perd les dons qu'il tient de la générosité, mais il conserve

» la liberté qu'il tient de la nature ; alors l'hospita-
» lité cesse, et le droit d'asile commence. »

On voit toujours des conséquences tirées du faux principe que l'asile est un droit. Nous examinerons, à la fin de cet article pour ne pas y revenir si souvent, la grande question de savoir si l'asile est un droit ou une faveur. Quant à présent, il nous suffit d'énoncer que l'asile n'est autre chose que l'hospitalité.

2e alinéa de la page 433.

« De cette confusion de l'hospitalité avec l'asile
» et de ces autres sophismes, qu'un roi est le maître
» même des citoyens qui abdiquent la cité, quoi-
» qu'ils soient déjà hors du pays, et que le souverain
» d'un peuple possède le domaine du territoire,
» est né ce qu'on appelle le droit d'*extradition :*
» car la politique est un langage si bizarrement as-
» soupli, qu'elle appelle droit ce qui viole les plus
» inviolables immunités. »

Il faudrait que l'on nous prouvât que l'asile est un véritable droit ; on ne l'a pas encore fait, nous essaierons de prouver le contraire.

3e alinéa de la page 433.

» Toutefois ce tourment de l'exil que l'homme ne
» quitte qu'avec la vie, et qui a suscité tant de dé-

» clamations contre les républiques, n'a pas satisfait
» les souverains ; ils inventèrent *l'extradition.* »

Je demanderai d'abord si la république romaine n'en a pas fait usage en poursuivant Annibal jusques chez *Prusias*, roi de Bithynie ? Mais ce ne sont point les souverains qui punissent, ce sont les lois, et les rois ne font que les faire exécuter. Les lois ne punissent point par un simple motif de vengeance, qui serait déplacé dans ces expressions d'une volonté impartiale ; elles ont un double but, celui d'empêcher le coupable de commettre de nouveau le même délit, et celui d'effrayer par la crainte des supplices ceux que ne peut retenir la crainte des vengeances éternelles.

Si un factieux se retire chez un souverain étranger, d'où il pourra, par sa correspondance et par ses instructions, fomenter le feu de la révolte au milieu de ses concitoyens, l'exil n'aura pas rempli le but que la loi se propose.

Si un scélérat couvert de crimes va dans un royaume voisin pour y jouir du fruit de ses rapines et de ses nombreux assassinats, son impunité sera un appât qui engagera à lui ressembler tous ceux qui, avec des dispositions perverses, conserveront l'espoir de fuir à temps les poursuites de la justice. L'exemple sera donc dangereux au lieu d'être utile (1).

(1) S'il suffit de traverser un r uisseau, de franchir une rigole pour assurer l'impunité d'un brigand, qui voudra habiter les

Dernier alinéa de la page 433.

1. « Cette moderne monstruosité n'a pris place » qu'avec lenteur dans cette théorie du despotisme, » que les publicistes ont appelé *droit des gens.* »

Puisque l'on appelle le *droit des gens* la théorie du despotisme, nous ne savons plus sur quel droit les philosophes du jour fondent leur prétendu droit d'asile ?

2. « Elle subit même quelque modification selon » le plus ou moins de liberté dont jouissaient les » États qui l'adoptèrent. Elle se trouve pour la pre- » mière fois franchement proclamée dans un traité » entre les despotes de Turquie et de Perse ; le czar » de Russie et l'empereur d'Allemagne se bornèrent » à chasser mutuellement leurs réfugiés ; l'Angle- » terre et la France déclarèrent qu'ils ne les rece- » vraient point. »

Voilà bien des exemples qui établissent que l'on n'a pas toujours reconnu ce prétendu droit d'asile ; mais si l'on parcourt l'histoire ancienne, notamment celle des Romains, on verra bien pis que le refus d'un asile, on y verra la violation des droits sacrés de l'hospitalité.

3. « Enfin la quadruple alliance stipula leur expul-

frontières, quelle protection les lois pourront-elles donner à leurs malheureux habitants ? (*L. A.*)

» sion, et l'asile fut ainsi souverainement aboli.
» Aujourd'hui il cesse d'être un droit, pour n'être
» plus qu'une tolérance. »

L'asile accordé aux juifs dans le cas d'homicide par imprudence était un droit; celui que les malheureux venaient chercher dans les temples était encore un droit, tant que les souverains ne l'eurent pas formellement aboli à cause des abus contre lesquels notre auteur a exhalé sa bile au commencement de cette notice. Celui que l'on trouve chez les puissances étrangères, n'est encore un droit que lorsque le souverain chez lequel on se réfugie veut bien recevoir le réfugié.

1er alinéa de la page 434.

1. « L'extradition n'a généralement pour objet
» que les délits ou les suspicions politiques : tel État
» qui accueille des assassins repousse ou livre les
» citoyens les plus dignes , les hommes les plus
» vertueux. »

Les hommes qui, après avoir fomenté la guerre civile, se sont réfugiés en pays étranger pour éviter le châtiment que les lois infligent aux rebelles sont les citoyens les plus dignes..... Voilà ce que nous apprend M. J.-P. Pagès ; mais, à mon avis, ces citoyens vertueux sont plus dangereux que les scélérats qui, après avoir commis un vol, un assassinat, un parricide, auront fui le sol de leur patrie. Les derniers auront, à la vérité, troublé l'ordre de la société par leurs crimes, mais le désordre qu'ils auront causé ne s'étendra pas bien loin : au lieu que ces citoyens *les plus dignes* n'aspirent à rien moins qu'à bouleverser la société tout entière, à changer les propriétés, à s'emparer du gouvernement, et à renouveler enfin les horreurs de la révolution.

2. « L'asile fut un noble monument consacré à la » justice par la liberté ; l'extradition est un honteux » sacrifice que le pouvoir fait à la peur. »

Je défie l'homme le plus subtil de comprendre la métaphore que contient la première partie de cette phrase : *l'asile, un monument....* Où est donc ce monument? où est sa base? où a-t-il été élevé?

Consacré à la justice par la liberté : quelle liberté a élevé cet asile? on n'en sait rien. Mais si l'asile est un monument élevé par la liberté, il n'est pas consacré à la justice, puisqu'il ne sert ordinairement qu'à faire éviter la juste vindicte des lois.

L'extradition est un sacrifice que le pouvoir fait à la peur. Ici la métaphore serait plus suivie ; mais la pensée n'est pas vraie. Ce n'est point par crainte que les souverains demandent ou accordent l'extradition ; mais pour retenir les grands criminels par des exemples, pour soutenir une puissance amie contre les machinations de la perfidie, pour rendre à chacun ce qui lui est dû ; aux États la sûreté, et aux scélérats les supplices.

2ᵉ alinéa de la page 434.

« Lorsque les traités qui violent l'asile existent
» entre des puissances d'égale force, ils sont ordi-
» nairement sans effet; lorsqu'ils ont lieu du fort au
» faible, ils ne sont obligatoires que pour celui-ci;
» encore pour peu qu'il ait quelque pudeur, il rem-
» place l'extradition par l'expulsion. »

Ceci est un fait dont il ne m'appartient pas d'examiner la vérité. Mais fût-il vrai, il ne prouverait point que l'asile fût un droit.

3ᵉ alinéa de la page 434-435.

« C'est lorsqu'elle perd sa liberté qu'une répu-
» blique cesse de respecter le droit d'asile ; c'est
» lorsqu'elle perd sa dignité qu'une monarchie s'a-
» baisse jusqu'à l'extradition. »

Si un prince chassé de son pays par une faction se retire dans un royaume étranger, le souverain de ce royaume manquerait à son honneur s'il ne le recevait pas; il violerait les droits de l'hospitalité s'il le livrait à ses ennemis: c'est en ce sens que la France fut toujours le soutien des rois malheureux; mais lorsque quelques rebelles ont troublé la paix publique, une monarchie ne perd certainement pas sa dignité en leur refusant un asile, ou en livrant à la juste vindicte des lois ces perturbateurs du repos de la société, que M. J.-P. Pagès nous donne comme les meilleurs citoyens, et comme les meilleures gens du monde.

2. « Mais l'asile sera sans cesse respecté par les » peuples qui possèdent quelque indépendance dans » leurs mœurs, par les monarques qui placent quel» que pudeur dans leurs lois. »

Or vous ne trouverez aucun monarque qui veuille s'obliger à ne jamais livrer aux rois voisins les sujets qui auront fomenté la révolte, et auront attenté à la sûreté des États. Vous en conclurez qu'on ne peut trouver aucun monarque qui place quelque pudeur dans ses lois ; mais pour nous, qui avons nié le principe avancé par M. J.-P. Pagès, nous n'en respecterons pas moins les souverains, quoiqu'ils ne reconnaissent point le prétendu droit d'asile.

3. « De nos jours, les principes de l'asile sont » remis en problème, et quelques écrivains tâchent » d'élever parmi nous ou la grande muraille de la » Chine, ou les autels ensanglantés de la Tauride : » mais la peur et la cruauté ne sont pas des sen» timents français. »

Non, la peur ni la cruauté ne sont pas des sentiments français : les hauts faits d'armes de nos armées prouveraient au besoin que les Français ne sont pas susceptibles d'épouvante. Le Français n'est point cruel; il hait toute rigueur, même juste, lorsqu'elle n'est point rendue nécessaire par des circonstances impérieuses.

Aussi ne sont-ce point des Français, mais des êtres corrompus par des doctrines étrangères qui commirent dans la révolution les horreurs que la postérité aura peine à croire.

Ce ne sont point des Français non plus qui se laissent intimider par une poignée de jésuites, directeurs de petits séminaires. Les vrais Français savent repousser de leurs cœurs une crainte pusillanime et une cruauté sanguinaire.

Page 435.

4. « Jeté par la tempête ou poursuivi par l'op-
» pression, un homme errant, fugitif, sans secours,
» sans asile, abandonnant ses amis, sa famille, sa
» patrie, échappé par hasard aux persécutions, aux
» périls qui l'assiégent, arriverait au XIXe siècle,
» dans cette France hospitalière qui, barbare en-
» core, s'honorait d'accueillir avec bienveillance
» et les rois tombés du trône et les citoyens acca-
» blés par le malheur, et l'infortuné pourrait se
» méprendre lorsqu'il nous crut généreux, lorsqu'il
» pensa que la terre et l'air étaient libres, et que
» nos lois étaient justes. »

Voilà une accusation dans les formes contre la France du XIXe siècle, contre l'auguste dynastie des Bourbons. Heureusement cette accusation est dénuée de fondement, étant uniquement basée sur d'emphatiques déclamations. La France reconnaîtra toujours que l'asile n'est pas un droit que puissent réclamer les êtres dangereux, et elle ne prêtera point territoire aux rebelles pour leur fournir les moyens de détruire la paix de leur patrie. Mais les Jacques II, les Stanislas, et les malheureux accablés sous le poids d'une oppression injuste, trouveront toujours en France une terre hospitalière; ils y trouveront, non-seulement sûreté contre les poursuites injustes auxquelles ils seraient en butte, mais les égards et les secours réclamés par leur rang et par leur position. C'est ainsi que les Français, que les Bourbons en ont toujours agi à l'égard du malheur et de la vertu.

5. « Non, les immunités de la nature, les antiques droits de la liberté, ne sauraient succomber » sous de modernes usurpations, qui flétriraient tout » ce qui fut juste, noble et généreux; non ce n'est » point dans cette France qui, depuis trente ans, » fatigue l'hospitalité de toutes les nations de l'Europe, qu'on pourrait insulter au malheur, et refuser un asile que tous nos partis sont allés implorer tour à tour. »

Voilà donc M. Jean-Pierre Pagès revenu à des sentiments plus vrais et plus justes envers notre patrie. Nos rois légitimes, les ministres de notre sainte religion, et l'élite de notre noblesse, ont imploré l'hospitalité des gouvernements étrangers, et ces gouvernements calomniés dans le cours de cet article ont considéré que la concession de l'asile qu'on leur demandait serait le plus beau titre de gloire. Nos exilés sont allés chercher l'hospitalité, et elle leur a été accordée. Mais ceux qui ne quittaient le sol de leur patrie que pour attendre chez les princes voisins le moment favorable pour revenir troubler le repos des États, seront toujours, malgré ce prétendu droit d'asile que réclame M. J.-P. Pagès, poursuivis et chassés jusqu'aux extrémités de la terre.

La France sera toujours la terre de l'hospitalité envers le malheur, mais elle ne sera jamais une terre d'asile pour les ennemis des rois, et les faiseurs de révolutions.

Nous avons promis de donner au lecteur quelques idées générales relativement au prétendu droit d'asile que les publicistes confondent avec l'hospitalité, et que M. J.-P. Pagès voudrait en séparer. Nous allons essayer de remplir notre promesse, non comme nous l'avons fait jusqu'à présent par de simples raisonnements, mais en rapportant quelques autorités à ce sujet.

L'asile peut être considéré sous deux rapports, ou comme le lieu où l'on se retire pour éviter un danger, ou comme la sûreté de celui qui s'est retiré d'un lieu dans un autre. On ne trouve nulle part l'asile considéré comme un droit établi en faveur de celui qui se réfugie.

Les anciens reconnaissaient plusieurs sortes d'asiles.

1. Les Juifs, ne voulant pas l'accorder dans le lieu saint, de peur que l'affluence des malheureux pour-

suivis par leurs ennemis, ou leurs créanciers, ne vînt à troubler le service divin, établirent des villes d'asile. Mais ces lieux de sûreté ne furent point accordés à ceux qui auraient commis des crimes avec connaissance de cause. Les homicides involontaires jouirent de la faculté de se retirer dans ces villes, mais les vrais coupables purent y être poursuivis pour être livrés à la juste punition de leurs crimes.

Les Grecs admirent des asiles dans les temples de leurs divinités; les empereurs romains, et, après eux, les rois qui leur succédèrent en accordèrent dans les églises. Mais ce droit fut aboli par Louis XII, surnommé le *Père du peuple.*

Aujourd'hui il n'existe plus de droit d'asile dans le lieu-saint; mais en existe-t-il en pays étranger?

Vous devons répondre affirmativement avec M. Merlin, *Repertoire de jurisprudence*, aux mots *Asile*, *Ministre public*, *Etranger*, *Extradition.*

Mais ce droit n'appartient pas à celui qui le réclame; il n'appartient qu'au souverain ou au peuple chez lequel il est accordé; de sorte que ce qui est asile pour le réfugié est hospitalité pour celui qui reçoit dans ses domaines l'individu poursuivi.

Autrefois les ambassadeurs avaient droit d'asile dans leur hôtel et dans leur quartier qui s'étendait à deux mille pas autour de leur domicile. Mais ce droit qui n'a jamais été bien certain, fut réduit dans la suite à leur personne, et à leurs domestiques, excepté en Espagne, où d'après l'auteur du

Cérémonial diplomatique, t. II, p. 356, l'on accorde asile aux débiteurs et aux coupables de délits communs, dans l'hôtel des ambassadeurs.

« Mais, dit M. Merlin, p. 309 v°. *Ministre public*, le gouvernement de Madrid ne tolère ce droit d'asile qu'en faveur des délits communs; il n'y a aucun égard lorsqu'il s'agit de crimes d'État. »

Mais ce droit que l'on avait étendu aux criminels ne fut dans l'origine qu'une hospitalité que les prêtres des païens, les rois, ou les républiques accordèrent aux malheureux poursuivis injustement, et non aux scélérats.

Voici comment s'exprime Grotius, *De jure belli et pacis*, l. II, ch. XXI. n° IV, div. 8. p. 409.

« Quæ autem diximus de nocentibus deductis aut puniendis, non tantùm ad eos pertinent qui subditi semper fuerunt ejus apud quem nunc reperiuntur, verum etiam ad eos qui post crimen commissum aliquò confugerunt.

V. 1. « Neque obstant illa adeo prædicata supplicum jura et asilorum exempla. Hæc enim illis prosunt qui immerito odio laborant, non qui commiserunt quod societati humanæ, aut hominibus aliis fit injuriosum. »

Grotius, selon l'usage des auteurs de son temps, cite à l'appui de son opinion plusieurs auteurs anciens qui ont écrit en prose ou en vers; et d'abord Diodore de Sicile, Ménandre, un ancien oracle, la Thébaïde de Papirius. On peut trouver toutes ces citations dans Grotius au lieu cité; nous nous dispenserons de les transcrire pour ne pas abuser de la patience du lecteur.

ASSOCIATION (*politique*) — P. 473-487.

ALEXANDRE DE LA BORDE.

« Des sociétés secrètes dont on a si souvent ca-
» lomnié les institutions faute de les connaître,
» furent aussi la source d'où découlèrent des associa-
» tions de bienfaisance. »

Les congrégations, contre lesquelles on s'élève aujourd'hui avec tant de force, sont de véritables sources d'où s'écoulent des secours de tous genres. Celle de Paris, riche par le nombre de ses membres dont un grand nombre jouit d'une brillante fortune, fournit aux pauvres ouvriers du travail ou du pain. Celles des provinces, moins fortunées, donnent du bouillon aux malades, des habits aux malheureux exposés à la rigueur des saisons, des adoucissements aux prisonniers.

Si l'auteur a entendu parler de ces associations, qui ne sont point secrètes, et dans lesquelles on admet tout homme qui pratique les devoirs de chrétien, je m'unirai à lui pour en faire l'éloge qu'elles méritent.

Mais si, comme on peut s'en apercevoir par ce qui suit, il entend parler de ces sociétés véritablement secrètes, où après mille cérémonies ridicules et épouvantables, les occupations les plus innocentes sont de se livrer à de véritables orgies; de ces sociétés où, long-temps avant la révolution, les mots *liberté*, *égalité ou la mort* étaient le mot d'ordre des affiliés; de ces sociétés où les papes et les rois étaient poignardés en effigie, je rappellerai aux auteurs de l'*Encyclopédie* ce qu'ils ont dit contre les jésuites au mot *Affiliation*, et je leur dirai avec Horace :

Mutato nomine, de te fabula narratur.

2. « C'est à ces réunions philanthropiques que l'on » dut les limites du pouvoir, le commerce, les ma- » nufactures, la création du crédit public, la colo- » nisation des capitaux étrangers, les travaux d'uti- » lité générale, et les progrès des lumières. »

Rien ne prouve la vérité de l'utilité des sociétés secrètes, sous les rapports énoncés dans le passage que l'on vient de lire; tout ce qu'on pourrait leur attribuer à juste titre, ce serait les limites du pouvoir, et ce que l'on appelle le progrès des lumières, c'est-à-dire la révolution d'Angleterre et celle de France avec toutes leurs horreurs, le mépris des anciennes croyances, et la philosophie moderne qui, bien loin d'augmenter les vraies lumières, les a éteintes dans une grande partie de la société, en faisant négliger aux jeunes gens l'étude la plus nécessaire, celle de la religion.

1er alinéa de la page 487.

« En traçant le tableau des associations de tous » les genres qui servent à répandre les lumières et » à épurer les âmes, peut-on oublier les plus douces » de toutes, celles qui étendent et perfectionnent » les charmes de l'amitié, celles dont les travaux » sont cachés, mais dont les bienfaits paraissent au » grand jour, les sociétés secrètes enfin, que la » calomnie a voulu flétrir, la méfiance dissoudre, » mais qui répandront, propageront leurs utiles » travaux, lorsque les hommes seront plus libres, » les gouvernements plus éclairés, les temps plus » prospères. »

Tout le monde connaît le refrein de cet hymne républicain d'Anacharsis Chloots.

Qui veut affranchir l'univers,
Doit commencer par sa patrie.

Tel était le système de la franc-maçonnerie avant la révolution, aussi l'on sait comment notre patrie, et l'Europe un peu plus tard, furent affranchies; on ne fit que changer de maîtres. On nous délivra des rois, dont les races antiques étaient aussi célèbres par leurs bienfaits envers les peuples que par les hauts faits d'armes de leurs héros. On nous délivra du joug que les prêtres imposaient au nom de Jésus-Christ ; on nous délivra de la noblesse ! Mais, grand Dieu ! que nous donna-t-on pour remplacer nos anciens maîtres? Une populace effrénée, allant dans les campagnes brûler les châteaux et les maisons bourgeoises, traînant dans les cachots et sur l'échafaud ce que la France comptait d'hommes recommandables par leurs vertus et leurs talents. Nous eûmes Robespierre, Marat, Danton... Plus tard, un Corse s'empara du trône de saint Louis, et établit sa famille sur les ruines encore fumantes des trônes de l'Europe. Les libertés que Louis XVI avait accordées, et que son auguste frère Louis XVIII a bien voulu nous rendre, furent anéanties. Voilà le résultat des travaux des sociétés secrètes, voilà le grand œuvre de la franc-maçonnerie et de la philosophie moderne. On tonne tous les jours contre les jésuites, et les congrégations religieuses, et l'on prône les sociétés qui ont fait la révolution, et qui voudraient la renouveler !

. . . . Crimine ab uno
Disce omnes. . . . .

ASTROLOGIE — P. 527. - 543. — NICOLET.

1. « Charles V non seulement croyait à l'astrologie,
» mais c'était pour lui une étude de prédilection :
» il en fit même un objet d'enseignement public,

» et bâtit à cet effet, rue du Foin-Saint-Jacques, une » maison qu'il nomma *Collége de Mᵉ Gervais*, nom » d'un docteur attaché à son service, en qualité de » *souverain médecin et astrologien*, et à ce double » titre, *moult estimé et stipendié d'icelui roi.* »

Il est vrai que Vély rapporte ce que l'on vient de lire, tom. XI, p. 119 et 120; mais le lecteur apprendra qu'à l'époque dont on parle, l'astronomie n'était connue que sous le nom d'astrologie. Ce n'était point l'astrologie judiciaire que l'on étudiait dans le collége de Mᵉ Gervais, mais l'astronomie telle qu'on la connaissait alors. Bien des erreurs inséparables de l'ignorance du siècle y étaient sans doute professées. Mais l'astrologie judiciaire qui attribuait aux astres une influence destructive du libre arbitre, n'a jamais été enseignée dans aucune école du royaume très-chrétien; jamais aucun pape n'a approuvé cette pernicieuse doctrine. Au contraire, le saint Siége l'a condamnée dès sa naissance, comme ayant les mêmes résultats que le manichéisme, et comme dépouillant l'homme du plus précieux de ses attributs, la liberté nécessaire pour mériter les récompenses des justes, et justifier les châtimens éternels des méchants.

(*L. A.*)

2. « Ajoutons que cette fondation f » par Urbain V, que ce pape y créa deux bourses, » et qu'il foudroya l'anathème contre tout téméraire » qui emploierait cet établissement à un autre usage » que celui pour lequel il était institué. »

Nous n'avons trouvé ni dans Vély, ni dans l'histoire ecclésiastique de Fleury aucune mention de la bulle que l'on attribue à Urbain V. Cependant nous ne voulons pas donner un démenti à M. Nicolet qui a pu puiser ce qu'il dit dans des mémoires qu'il nous serait difficile de nous procurer.

Mais cette bulle, si elle existe, prouverait ce que nous avons déjà dit, que Charles V, en fondant le collége de Me Gervais, n'avait pas l'intention de faire enseigner l'astrologie judiciaire, folie de ces siècles de barbarie, au moyen de laquelle on prétendait prévoir l'avenir, même dans les choses qui ne dépendaient que de la volonté.

Nous avons dit qu'on a d'abord confondu l'astrologie avec l'astronomie. Ce qui le prouverait indépendamment de ce qu'en disent les historiens, c'est son étymologie, dont le dernier terme *logie* est le même que celui que l'on donnait chez les Grecs à presque toutes les sciences. Depuis les progrès des lumières, les Français eux-mêmes ont donné cette terminaison *logie* aux noms des nouvelles connaissances, pour lesquelles il a fallu créer de nouveaux mots, ainsi, *théologie*, *technologie*, etc. Le premier composé de Θεος et de λογια, le second de τεχνη et de λογια sont passés dans la langue Française, avec une foule d'autres dont il serait trop long de faire l'énumération.

L'une de ces espèces qui, comprenait ce que nous appelons aujourd'hui *astronomie*, faisait connaître la position des astres, leurs mouvements, les époques de leurs conjonctions, et de plus on croyait qu'elle faisait présager, par ces différentes positions, le beau temps, la pluie, les orages; on croyait voir encore dans les astres une influence sur différentes maladies, et il existe de vieux médecins encore entichés de ces vaines idées.

Par la seconde, condamnée par les Écritures, par l'Église et par la saine philosophie, on croyait trouver dans les calculs astronomiques et dans la connaissance de la position de tel astre au moment de la naissance de tel individu, ce qui devait lui arriver de plus remarquable pendant sa vie.

Entre ces deux espèces d'astrologie toute personne raisonnable sera persuadée que le roi Charles V et le pape Urbain V approuvèrent celle que l'Église n'avait point condamnée: un pape n'aurait point protégé un établissement contraire à la religion, et Charles V que l'histoire donne comme un prince éminemment religieux n'aurait point fondé un collége en faveur de cette prétendue science.

3. « De là sans doute les infortunes de la Sor- » bonne, sous la direction de laquelle cette maison » tomba par la suite ; c'est probablement en subs- » tituant l'enseignement de la théologie à celui de » l'astrologie, qu'elle s'attira les dures conséquences » de la malédiction du souverain pontife. »

Nous venons de voir que le collége de Me Gervais fut fondé sous Charles V, c'est-à-dire vers la fin du XIVe siècle; la Sorbonne au contraire fut fondée en 1253 par un prêtre nommé Robert, né dans le village de Sorbonnes près de Rhetel, en Champagne; ainsi, il n'est point vrai de dire que la Sorbonne substitua l'étude de la théologie à celle de l'astrologie.

FIN DE LA RÉFUTATION

DU TROISIÈME VOLUME DE L'ENCYCLOPÉDIE MODERNE.

RÉFUTATION

DU QUATRIÈME VOLUME

DE L'ENCYCLOPÉDIE MODERNE.

BAPTÊME (*religion*). — P. 102.-109. — ST-AMAND.

1er alinéa de la page 103.

1. « LE baptême, comme sacrement, a été reçu » de la généralité des sectes chrétiennes. »

On ne peut blâmer ici que le nom de secte donné à la religion catholique, comme aux véritables sectes qui en découlent ; on s'est déjà expliqué à ce sujet.

2. « L'Église catholique étant la plus nombreuse, » nous rapporterons d'abord ses doctines, ses opi- » nions, ses usages touchant ce sacrement ; nous » ferons connaître ensuite en quoi, sur ce point, les » autres sectes se sont éloignées de sa croyance et » de ses pratiques. »

Nous ne blâmons encore ici que le nom de *secte* donné à l'Église catholique.

2e alinéa de la page 104.

« Quant au feu dont parle saint Jean, on ne doit » pas le prendre dans le sens passif, au moins par » rapport au baptême de ce monde. Du reste il est » permis de croire, comme quelques-uns l'ont » prétendu, que les élus, avant d'entrer dans le » royaume de Dieu, devront recevoir un nouveau » baptême par le feu matériel. »

Le baptême de feu dont il est parlé dans l'Évangile ne doit s'entendre que de la descente du Saint-Esprit sur les apôtres, et les disciples réunis dans le cénacle au jour de la Pentecôte.

Quant au nouveau baptême dont parle l'auteur de l'article, jamais aucun théologien n'en a parlé. La foi catholique nous montre un Dieu infiniment saint, qui ne souffre rien de souillé dans le séjour de sa gloire; un Dieu infiniment bon, qui ne veut laisser aucune vertu sans récompense; un Dieu infiniment juste, qui punit les faiblesses de l'humanité, pour récompenser en Dieu les œuvres de sa grâce. De là la doctrine du purgatoire, où les âmes des justes achèvent de se purifier avant d'entrer dans le ciel; mais cette purification par le feu n'est point nécessaire à tous : le bon larron mérita par la vivacité de sa foi et l'amertume de sa douleur d'entendre de la bouche du Dieu de vérité cette parole consolante : « Aujourd'hui vous serez avec moi en paradis : *Hodie mecum eris in paradiso.*

1er alinéa de la page 105-106.

« Dans un cas pressant les pères et mères peu-
» vent aussi baptiser leurs enfants ; mais seulement
» lorsque personne ne peut les suppléer dans cette
» fonction. »

Cette phrase exige une explication. Le baptême administré par un père ou une mère serait valide, quand même d'autres personnes auraient pu se trouver présentes ; mais le père ou la mère qui baptiserait son enfant contracterait un lien d'affinité spirituelle qui, sans dissoudre le mariage, priverait celui des conjoints qui aurait administré le baptême des droits que confère le sacrement. Tel est le sentiment des théologiens catholiques.

Dans les siècles de barbarie, quelques personnes croyaient que le mariage était dissous par cette affinité spirituelle, contractée soit en baptisant un enfant, soit en lui servant de parrain et de marraine. On lit dans l'*Histoire de France* de Daniel, t. I, p. 151, édit. in-8°, que la reine Audouère, femme de Chilpéric, mit au monde une fille que l'on différa de baptiser jusqu'à ce que la mère fût relevée. « Comme tout était prêt (continue l'historien) pour la cérémonie du baptême, celle qui était destinée pour être la marraine tarda trop à venir, et la reine parut s'impatienter : Frédégonde, qui était présente, lui dit : Qui vous oblige, Madame, d'attendre plus long-temps ? Faites l'honneur à votre fille de la tenir vous-même sur les fonts. La reine le fit, et donna dans le piége, sans que l'évêque qui baptisa l'enfant, apparemment gagné par Frédégonde, s'y opposât.

« Dès-lors, selon la coutume de l'Église, cette cérémonie de tenir un enfant sur les fonts faisait contracter entre celle qui la faisait et le père de l'enfant une alliance spirituelle qui empêchait le mariage entre ces deux personnes, et qui en rendait l'usage illicite, supposé qu'il fût déjà contracté. Frédégonde, pour qui l'abus des choses les plus saintes n'était pas un crime qui l'épouvantât, bien contente d'avoir engagé la reine dans ce mauvais pas, n'en dit mot jusqu'au retour du roi. Elle alla au-devant de lui, et après l'avoir salué, elle lui dit en riant qu'il n'avait plus de femme, et lui raconta ce qui était arrivé. »

BARREAU (*législation*). — P. 131-147. — COURTIN.

1er alinéa de la page 136.

« Les lois ou les décrets ou ordonnances de 1810
» à 1822 ont renouvelé, par l'inscription sur un

» tableau, l'existence de l'ordre des avocats. Il prouve » aujourd'hui qu'il n'est point déchu de son antique » illustration ; mais la discipline du barreau a été pla- » cée sous le joug de réglements qui ont porté at- » teinte à son indépendance. »

Lorsque le grand d'Aguesseau faisait son discours sur la décadence de l'éloquence du barreau, il était loin de prévoir que cette éloquence se relèverait plus brillante que jamais, et que les Dureau de la Malle, les Bonnet, les Bellard, les Billecoq, les Berreyer, les Hennequin, et un grand nombre d'autres célèbres avocats de la capitale qu'il serait trop long d'énumérer, surpasseraient un jour les Patru, et les Cochin ; il ne prévoyait pas que les provinces elles-mêmes seraient illustrées par des orateurs dignes des beaux siècles d'Athènes et de Rome. Mais qu'eût-il dit si de son temps il eût vu cet esprit d'indépendance et d'irréligion qui malheureusement s'est répandu au milieu du barreau? Comme il aurait gémi sur l'abus de leurs talents ! comme il se serait écrié avec force : Malheureux, que faites-vous? vous cultivez les sciences, et vous méprisez celle qui seule peut conduire au bonheur ! Vous aspirez à une gloire éphémère, et vous abandonnez celle que des études mieux dirigées pourraient vous faire obtenir ! Oubliez-vous que les anciens jurisconsultes furent tous des hommes religieux? oubliez-vous qu'au lieu d'étudier les sciences physiques, l'étude des Pères, des canons, des conciles et de l'histoire ecclésiastique accompagnait toujours celle des lois de leur pays ? oubliez-vous enfin que les avocats furent toujours les défenseurs des droits de l'autel et du trône ? Voilà sans doute ce que leur dirait l'homme vraiment *vir probus dicendi peritus ;* il encouragerait, comme autrefois, les talents de tous, et la vertu d'un grand nombre d'entre eux ; mais il ramènerait sans doute par son éloquence et l'autorité plus respectable encore de son exemple, cette jeunesse éminemment studieuse, qui, avec de grandes dispositions pour la vertu, se laisse entraîner au torrent de l'exemple, et qui, remplie d'amour pour son pays dont elle désire ardemment le bonheur, embrasse par une fatale erreur la route qui conduit aux révolutions et à l'anarchie.

Quant à la discipline du barreau, la majeure partie des avocats est persuadée que l'indépendance de leur noble profession s'est sensiblement améliorée depuis la restauration ; tout ce que l'on peut voir avec peine, c'est l'obligation de résider dans la ville où siége la cour royale pour pouvoir être considéré comme avocat près la cour, et la défense faite aux avocats de plaider hors du ressort de leur tribunal sans l'autorisation du Garde des sceaux.

BATAILLE (*art militaire*). — P. 191 - 264.
Le lieutenant-général LAMARQUE.

Dernier alinéa de la page 212-213.

« Si Charles avait succombé dans sa lutte contre » les Sarrasins, le Croissant l'eût peut-être emporté » sur la Croix, et l'Europe aujourd'hui serait maho- » métane. »

La puissance souveraine aurait pu passer entre les mains des sectateurs de Mahomet. Les chrétiens auraient pu, comme au temps des Dioclétien et des Néron, être en butte à toutes sortes de persécutions ; mais le Croissant ne l'aurait jamais emporté sur la Croix ; celui qui a promis que les portes de l'enfer ne prévaudraient point contre l'Église aurait bien su la maintenir, malgré tous les obstacles qui s'y seraient opposés.

1er alinéa de la page 215.

« Il semble au reste que l'art de la guerre fut à » cette époque perfectionné en Orient ; du moins » les Sarrasins qu'animait *un fanatisme aussi ar-* » *dent* (que celui des croisés) employaient plus

» de ruses, et des manœuvres plus habiles. »

On peut pardonner à M. le lieutenant-général Lamarque la préférence qu'il donne à la manière de faire la guerre des Sarrasins sur celle des chrétiens croisés, qui malheureusement marchaient sans ordre, sans discipline, et guidés uniquement par l'impétuosité de leur courage. Mais ce que l'on peut trouver extraordinaire, c'est qu'il ajoute que les Sarrasins étaient animés par un fanatisme *presque aussi ardent que celui des croisés*, de sorte que, d'après M. le lieutenant-général Lamarque, les chrétiens auraient été plus fanatiques que les Sarrasins.

J'ai, dans un autre article, fait connaître le but et l'utilité des croisades, et j'ai déploré le mauvais succès qu'elles eurent; mais les Sarrasins, qui d'après leur Coran, doivent étendre leur religion le sabre à la main; mais les musulmans, pour lesquels l'assassinat est un acte méritoire et qui les rend dignes du paradis sensuel qui leur est promis par leur prophète, les musulmans dont la religion évidemment fausse et absurde ne remonte qu'à un scélérat enthousiaste et ambitieux qui n'établit son culte ue sur la trahison, le meurtre et le carnage, sont-ils moins fanatiques qu'un peuple pratiquant une religion aussi ancienne que le monde, qu'une armée qui ne marche que pour délivrer de la profanation les lieux témoins de la naissance, de la vie, et de la mort d'un Dieu-Sauveur, et pour mettre à l'abri des avanies et des persécutions leurs frères, que ces mêmes Sarrasins forcent à l'apostasie, ou livrent à la mort la plus cruelle (1)?

BEAU, BEAUTÉ — P. 308-354. — KÉRATRY.

2e alinéa de la page 328.

» Une journée encore plus belle brillerait dans » nos fastes, si une victoire décisive avait préservé » nos champs de la présence de l'étranger. »

Que l'on exprime tant que l'on voudra son mécontentement de ce que les alliés ont pénétré en vainqueurs sur le sol de la France: nous pouvons voir nous-même avec quelque peine la gloire de nos armées momentanément éclipsée; mais le retour des

(1) On doit convenir que Mahomet eut de grands talents politiques et beaucoup de génie. Ambitieux, il saisit le temps favorable à la réussite de ses projets; il profita de l'indifférence religieuse dans laquelle se trouvaient les peuples qu'il soumit à son empire; il menaça plus qu'il ne frappa, parce que les peuples étaient trop corrompus et trop ignorants pour résister à sa puissance. Son *Coran* leur donna une morale d'accord avec leurs mœurs. La révolution irréligieuse était faite dans les âmes: Mahomet ne fit que lui donner de la stabilité et en profiter. Les peuples que Mahomet soumit à son croissant étaient ce que sont aujourd'hui les Français, indifférents en matière de religion; et si Robespierre eût été aussi habile que le fondateur de l'islamisme, ou plutôt si la Providence n'eût encore voulu sauver la France, les Français se seraient accoutumés au culte décadaire.

(*L. A.*)

Bourbons nous dédommage et nous console amplement de cette violation de notre territoire.

1er alinéa de la page 330.

« Sur cette mesure, bien des vertus dont la so-
» ciété n'a point profité, comme les macérations des
» cénobites, ont évidemment usurpé leurs titres à
» l'estime; bien des crimes qualifiés tels par un ri-
» gorisme atrabilaire qui voulait empoisonner des
» plaisirs décents dans leur source, aux yeux du
» sage, ont fini par perdre leur aspect blâmable. »

Le lecteur voit d'un coup d'œil dans ce passage la vertu la plus héroïque blâmée, et le vice justifié. Méfiez-vous, jeune lecteur qui conservez encore quelques principes de religion, de cette prétendue sagesse qui tend à détruire les antiques croyances.

Les macérations des cénobites ont usurpé leurs titres à l'estime. Le chrétien sait pour qui ces êtres privilégiés de la grâce divine tourmentent pendant leur vie cette chair continuellement en opposition avec l'esprit; il sait que les souffrances que l'on endure volontairement pour imiter celles de notre seigneur Jésus-Christ nous font acquérir des mérites devant Dieu; il sait que ces cénobites, dont on blâme ici les macérations comme inutiles à la société, retiennent le bras vengeur de la Divinité prêt à frapper sur le monde corrompu; et, bien loin de mépriser ces saints personnages, il est pénétré de la plus grande vénération, et il sollicite quelquefois le secours de leurs prières, comme les ambitieux du monde sollicitent la protection des grands de la terre.

« Bien des crimes qualifiés tels par un rigorisme » atrabilaire qui voulait empoisonner des plaisirs » décents dans leur source aux yeux du sage, ont » fini par perdre leur aspect blâmable. »

Cette phrase n'est pas assez claire pour que nous puissions nous flatter de répondre à l'intention de l'auteur. Il paraît cependant qu'il entend parler des plaisirs mondains défendus par l'Église et la saine morale ; et alors elle porterait sa critique en elle-même. Je dois cependant prier le lecteur d'observer que ce que l'Église appelle crime l'est en effet, et que beaucoup de fautes, même très-graves, ne sont appelées de ce nom que lorsqu'elles attaquent directement la Divinité, comme le sacrilége, ou lorsqu'elles nuisent au prochain, comme le meurtre, le faux témoignage, l'adultère ; ceux qui ne font tort qu'à nous-mêmes peuvent être des péchés graves, mais ne sont point appelés crimes.

2e alinéa de la page 330.

1. « Enfant cruel de l'égoïsme, le crime, s'il n'était » entrepris dans l'intérêt d'un avantage présent, ne » serait chez les plus grands scélérats qu'une dé- » mence féroce, et la vertu qui n'améliorerait le

» sort de personne n'en mériterait pas le nom. »

Singulière philosophie! Comme si la vertu n'était point une manière d'être, abstraction faite des hommes qui la cultivent et de ceux à qui elle peut être utile! Si je devais donner une définition de la vertu, je la définirais *une habitude conforme à l'ordre universel;* et, d'une manière plus intelligible pour les chrétiens, *une conformité habituelle à la loi de Dieu.*

Sans doute la vertu est utile aux hommes, puisque les lois morales que Dieu a établies tendent toutes au bien de la société humaine, que le Tout-Puissant fonda dès l'origine du monde en donnant une compagne au premier homme; mais ne peut-il pas se rencontrer des circonstances où cette vertu peut nuire à quelques hommes, sans être sensiblement utile à la société? Celui qui a le mensonge en horreur ne préférera-t-il pas mourir victime de son amour pour la vérité (1) que de nier un fait qui,

(1) M. Baudus, avocat du Roi au présidial de Cahors, avait écrit à la supérieure de l'hospice de cette ville une lettre datée du 10 août 1789 dans laquelle il l'engageait à prier Dieu pour le roi. Quelque temps après cette lettre fut trouvée, et M. Baudus traduit au tribunal révolutionnaire. Le président de ce tribunal voulait le sauver en considération d'un parent de l'accusé; il n'exigeait qu'une chose, qui eût été bien facile pour tout autre : c'était qu'il niât avoir écrit et signé la lettre qui lui était représentée. Ce magistrat véritablement respectable refusa cette légère satisfaction à un parent qui voulait le sauver, et mourut ainsi martyr de la vérité. . . . . .

quoique innocent, peut le faire condamner à la mort par une puissance tyrannique? L'homme juste et pauvre ne respectera-t-il pas un monceau d'or dans lequel il pourra puiser même sans être soupçonné; et ne préférera-t-il pas laisser intact l'or inutile à l'avare que d'en prendre la plus légère partie pour subvenir aux besoins d'une famille vertueuse? Cependant ces hommes n'auront point été utiles à l'humanité; ils auront exposé leur vie, laissé leurs enfants dans la misère, ils n'auront rien fait d'utile pour la société; mais ils auront respecté la loi éternelle, et ils emporteront dans le tombeau la conscience de leurs bonnes actions et l'espoir d'obtenir la récompense des justes.

2. « Tous les cultes ont eu leurs bonzes et leurs » fakirs ; mais un bonheur réfléchi, une perfection » morale de l'être, et une douce chaleur de senti- » ment, gage de la paix des familles et de l'atten- » tion bienveillante du Créateur, étant évidemment » le but vers lequel doit graviter la raison humaine, » les seules pratiques par lesquelles on peut y par- » venir méritent nos suffrages. »

Les seules pratiques par lesquelles on peut y parvenir sont les pratiques conformes à la religion. Sans la religion point de morale, sans morale point de sûreté publique, sans sûreté point de bonheur. C'est en vain que le philosophe crée des systèmes d'ordre public : il n'a point, sans la religion, le courage d'observer lui-même les règles qu'il prescrit aux autres. Les passions viennent toujours mettre obstacle à ses bonnes intentions. Mais si les pratiques religieuses peuvent seules nous maintenir dans la vertu nécessaire au bonheur des hommes, nous devons croire à la religion telle qu'elle est, nous devons nous conformer aux croyances qu'elle nous impose. Il ne nous est pas permis de la diviser; et celui qui, divisant la morale, refuserait à l'exécution des conseils évangéliques la louange qu'elle mérite ne serait pas plus excusable que cet imprimeur qui récemment ne conserva de l'Évangile que les préceptes, en supprimant les miracles, qui sont la preuve irréfragable de la mission de son divin auteur.

Alinéa de la page 340-341.

« Par les espérances qu'elle met en dépôt au fond » des cœurs, la doctrine de l'Évangile est une mine » féconde de beau intellectuel. »

Ceci est vrai.

« Comment cela s'opère-t-il? C'est que, n'ayant » rien précisé sur la nature des jouissances réservées » à une autre vie, elle laisse à chaque imagi- » nation le soin de tracer un plan de bonheur, » d'en construire l'édifice, et de l'embellir à son » gré. »

Quand la parole divine aurait tracé dans son

Évangile la description du bonheur des saints, l'esprit de l'homme, trop faible, n'aurait pu le concevoir. Cependant nous savons que ce bonheur consiste dans la vue et la possession de Dieu. Ce bonheur est de telle nature qu'il faut aimer Dieu pour le désirer; mais il est tellement au-dessus de la conception humaine, que saint Paul, ravi en extase jusqu'au séjour des bienheureux, nous dit: « L'œil n'a jamais vu, l'oreille n'a jamais entendu, et l'esprit de l'homme n'a jamais compris la félicité que Dieu réserve à ses élus. » Les plaisirs profanes de ce monde corrompu seront bannis de ce lieu de pureté; mais une paix, une tranquillité d'âme infinies nous rempliront de la joie la plus pure; la connaissance et la vue intime des perfections de Dieu raviront notre intelligence; nous serons en quelque sorte confondus en Dieu. Voilà tout ce que l'on peut dire du bonheur des saints. Mais ces causes de bonheur sont loin de frapper l'imagination des hommes, puisque cette imagination n'est excitée que par les sens; et malheur à celui dont l'esprit pervers voudrait introduire dans le séjour de la pureté les plaisirs corrompus de la terre!

BÉNÉDICTION (*religion*). — P. 361-362. — St.-Amand.

« Eux seuls (les évêques) peuvent donner des » bénédictions en particulier et hors des églises. »

Le droit de donner des bénédictions n'est pas réservé aux seuls évêques. En général les prêtres ne la refusent point à ceux qui la leur demandent; et ils la refuseraient certainement s'ils n'avaient pas le droit de bénir. La bénédiction des personnes réservée aux évêques est celle qu'ils donnent sur leur passage, à leur entrée dans une ville, au peuple rassemblé pour voir son pasteur; mais un prêtre, un simple laïque, peuvent bénir, dans une maison particulière, le premier, quelques-uns de ses paroissiens, le second, ses enfants et ses descendants, à l'imitation de la bénédiction des patriarches.

BÊTE et BÊTISE. — P. 380-385. — Arnault.

Dernier alinéa de la page 382-383.

1. « Un esprit faux ne saurait tirer une fausse con- » séquence des mathématiques; elles redressent leur » homme. »

Oui, pour le moment, et tant qu'il ne s'occupe que de mathématiques; mais s'il veut appliquer les preuves de cette science à celles qui n'y ont point de rapport, son esprit faux se retrouve, et les mathématiques ne le redressent plus.

2. « En théologie et en politique, c'est tout autre » chose, la science fausse l'homme. Les proposi- » tions les plus absurdes s'y démontrent aussi faci- » lement que les propositions les plus justes; les » conséquences les plus vicieuses s'y tirent des » principes les plus incontestables. »

Ce n'est point la science qui fausse l'homme; c'est l'homme lui-même qui apporte dans les discussions relatives à ces deux sciences un esprit séduit par l'orgueil ou corrompu par les passions. Le défaut de raisonnement d'un tel homme vient toujours de ce qu'il ne considère l'objet que sous une des faces, sous celle qui lui plaît le plus, et qu'il laisse de côté celles dont l'examen pourrait contrarier ses vues ou ses opinions. L'homme de bonne foi, au contraire, ne laisse aucun angle, aucune sinuosité de l'objet à examiner, il le parcourt sous toutes ses faces, et la chose étant bien connue, il est aussi facile de raisonner juste, et d'obtenir de son examen des conséquences raisonnables, qu'il est facile de s'égarer lorsqu'on ne voit que d'un côté, et que l'on ne procède à cet examen qu'à travers le prisme de l'égoïsme et de la prévention.

3. « C'est ainsi qu'au nom du Dieu de paix des » fanatiques provoquent l'intolérance et la persécu-

» tion ; c'est ainsi qu'au nom de l'ordre et de la fé-
» licité publique, des factieux demandent l'oppres-
» sion et l'asservissement des peuples. »

On pourrait ajouter à cette belle phrase :

C'est ainsi qu'au nom de la tolérance on proscrit les prêtres du vrai Dieu et les hommes religieux ; c'est ainsi qu'au nom de la liberté, les nobles et les bourgeois aisés sont emprisonnés et souvent livrés aux supplices.

BIBLE (*religion.*) — P. 385-391. — Lanjuinais.

3ᵉ alinéa de la page 385-386.

1. « Leur guerre spirituelle (de nos ancêtres) par
» la Bible et pour la Bible, se changea en un zèle
» excessif et dominateur, une persécution judiciaire,
» ecclésiastique et militaire, contre ces mêmes pé-
» cheurs ou mécréants, d'où vinrent les tristes croi-
» sades et l'inquisition féroce. »

J'ai dit ailleurs que les croisades n'eurent point pour motif l'extermination des mécréants, mais la délivrance des saints lieux et des chrétiens habitants de ces contrées malheureuses.

J'ai dit aussi que les lois qui punissaient les hétérodoxes avaient existé contre les chrétiens eux-mêmes du temps du paganisme. Quoiqu'on trouve les mêmes erreurs souvent répétées dans les différents articles de l'*Encyclopédie moderne*, je crois devoir me borner à les relever, et renvoyer aux articles où je les ai réfutées.

Page 386.

2. « Mais quand on en fut à ce point d'aveuglement, une partie du clergé entreprit de faire de » la Bible une charte privée, qu'on ne peut lire en » langue vivante que par une permission très-spé- » ciale du pape, ou du confesseur, ou de l'évêque, » ou du vicaire épiscopal; et alors se multiplièrent » les mécréants, les errants, et ceux-ci à leur tour » entreprirent des guerres civiles pour cause de re- » ligion; ils en vinrent à soutenir qu'il n'y a point » d'autre règle de foi que la Bible interprétée selon » la conscience et les lumières de chacun : infaillible » moyen pour faire, ce qui existe en beaucoup de » lieux, autant de religions que de têtes. »

On voit bien que M. Lanjuinais n'est pas partisan de cette liberté indéfinie d'interpréter la Bible selon les intérêts et les passions de chaque individu ; mais s'il en est ainsi, le clergé eut raison *de faire de la Bible une charte privée*, de ne pas livrer aux ignorants un ouvrage sublime comme tout livre inspiré, mais exposé comme tout livre qui contient beaucoup en peu de mots, à des interprétations fausses et dangereuses. C'est bien, comme le dit l'auteur, la transgression de cette défense de lire la Bible sans permission, qui a amené la prétendue réforme, comme elle a conduit plus tard au socianisme les protestants eux-mêmes. La Bible en latin n'était lue que des savants qui tous connaissaient leur religion *dans ces temps d'ignorance et de barbarie*, et la Bible en langue vulgaire aurait pu tourner bien des têtes; ce qui arriva plus tard : mais dans le siècle de lumières par excellence, où les savants connaissent moins la religion que les ignorants, tout le monde veut lire la Bible, et peu de personnes la comprennent. Je dois cependant prévenir le lecteur que les seules traductions approuvées sont celles du père Ancelot, oratorien, et celle du père Bouhours, jésuite. Celle que le père de Carrière, oratorien, a donnée avec de courtes explications littérales en caractères italiques dans le corps de la traduction, a reçu par le fait l'approbation nécessaire pour qu'on puisse la lire sans danger. En Italie, en Espagne, en Allemagne, il n'existe aucune traduction de la Bible qui soit approuvée ni expressément ni tacitement.

3. « Par excès contraire, un prêtre qui écrit à Pa-
» ris avec talent, et qui, dans ses livres et ses jour-
» naux, prétend faire rétrograder l'esprit humain,
» a osé publier ce blasphème : La lecture de la Bible
» a produit depuis trente ans des centaines de mil-
» liers de crimes. »

Il pourrait bien se faire que ce prêtre, qui écrit à Paris avec talent, et que je crois être M. l'abbé de La Mennais, n'eût pas exagéré le calcul; mais, supposé même qu'il y eût hyperbole, qui jamais pourrait trouver là un blasphème? J'ai dit moi-même, dans un de mes précédents articles, qu'il n'est point de crime que la Bible n'autorise, lorsqu'elle est interprétée suivant les passions et les intérêts de chaque individu. Je me réjouis d'avoir pensé comme M. de La Mennais, et M. Lanjuinais me permettra de croire que je ne suis pas pour cela un blasphémateur.

BIBLIOTHÈQUE. — P. 395-415. — THOURET.

2e alinéa de la page 394.

« Au reste, les Hébreux n'ont jamais cultivé les » sciences ; Moïse ne leur en a pas conseillé l'étude, » et leurs chefs ont toujours fait les plus grands ef- » forts pour les tenir séparés des autres nations. »

On voit bien que M. Thouret a pris ce que l'on vient de lire dans le *Dictionnaire philosophique* de Voltaire ; mais comme les erreurs de ce philosophe ont été réfutées avec le plus grand succès, il nous suffira de reproduire ce que dit à ce sujet l'abbé Guénée, *Lettres de quelques Juifs*, tom. 1er, p. 25 et suivantes.

Relativement aux sciences purement littéraires, on peut citer les œuvres des prophètes ; les psaumes de David, les prophéties d'Isaïe, d'Ézéchiel, d'Osée, d'Habacuk, de Daniel, se font remarquer, non seulement par la sublime simplicité qui fait connaître en eux l'inspiration divine, mais par l'élégance avec laquelle ils sont écrits dans la langue originale.

Les Juifs précédèrent les Grecs dans la connaissance des beaux-arts; l'art de la gravure en pierres fines ne leur était pas inconnu dans les temps les plus reculés ; l'*Exode* en fournit la preuve, ch. XXII, vers. 9: *Et accipies duos lapides onychinos, et sculpes in eis nomina filiorum Israel.*

Ils connurent les sciences : l'*Histoire naturelle* écrite par Salomon a précédé de plusieurs siècles celles d'Aristote et de Pline ; Salomon a écrit depuis le cèdre jusqu'à l'hysope.

Ne trouve-t-on pas des traces de géométrie dans la description du tabernacle, et plus encore dans celle du temple de Salomon, et de celui dont Ézéchiel donne le plan ?

Quant à l'astronomie, les Juifs ont été, de tous les peuples anciens, ceux qui ont le mieux connu le rapport du cours du soleil et de la lune ; l'art des intercalations, et toutes les connaissances astronomiques, par lesquelles ils ont prévenu dans leur calendrier l'embarras et la confusion auxquels les Grecs et les Romains ont été sujets.

L'ouvrage de M. Pluche, qui n'est pas assez estimé, développe les germes des connaissances que les Grecs ont puisées chez les Juifs ou chez les Phéniciens, dont ils étaient originaires et voisins, etc.

Le même auteur prouve que l'alphabet des Grecs dérive de celui des Hébreux.

Mais que dira-t-on de la solennité de leurs cérémonies religieuses, de la sagesse de leurs lois, de la douceur de leur administration, des traitements humains qu'ils exerçaient envers leurs esclaves et leurs débiteurs, lorsque les Spartiates massacraient leurs ilotes par milliers, et que les Romains donnaient aux maîtres le droit de vie et de mort sur leurs esclaves, et aux créanciers le droit de vendre le débiteur pour s'en diviser le prix, ou ce qui est bien plus affreux de le couper à morceaux. (*Histoire de la Jurisprudence romaine* de Terrasson.) Si l'on compare la civilisation du peuple de Dieu à celle des nations païennes, on sera convaincu que ce n'est point pour les empêcher de s'instruire que les chefs des Juifs défendaient à leur peuple tout rapport avec les nations étrangères, mais seulement pour les empêcher de se corrompre.

Dernier alinéa de la page 396-397.

1. « L'an 391 de l'ère vulgaire, Théophile, pa» triarche d'Alexandrie, voulant consommer la » destruction du paganisme dans cette métropole » (Alexandrie), obtint de l'empereur Théodose un » édit qui lui permettait de démolir tous les temples. »

Le fait est vrai, et n'est certainement pas digne de blâme.

2. « Celui de Sérapis tomba comme les autres » sous les coups du fanatisme; avec lui périt son » immense dépôt littéraire. »

Si l'on taxe de fanatisme le zèle d'un prélat, qui, pour empêcher les fidèles de retomber dans l'idolâtrie, obtient la permission de détruire les temples qui servaient à un culte impie et immoral, quel nom donnera-t-on à la rage des vandales de la fin du XVIIIe siècle, qui ont abattu les croix, démoli les églises, détruit tout ce qui leur a paru rappeler quelque idée du culte catholique? Je le disais dans un autre article; il faut que nous soyions dans un siècle bien ennemi de la religion, puisque les philosophes du jour se font en quelque sorte un devoir de défendre les superstitions païennes et celles des Turcs contre le christianisme.

L'histoire nous fait connaître le caractère de Théophile : ce patriarche était passionné pour la domination; il fut le plus acharné des persécuteurs de saint Jean Chrysostome; il était savant et ami des lettres; c'est bien gratuitement que l'on assure qu'avec le temple de Sérapis périt son *immense dépôt littéraire*. Si cet immense dépôt avait existé, Théophile l'aurait sauvé; Théophile n'était rien moins que fanatique. (*L. A.*)

2e alinéa de la page 401.

« Les livres étaient fort rares (au commencement » du ve siècle) et d'une cherté excessive; les rois, » les grands seigneurs, les évêques et les moines » étaient seuls assez instruits pour en faire usage, et

» assez riches pour s'en procurer; encore ne par-
» venaient-ils à rassembler que de chétives collec-
» tions. »

Ce que l'on dit ici est vrai; aussi est-ce bien moins pour critiquer ce passage que pour en tirer parti dans d'autres circonstances que nous le transcrivons.

Nous pouvons dire néanmoins que dans ces temps de barbarie les grands n'avaient point une grande instruction; un grand nombre d'entre eux ne savait pas lire, et celui qui était capable de chanter au lutrin se croyait un docteur. Les évêques étaient instruits; mais les occupations de leur ministère ne leur laissaient pas beaucoup de loisir pour des études longues et difficiles. Dans un temps où l'on ne trouvait pas tout ce que l'on peut désirer avec le secours de dictionnaires de tous les genres, les moines seuls s'adonnaient à des études suivies. Ce n'était même pas à leurs richesses qu'ils devaient les petites collections dont ils étaient possesseurs, mais à leur patience qui leur permettait de copier eux-mêmes les manuscrits qu'on avait voulu leur confier, et par ce moyen non-seulement ils conservaient les anciens, mais ils les renouvelaient et les multipliaient. (Voy. l'*Histoire ecclésiastique* de Béraut Bercastel, tom. VI, pag. 227.)

Dernier alinéa de la page 401-402.

» Mais en même temps que ces laborieux cénobites perpétuaient les textes par le travail pénible » de la transcription, ils les corrompaient par leur » ignorance. »

Beaucoup de moines étaient ignorants ; et ceux-là ne s'occupaient qu'à prier et à louer Dieu, qui reçoit avec autant de bienveillance les vœux de l'ignorant que ceux du savant; d'autres étaient versés dans les sciences anciennement connues, et dans la littérature grecque et latine; ceux-là ne s'amusaient pas à copier; ils composaient eux-mêmes des ouvrages. Mais le genre intermédiaire, ceux qui avaient reçu une éducation moyenne, ceux qui savaient écrire et n'étaient pas assez instruits pour composer des ouvrages, ceux qui n'avaient pas terminé leur éducation littéraire ou scientifique, copiaient les anciens manuscrits, et nous leur avons l'obligation de les avoir conservés Si quelques textes ont été dénaturés par des fautes d'orthographe ou d'autres plus graves encore, n'en faisons pas un crime à ces bons moines, qui ont fait ce qu'ils ont pu pour les conserver. Profitons de leurs bienfaits; mais ne les blâmons pas d'une chose qui devait nécessairement arriver.

BIEN et MAL (*morale*). — P. 415-430. — JOUFFROY.

1er alinéa de la page 424.

« Mais songeons, en attendant, que cette vie est » mortelle, et que ce monde périssable pourrait » bien n'être qu'un monde provisoire. »

M. Jouffroy est bien réservé.... Non-seulement la foi, mais la saine philosophie enseignent ce que cet auteur nous donne comme une simple possibilité. Les païens ont cru à une autre vie; les Juifs ont cru à une autre vie. La sanction de la loi évangélique repose sur une éternité de récompenses et de peines selon les œuvres de chacun de nous. Si Dieu existe, il est juste, parce que s'il n'était point juste, il ne serait point parfait; si Dieu est juste, il doit récompenser la vertu et punir le crime; s'il ne le fait point dans cette vie, il doit exister pour les hommes, au-delà du terme marqué par la nature, une autre vie, pendant laquelle le Tout-puissant fera éclater sa bonté envers les justes et sa justice envers les méchants : il existe donc une nouvelle vie après notre mort.

1er alinéa de la page 426.

« L'ordre et le bonheur, le bien et le plaisir sont » donc inséparables, puisque l'un est l'effet de » l'autre. C'est une illusion qui les a faits ennemis; » et nous l'expliquerons ailleurs. »

L'ordre et le bonheur sont inséparables. Oui, jusqu'à un certain point, puisque le pauvre, l'opprimé vertueux qui, pour ne pas résister à l'ordre de Dieu, souffre avec patience et résignation les maux qui l'accablent, ressent en lui-même cette paix de l'âme, ce bonheur intérieur que donne l'assurance que l'on a rempli ses devoirs. Mais on avouera que ce bonheur n'est pas entier. Les souffrances viennent de temps à autre faire sortir l'opprimé vertueux de cette extase de bonheur; il souffre : il n'est donc pas heureux. Cependant l'espoir en la justice et en la miséricorde divine le console ; il sait que ce malheur passager sera suivi d'un bonheur éternel ; et ce sera alors que l'ordre et le bonheur seront inséparables.

Le bien et le plaisir sont inséparables. Je pense bien qu'on n'entend point parler ici de ces plaisirs grossiers qui nous rendent en quelque sorte semblables aux brutes, mais de ce plaisir pur et intérieur qui accompagne les bonnes actions. Il est vrai que, même dans ce monde, les bonnes œuvres sont récompensées par une satisfaction secrète que

Dieu y a attachée. Mais, je le répète, ce plaisir n'est rien, et ne serait pas seul coupable d'arrêter la cupidité des hommes, s'ils n'attendaient dans une autre vie un bonheur plus pur et plus durable.

BIMANES (*histoire naturelle, zoologie*). — P. 440-442. — Bory de St-Vincent.

1er alinéa de la page 440-441.

1. « L'illustre professeur (M. Cuvier) n'a point, » à l'exemple d'un grand écrivain qui, traitant poéti- » quement des matières qu'il n'entendait guère, » imagina qu'on devait à la dignité de notre espèce » de la singulariser tellement entre toutes les » autres, qu'on dût la tirer du règne où son organi- » sation la jette. »

Veut-on parler de Buffon, de Bernardin de Saint-Pierre, ou de M. le vicomte de Chauteaubriant? Les anciens philosophes et les anciens poètes représentent l'homme comme le maître de la nature : Lui seul, nous disent-ils, a les yeux tournés vers le ciel, et le front empreint d'une majesté pour ainsi dire divine (1).

(1) Pronaque dùm spectant, etc.
(*Note déjà citée.*)

Sanctius his animal, mentisque capacius altæ
Deerat adhuc, et quod dominari in cætera posset.

Que M. Cuvier, considérant l'homme, abstraction faite de son âme raisonnable, ait examiné de quel animal il se rapprochait le plus par la conformation de son corps, il peut avoir eu raison comme froid naturaliste; mais l'homme comparé au singe, à la chauve-souris, que M. Bory de Saint-Vincent veut bien ranger dans la même classe que les savants et les rois de la terre, ne tranche-t-il pas plus avec ces vils animaux, que le singe lui-même ne tranche avec ces méprisables quadrupèdes? Parce que l'orang marchera quelquefois sur deux pieds, parce qu'il aura des mains et des doigts comme nous, le *passage* (pour nous servir de l'expression de M. Cuvier) sera-t-il inaperçu? N'existera-t-il pas encore une distance immensurable entre l'homme et le singe? Je ne blâmerai point les classifications des naturalistes; elles sont utiles pour fixer la mémoire de l'amateur et du savant; mais on sait que depuis Pline jusqu'à M. Cuvier on n'a pu trouver deux naturalistes d'accord sur ces classifications, et

Natus homo est; sive hunc divino semine fecit
Ille opifex rerum, mundi melioris origo.
(Ovid. *Metamorph.*, *l.* 1, *v.* 76.)

Deus animal unum spectabile hominem, in quo omnia animalia contineret, efficit. (Cic. *de Univers.*)

Sunt ex terrâ homines, non ut incolæ atque habitatores, sed quasi spectatores superarum rerum atque cœlestium, quale spectaculum ad nullum aliud genus animantium pertinet. (*Id. de Leg.*)

s'il en est ainsi, malgré les doigts des singes, malgré les mains terminées en ailes des chauves-souris, je considèrerai toujours l'homme comme un animal, à la vérité, mais comme un animal uni à une âme sublime et immortelle, comme un être qui sert de *passage* entre la créature corporelle et les purs esprits, comme le roi de la nature.

2. « M. Cuvier, après avoir déclaré que l'histoire » de l'homme ne mériterait guère de nous occuper » plus que *celle des autres animaux*, si le genre où » nous rentrons ne devait servir de point de départ » à d'importantes comparaisons, M. Cuvier rap» proche ses *bimanes* de l'ordre des quadrumanes » où se rangent à nos côtés ces nombreuses tribus » de singes, dont plusieurs, avons-nous dit, pré» sentent avec notre orgueilleuse espèce de si hu» miliantes conformités anatomiques. »

Que la charpente osseuse des bimanes et des quadrumanes ait quelques rapports avec celle de l'homme, je ne le contesterai pas; mais combien de différence n'existe-t-il pas entre les muscles, la peau, les poils des uns et des autres, entre leurs maladies! Quelle influence le moral de l'homme n'exerce-t-il pas sur le physique! Combien un habile vétérinaire est encore éloigné d'un docteur en médecine ou en chirurgie! Pour étudier l'histoire de l'homme sous chacun des rapports sous lesquels il se présente, une étude d'une longue vie ne peut suffire, et celle de chaque animal est bornée à une anatomie sèche et aride, et à l'instinct de chaque espèce, qui produit toujours les mêmes résultats, sans autres variations que celles que l'homme leur a imprimées par une éducation forcée, et qui les fait sortir de leur nature; mais l'histoire de l'homme comprend au physique l'anatomie, la physiologie, la nosographie; au moral la théologie, la jurisprudence, l'histoire. Tout est soumis à l'investigation de ce *bimane;* tous les animaux sont placés sous sa puissance: et il ne serait qu'un parent du singe ou de la chauve-souris!... Philosophe misanthrope, rentrez en vous-même, rendez à votre espèce le rang qui lui est dû dans l'échelle des êtres, et lorsque le Créateur, fait homme lui-même, nous appelle après lui dans un séjour de gloire et de bonheur, ne la ravalez pas au point de la confondre avec ce que la nature offre de plus hideux et de plus dégoûtant. Comparez, si vous le voulez, son ostéologie avec celle des brutes; mais n'en reconnaissez pas moins la supériorité de vos semblables. Admirez ce chef-d'œuvre de la création, reconnaissez que s'il a quelques rapports avec des êtres qui peuvent humilier son orgueil, sa beauté et sa majesté ne le rendent pas moins supérieur à tous les animaux.

1er alinéa de la page 441.

1. « Abstraction faite du développement de l'in-
» telligence, il existe certainement plus de différence
» entre les orangs et les guenons, ou singes à queue,

» confondus par M. Cuvier dans son ordre des » quadrumanes, qu'il ne s'en trouve entre l'homme » et l'orang. »

J'ai déjà dit que si l'on ne considérait que les squelettes, on pourrait trouver du rapport; mais la figure majestueuse de l'homme ressemble-t-elle plus à celle de l'orang que celle de ces derniers à celle des guenons? Du reste, M. Bory de Saint-Vincent fait abstraction de l'intelligence, et c'est précisément cette intelligence qui doit faire assigner à l'homme un rang séparé des autres animaux.

2. « Sous tous les points de vue, les orangs doi» vent inévitablement prendre place avec l'homme » dans l'ordre des bimanes, quand notre puérile va» nité se sera abaissée devant la vérité si long-temps » méconnue, mais aujourd'hui si irrésistiblement » proclamée par l'inflexible raison. »

Les classifications peuvent être utiles à fixer l'ordre des parties innombrables de la science que l'on veut étudier, et à aider la mémoire du savant; mais ces classifications ne sont pas tellement infaillibles, que l'on doive les considérer comme les parties principales de la science. Il y a sans doute le plus grand rapport entre le squelette de l'orang et celui de l'homme; mais en conclure que l'orang est un homme, ce serait une absurdité inconcevable : l'âme seule établit entre l'un et l'autre une distance infinie; mais la beauté de l'homme, et l'horrible structure du singe, n'établissent-elles pas une ligne de démarcation des plus frappantes entre le roi de la nature et les animaux que l'on veut placer à côté de lui dans la chaîne des êtres.

2e alinéa de la page 441-442.

1. « Ces mains, qui deviennent caractéristiques
» pour l'ordre dont il est question, ont été regardées
» par un philosophe comme les principales causes
» du développement de notre *instinct perfectionné*,
» instinct dont le plus haut degré est selon lui cette
» raison si rare, que peu d'individus de notre espèce
» s'y peuvent élever. »

Et ceux qui s'en croient les plus rapprochés en sont souvent les plus éloignés.

En effet, ce philosophe est dans l'erreur : la raison de l'homme est autre chose que l'instinct qu'il partage avec les brutes, mais dans un degré inférieur. Les bêtes qui n'ont point de raison se laissent aller aux impulsions de leur instinct, qui acquiert chez elles tout le développement dont il est susceptible ; l'homme, au contraire, peu de temps après sa naissance, fait déjà usage de sa raison, et commence à combattre l'instinct animal : aussi arrive-t-il souvent que la réflexion étouffe en lui cette impulsion instinctive qu'il partage avec les autres animaux.

L'enfant recherche le sein de sa nourrice, voilà l'instinct ; il sourit à son père et à sa mère, voilà le commencement de la raison. L'homme pressé par la faim est prêt à dévorer un morceau de pain qu'il a en sa possession, voilà l'instinct; mais un pauvre prêt à succomber lui en demande, et il le partage avec lui, voilà la raison.

La raison humaine, bien loin d'être un instinct perfectionné, est au contraire une intelligence toujours en opposition avec les appétits instinctifs: et la raison ne se développe et ne se perfectionne qu'en raison des efforts que fait l'homme pour combattre l'instinct, en raison inverse de l'instinct lui-même.

Si les mains ont donné à l'homme la supériorité dont il jouit, pourquoi le singe n'est-il pas devenu son émule? Pourquoi l'ours, qui est après le singe celui des animaux dont les pates ont le plus de rapport avec les mains de l'homme, par la faculté dont il est doué de saisir certains objets, n'a-t-il pas plus d'instinct que les tigres et les lions, qui sont moins bien partagés que lui sous ce rapport? L'homme sans raison serait le plus faible des animaux: exposé nu au milieu des forêts, il n'aurait point trouvé le feu dans les entrailles de la terre, il ne se serait point construit des demeures commodes et durables, il n'aurait point obtenu l'empire de l'univers; mais jouet des vicissitudes des saisons, il aurait bientôt péri sous l'influence des chaleurs de la canicule, ou des frimas de l'hiver, s'il n'était point devenu la proie des bêtes féroces.

2. « Il est certain que l'usage des mains donne » aux animaux qui en sont favorisés d'excellents » moyens de rectifier leurs sensations, et que c'est » un des principaux éléments de la supériorité hu-

» maine; mais y voir ces causes exclusives, c'est » tomber dans une autre erreur. »

Ce n'est point parce que l'homme a des mains qu'il est doué d'une intelligence qui lui donne un rang plus élevé dans l'échelle des êtres, mais c'est parce que l'homme a cette intelligence, que Dieu lui a donné tous les moyens qui pouvaient l'aider à la développer.

BLASON (*arts-sciences*). — P. 477-481. — DUMOULIN.

1er alinéa de la page 481.

« Si pourtant quelqu'un était envieux de péné- » trer dans ce labyrinthe, il n'a qu'à étudier une » douzaine de gros volumes, dans lesquels cette » matière se trouve approfondie et traitée *ex pro-* » *fesso* par le père Ménestrier, de la compagnie de » Jésus; car c'est toujours aux jésuites qu'il faut » s'adresser, lorsqu'on veut connaître les institu- » tions qui ont eu pour objet de maîtriser les rois et » d'enchaîner les peuples. »

Pitoyable raisonnement! Parce que le père Ménestrier aura fait un traité sur le blason dans un temps où cette science était cultivée avec le plus grand soin, il faut en conclure que les jésuites maîtrisaient les rois et enchaînaient les peuples!

Ce n'est pas par la science du blason que les anciens nobles ont pu maîtriser les rois et enchaîner les peuples, mais par l'effet de la puissance que les rois de la seconde race leur avaient imprudemment accordée. Quant aux jésuites, on ne peut les attaquer plus maladroitement, et l'on ne peut voir la connexité que trouve M. Dumoulin entre les mots *blason, rois maîtrisés*, *peuples enchaînés*, *jésuites*. Les jésuites ont écrit sur toutes sortes de matières, et je suis bien convaincu que l'ouvrage du père Ménestrier sur le blason n'a pas le plus léger rapport avec l'autorité des rois et l'esclavage des peuples.

BLASPHÈME (*religion.*) — P. 481-483. — SAINT-AMAND.

4e alinéa de la page 482-483.

« Or que l'on examine le blasphème, qu'on le » dépouille de ce nom qui peut en préjuger la valeur, » qu'y verra-t-on? une opinion, une simple opinion » qui, quelles que soient les conséquences que l'on » puisse en tirer pour son auteur dans une autre vie, » ne saurait au moins le soumettre à aucune respon» sabilité envers les hommes » (1).

(1) Le blasphème n'est point une opinion, mais une parole injurieuse à Dieu connu. Ainsi un mahométan ne blasphémera pas en invoquant Mahomet comme prophète; tandis qu'un chrétien qui, par impiété, par intérêt ou par crainte, ferait cette invocation, commettrait un blasphème.

En jurant par Jupiter ou par Mercure, un païen d'opinion

Oui, si l'on garde cette opinion pour soi, et si l'on ne trouble pas le bon ordre de la société par des propos impies, par des blasphèmes contre la Divinité et le culte chrétien, quelque énorme que soit le crime de celui qui outrage en secret la Divinité, les hommes doivent l'abandonner à ses erreurs, plutôt que d'exercer contre lui des persécutions qui ramènent rarement le coupable; mais si l'impie profère ses blasphèmes à haute voix en public, s'il affecte de les écrire et de les distribuer à toutes les classes de la société, il devient par ce fait un ennemi déclaré de la religion, un ennemi déclaré de la morale, un perturbateur de l'ordre de la société, il mérite toute la rigueur des lois.

n'était pas blasphémateur; le chrétien, le juif, le mahométan, ne pourraient proférer ces serments sans blasphème.

S'ensuit-il de là que ces hommes, jadis chrétiens, qui sont devenus impies par système, ne sont pas blasphémateurs? Ce serait une fausse conséquence que l'on tirerait de ce que nous venons de dire. Remontons à la source de leur impiété; saisissons dans le cours de leur vie le moment de ce passage fatal de la foi à l'incrédulité : voilà la chute déplorable qui a accumulé sur leur tête l'odieux de toutes les impiétés qu'ils ont proférées depuis. Alors ils l'ont prévu, il l'ont voulu; et, semblables à un scélérat qui médite un grand crime, et qui s'enivre dans la crainte d'être arrêté par les remords dans ses projets sanguinaires, ils sont blasphémateurs comme celui-ci est assassin.

(*L. A.*)

BOEUF, *bos* (*histoire naturelle*). — P. 492-500. — BORY DE ST-VINCENT.

1er alinéa de la page 499.

« Les animaux enfouis, dont ce savant (Pallas)
» retrouvait les restes, furent les contemporains de
» ces éléphants et de ces rhinocéros dont les squé-
» lettes attestent, dans des régions maintenant
» glaciales, de puissantes révolutions physiques qui
» dénaturèrent jusqu'aux climats. »

On sait que le déluge universel, cause ou effet d'un grand bouleversement dans le monde, a pu produire tout ce que l'on voudrait attribuer à des révolutions réitérées. Au reste, voyez ce que nous avons dit au mot *Animaux fossiles*.

BOURSE (*économie politique*). P. 584-594. — J.-P. PAGÈS.

Page 593.

« Les jeux publics ont été constamment sans
» valeur devant la morale, les lois et les tribu-
» naux. »

Ceci est très-vrai; mais l'on pourrait très-bien se dispenser d'ajouter ce qui suit :

« Même dans les pays où ils forment un fonds de » pension pour les prêtres et les favoris, les sages » et les courtisanes. »

FIN DE LA RÉFUTATION

DU QUATRIÈME VOLUME DE L'ENCYCLOPÉDIE MODERNE.

RÉFUTATION

DU CINQUIÈME VOLUME

DE L'ENCYCLOPÉDIE MODERNE.

BULLE (*religion*). — P. 75-78. — LANJUINAIS.

1er alinéa de la page 76.

«DEPUIS un édit de 1673 jusqu'en 1789, les » bulles et les autres expéditions de la cour de » Rome pour la France ont dû être expédiées et » certifiées par des officiers spéciaux, qu'on appe- » lait *banquiers expéditionnaires* de la Cour de » Rome : *banquiers*, parce qu'ils faisaient passer à » Rome les sommes d'argent qu'il fallait y payer » pour ces expéditions, pour les annates, pour les » frais des dispenses, que pourtant le concile de » Trente a déclarées nulles, selon le commande- » ment général de l'Évangile : *Gratìs date*.»

Il est vrai que le chapitre VI de la session XXV du concile de Trente (*Histoire des Conciles*, en 4 vol. in-folio, t. IV, p. 294) s'exprime ainsi :

« Sicuti publicè expedit legis vinculum quandoque relaxare, ut pleniùs evenientibus casibus et necessitatibus, pro communi utilitate, satisfaciat: sic frequentiùs legem solvere, exemploque potiùs quàm certo personarum rerumque delectu petentibus indulgere, nihil aliud est quàm unicuique ad leges transgrediendas aditum aperire. Quapropter sciant universi sacratissimos canones exactè ab omnibus, et quoad ejus fieri poterit, indistinctè observandos. Quod si urgens justaque ratio, et major quandoque utilitas postulaverit, cum aliquibus dispensandum esse; id, causâ cognitâ, ac summâ maturitate, *atque gratìs*, à quibuscumque ad quos dispensatio pertinebit erit præstandum; aliterque facta dispensatio, subreptitia censeatur. »

Mais, si l'on reçoit des fonds, soit à la cour de Rome, soit dans les secrétariats des évêchés, à l'occasion des dispenses, ces fonds n'entrent point dans les trésors soit du pape, soit des évêques; ils sont employés, par le premier, à fournir l'hospitalité aux pélerins des diverses nations qui se rendent à la capitale du monde chrétien pour y visiter les tombeaux des apôtres; à délivrer les captifs tombés entre les mains des infidèles; à fournir aux missionnaires qui vont porter le flambeau de la foi dans les Indes orientales et occidentales les secours nécessaires pour obtenir les succès qu'ils désirent. Les évêques emploient ceux qui leur sont remis au même titre à fournir aux jeunes gens pauvres les secours dont ils ont besoin pour augmenter le nombre des ouvriers de la vigne du Seigneur, à secourir les indigents. L'argent que l'on donne pour obtenir les dispenses n'est pas un prix de ces mêmes dispenses, mais une aumône qui, considérée comme une bonne œuvre ou comme une pénitence, compense en quelque sorte l'inobservation des canons, dont on se trouve obligé de suspendre ou de modifier l'exécution.

2. « Les dispenses de toutes sortes nous viennent, » on ne sait pas trop comment, en s'adressant au » secrétariat de l'évêché, en y remettant l'argent » nécessaire; car il est trop vrai que les dispenses » papales ne sont pas plus gratuites que les dis- » penses épiscopales, et il est difficile de croire » qu'elles soient plus efficaces. »

Oui, pour obtenir des dispenses du pape, on s'adresse au secrétariat de l'évêché, comme, pour s'adresser aux ministres d'un royaume, on a recours aux préfets ou aux procureurs-généraux, selon le département ministériel auquel on a affaire.

Les dispenses épiscopales sont valides selon le pouvoir qu'ont les évêques; et celles du pape le sont dans tous les cas.

J'ai déjà fait connaître l'usage des fonds que l'on verse soit aux secrétariats des évêchés, soit entre les mains des banquiers expéditionnaires de la cour de Rome.

1er alinéa de la page 77.

1. « On appelle très-improprement cet enregis-
» trement des bulles papales *publication*, puisque,
» dans le fait, il n'y a rien de publié au *Bulletin des*
» *Lois* ni ailleurs que le nom de chaque bulle et le
» nom de celui qui l'a obtenue. »

En matière de forme civile ou religieuse, ce n'est point la propriété académique des termes qu'il faut examiner, mais la valeur que l'on donne et que l'on a toujours donnée aux expressions dont on se sert. Ainsi, qu'on appelle *publication* ou de tout autre nom l'enregistrement dont on parle, peu importe. Il faut être tourmenté de la manie de blâmer tout ce qui appartient à l'Église, pour s'occuper de pareilles minuties (1).

(1) On doit ajouter à cette observation que l'auteur de la notice de l'*Encyclopédie* s'est trompé gravement en donnant le nom de *publication* à l'enregistrement des bulles du pape. Cet enregistrement est un préalable exigé par la jurisprudence française; la publication s'en fait par qui de droit. L'évêque consécrateur fait dans l'église la publication de la bulle d'institution canonique du nouveau prélat; cette bulle est encore publiée par l'exhibition que le nouvel évêque en fait au chapitre de sa cathédrale avant d'en prendre possession. Les bulles de Jubilé sont, après l'enregistrement préalable, visées par les évêques; la publication s'en fait au prône des paroisses en vertu d'un mande-

2. « Mais ce qui est encore plus choquant, c'est la » fulmination, comme on dit, ou la publication » de certaines bulles dans ces officialités que les » évêques ont osé rétablir de fait, au mépris des » lois du royaume, qui ont sagement aboli ces juri- » dictions cléricales, ces tribunaux cléricaux exté- » rieurs, condamnés par les maximes de l'Évangile; » *Mon royaume n'est pas de ce monde.* »

Je n'examinerai point ici la question de savoir si l'on a bien ou mal fait d'abolir la juridiction contentieuse des officialités. . . . . mais je dois, pour éteindre l'animosité de l'auteur de cette notice, lui faire savoir que la juridiction des officialités ne s'étend que sur le for de la conscience, et non point *sur les affaires de ce monde* (1).

ment épiscopal. Les bulles ou brefs portant indulgences sont visés par l'évêque, et publiés soit par la lecture qui en est faite au prône, soit par l'affiche de l'indulgence à la porte de l'église pour laquelle elle a été accordée. Les brefs ou rescrits relatifs aux dispenses sont publiés par la publicité du mariage célébré en conséquence de ces dispenses.

(*L. A.*)

(1) Aujourd'hui l'official n'est autre chose qu'un officier ecclésiastique auquel sont adressées les dispenses qui viennent de Rome, avec ordre de faire par lui-même ou par un commissaire une enquête tendante à savoir si les parties qui veulent se marier ont exposé vrai dans leur requête, et, dans ce cas, autoriser leur curé à leur donner la bénédiction nuptiale.

(*L. A.*)

3. » Ajoutez que ces bulles n'étant point reçues » au Conseil-d'État, ces fulminations sont encore » sous ce point de vue attentatoires à l'ordre public; » elles le sont encore davantage, s'il est possible, » comme levant, à titre d'aumône, et par injonction » de juges, *faux juges*, des impôts sur les citoyens. »

Ces bulles n'étant point reçues au Conseil-d'État, ces fulminations sont encore sous ce point de vue attentatoires à l'ordre public.

Si les concordats exigent l'envoi des bulles au Conseil-d'État, il est certain qu'ils n'entendent comprendre dans cette disposition que les bulles qui intéressent l'État, comme l'érection de nouveaux évêchés, l'institution canonique des évêques; mais celles qui ne concernent que de simples particuliers intéressent fort peu le gouvernement, et l'on ne sait ce qu'il peut y avoir d'attentatoire à l'ordre public à accorder une dispense d'âge ou d'irrégularité pour un prêtre, ou d'empêchement dirimant pour un mariage. Nos philosophes soutiennent hautement les intérêts du gouvernement contre les prétendus empiétements du clergé; ils ne peuvent cependant ignorer que l'autel et le trône se donnent la main et se soutiennent mutuellement; plût à Dieu que les souverains légitimes n'eussent autre chose à redouter que les bulles des papes, les mandements des évêques, les jésuites et les congrégations!

Elles le sont encore davantage, s'il est possible, comme levant à titre d'aumône.

Oui, c'est à titre d'aumône, et non comme prix de la grâce accordée (1).

Et par injonction de juges.

Il n'y a point d'injonction de juges: un fidèle de-

(1) L'on accorde des dispenses aux pauvres et aux riches : les pauvres n'ont à payer que le port des suppliques et leur part contributive des frais de bureau, ce qui porte la somme qu'ils ont à payer à 32 ou 33 fr. A la chancellerie romaine l'on reconnaît pauvre, en fait de dispense, tous ceux qui n'ont pas 3,000 fr. de revenu net. C'est uniquement sur ce revenu ou au-delà que pèse l'aumône exigée ; et cette aumône n'a rien d'opposé au *gratis date* de l'Évangile.

La philosophie s'est beaucoup récriée sur les dispenses accordées *sans cause*, mais seulement en considération d'une *forte componende*, c'est-à-dire une forte somme que l'on donne pour l'obtenir, et a cité à l'appui de ses censures le chapitre VI de la session XXV du concile de Trente; mais ces censeurs devraient faire attention que ce canon ne regarde point le pape ni les cardinaux, parce que, d'après le droit canon, il faut que la loi fasse de l'Église romaine une mention particulière, pour qu'elle soit tenue de l'observer; et cette Église, mère de toutes les autres, mérite bien cette distinction.

Ces dispenses dites *sans cause* sont accordées souvent à des personnes qui, par délicatesse de conscience, craignent de se flatter par le désir de les obtenir, et d'user d'hyperbole dans l'exposition des motifs; d'autres ont des raisons très-graves, dont ils rougissent, et qu'ils n'osent exposer au grand jour; d'autres enfin n'ont d'autre raison de demander des dispenses que le désir de les obtenir; et, par une aumône abondante, ils concourent puissamment au bien de l'Église. Le père commun des fidèles, balançant dans sa sagesse les avantages de l'œuvre avec les inconvénients d'une dispense, se décide pour le relâchement passager d'une loi, en faveur d'une grande œuvre durable. (*L. A.*)

mande une dispense; si ses moyens pécuniaires le lui permettent, il doit payer une somme à titre d'aumône, s'il veut profiter de la grâce qui lui est accordée. S'il ne veut point donner cette aumône, il peut renoncer à la grâce qu'il sollicite : il n'y a d'injonction d'aucune sorte.

Faux juges. Nous venons de dire qu'il n'y a point d'injonction ; l'official ne fait autre chose que décider si la dispense a été accordée sur un faux exposé, et dans ce cas, elle serait nulle ; ou si elle s'applique à l'individu qui s'en prévaut, et en cela il n'est point *faux juge*, puisque sa compétence *n'est point de ce monde*, et s'étend purement au spirituel.

Des impôts sur les citoyens. O que nos philosophes prennent un grand intérêt aux fortunes des citoyens! ils ne peuvent voir sans indignation les aumônes que paient ceux qui obtiennent des dispenses, les dons que font les fidèles aux fabriques ou autres établissements religieux ; mais ils ouvrent des listes de souscriptions, dans lesquelles on ne peut refuser de se faire inscrire sans encourir dans le parti une note d'ignominie, en faveur des réfugiés au Champ-d'Asile, pour élever un magnifique mausolée au général Foy, pour secourir les Grecs, et même pour payer les amendes que la justice impose à des chansonniers impies et séditieux. Ils blâment les dons que font les membres des congrégations pour doter de jeunes orphelines, pour secourir les malades et les prisonniers, pour assister les ouvriers sans travail; mais ils font les plus pompeux éloges des sociétés secrètes (pourvu toutefois qu'elles ne soient pas dirigées par des jésuites ou des missionnaires), quoique les fonds qu'ils versent entre les mains de leurs trésoriers soient en général destinés à ourdir des conspirations, à encourager les Caron, les Berton, les Louvel, à fomenter l'esprit d'insubordination et de révolte partout où ils jugent à propos de faire éclater une nouvelle révolution.

2e alinéa de la page 77.

1. « La fameuse bulle *Unigenitus*, dont il y a » plusieurs historiens, n'a guère troublé que la » France et l'Italie, et ne doit plus appartenir qu'à » l'histoire. »

Ce n'est point la bulle *Unigenitus* qui troubla la France et l'Italie; ce sont les erreurs qu'elle condamnait; et comme ces erreurs ne s'étendirent point en Espagne, ni dans les autres royaumes catholiques, les seuls qui les avaient adoptées montrèrent de l'opposition à la bulle, et causèrent du désordre. L'auteur de cet article nous annonce que cette bulle ne doit plus appartenir qu'à l'histoire; Dieu le veuille! mais l'antipathie que de prétendus catholiques montrent encore contre les jésuites prouve malheureusement qu'il existe encore des jansénistes.

2. « On ne manque pas de bulles où il est dit en » principe que les royaumes sont des concessions

» de la chaire pontificale, et d'autres, encore plus » nombreuses, où les papes ont donné les royaumes » de l'Europe, en déposant ou croyant déposer les » rois légitimes, en déliant ou croyant délier les » sujets de leur serment de fidélité. »

Voltaire, que l'on ne peut accuser de faire cause commune avec les papes, reconnaît qu'il ne serait pas hors des règles d'une saine politique, qu'il existât une certaine théocratie dont un vénérable vieillard fût le dépositaire, qui pût contenir dans les bornes de la sagesse et de la modération les souverains absolus, trop portés à abuser de leur puissance. Cette théocratie a existé par le fait pendant quelques siècles; les rois de l'Europe l'ont reconnue, l'ont souvent invoquée.

A quoi donc se réduisent toutes ces déclamations contre les entreprises de la cour de Rome? à prouver, ce que personne ne conteste, qu'il a été un temps où les rois et les peuples croyaient que les papes avaient le droit de détrôner les uns, et de délier les autres de leur serment de fidélité; et cette croyance formait le droit public de ces temps. Ce droit public, de l'aveu même de Voltaire, avait quelque chose d'utile; il est aujourd'hui changé, et les rois ne sont plus exposés qu'à être conduits par des sujets rebelles du trône à l'échafaud. (L. A.)

3. « On espère que ces scandales ne reviendront » plus; pour qu'ils ne reviennent plus, il ne faut » souffrir ni de fait ni de droit les jésuites, qui tant » de fois y ont figuré le plus activement, et qui sans » cesse en ont fait l'apologie. »

Depuis long-temps les papes ne distribuent plus les couronnes, et ne délient plus les sujets des rois de leur serment de fidélité; ce qu'il y a de remarquable, c'est que, depuis l'existence des jésuites, dont la fondation ne date que de l'année 1540, aucune bulle de ce genre n'a été lancée. Nous sommes aussi étonné qu'affligé de voir des hommes de talent, qui se donnent pour les précepteurs du genre humain, commettre de pareilles erreurs. Quelle en est la cause? Est-ce l'ignorance? est-ce la mauvaise foi? Nous voudrions qu'il nous fût possible d'exclure l'une et l'autre de ces causes humiliantes; ce qu'il y a de certain, c'est qu'on doit l'attribuer à une haine fanatique contre un corps respectable, à qui les philosophes du jour imputent tout ce qu'ils trouvent d'abusif dans le gouvernement de la cour de Rome.

4. « L'article premier de la célèbre déclaration du » clergé de France de 1682. Cet article qui touche à » la foi, puisqu'il a pour base le texte de l'Évangile, » a été rédigé précisément pour prévenir ces entre- » prises, ces abus que Pie VII lui-même a malheu- » reusement paru regretter. »

Bossuet, dans la défense des quatre articles de la déclaration du clergé de France touchant les libertés de l'Église gallicane, n'a jamais prétendu qu'aucun de ces articles touchât à la foi. La discussion sur ces matières est entièrement libre, et chacun se prononce selon sa conscience.

Pie VII, nous dit-on, a paru regretter les anciens abus; mais cela fût-il vrai, il serait bien excusable d'avoir souhaité de se délivrer d'un ennemi qui le poursuivait sans relâche, et de mettre la France à l'abri d'une autorité tyrannique.

1er alinéa de la page 78.

« Les bulles et autres constitutions des papes ont » été rassemblées en plus de quinze volumes in-folio, » dans une collection intitulée *Bullarium magnum*, » dont la dernière édition a paru à Genève, sous le » titre de *Luxembourg*, en 1771. Il n'existe pas de » meilleur recueil des preuves de la faillibilité des » papes. »

Les papes ne sont point impeccables. On a malheureusement vu que, s'il s'est trouvé sur la chaire de saint Pierre un grand nombre de saints, il s'en est trouvé quelques-uns qui ont déshonoré la tiare; ils ne sont pas non plus infaillibles comme hommes, et les ultramontains n'ont jamais prétendu qu'ils ne pouvaient jamais se tromper.

Mais sont-ils infaillibles comme papes?

Un grand nombre de volumes ont été écrits pour l'une et l'autre opinion, et par de grands hommes. On peut citer pour l'opinion de l'infaillibilité le cardinal Bellarmin; et contre, notre célèbre Bossuet.

Non nostrum est tantas componere lites.

Cependant les ultramontains prétendent que, lorsque le pape parle, comme chef de l'Église, à l'Église entière, en matière de doctrine il est infaillible, parce que, la foi étant essentiellement *une*, lorsque le pape prononce sur cette matière, toutes les églises doivent se soumettre à sa décision, non-seulement par un silence respectueux, mais par une adhésion sincère d'esprit et de cœur à la décision dogmatique.

Les gallicans veulent que le jugement dogmatique du pape ne soit pas irréformable, lorsque ce jugement n'a point été approuvé par un concile œcuménique, ou que l'Église dispersée n'y a pas ajouté son assentiment. Mais lorsque ce jugement a été reçu soit par un concile, soit par l'Église dispersée, sans aucune réclamation, tous les gallicans catholiques sont d'accord que la décision du saint Siège fait une règle infaillible de foi.

Du reste, ce n'est point un recueil de bulles publié à Genève en 1771, que l'on pourra considérer comme une preuve de la faillibité des papes; le temps et le lieu de l'impression de ce recueil nous donnent l'assurance que l'on pourrait y trouver les preuves de vérités bien plus importantes.

BUREAUCRATIE (*administration*).—P. 79-91.— J.-G. Imbert.

2ᵉ alinéa de la page 81-82.

Après avoir dit que, dans les États fédératifs, la bureaucratie n'est point nécessaire, l'auteur ajoute:

1. « Telle n'est pas la situation nouvelle où sont » placés les grands États, qui, héritant comme la » France d'anciennes charges et de vieilles aristo- » craties, viennent tout-à-coup se mettre sous la » protection du régime constitutionnel. »

Le régime constitutionnel a ses avantages sans doute, et ce n'est pas moi, qui ai juré fidélité à la charte comme magistrat, qui m'élèverai contre ce gouvernement; mais la vieille aristocratie avait aussi les siens, et la France, heureuse depuis Henri IV jusqu'à Louis XVI, atteste qu'elle n'avait pas besoin de *la protection du régime constitutionnel.*

2. « Là, il faut suffire aux arrérages d'une dette » dublique croissante, au luxe d'une liste civile, à » de lourds arriérés créés par de grandes adversités » publiques, aux nécessités d'un culte qui sacrifie » aux pratiques extérieures; là, il faut entretenir » une armée permanente, fournir aux pompes des » ambassadeurs, à des pensions civiles, à des pen-

» sions militaires ; il faut enfin prélever annuelle-» ment sur la population, le terrible impôt d'un » milliard. »

Oui : le gouvernement français doit suffire *aux arrérages d'une dette publique*, que n'ont pu payer ceux qui s'étaient emparés des biens du clergé et de la noblesse.

Aux lourds arriérés créés par de grandes adversités publiques, amenées par *le grand homme* qui, pour quelque peu de gloire militaire dont il a bien voulu faire part à notre patrie, a plongé les familles dans le deuil et dans la misère.

Au luxe d'une liste civile. Le régime constitutionnel est bon sans doute ; mais il faut bien prendre garde de tirer du pacte qui l'établit toutes les conséquences que l'on voudrait en faire découler. Ces conséquences nous conduiraient inévitablement à l'anarchie. En 1788, il existait quelques abus dans le gouvernement ; Louis XVI assemble les États-généraux, il accorde une constitution : bientôt le roi est privé de toute sa puissance ; on lui refuse même l'exercice de la faculté dont jouissaient à Rome les tribuns du peuple ; il est déclaré déchu, mis en jugement, condamné par ses sujets, et pour me servir de l'expression d'un jeune orateur qui fait concevoir les plus heureuses espérances (1), l'échafaud lui sert de marchepied pour s'élever au séjour des bienheureux.

(1) L'abbé Sutes, chanoine honoraire de Montauban.

La révolution fut vaincue par le retour des Bourbons; mais on lui accorda la charte, et cette charte est devenue une arme dont les révolutionnaires se servent dans toutes les occasions contre l'autel et contre le trône.

Les Français sont égaux devant la loi, les priviléges sont abolis. Eh bien! pourquoi ce double vote? Je demanderai si le simple vote ne viole pas aussi cette égalité? La liberté des cultes est consacrée par la charte; et sous prétexte de cette liberté des cultes, le protestantisme et l'irreligion sont prêchés hautement; on réimprime par millions les ouvrages impies de Voltaire et de Rousseau, et les romans immoraux du dernier siècle; les journaux sont remplis de satires contre la religion catholique; il ne se fait point un ouvrage sortant du cabinet de ces prétendus sages, de ces patriotes par excellence, qui n'attaque l'autel et le trône. Mais de ce que tous les cultes sont libres, les philosophes du jour en tirent la conséquence que la seule religion de l'État ne doit l'être qu'en partie, en attendant l'occasion de l'écraser sans ressource. A quoi bon des officiaux, à quoi bon des religieux et des religieuses, à quoi bon des jésuites? Ils diront bientôt, à quoi bon des rois, à quoi bon des prêtres? Non contens d'exiger des ministres un compte rigoureux des revenus les plus secrets de la couronne, ils trouvent déjà qu'en accordant au roi et aux princes une modeste liste civile, *on sacrifie au luxe* de nos économes souverains. Le clergé catholique, nous disent-ils, sacrifie aux pratiques extérieures du culte ; comme si l'on pouvait reconnaître un culte comme religion de l'État, sans lui laisser ses dogmes, sa discipline, ses cérémonies. Aussi nous crient-ils tous les jours : Faites-vous protestans ; ceux-ci ne font point de processions, ils ne leur faut point de dais, point de croix, point d'autels, point de tableaux ; ils n'ont point d'évêques à salarier, ils n'ont que quelques pauvres ministres..... Mais nous sommes catholiques, nous voulons le maintien de la religion de nos pères, nous voulons la hiérarchie de l'Église romaine, nous voulons des lieux de prière pour la ferveur, nous voulons des lieux de pénitence pour le repentir ; et nous osons le dire, nous souhaitons avec ardeur le rétablissement des jésuites. Il faut des fonds pour tout cela (1) ; mais la nation, qui a profité des capitaux appartenant à l'Église, peut bien aujourd'hui lui payer une légère rétribution pour donner à vivre à son clergé.

Il faut des pensions civiles, des pensions militaires.

Oui, il en faut ; et pour récompenser les sujets fidèles qui n'ont jamais abandonné la cause des Bourbons, et pour les militaires et les employés civils de la révolution, que nos rois ont bien voulu traiter comme leurs enfans.

Il faut enfin prélever annuellement sur la population le terrible impôt d'un milliard.

(1) Il faut excepter les jésuites, qui depuis leur rétablissement n'ont coûté absolument rien au gouvernement.

Oui, si ce milliard est nécessaire pour subvenir aux frais énormes de l'administration d'un royaume, dont la population s'élève à trente millions d'habitans; mais si l'on veut réduire ce milliard par des économies, il existerait des moyens que nos honorables députés auront sans doute le soin de mettre sous les yeux de Sa Majesté, et certainement ce ne seront ni le clergé, ni le militaire, ni la magistrature que l'on devra réduire; on sait que ces trois parties essentielles et les plus nécessaires ne sont point les mieux gratifiées.

2e alinéa de la page 82.

« Si l'éloquence parlementaire veut réduire la
» bureaucratie, c'est au milliard d'impositions qu'elle
» doit s'attaquer, parce que le recouvrement d'un
» milliard exige impérieusement la bureaucratie.
» Qu'elle cesse donc de prendre l'effet pour la cause;
» le gouvernement constitutionnel qui réduit ses
» impôts, réduit nécessairement sa bureaucratie. »

Le gouvernement qui réduit ses impôts, réduit sa bureaucratie; mais c'est en réduisant la bureaucratie qu'il réduit les impôts.

En effet, c'est aux frais de perception d'une grande partie des droits perçus par le gouvernement que l'on doit attribuer l'énormité de notre budget, qui serait certainement bien réduit si la bureaucratie elle-même était réduite.

La centralisation, et par suite la bureaucratie, sont les principales causes des impôts énormes que paie la France; les impôts qui ne sont point absorbés par les frais de perception sont nécessaires pour les trois branches appelées à maintenir la tranquillité publique; pour le clergé qui, par ses prédications, ses exemples et l'amour de la religion qu'il inspire aux peuples, maintient la morale et l'obéissance, et réprime les passions ennemies du repos public; pour la force armée, qui fait respecter la nation au dehors, et au dedans arrête la révolte et les crimes qui nuisent à la société; pour la magistrature civile et judiciaire qui, par l'influence qu'elle exerce sur les esprits, maintient les bonnes mœurs, réprime les délits, et rend à chacun ce qui lui est dû : supprimer cette centralisation et cette bureaucratie, ce serait réduire énormément le milliard d'impôts; je laisse aux publicistes le soin de réfléchir sur les idées que je viens de hasarder.

Dernier alinéa de la page 83-84.

« Autrement, reconnaissons qu'il y a contresens
» à déclamer contre de malheureux agents qui, sous
» mille formes et mille noms différents, travaillent
» pour trois francs par jour à faire venir au trésor
» les monceaux d'or que vous répartissez entre la
» force, le luxe, la fainéantise et les folles prodiga-
» lités; vous les voulez; veuillez donc la bureau-
» cratie. »

« Ce n'est point sans doute contre les pauvres em-
» ployés à trois francs par jour que l'on déclame;
» mais s'ils sont inutiles, on peut les placer ailleurs,
» à mesure que des emplois deviennent vacants dans
» les administrations plus nécessaires, et ne point
» les renouveler dans celles qui sont inutiles; mais
» on déplore cet abus des finances qui fait attribuer
» à certains emplois, qui ne sont obligés à aucune re-
» présentation, des traitements de six, de quinze et
» quelquefois de trente mille francs. »

Quant à ce que dit l'auteur de ces monceaux d'or répartis entre la force, le luxe, la fainéantise, et les folles prodigalités, nous ne savons ce qu'il entend faire envisager; mais le budjet actif et passif présenté chaque année par les ministres fait assez connaître l'emploi des fonds perçus par le gouvernement: de trop forts traitements, des traitements inutiles, voilà

3e alinéa de la page 87.

« La révolution, consacrée en cela par la Charte,
» a fait une France nouvelle, ayant une division ho-
» mogène de territoire, en harmonie avec les besoins
» locaux, une même organisation judiciaire, une
» même organisation administrative, les mêmes lois
» civiles, les mêmes lois criminelles, le même sys-
» tème d'impositions. »

Oui, la révolution a fait tout cela; mais cette manière d'être est-elle la meilleure? les catholiques doivent-ils être gouvernés comme les protestants, les hommes froids du Nord comme les esprits ardents du Midi? les mêmes droits doivent-ils peser sur une pièce de vin de Champagne que l'on vend jusqu'à 200 francs, et sur une pièce de vin du midi que l'on est obligé de donner pour 15 francs. Publicistes, réfléchissez, et voyez si des administrations départementales formées d'après des bases monarchiques ne seraient point préférables à la centralisation et à l'uniformité. Solon répondit à celui qui lui parlait de ses lois: « Mes lois ne sont point les meilleures possibles, mais les meilleures que les Athéniens puissent supporter. » Si l'on pense que les Alsaciens et les Gascons peuvent être gouvernés par les mêmes lois, on s'expose à de grandes erreurs, peut-être à de grandes calamités.

Dernier alinéa de la page 87-88.

1. « Et c'est là ce qu'il faudrait défaire dans le but » de disperser le pouvoir, et de supprimer quelques » commis. »

On ne voudrait point détruire l'uniformité dans les lois; on voudrait encore moins disperser le pouvoir souverain qui doit toujours demeurer entre les mains du roi; mais on voudrait que, les impôts nécessaires à l'État étant votés, chaque département pût choisir les moyens qui lui seraient les moins onéreux pour payer son contingent. On chercherait sans doute alors à simplifier la perception ; et les contribuables, payant leurs impôts de la manière la moins onéreuse, ne s'occuperaient plus du milliard d'impôts nécessaire au gouvernement, lequel milliard serait d'ailleurs bien diminué.

2. « C'est perdre de vue que les États provinciaux » ont tous été remplacés par une Chambre des com» munes, chargée de porter au centre les vœux des » localités. »

Il est bon qu'il existe une Chambre des communes pour concourir, avec le roi et la Chambre des pairs, au perfectionnement de la législation, et à régler les besoins et les ressources généraux du peuple. Mais, comme nous venons de le dire, les administrations départementales pourraient ensuite régler les moyens les moins onéreux de payer leur quote part des contributions, au paiement desquelles le département serait obligé. Par ce moyen les impôts seraient moins vexatoires ; ils seraient mieux payés, et la grande machine ne serait plus embarrassée dans ses mouvements.

Page 88.

3. « C'est perdre de vue que la circonscription » nouvelle a creusé des habitudes profondes, et d'au» tant plus enracinées, qu'elles ont été moulées sur

» une division plus naturelle des territoires et des » populations. »

En réformant la bureaucratie, on ne voudrait point pour cela détruire la nouvelle circonscription; mais si cette nouvelle division du territoire avait quelque chose de défectueux, les habitudes contractées ne devraient pas plus empêcher d'y remédier que celles de l'ancien régime n'ont empêché les grands réformateurs politiques de remplacer les institutions anciennes par les nouvelles.

4. « C'est perdre de vue le bienfait de l'égalité ci» vile, judiciaire, criminelle et administrative, at» tendu que les anciennes délimitations ne manque» raient pas d'appeler de toute la force des souvenirs » leurs anciennes coutumes et leurs anciens privi» léges à l'appui de cette portion de pouvoir exécutif » dont vous demandez que la couronne se dessaisisse » à leur profit. »

Je ne vois point la connexion qui pourrait se trouver entre une administration départementale bien organisée, chargée, non de voter les impôts (ce droit appartient aux Chambres), mais de déterminer par quels moyens les divers départements pourraient s'acquitter des charges publiques, et les anciens priviléges ou les anciennes coutumes. On veut être régi par le Code civil revu et perfectionné, on veut la religion, la légitimité et la Charte: voilà ce que demandent les honnêtes gens; voilà ce que demandent les anciennes familles, qui savent renoncer à des droits qui ne sont plus en harmonie avec les mœurs du siècle où nous vivons, et avec la loi fondamentale de l'État.

1er alinéa de la page 88.

1. « La centralisation, loin d'être un inconvé-
» nient, est un avantage du gouvernement consti-
» tutionnel. »

Oui, si cette énorme machine ne coûtait pas un milliard à la France, et si les impôts étaient bien répartis.

Il semble au premier aspect que la centralisation soit quelque chose de favorable au gouvernement monarchique, et que l'opinion contraire soit une tendance à la démocratie ; mais si l'on fait attention que les députés du côté droit se sont toujours montrés opposés à cette forme de gouvernement, tandis que les prétendus libéraux la défendent de tout leur pouvoir, sans doute pour s'en emparer, et la tourner contre la légitimité, on pourra changer d'avis à cet égard. Les bornes que nous prescrivons à notre ouvrage ne nous permettent pas de traiter ici cette question de droit public; on n'a qu'à consulter les discours prononcés aux Chambres par des députés éminemment royalistes, et l'on verra que cette machine compliquée, inventée par Bonaparte, ne peut convenir qu'à un gouvernement riche des fruits de la guerre, et qui a besoin d'un grand nombre de créatures. Les Bourbons n'ont d'autres créatures que le peuple français; ils veulent le bonheur de tous leurs sujets.

2. « Il ne faut donc pas demander le rétablisse-» ment des États provinciaux, des duchés souve-» rains, des roitelets de province, arlequinade ad-» ministrative, qui faisait des provinces riches des » provinces pauvres, des provinces obéissantes des » provinces réfractaires, qui jetait toutes les charges » d'un côté, et toutes les franchises de l'autre. »

Nous ne voulons plus de duchés souverains ni de roitelets de province, nous ne voulons pas non plus de provinces privilégiées et exemptes d'impôts; nous désirons au contraire une répartition proportionnée aux fortunes; et la trop grande uniformité dans la perception en détruit l'égalité.

3. « Ce qu'il faut demander avec ce que nous » avons, ce sont des élections libres, un droit de pé-» tition plus énergique, la liberté de la presse, et » par-dessus tout, la responsabilité des ministres et » de leurs agents. »

Des élections libres. Oui, nous désirons des élections libres; nous désirons que les électeurs, fonctionnaires publics ou autres, puissent choisir l'homme en qui ils ont le plus de confiance, sans craindre d'être destitués, pourvu toutefois que leur choix ne porte pas sur un ennemi reconnu de la légitimité. Mais cette liberté doit être entière; il faut que le choix soit dans le cœur de celui qui donne son suffrage; il faut qu'on n'emploie aucun moyen de contrainte ou de dol pour l'y porter. Les ministres et les hauts fonctionnaires doivent laisser toute latitude à cet égard; mais la loi doit sévir avec la plus grande vigueur contre ces prétendus défenseurs de nos libertés, contre les membres de ce comité directeur, qui s'efforcent d'aveugler l'opinion publique, en la nourrissant de chimères, contre ces suppôts du despotisme impérial qui ont fait du titre de *libéral* une qualification injurieuse, par cela seul qu'ils ont voulu se l'appliquer. Ainsi point de contrainte, point de mensonge de part ni d'autre, et l'on verra sans doute alors une Chambre véritablement représentative. La bonne cause, celle du trône et de l'autel, ne doit être défendue que par des moyens avoués par la justice et la bonne foi : si l'on veut employer la ruse, les révolutionnaires sont plus rusés que nous.

Un droit de pétition plus énergique. Ici nous ne serons pas d'accord avec M. Imbert. Nous désirons bien un droit de pétition, et ce droit ne peut être refusé sans injustice par les gouvernemens les plus absolus; mais nous ne voulons point cette énergie. C'est avec des pétitions énergiques que le prevôt des marchands Marcel mit le royaume à deux doigts de sa perte, pendant la prison du bon roi Jean; c'est avec ces pétitions énergiques que l'Angleterre voit souvent le trône prêt à s'écrouler sous les coups des pétitionnaires; c'est avec des pétitions énergiques que l'on a commis tant d'horreurs au commencement de la révolution française : ainsi, droit de pétition tant que l'on voudra, mais que ce droit ne soit pas énergique.

La liberté de la presse. Nous voulons aussi la liberté de la presse ; mais nous souhaitons qu'elle soit accompagnée de lois répressives très-sévères, et que tout écrit contre le roi, contre la légitimité, contre la religion ou ses ministres, soit impitoyablement condamné aux flammes. Nous souhaitons que cette loi répressive s'étende jusque sur les productions infâmes du XVIIIe siècle : avec ces lois ayons la liberté de la presse.

La responsabilité des ministres et de leurs agents. Nous voulons aussi une responsabilité des ministres et de leurs agents ; mais nous voulons que cette responsabilité soit bien entendue, et que les principaux auxiliaires du roi ne soient pas exposés à devenir les victimes de l'aveugle fureur des ennemis de l'autel et du trône.

4. « Sous la protection de ces garanties, la centralisation, ou si l'on veut la *bureaucratie* prise dans sa véritable signification, est une nécessité, un complément du gouvernement constitutionnel. »

Puisque l'on approuve la bureaucratie et la centralisation, qu'on cesse de crier contre le milliard d'impôts nécessité par ce mode d'administration. Il y aurait cependant moyen de réduire le milliard, et ce moyen serait de réformer, ou de diminuer les traitements excessifs d'une grande partie des bureaucrates.

BURLESQUE (*littérature*). — P. 93-94. — EMMANUEL DUPATY.

Dernier alinéa de la page 94.

« *Le romantisme* peut être appelé *le burlesque sérieux;* il a remplacé le burlesque plaisant; il ne le » vaut pas, car s'il fait rire, ce n'est que de pitié. Il » faut espérer qu'un nouveau Boileau, que nous at- » tendons encore, viendra flétrir ce genre ridicule » qui, bientôt berné à la cour et à la ville, ne trou- » vera plus d'asile dans nos académies, et sera forcé » de se réfugier honteusement auprès du burlesque » trivial, sur les derniers tréteaux des boulevards, » ou dans la société des Bonnes-Lettres. »

La société des Bonnes-Lettres ne connaît point le burlesque trivial; elle le laisse aux Scarron, aux Vadé et auteurs du même genre. On pourrait peut-être lui reprocher un peu de romantisme, pour nous servir de l'expression de l'auteur de la notice, mais il faut considérer que cette société, composée en grande partie de jeunes gens d'esprit, n'a pas encore le goût assez formé pour s'en tenir au genre classique. Il y a cependant dans cette société des membres qui savent apprécier le bon style; et il faut espérer que lorsque le style romantique sera flétri dans les académies, à la Cour et à la ville, la société des bonnes lettres ne lui prêtera point asile.

CABIAI (*histoire naturelle*).—P. 107-108. — BORY DE ST-VINCENT.

1er alinéa de la page 108.

« La chair du cabiai est agréable et saine. On pré- » pare en jambons les extrémités postérieures; et » les missionnaires, en considération de ce que » l'animal vit de racines, et même de poissons, selon » M. Humbolt, en permettent l'usage aux jours » maigres. »

Ce n'est point parce que le cabiai vit de racines, ou même de poissons, que les missionnaires en permettent l'usage aux jours maigres. Le bœuf et le mouton ne mangent que de l'herbe, et l'u age en est défendu. La permission que les missionnaires ont donnée de manger du cabiai provient de ce qu'ils ont pensé que le cabiai est un animal amphibie, comme la loutre, dont on peut manger la chair aux jours d'abstinence; et ils étaient d'autant plus fondés à le croire ainsi, que M. Bory de St-Vincent nous dit, page 107, même article:

« Cet animal, le plus gros des rongeurs, semble » cantonné dans cette partie de l'Amérique du » Sud qui se compose des bassins de l'Orénoque et » de la rivière de la Plata. Il ne s'y éloigne jamais

» des eaux dans lesquelles on le rencontre souvent » nageant par petites troupes. »

Or la loutre, dont la chair est permise aux jours maigres, est un rongeur; elle se tient tantôt dans l'eau, tantôt hors de l'eau; c'est donc à cause de cette conformité avec ce rongeur, et non parce que le cabiai ne mange que des racines et des poissons, que les missionnaires ont permis de manger sa chair les jours d'abstinence.

CALOMNIE (*morale*). — P. 210-214. — EMMANUEL DE LAS-CASES.

6ᵉ alinéa de la page 212.

« Le calomniateur est puni par l'emprisonnement » et l'amende; de plus, la loi lui interdit, à dater du » jour où il aura subi sa peine, l'exercice d'une partie » des droits civils et de famille. »

Le nom de *calomnie*, employé par les articles 367 et suivants du Code pénal, a été remplacé par celui de *diffamation*, et la matière est aujourd'hui régie par les articles 5 et suivants de la loi spéciale du 26 mai 1819.

Or cette loi ne porte point de disposition semblable à celle énoncée dans la notice de M. Las-Cases.

Si cet auteur veut parler de la dénonciation calomnieuse, alors la matière est régie par l'article 373 du Code pénal, ainsi conçu :

« Quiconque aura fait par écrit une dénonciation » calomnieuse contre un ou plusieurs individus, aux » officiers de justice ou de police administrative ou » judiciaire, sera puni d'un emprisonnement d'un » mois à un an, et d'une amende de 100 francs à » 3,000 francs. »

L'art. 374, qui contient les dispositions dont parle l'auteur, a été abrogé par l'art. 26 de la loi du 17 mai 1819. »

CALORIQUE (*physique*).—P. 220-244.— FRANCOEUR.

« On tient à la main un court charbon, dont une » extrémité est en feu, et l'on ne peut toucher une » longue barre de fer dont un bout est rouge. »

Je ne suis certainement pas aussi habile physicien que l'auteur de cette notice, aussi ne chercherais-je pas à détruire ce qu'il avance par des raisonnements; je dirai seulement que j'ai vu toute ma vie, et que je vois tous les jours des forgerons, des cloutiers, des serruriers, tenir à la main le bout d'une barre de fer, tandis que l'autre extrémité était dans le plus haut degré d'incandescence.

CAMÉLÉON (*histoire naturelle*).—248-253.— BORY DE ST-VINCENT.

« Les espèces constatées de ce genre paraissent » cantonnées entre certaines circonscriptions, que » la lenteur qui leur est naturelle ne leur permet pas » de franchir; elles furent évidemment des productions particulières au sol qui les vit naître. »

Si M. Bory de St-Vincent nous disait que le caméléon ne s'est jamais écarté du sol qui le vit naître; nous ne le contredirions pas, quoiqu'on en trouve, d'après sa propre notice, en deçà et au-delà du détroit de Gibraltar, et d'après l'Histoire des Voyages, dans le Nouveau Monde. On pourrait supposer qu'ils se sont rapprochés des lieux qu'ils occupent; mais nous voyons percer ici l'idée évidemment fausse que le caméléon est une production du sol qui le vit naître. La terre ne peut produire spontanément des animaux; elle peut les nourrir, elle peut développer les germes que le Créateur a répandus dans la nature, mais elle ne leur donne point l'existence.

CAMPAGNOL (*histoire naturelle*).—P. 254-262.— *Idem.*

1er alinéa de la page 256.

« Les circonstances où elles sont bâties (les con» structions des campagnols) déterminent diverses » modifications dans leurs formes, qui indiquent une » intelligence développée par un esprit d'obser» vation. »

Nous sommes donc condamnés à lire dans presque tous les articles de M. Bory de St-Vincent que les bêtes peuvent le disputer avec l'homme en génie et en esprit d'observation. Elles lui seraient même supérieures, puisque leur expérience étudiée les aurait déja élevées au plus haut degré de civilisation possible, tandis que l'homme, malgré l'étude approfondie de ses philosophes, chercherait encore le point de perfectibilité auquel nos prétendus sages annoncent qu'il arrivera tôt ou tard. Du moins, ce n'est point en rétrogradant qu'il l'obtiendra, et il rétrograderait nécessairement, si d'être éminemment raisonnable, capable de connaître, d'aimer et de servir son Créateur, si d'esprit intelligent et sensible, espérant obtenir dans le ciel une puissance et un bonheur qu'il ne peut obtenir sur la terre, il était condamné à lutter avec les castors, les campagnols, les abeilles et les fourmis. Mais j'ai dit au mot

Abeille (et le lecteur peut revoir cet article), que les bêtes ne font point d'observations, et ne perfectionnent point leur intelligence. L'habileté apparente que font supposer leurs ouvrages peut étonner l'observateur ; mais leur uniformité dans les mêmes circonstances prouvent qu'elles n'ont point de génie. Leur instinct les pousse à prendre telles ou telles mesures, telles ou telles dimensions, et leur esprit n'est point susceptible de réflexion ni de combinaison.

CANARIES (*géographie*). —P. 343-361.— BORY DE ST-VINCENT.

M. Bory de St-Vincent, qui jusqu'ici s'est occupé d'histoire naturelle, traite dans cet article de géographie. On pourrait croire que sa notice ne doit rien contenir contre la religion ; mais, sous la plume de M. Bory de St-Vincent, les sujets les plus indifférents en apparence fournissent une ample matière à l'exposition de ses principes antichrétiens, et à des déclamations contre les prêtres.

1er alinéa de la page 350.

« Nous avons, dans un ouvrage de notre jeunesse,
» donné une histoire fort étendue de ces Canariens,
» dont il n'existe pas un descendant, et qu'extermi-

» nèrent les guerriers et les inquisiteurs espagnols. »

Pour les guerriers espagnols, on sait qu'ils ont été cruels envers les peuples dont ils avaient découvert les terres : mais l'on peut dire que c'est la manie d'attaquer l'inquisition qui poursuit continuellement notre auteur, lorsqu'il accuse ces religieux d'avoir contribué à détruire la population des Canaries. J'ai fait voir au mot *Affranchissement* que les dominicains (1) avaient défendu les peuples de l'Amérique contre la violence des officiers espagnols ; nous voudrions des preuves, pour croire ce que dit ici M. Bory de St-Vincent.

Dernier alinéa de la page 351-352.

« Près de deux mille deux cents ecclésiastiques, et » huit cents religieuses n'y étoient pas les moindres » éléments de dépopulation. »

Les ecclésiastiques et les religieuses vivant dans la plus parfaite continence, sont de bien moindres éléments de dépopulation que le libertinage effréné qui règne dans les pays où la religion est mise en oubli, et où la morale chrétienne est continuellement outragée. Dans les pays où les moines et les religieuses abondent, il y a plus de mœurs ; là où il y a plus de mœurs, les mariages sont plus féconds ;

(1) On sait que l'inquisition était livrée aux religieux dominicains.

c'est ce que l'on ne peut contester sans fermer les yeux à la lumière.

Dernier alinéa de la page 356-357.

« En 1750, des huguenots rochelais y vinrent faire » une descente, et s'étant emparés de l'île, l'abandonnèrent, après avoir coupé la tête à quelques » moines, que leurs successeurs ont célébré comme » des martyrs. »

Les huguenots rochelais coupent la tête à quelques moines ; ce n'est qu'une bagatelle qui peut tout au plus exciter le sourire : mais quelques opiniâtres perturbateurs du repos des États, quelques novateurs audacieux, qui viennent apporter le trouble dans le gouvernement de l'Église, et réformer la religion de Jésus-Christ, sont poursuivis, examinés par l'inquisition, et livrés au bras séculier, qui en fait justice, en leur appliquant les lois qu'ils ne pouvaient ignorer, c'est le comble de la barbarie où le fanatisme puisse conduire des hommes!

Si les bons moines dont parle M. Bory de St-Vincent avec le sourire du mépris, ont souffert la mort pour leur foi, et s'ils ont été traités avec tant de cruauté en haine de leur état, ils sont martyrs, n'en déplaise à M. Bory de St-Vincent, et leurs successeurs ne peuvent être blâmés de les avoir honorés comme tels.

CANON (*religion*). — P. 372-376. — Lanjuinais.

2e alinéa de la page 374.

« Nous avons vu un évêque de Limoges au XIXe » siècle prohiber et déclarer nuls par un prétendu » canon les mariages célébrés à la municipalité seu- » lement, et peu d'années après un archevêque de » Toulouse blâmer dans une espèce de canon trop » fameux la déclaration du clergé de France de » 1682. »

M. M***, prêtre du diocèse de Limoges, avait livré au public un ouvrage dans lequel il prétendait prouver que les dispositions du concile de Trente, relatives au mariage, n'ont jamais fait autorité en France ; que les lois civiles ont constamment réglé parmi nous tout ce qui concerne l'union conjugale ; qu'avant 1792 les curés étaient seulement officiers civils, et qu'à cette époque la loi ayant chargé les maires des mêmes fonctions, le mariage célébré devant ce magistrat a toute la force d'un contrat légitime dans le for de la conscience, et comme sacrement.

Cette opinion a été aussi enseignée par un certain M. Rendu, membre du conseil universitaire ; M. Dubourg, évêque de Limoges, ne crut pas devoir laisser répandre dans son diocèse une opinion nouvelle, du moins hardie, et qui, fût-elle vraie, entraînerait, si elle était admise, le grave inconvénient d'exposer les fidèles à la profanation, ou au mépris du sacrement de mariage ; car s'il est vrai que les parties contractantes sont les ministres de ce sacrement, ceux qui, devant l'officier public, contracteront une union valide dans le for de la conscience recevront le sacrement, et s'ils ne sont pas préparés chrétiennement à le recevoir, ils commettront un sacrilége.

S'il est vrai au contraire que le prêtre est le vrai ministre du sacrement, bien des gens sachant qu'ils sont unis légitimement par l'acte civil se mettront peu en peine de recevoir la bénédiction nuptiale, et se rendront coupables du mépris des grâces qui y sont attachées.

En voilà sans doute assez pour justifier aux yeux de tout homme raisonnable la conduite de M. Dubourg dans cette affaire ; il a fait ce que tout pasteur des âmes confiées à sa vigilance aurait fait à sa place.

M. le cardinal de Clermont-Tonnerre, archevêque de Toulouse, venait d'assister au conclave. Animé d'un saint enthousiasme de vénération pour le souverain pontife, à l'exaltation duquel il avait concouru, ayant profondément médité les promesses sublimes de l'Évangile envers saint Pierre que Jésus-Christ a placé au fondement de l'Église qu'il a bâtie, il reçoit une lettre du ministre de l'intérieur, qui lui ordonne de faire enseigner dans son séminaire les articles de l'assemblée du clergé de

France de 1682. L'inébranlable archevêque se replie sur sa propre dignité, sur sa mission divine et apostolique, et répond au ministre que c'est à lui et à lui seul qu'il appartient de régler l'enseignement de son séminaire. Cette réponse, contre laquelle l'auteur de l'article se récrie, a pour elle la foi qui établit les évêques seuls juges en matière de doctrine chrétienne; elle a pour elle le bon sens d'après lequel chacun est juge dans ce qui concerne sa profession et ses connaissances, et la charte qui dit que chacun professe les opinions religieuses qu'il lui plaît d'embrasser. (*L. A.*)

Aujourd'hui la déclaration du clergé de France est un sujet de controverse entre les théologiens; et si les ultramontains sont devenus plus nombreux qu'ils ne l'étaient avant la révolution française, on le doit à l'abus qu'en ont fait d'abord l'assemblée constituante, et ensuite Napoléon. Les quatre articles ne sont pas hérétiques sans doute, mais ils peuvent conduire au schisme et à l'hérésie, si comme le fit l'assemblée constituante on en fait dériver des conséquences forcées. J'ai dit ailleurs que sujet fidèle du roi, je suis comme chrétien soumis à l'autorité spirituelle du pape, et que je laisse aux théologiens le soin de discuter entre eux le mérite de la déclaration de 1682.

3e alinéa de la page 374.

« De tant de faits notoires, nous pouvons hardi- » ment conclure qu'il existe des canons abusifs, des » contre-canons, comme il peut y avoir des lois in- » justes et inconstitutionnelles, des contre-lois. »

En bonne logique, la conséquence serait mal dé- duite; car en premier lieu les dispositions épisco- pales citées par M. Lanjuinais ne sont point des canons; le nom de canon n'appartient qu'aux déci- sions rendues par les conciles, et ce qui est ordonné en matière spirituelle par les conciles légitimement assemblés ne peut être abusif.

Nous avons dit sur le passage précédent que les réponses, ou les mandemens des évêques cités, n'étaient point abusifs; il suit de là que le raison- nement que fait l'auteur de cette notice croule de toutes parts.

3e alinéa de la page 375.

En parlant des canonisations, l'auteur nous dit:

« Elles coûtaient dans le dernier siècle cent cin- » quante mille francs en frais de procédures; puis- » sent-elles devenir gratuites et plus rares, et moins » sujettes à de justes plaintes! »

C'est parce qu'elles sont rares, et qu'elles ne sont

pas sujettes à de justes plaintes, qu'elles coûtent beaucoup; et elles ne sont pas moins gratuites, en ce sens que ce n'est point la canonisation que l'on paie, mais les frais et faux frais nécessaires pour obtenir tous les renseignemens que l'on désire avant de prononcer la sentence définitive. Dans le siècle dernier, un Anglais protestant se trouvant à Rome, où il était venu comme amateur des beaux-arts, eut occasion de s'entretenir avec un des cardinaux chargés de diriger ces sortes de procédures; il lui fit même des représentations dans le sens de celles que l'on vient de lire; le cardinal lui présenta une procédure, et le mylord, convaincu par la force des preuves qu'il voyait accumulées dans les procès-verbaux et dans les enquêtes : Si l'on prouvait, dit-il, tous les miracles des saints, comme on prouve ceux de celui-ci, nous ne nous récririons pas sur le trop grand nombre de canonisations. Eh bien! répond le cardinal, ces preuves n'ont pu suffire à la congrégation.

Pour être canonisé, il faut avoir obtenu préalablement les honneurs de la béatification, qui ne s'accordent que sur la preuve que le candidat était pieux, n'avait aucun des vices qui affligent la faible humanité, et a pratiqué la vertu dans un degré héroïque. La canonisation ne s'obtient qu'après qu'une nouvelle enquête a prouvé que le bienheureux a opéré après sa mort des miracles que l'on ne peut révoquer en doute, et que l'on ne peut attribuer à des causes naturelles. Quelquefois la procédure est suspendue dans le but d'obtenir ce complément de preuves ; et ce sont ces procédures, ces enquêtes, ces reprises d'instance (si l'on peut se servir d'une expression consacrée au barreau) qui en augmentent les frais ; mais la quotité élevée de ces frais est une preuve qu'elles sont rares, et qu'elles présentent toutes les garanties que peuvent réclamer les hommes les plus méfiants.

Nous souhaiterions, comme l'auteur, que les procédures ne coûtassent rien, mais nous désirerions qu'elles fussent plus nombreuses; c'est-à-dire qu'un plus grand nombre de chrétiens vécût de manière à mériter les honneurs de la canonisation.

CAPITAUX (*économie politique*). — P. 397-404. — MIRBEL.

Alinéa de la page 411-412.

1. « Voilà pourquoi les vrais amis du bien et du » pays s'élèvent avec justice contre ces aumônes » sacerdotales qui, masquées par la charité reli- » gieuse, ont pour but politique d'asservir la populace » par l'oisiveté. »

Voilà une imputation bien gratuite, au moyen de laquelle on tourne contre les prêtres la plus belle vertu de leur état. Beaucoup de prêtres font d'abondantes aumônes; on ne trouva chez l'archevêque de Bordeaux que 30 fr. lorsqu'on fit l'inventaire de ses effets après sa mort ; beaucoup de bons curés se privent du nécessaire pour venir au secours des indigents ; mais ces prêtres vénérables, quoiqu'ils puissent quelquefois mal placer leurs aumônes, ne donnent en général qu'à de malheureux infirmes ou malades que les philosophes philanthropes laisseraient périr dans le désespoir de la misère ; ils ne favorisent point l'oisiveté, on les voit, au contraire, tonner dans la chaire de vérité contre ce vice qui en enfante tant d'autres ; ils n'asservissent point ceux à qui ils donnent, mais comme ils savent que les secours temporels ne sont rien pour ces malheureux, si ces anges tutélaires ne les aident à obtenir dans une autre vie un dédommagement des souffrances que ces infortunés éprouvent dans cette vallée de larmes, ils accompagnent les aumônes de conseils et d'instructions utiles pour le salut. Si c'est là asservir les pauvres, je pense qu'il vaut bien mieux les asservir que de les laisser dans une ignorante et misérable indépendance.

2. « Contre ces fêtes nombreuses qui font un » crime du travail. »

Dieu ordonna à l'homme de s'abstenir du travail le septième jour, afin qu'il conservât la mémoire de son repos éternel après la création du monde ; le jour du sabbat fut sanctifié par les Juifs, peuple choisi de Dieu pour conserver sa loi, et donner la vie humaine au Rédempteur des hommes.

Après la résurrection de notre Seigneur, le jour du repos fut changé, et au lieu de sanctifier le samedi, le dimanche fut consacré à cause de la résurrection du Fils de Dieu.

Ce septième jour de repos était utile pour rappeler à l'homme ce qu'il doit à la Divinité, pour lui laisser le temps et la liberté d'esprit nécessaires pour vaquer à la prière, à la méditation de ses devoirs, et à la pratique des bonnes œuvres. Les protestants eux-mêmes reconnaissent l'obligation de sanctifier le dimanche, et de s'abstenir en ce saint jour de toute œuvre servile.

Les fêtes ont été établies par l'Église, qui a reçu de son époux *le droit de lier et de délier*, et M. Mirbel qui blâme ici *les fêtes nombreuses*, doit cependant savoir que celles où il n'est pas permis de travailler sont réduites au nombre de quatre, savoir : l'Ascension de notre Seigneur, la fête de l'Assomption au 15 août; la fête de tous les Saints au 1er novembre, et la fête de Noel au 25 décembre; il y a bien là de quoi se plaindre des fêtes nombreuses.

Avant le concordat de 1801, il existait, il est vrai, un grand nombre de jours de repos obligé, et le nombre en avait cependant été réduit environ un siècle auparavant; mais ces fêtes, qui dans nos temps auraient gêné le peuple libre, et l'auraient empêché d'acquérir une certaine aisance, n'avaient cependant été instituées qu'en sa faveur. Lorsque les paysans étaient serfs, les seigneurs qui profitaient du produit de leurs sueurs, les faisaient travailler sans relâche, de sorte que ces malheureux accablés traînaient une vie pénible, souvent abrégée par l'excès de leurs fatigues. Les évêques vinrent à leur secours en multipliant les fêtes, jours de relâche, où ils pouvaient se reposer des travaux de la veille, et acquérir de nouvelles forces pour le lendemain. Cette politique des évêques n'était point à la vérité favorable à l'agriculture et aux arts; mais c'était pour lors le seul moyen d'empêcher les malheureux paysans de succomber.

2e alinéa de la page 419.

« L'objection prise de la loi religieuse me semble fondée sur une erreur. Le Lévitique défend l'intérêt; la parabole des talents le commande; les » années sabbatiques nous apprennent comment les » Juifs interprétaient leur loi; les papes ont expliqué la nôtre en établissant les usures des monts-de-piété et des lombards, et le clergé de France » en empruntant en corps et à intérêt. »

« *L'objection prise de la loi religieuse* (contre l'intérêt de l'argent) *semble fondée sur une erreur.*

Ce n'est pas à nous laïques à blâmer l'interprétation que fait l'Église de la loi religieuse. L'Église est infaillible dans ses décisions. Si elle décide un point de dogme, son jugement est immuable; si elle décide un point de discipline, son jugement peut varier selon les temps et les mœurs. La défense de prêter à intérêt est-elle de dogme ou de discipline? c'est à l'Église elle-même à le décider, et aux fidèles à se soumettre à la loi, tant qu'elle existera.

Les théologiens reconnaissent tous que l'on ne peut retirer un intérêt de l'argent prêté, et au seul titre de prêt, à moins qu'en prêtant, l'on n'éprouve une perte, ou que l'on ne se prive d'un profit; c'est ce qu'on appelle *lucrum cessans* et *damnum emergens*.

Dans quelles circonstances existe l'une ou l'autre de ces conditions? Voilà sur quoi les sentiments sont partagés. Les magistrats, qui ne jugent que le for extérieur, supposent toujours une cause licite à l'intérêt stipulé; c'est aux confesseurs à examiner leurs pénitents dans le fond de la conscience.

Le Lévitique défend l'intérêt; la parabole des talents le commande.

Oui, le Lévitique défend l'intérêt; mais la parabole des talents ne le commande pas plus que celle du serviteur infidèle ne commande à un domestique de se faire des amis aux dépens de la fortune de son maître. Notre Seigneur Jésus-Christ prend ses paraboles dans la manière d'agir ordinaire aux gens du monde; ainsi, lorsqu'il fait à ses disciples la parabole des talents, il veut nous enseigner que la grâce est distribuée aux hommes, comme le roi avait distribué les talents, et que celui qui reçoit plus doit rapporter plus, c'est-à-dire doit augmenter d'autant plus ses mérites. Celui qui abuse des grâces, celui qui les méprise, est jeté en prison, c'est-à-dire dans les ténèbres extérieures, avec les démons. Notre Seigneur avait bien raison de dire que, pour entendre ses préceptes donnés en paraboles, il fallait avoir des oreilles : *Qui habet aures audiendi audiat.*

Les années sabbatiques nous apprennent comment les Juifs interprétaient leurs lois.

Cette loi n'avait pas besoin d'interprétation ; les Juifs la suivaient à la lettre. Les semaines sabbatiques étaient fixées par le Lévitique, et le repos de la dernière année était littéralement prescrit.

Les papes ont expliqué la nôtre, en établissant les usures des monts-de-piété et des lombards.

Les papes, en établissant les monts-de-piété dans leurs États, ont agi comme souverains ayant droit de percevoir un impôt, et non comme prêteurs ; et c'est précisément pour modérer les prêts usuraires des lombards et autres prêteurs sur gages qu'ils ont établi les monts-de-piété, dans des vues politiques et non religieuses ; car dans le for de la conscience, ils ont toujours condamné l'intérêt perçu au seul titre de prêt, en l'absence du *lucrum cessans*, ou du *damnum emergens.*

Et le clergé de France, en empruntant à gros intérêt.

Le clergé de France, en empruntant, n'a pas autorisé l'usure exercée par les prêteurs. Sans doute, quoiqu'on ne commette pas le crime soi-même, on ne doit point favoriser celui qui le commet; mais l'auteur d'une injustice ne peut s'autoriser du prétendu consentement de celui qui l'a soufferte. Un malheureux attaqué par des brigands promet avec serment de leur remettre à certaine époque une somme déterminée ; ceux qui l'ont exigée commettent un crime en la recevant ; celui qui la paie se rendrait coupable de parjure en ne la payant pas. Dans le même acte, l'un fait son devoir, et l'autre est criminel ; ce n'est point celui qui paie que l'on doit blâmer, c'est celui qui reçoit ; et le clergé de France, en empruntant à intérêt, n'autorise pas plus la perception de ce profit illicite que celui qui paie à un brigand une somme qu'il ne doit point n'autorise le vol et le brigandage.

2. « Au milieu des besoins de la civilisation mo-
» derne, les jansénistes, secte chrétienne et sévère,
» ont rajeuni cette vieille querelle ; les écrivains les
» plus sages ont réfuté leur erreur. »

Certainement les jansénistes forment une secte chrétienne, comme les luthériens et les calvinistes ; mais, quoiqu'ils persistent à vouloir demeurer au sein de l'Église qui les exclut, ce ne sont point eux que consultent les orthodoxes pour fixer leur doctrine. Les bons catholiques, avons-nous dit, qui ne sont cependant point jansénistes, reconnaissent que l'on ne peut retirer d'intérêt d'un prêt, si le *damnum emergens* ou le *lucrum cessans* n'interviennent. Les écrivains que l'auteur appelle les plus sages sont, ou des philosophes incapables d'interpréter sainement l'Écriture sainte, ou des catholiques qui croient pouvoir donner une large extension au *lucrum cessans* ou au *damnum emergens*.

3. « Mais les jésuites, secte hypocrite et rusée, ont » décidé que le débiteur réfractaire devait payer une » indemnité égale à l'intérêt fixé par la loi civile, ou » par les conventions; et pour que le débiteur fût » toujours en retard, ils permettaient de prêter de » jour à jour et d'heure à heure. »

Je serais bien aise de voir ces décisions des jésuites, et je défie l'auteur de cette notice de les produire. Avant la révolution, la loi ne reconnaissait point d'intérêt légal pour un simple prêt avant le jugement de condamnation. Les nouveaux jésuites n'ont point fait de traité sur cette matière.

Tous les catholiques, jésuites ou autres, reconnaissent que celui qui prête son argent peut stipuler à la bonne foi une peine égale à l'intérêt légal, pour le cas où la somme prêtée ne serait pas payée à l'échéance, et alors l'intérêt stipulé est considéré comme le dédommagement de la perte soufferte ou du profit perdu; mais si le créancier n'a réellement souffert aucune espèce de dommage, si, en faisant cette convention, il avait en vue l'intérêt stipulé plutôt que le prêt gratuit, son confesseur, jésuite ou autre, qui verrait dans cette stipulation une usure palliée, ne manquerait pas de le condamner dans le for de la conscience à restituer les intérêts qu'il aurait perçus.

La permission de prêter de jour à jour et d'heure à heure, que l'on prétend avoir été donnée par les jésuites, n'a pas plus été donnée par eux que par d'autres casuistes relâchés. Pascal, qui impute aux jésuites beaucoup de faiblesse et de relâchement dans la direction des consciences, n'a pas assez réfléchi avant d'écrire sur des mémoires erronés qui lui avaient été fournis. Le corps des jésuites improuva la doctrine du probabilisme adoptée par d'autres casuistes, et c'est injustement que l'on rejette sur ce corps illustre et vertueux un système qu'il condamna le premier.

On lit dans les Œuvres de Bossuet, édition de Liége, in-8°, tome XX, p. 144.

« Le révérend père Gonzales de Santala, docteur et professeur dans l'université de Salamanque, et depuis général des jésuites, a composé un fort bon ouvrage contre la pernicieuse doctrine de la probabilité, qu'il fit imprimer en 1687, étant déja général; il voyait avec douleur qu'on imputait à la société d'avoir donné naissance à cette doctrine. Après avoir détruit ce soupçon, en indiquant Antoine de Cordoue franciscain, et Solonius de l'ordre de Saint-Augustin, comme les premiers auteurs de cette opinion, et les pères Ferdinand Rebelle, Paul Camitolus et André Leblanc, jésuites, comme ceux qui s'étaient déclarés contre la probabilité, avant que personne l'eût attaquée, il examine les raisons sur lesquelles les deux sentiments sont appuyés, et conclut qu'on est obligé de suivre le parti le plus probable. »

On peut conclure de ce que dit l'éditeur des

OEuvres de Bossuet que c'est injustement que l'on a attribué aux jésuites et le probabilisme, et la morale relâchée, et les subterfuges ou faux-fuyants que Pascal leur reproche dans ses *Lettres provinciales*.

4. « C'est là mentir à sa conscience, à Dieu, aux » hommes; ce n'est pas détruire l'erreur par la vé- » rité, c'est échapper à l'erreur par une jonglerie. »

Cela est vrai; mais malgré ce que disent les ennemis des jésuites, telle n'a jamais été leur manière d'agir.

5. « La morale des jésuites et la politique de » Machiavel sont de la même famille, l'une et l'autre » ont long-temps gouverné l'Europe. »

Rien ne ressemble plus à la politique de Machiavel que les ruses que l'on attribue aux jésuites, et qu'emploient contre eux les jansénistes et les incrédules; c'est en faisant peur des jésuites qu'ils divisent les catholiques, comme c'est en criant aux priviléges qu'ils divisent les royalistes. *Divide et impera*. Voilà la doctrine de Machiavel, voilà celle des sages du XIXe siècle.

CAPITULAIRES (*législation*). — P. 425-434. — AUBERT DE VITRY.

Dernier alinéa de la page 425.

« Il est défendu par le premier canon du septième » concile de s'écarter des capitulaires, ou capitules

» récemment arrêtés, lors même que des ordres de » la puissance séculière y seraient contraires, la » crainte qu'inspire l'autorité temporelle ne pou- » vant servir d'excuse. On voit combien le sacerdoce » a toujours affecté l'indépendance du pouvoir légi- » time. »

Le sacerdoce a toujours dit : *Rendez à César ce qui appartient à César ;* mais il a dit aussi : *Il vaut mieux obéir à Dieu qu'aux hommes.*

Lorsque le pouvoir légitime règlera les intérêts temporels, la police, la sûreté des États, le sacerdoce donnera l'exemple de la soumission, même envers une autorité qui abuserait de sa puissance; mais si un monarque, quelque légitime qu'on le suppose, veut prescrire des choses contraires à la religion, le sacerdoce refusera d'obéir ; il ne se révoltera pas, mais il exposera sa vie, loin de préférer sa tranquillité à l'exécution des préceptes du Roi des rois.

2e alinéa de la page 427.

« Les capitulaires, ouvrage de cette cour jusqu'au » temps de Childéric III, le dernier des rois Méro- » vingiens, ne pouvaient être favorables au peuple, » dont le prince, la noblesse, et le sacerdoce se » partageaient les dépouilles. »

Dans ces temps de barbarie, la noblesse exerçait un pouvoir immédiat sur le peuple, et il faut convenir que l'exercice de cette puissance était tyrannique.

Les souverains avaient intérêt à affranchir les communes, mais ils étaient trop faibles pour résister à la noblesse qui avait un intérêt contraire.

Le clergé avait aussi son pouvoir et ses vassaux. Mais bien loin d'abuser de sa puissance, il adoucissait journellement le sort des malheureux paysans en butte aux tracasseries et à la tyrannie des seigneurs. L'affranchissent des serfs est l'œuvre des rois et du clergé. Voyez *Encyclopédie moderne*, au mot *Affranchissement*.

1er alinéa de la page 431.

» Pourquoi faut-il que l'ignorance, qu'une super-
» stition et une politique également farouches dans
» cet âge de fer, ensanglantassent les pays de ces
» capitulaires ? »

Pourquoi faut-il que, dans ce siècle de lumières, M. Aubert de Vitry fasse suivre le présent de l'indicatif *faut-il* d'un imparfait du subjonctif *ensanglantassent?* il faudrait, en bon français, le présent ou le prétérit. Mais ne nous occupons pas de ces bagatelles qui n'entrent pas dans le plan de notre ouvrage.

Les capitulaires ne renferment rien de superstitieux. Voyez le mot *Affiliation*, où j'ai dit ce que l'on devait entendre par superstition, ils peuvent contenir des preuves de l'ignorance du siècle, peut-être du fanatisme, si l'on peut appeler de ce nom l'application des lois pénales en vigueur chez les païens contre les ennemis de la Divinité; mais ces capitulaires ne sont pas plus sévères que les lois romaines de l'âge d'or des Néron et des Domitien.

2e alinéa de la page 431.

« On ne pense pas, sans frémir, à celui d'Aix-la-
» Chapelle en 803, qui établit la cour wéimique,
» tribunal épouvantable, composé de juges mysté-
» rieusement nommés par le prince, servi par des
» délateurs inconnus les uns aux autres, obligés au
» secret par des sermens affreux, et dénonçant avec
» audace des victimes auxquelles ils ne craignaient
» pas d'être confrontés, et qui, jugées, ou plutôt
» proscrites sans témoins, souvent même sans qu'il
» leur fût permis de se défendre, et sans interroga-
» toire préalable, tombaient sous le fer du plus jeune
» des juges condamné aux fonctions de bourreau. »

Ce que nous dit l'auteur de cette notice du prétendu tribunal créé par Charlemagne à Aix-la-Chapelle, ferait horreur si l'on pouvait le croire. J'ai lu d'un bout à l'autre les capitulaires de Charlemagne; j'ai lu et relu l'histoire de France de plusieurs auteurs différens, et je n'ai rien trouvé de semblable à ce que l'on nous raconte ici, je ne sais où l'auteur de cet article puise ses renseignemens, mais ils sont extraordinaires.

2. « On n'ignore pas que l'institution de ce tri-» bunal exécrable, digne précurseur de l'inquisition, » avait pour but de retenir les Saxons sous le joug » de l'empire, en les forçant à l'observance rigou-» reuse du christianisme. On sait aussi qu'il s'étendit » bientôt dans toute l'Allemagne, où il ne fut aboli » que sous le règne de l'empereur Maximilien Ier. »

Si ce tribunal a existé de la manière que l'écrit notre auteur, il a été sans doute plus terrible que l'inquisition dont nous avons parlé dans quelques-uns des articles précédents ; il dut être fondé par d'autres que par Charlemagne et ses successeurs sur le trône français, puisque, je le répète, les capitulaires n'en font aucune mention, et l'histoire de France n'en parle pas (1).

(1) Charlemagne a été complètement justifié de l'attribution calomnieuse que lui fait Voltaire des cours wéimiques ou véhmiques, sagement abolies par Maximilien Ier. Voyez l'ouvrage de Rigoley de Juvigni (*De la Décadence des Lettres et des Mœurs, depuis les Grecs et les Romains jusqu'à nos jours*; Paris, 1787; ouvrage cité dans le *Cours de Morale et de Littérature* de Feller, p. 299.)

CARÊME, *Quadragésime* (*religion*). —P. 486-490. — SAINT-AMAND.

5e alinéa de la page 486.

1. « Cette austérité n'a point de raison précisé- » ment déterminée : les uns prétendent qu'elle a été » instituée en mémoire des quarante jours du dé- » luge ; d'autres, des quarante années pendant les- » quelles les juifs errèrent dans le désert ; d'autres, » des quarante jours accordés aux Ninivites pour » faire pénitence. »

Si l'on voulait suivre l'idée de l'auteur, on pourrait ajouter, *en mémoire des quarante siècles qui ont précédé la venue de notre Seigneur Jésus-Christ sur la terre;* mais la véritable raison est celle que nous donne le catéchisme, en mémoire des quarante jours de jeûne de notre divin Rédempteur, et pour nous disposer par la pénitence à sanctifier les fêtes de Pâques. Voyez d'ailleurs ce que nous avons dit sur le mot *Abstinence*.

2. « Tantôt on la présente comme une imitation » des jeûnes de Moïse, d'Élie et de Jésus-Christ; » tantôt comme un hommage rendu à la mémoire » du grand événement de la passion. »

Les jeûnes de Moïse et d'Élie furent sans doute la figure du jeûne de Jésus-Christ, puisque les prophètes, notamment Moïse, qui délivra les Juifs de la servitude d'Égypte, furent la figure du Fils de l'homme qui a délivré le monde de la servitude de la mort et de l'enfer. Le jeûne des chrétiens, avons-nous dit plus haut, perpétue le souvenir du jeûne de Jésus-Christ; il nous rappelle, comme nous dit fort bien l'auteur, les souffrances et la passion d'un Dieu fait homme; il nous dispose par la pénitence à célébrer dignement la fête de Pâques.

D'un autre côté, les besoins moraux s'accordent parfaitement avec les besoins physiques de l'homme. Si la pénitence lui est nécessaire pour expier les péchés, le jeûne et l'abstinence du carême lui sont aussi nécessaires pour réprimer la trop grande effervescence du sang qui se fait sentir vers l'équinoxe du printemps; aussi remarque-t-on généralement que les attaques d'apoplexie sont plus fréquentes à cette époque que dans le reste de l'année, et que les inflammations attaquent bien plutôt ceux qui n'ont point jeûné que ceux qui ont observé régulièrement les préceptes de l'Église. C'est ce qui a fait dire à un docteur en médecine qui jouit d'une grande réputation dans son département (1), que si le carême n'existait pas, la faculté de médecine devrait l'inventer.

Dernier alinéa de la page 486-487.

« Le jeûne du carême ne fut d'abord ordonné par » aucune loi, et plusieurs auteurs prétendent qu'il » ne devint obligatoire que vers le milieu du troi-

(1) M. Dubreil de Prayssac, du département du Lot.

» sième siècle. Ce qu'il y a de certain, c'est que, » avant cette époque, on ne trouve rien de fixe ou » d'uniforme sur ce point de discipline dans les cou- » tumes des différentes églises. »

Il est vrai qu'on ne trouve aucun canon qui prescrive le carême, avant le concile de Nicée, tenu en l'année 325 de l'ère chrétienne. Cependant les catholiques ne doutent point qu'il ne date de la mission des apôtres. Voici comment s'exprime le *Dictionnaire théologique* de Bergier, au mot *Carême*, p. 541.

« Suivant saint Jérôme, saint Léon, saint Augustin, et la plupart des pères du IVe et du Ve siècle, le carême a été institué par les apôtres. Voici comment ils raisonnent : Ce que l'on trouve établi dans toute l'Église, sans qu'on en voie l'institution dans aucun concile, doit passer pour un établissement fait par les apôtres; (*saint Augustin*, *de Bapt.*, *contra donat.*, *liv.* 4, *ch.* 24.); or, tel est le jeûne du carême. Le soixante-dix-neuvième canon des Apôtres, le concile de Nicée tenu en 325, celui de Laodicée de l'an 365, les pères grecs et latins du second et du troisième siècles, en parlent comme d'un usage observé dans toute l'Église. »

On ne peut mieux répondre aux assertions des incrédules et des protestants qu'en transcrivant les réfutations données par des hommes connus, des erreurs que les ennemis de la religion se plaisent à reproduire sous mille formes différentes. On peut cependant ajouter à ce que dit à ce sujet le Dictionnaire théologique, que, pour qu'un usage soit reconnu aussi ancien que l'Église, il n'est point nécessaire d'en trouver l'origine dans l'Écriture sainte, dans les pères et dans les premiers conciles. Il suffit que l'on n'en puisse voir le commencement, parce qu'alors on doit croire que cet usage a été maintenu par tradition depuis l'origine de l'Église; c'est d'ailleurs l'opinion de saint Jérôme, de saint Léon et de saint Augustin.

2e alinéa de la page 489.

« L'heure du repas fut progressivement avancée « jusqu'à midi. »

Cela est vrai; on peut même aujourd'hui faire ce repas à midi commencé, c'est-à-dire à onze heures précises.

« Et sous le nom de collation, un second repas » véritable fut ajouté au premier. »

Il est trop vrai qu'il y a bien des personnes qui, respectant spéculativement le précepte du jeûne, font un second repas, qui en est une vraie violation (1). (*A. L.*)

(1) Tout tend dans ce monde au relâchement, même la philosophie et le libéralisme, puisque messieurs les libéraux se sont accoutumés aux titres de *comte* et de *baron*, qu'ils avaient si énergiquement proscrits. Il ne faut donc pas s'étonner de ce que les chrétiens se sont aussi relâchés. Le lecteur nous saura peut-être bon gré de lui avoir appris l'origine de la collation.

Autrefois, chez les moines, outre les jeûnes ordonnés à tous les chrétiens, il s'en pratiquait beaucoup d'autres, d'une obli-

Mais la collation n'est point un *véritable repas*; elle n'a lieu que, pour donner la force d'attendre l'heure du dîner du lendemain. L'on doit savoir s'arrêter aussitôt qu'on n'a plus à craindre de s'épuiser. Il arrive même souvent que l'on a plus d'appétit en cessant de manger qu'en commençant. Les personnes scrupuleuses bornent leur collation à deux onces de pain; mais aucun de ceux qui tiennent à observer les préceptes du jeûne ne font un second repas de cette collation permise par l'Église.

gation moins sévère; mais qui cependant étaient fidèlement observés.

En ces jours de jeûne monastique, les religieux, dont tous les moments étaient réglés, s'assemblaient à l'heure du souper pour une conférence spirituelle; on sait qu'en latin *conférence* se dit *collatio*, d'où est venu le mot *collation*.

Les religieux dont le tempérament était le plus faible, demandaient quelquefois au père abbé la permissiqn de boire un verre d'eau. Cette permission leur était facilement accordée; et quelquefois le supérieur attentif y faisait mêler quelque peu de vin. Les plus fervents s'en abstenaient par régularité; les plus timides craignaient de passer pour sensuels et de scandaliser leurs frères. L'abbé s'en apercevant ordonna à tous de boire un verre d'eau rougie; certains d'entre eux s'en excusant, alléguant que la boisson leur nuisait, l'abbé leur ordonnait d'y joindre un petit morceau de pain. Les simples fidèles se crurent bientôt autorisés à suivre dans les jeûnes de précepte l'exemple que leur donnaient les religieux aux jours de jeûne monastique; et ainsi l'usage est devenu général. Ce n'est plus qu'à la Trappe que cet adoucissement n'a pas lieu, et l'Église, qui n'a jamais permis expressément la collation, la tolère, pourvu qu'elle n'aille pas jusqu'à mériter le nom de repas. (*L. A.*)

2ᵉ alinéa de la page 490.

« Dans tous les temps, les infirmes et les malades » ont été dispensés du jeûne et de l'abstinence ; cette » dispense s'est aussi étendue aux femmes enceintes, » aux nourrices, aux enfants et aux gens de travail. »

Dieu ne demande rien au-dessus de nos forces ; il n'exige de nous rien qui puisse altérer notre santé, et l'Église qui le représente sur la terre, est une bonne mère qui ne demande à ses enfants que ce qui peut leur être avantageux. Voilà pourquoi l'obligation du jeûne ne commence qu'à vingt et un ans accomplis, c'est-à-dire à l'âge où le tempérament est déjà formé; l'obligation de l'abstinence commence à l'âge de raison, c'est-à-dire à sept ans ; les infirmes, les malades, sont dispensés, selon leurs besoins, de l'abstinence et du jeûne ; il en est de même des femmes enceintes et des nourrices. Mais les nourrices, les femmes enceintes, et les gens de travail, ne sont pas par leur seul état dispensés de l'abstinence; c'est à leur médecin à juger de leurs besoins, et à leur pasteur à leur accorder la permission.

2ᵉ alinéa de la page 490.

1. « Quelque grands et nombreux que soient les » adoucissements apportés par l'Église dans les lois

» sur le carême, le relâchement des fidèles a encore » été au-delà. »

Oui, malheureusement; mais ceux qui s'approchent des sacrements, et qui suivent les avis de leurs confesseurs, ceux qui sont suffisamment instruits des devoirs que la religion leur impose, observent les lois du jeûne et de l'abstinence selon leurs forces, et ne s'en écartent jamais sans des raisons légitimes.

2. « Les uns se dispensent du jeûne, et limitent « l'abstinence à trois jours de la semaine; d'autres ne » jeûnent ou ne s'abstiennent que pendant la se- » maine sainte; d'autres enfin bornent à cet égard » toute leur dévotion au seul vendredi-saint. »

Si ces personnes ont de bonnes raisons pour en user ainsi, si elles ont obtenu la permission de leurs pasteurs, et si elles suppléent à la pénitence imposée par l'Église par d'abondantes aumônes, des bonnes œuvres et des actes de mortification, elles ne pêchent point. Si une de ces trois conditions manque, elles violent les lois de l'Église, et pêchent plus ou moins souvent, plus ou moins grièvement, selon que leur manquement est plus ou moins répété.

3. « C'est ainsi qu'un grand nombre de catholiques, » de la meilleure foi du monde d'ailleurs, ont fait, » sans y penser, sur ce point de leur croyance comme » sur beaucoup d'autres, ce que les protestants ont » fait jadis sur l'ensemble en vertu d'une doctrine. »

Oui malheureusement, beaucoup de catholiques, ou se-disant tels, parce qu'ils n'ont pas ouvertement abjuré leur religion, se sont relâchés sur l'observation des préceptes de l'Église qu'ils ont trouvés trop gênants. Les uns ont violé plus ou moins la loi sur l'abstinence et le jeûne ; les autres, en plus grand nombre, ont secoué le joug de la confession annale, et se sont ainsi privés du bonheur de recevoir le sacrement de l'eucharistie, quoiqu'ils y fussent également obligés. Mais ces catholiques sont-ils de bonne foi? J'ose affirmer le contraire, parce que les préceptes sont trop connus pour pouvoir être ignorés, et que l'ignorance même dans laquelle ils se trouveraient à cet égard serait criminelle, parce qu'elle serait volontaire.

CARTÉSIANISME. (*philosophie.*)—P. 522-548.—KÉRATRY.

1ᵉʳ alinéa de la page 525.

1. « Un grand événement, dont Descartes a été » presque le témoin, n'a pu rester sans influence sur » ses idées ; la réformation, fondée sur le droit d'exa- » men en matière de religion, et au sein de laquelle » il a vécu en Hollande, dut amener à sa suite, dans » un esprit aussi bien disposé, la pensée d'une ré- » formation dans les sciences intellectuelles, fondée » à son tour sur le doute philosophique. »

Il est très-permis de croire que le droit d'examen introduit par Luther dans les matières théologiques a contribué au principe d'examen, de doute et de jugement individuel appliqué par Descarte aux matières philosophiques. Voilà pourquoi la plupart des catholiques réclamèrent et réclament encore puissamment, surtout de nos jours, contre cette philosophie ; voilà pourquoi la Cour de Rome a mis les ouvrages de Descarte à l'*Index*.

2. « De sorte qu'il serait très-possible que, sans le » soupçonner, l'orthodoxe Bossuet, Fénelon, Male- » branche, Nicolle, presque tout Port-Royal, pres- » que tout l'Oratoire, en se déclarant pour le carté- » tésianisme, n'eussent fait que cueillir un des fruits » de l'arbre planté par Luther et Calvin. »

Quant à Nicole, Port-Royal et l'Oratoire, cartésiens, et de plus jansénistes, je ne serais pas éloigné de croire que l'esprit d'innovation de Luther et de Calvin a produit quelque effet sur leur cerveau. L'opiniâtreté de cette secte à ne point se soumettre à la condamnation prononcée contre elle pourrait très-bien le faire penser. On reconnaît facilement en eux l'orgueil philosophique qui croit à l'infaillibilité de la raison individuelle. Quant à Bossuet et à Fénelon, il n'est pas vrai qu'ils aient admis en tout les principes de Descartes. On sait d'ailleurs qu'un illustre écrivain leur en a déjà fait quelque reproche, en signalant la funeste influence du cartésianisme.

Dernier alinéa de la page 528-529.

« La puissance de combinaison de la partie affectée » spécialement aux opérations mentales, et le con- » cours à ces actes de l'ensemble encéphalique, » rendent l'homme juge suprême et dominateur en » titre de ses propres appétits. »

Je ne contesterai pas l'effet du cerveau comme instrument de l'âme, dans le même sens que l'orgue est l'instrument des sons que l'artiste sait lui faire produire. Je pense cependant que ce serait se rapprocher un peu trop du matérialisme que de prétendre que c'est l'arrangement des différentes parties de la substance encéphalique qui rend *l'homme juge suprême et dominateur en titre de ses propres appétits*. Cette faculté n'est due qu'à l'âme raisonnable dégagée des entraves des sens. Le cerveau peut, il est vrai, servir d'instrument à la pensée pendant tout le temps que l'âme humaine est en quelque sorte enfermée dans le corps comme dans une prison; mais tout ce qui appartient à la réflexion, et surtout les combats qu'on livre aux sens, sont bien loin d'être dirigés par les sens eux-mêmes.

Dernier alinéa de la page 529-530.

« S'avisa-t-on jamais de prétendre punir ou récom- » penser un oiseau? non : mais on va jusqu'à punir

» un chien, parce qu'on sait que cet animal est sus-
» ceptible de soumettre ses actes à un véritable rai-
» sonnement. Ayons la hardiesse de dire qu'il y a en
» lui un germe de libre arbitre. »

Nous ignorons jusqu'à quel point l'intelligence des animaux peut s'étendre; tout ce que nous savons positivement, c'est que ceux qui en paraissent le plus doués sont incapables de s'élever à la connaissance de Dieu, de mériter des récompenses ou des punitions surnaturelles. Leur instinct peut aller quelquefois jusqu'à une apparence de raisonnement; mais il n'est jamais suffisant pour constituer le libre arbitre. Si un chien battu évite les lieux où il a été maltraité, c'est parce que la sensation de la souffrance qu'il a endurée se renouvelle par les accessoires, c'est-à-dire par la vue des objets qui l'ont frappé au moment de sa douleur. Du reste, on punit aussi les oiseaux. J'ai vu des serins de Canarie à qui on avait enseigné l'exercice militaire et à tirer le canon; ces oiseaux délicats avaient été punis par leurs maîtres lorsqu'ils ne comprenaient pas leurs leçons, et ce n'est même qu'à force de punitions proportionnées à leur délicatesse que l'on était parvenu à les élever. Mais cela ne prouve point qu'ils fussent doués du libre arbitre: la répétition de sensations douloureuses dans telle ou telle position, voilà leur unique moteur.

FIN DE LA RÉFUTATION

DU CINQUIÈME VOLUME DE L'ENCYCLOPÉDIE MODERNE.

RÉFUTATION

DU SIXIÈME VOLUME

DE L'ENCYCLOPÉDIE MODERNE.

CASSATION (*législation*). —P. 15-24. — COURTIN.

« A la hauteur où les lois constitutionnelles l'ont » placé, (ce corps de magistrature, — cour de Cas» sation), il préside à l'observation des lois par la » censure sur les jugements, et à la conservation de » la dignité de la magistrature, par la censure qu'il » exerce sur les juges.»

Ceci est vrai.

« Il résulte d'attributions aussi importantes » qu'une pareille cour devrait être fortement consti» tuée, indépendante, et composée de magistrats » du premier mérite, afin que ses arrêts fussent re« çus dans toutes les cours comme des oracles. »

Notre ancien collègue ne devrait pas ignorer que

ce qu'il paraît souhaiter comme n'existant pas encore, existe réellement. La cour de Cassation est sous tous les rapports une cour d'élite; elle est composée des magistrats les plus recommandables par leurs vertus, par leur science et par leur amour pour le Roi. Les magistrats sont choisis parmi les plus anciens présidents ou conseillers des cours royales, et si l'on trouve quelques exceptions à cet usage généralement observé, ces exceptions font encore l'éloge du gouvernement, qui appelle au sein de la cour suprême des hommes recommandables par leur science et leur vertu. Nous avons aussi la confiance que le gouvernement choisira toujours pour remplir ces places éminemment honorables les hommes les plus dignes de les occuper.

1er alinéa de la page 17.

« Le plan de l'ouvrage ne nous permet d'envisager » cette haute magistrature que sous les rapports du » rang qu'elle occupe dans nos institutions, des ga- » ranties de liberté et d'égalité devant la loi qu'elle » offre à tous les citoyens, et de tout ce qu'on doit » attendre de son influence, lorsqu'elle conserve la » falculté d'agir avec l'entière indépendance qui lui » est indispensable. »

Ce que l'on vient de lire ferait supposer que la cour de Cassation ne jouit pas toujours de cette indépendance que désire M. Courtin. Mais les juges de cette cour suprême sont inamovibles ; mais le ministère public, qui ne l'est pas, n'en conserve pas moins l'indépendance de la magistrature : l'honorable destitution de M. Fréteau de Pény, est un garant suffisant du courage et de l'indépendance de la cour de Cassation.

Dernier alinéa de la page 20-21.

1. « Peut-il répondre (le magistrat de la cour de Cassation qui occupe d'autres places amovibles) » d'être toujours l'homme juste et sévère, qui dit » son avis les yeux fermés? et ne se laissera-t-il pas » entraîner par l'exemple des flatteurs qui cher- » chent, avant d'émettre leur opinion, à connaître » celle du pouvoir. »

Sans doute, l'homme élevé à la plus haute vertu ne peut répondre de ne point tomber un jour; l'homme le plus indépendant ne peut être assuré de conserver toute sa vie l'inflexibilité qui le caractérise; mais si le Roi cherche des hommes justes, des hommes savants, des hommes plus capables que d'autres de l'aider de leurs conseils, il ne peut mieux choisir que dans ce corps illustre dont le vertueux président (1) a bravé la mort pour défendre son Roi, dont le parquet a toujours préféré

(1) M. de Sèze, mort en 1828.

l'indépendance de son opinion aux bonnes grâces du ministère.

Si l'on cherche des êtres impeccables pour occuper les hautes places, on ne peut choisir que des anges; si l'on cherche les hommes qui présentent le plus de garantie, c'est dans la haute magistrature qu'on les trouvera.

Il serait sans doute à désirer que les magistrats de la cour suprême ne fussent jamais détournés de leurs nobles fonctions; il serait à désirer qu'ils ne fussent point exposés à la tentation de céder à l'impulsion du ministère; mais leur conduite passée répond de leur conduite future; et les magistrats de la première cour du royaume, quoique revêtus des honorables fonctions de conseiller-d'État, n'en seront pas moins indépendants, pas moins à l'abri de la faiblesse, encore plus de la corruption.

2. « Dans certain cas d'un second pourvoi, la » cour de Cassation, au lieu de renvoyer aux sec- » tions réunies, est autorisée à faire le renvoi de » l'affaire au Conseil-d'État pour l'interprétation de » la loi. »

L'article 78 de la loi sur l'organisation des tribunaux du 11 ventose an VIII, dispose que, lorsque, après une cassation, le second jugement sur le fonds est attaqué par les mêmes moyens que le premier, la question doit être portée devant les sections réunies. Dans ce cas, la cour de Cassation est toujours présidée par le grand-juge (le garde des sceaux).

Ce n'est qu'après un troisième pourvoi que l'on demande l'interprétation de la loi.

Celle du 27 novembre 1798 attribuait au corps législatif, après deux cassations, le décret déclaratoire de la loi.

La constitution de l'an III, contenait la même disposition que la loi de 1790, avec cette seule différence que le décret déclaratoire avait lieu après une première cassation.

Sous le gouvernement impérial, l'interprétation devait être donnée par le chef suprême de l'État séant en son conseil, et alors il était loisible à la cour, si elle trouvait la loi obscure, de prononcer sur un second pourvoi (sections réunies), ou de demander cette interprétation.

On annonce, depuis la restauration, la proposition d'une loi qui accordera aux Chambres le droit d'interprétation de la loi; cette nouvelle législation serait conforme à cet axiome de droit romain: *Jus est interpretari leges cujus est condere* (1).

3. « Et si le renvoi avait lieu, comment un membre » de cette cour irait-il prononcer dans ce conseil sur » un renvoi auquel il aurait coopéré? »

Dans ce cas il est à présumer que ce magistrat s'abstiendrait, comme un juge promu à la place de conseiller d'une cour royale s'abstient toutes les fois que l'on porte à la Cour une cause dont il a connu en première instance.

(1) Cette loi a été rendue à la dernière session.

CASTOR, *Fiber.* (*histoire naturelle*).—P. 24-36.— BORY DE SAINT-VINCENT.

3e alinéa de la page 33-34.

1. « C'est au sein des vastes solitudes du Canada, » des régions glaciales de notre Europe, ou vers » l'embouchure des fleuves sibériens, que des cas- » tors en sécurité, mais plus pressés par la nécessité, » se sont civilisés en conséquence de leur organi- » sation. »

Des castors qui se civilisent; *risum teneatis, amici;* mais voyez le mot *Abeille.*

Page 34.

2. « Le castor, certainement plus intelligent que » diverses races australes, peut, sous le rapport de » la raison et du perfectionnement de ses connais- » sances, n'être pas autant éloigné du Chinois que le » sont peut-être les deux tiers des hommes. »

Voilà où conduit l'abus du raisonnement, lorsque l'on s'écarte des croyances que la foi nous impose. Ici les abeilles, les campagnols, les castors, se sont civilisés par une suite d'observations étudiées; là l'homme orgueilleux doit renoncer au titre de roi de la nature, pour se voir classer à côté des orangs et des chauves-souris. Mais dans le passage qui précède, la mesure est comblée; l'homme n'est pas seulement l'égal de la brute, il lui est même inférieur. L'erreur de M. Bory de Saint-Vincent vient sans doute de ce qu'il a confondu un instinct passif et nécessaire avec une raison libre et susceptible de perfectionnement. Les brutes, je l'ai déjà dit, ne se perfectionnent point; placées sur la terre par le Créateur avec toutes les qualités qui conviennent à leur espèce, elles sont telles qu'elles furent dans l'origine du monde. Les hommes, libres dans leur raison, se perfectionnent, se dégradent, acquièrent de nouvelles connaissances, et les perdent; l'histoire du genre humain est la preuve la plus irrécusable de la vicissitude de nos connaissances.

CASUISTES (*religion*).—P. 38-39.—LANJUINAIS.

Le lecteur doit sans doute s'attendre à trouver dans cet article, à l'occasion des casuistes, quelque tirade contre les jésuites, à qui l'on a la bonté d'attribuer une morale des plus relâchées. Aussi avons-nous cru devoir noter les passages suivants:

1er alinéa de la page 38.

« *Casuistes.* Nom donné à ceux des théologiens » qui résolvent bien ou mal des cas de conscience,

» des questions déterminées de morale religieuse, » s'appuyant ou devant s'appuyer sur la raison, l'É- » criture, les règles de l'Église, et les doctrines des » écrivains ecclésiastiques. »

Pour que cette définition fût bonne, il faudrait en supprimer les mots *bien ou mal, ou devant s'ap-puyer*.

En effet on ne conteste point qu'il n'y ait de mauvais casuistes, comme il y a de mauvais juris-consultes, de mauvais médecins. Mais parce qu'il y aura de mauvais avocats, on ne définira pas ainsi leur honorable profession :

Jurisconsulte : nom donné à ceux des légistes qui résolvent bien ou mal des questions de droit, s'appuyant ou devant s'appuyer sur la loi, sur les anciennes coutumes, sur la jurisprudence, sur la doctrine des auteurs les plus recommandables.

On ne dira pas des médecins :

Ceux parmi les physiciens qui connaissent bien ou mal les maladies du corps humain, et qui, s'appuyant ou devant s'appuyer, dans leur traitement, sur la connaissance de l'anatomie, de la physiologie, de la thérapeutique, sur celle du tempérament, de l'âge, du sexe, des habitudes du malade, et la constitution médicale de la saison, etc., guérissent leurs malades, ou les envoient dans l'autre monde. Ces définitions seraient plus risibles qu'exactes; pourquoi donc appliquer à ceux qui traitent des questions de droit divin, à ceux qui sont les médecins des âmes, des définitions que l'on rougirait d'employer pour désigner les hommes qui professent des sciences purement humaines.

3e alinéa de la page 38.

« Sans doute les jésuites ne sont pas les seuls qui » aient scandalisé dans ce genre (on veut parler de » la morale relâchée); mais il faut avouer que leurs » casuistes ont bien dépassé les excès connus avant » eux; voyez l'immortel chef-d'œuvre des Lettres » provinciales, la défense de ces lettres par le béné- » dictin Petit-Didier, la Morale pratique des jésuites, » et l'extrait des assertions pernicieuses que les soi- » disant jésuites ont dans tous les temps et persévé- » ramment soutenues, publié avec l'approbation de » leurs supérieurs, vérifié avec les commissaires du » parlement, en exécution d'arrêts de la Cour, et » déposé au greffe de la Cour. »

J'ai défendu plusieurs fois les jésuites de ces imputations; j'aurai sans doute encore occasion d'y revenir. Dans le fait, si Escobar et quelques autres se sont montrés partisans d'une morale relâchée, Bourdaloue et une infinité d'autres ont enseigné une doctrine bien opposée au relâchement. Pascal, comme je l'ai déjà dit, écrivit ses Lettres provinciales sur de faux mémoires; on trouve dans une note de l'édition de Liége des OEuvres de Bossuet, que les premiers partisans du probabilisme ne furent pas des jésuites; que des religieux qui appartenaient à cet ordre respectable furent les premiers qui combattirent cette doctrine. On parle beaucoup des arrêts des parlements, mais, outre que ces arrêts furent nuls par l'incompétence des juges, qu'ils furent dictés par la passion et la haine, ils ne peuvent plus être opposés aux jésuites, parce que, d'après la Charte comme d'après le Code civil, les arrêts ne peuvent plus être rendus que sur des causes personnelles ou réelles, et que les magistrats ne peuvent prononcer d'une manière générale et règlementaire.

1er alinéa de la page 39.

« On a cru mal à propos diminuer les torts des ca-
» suistes corrompus et corrupteurs, en alléguant
» qu'ils ont fait moins de mal en un siècle que les
» ouvrages des incrédules en dix années. Dieu sait
» lesquels de ces deux classes d'écrivains ont fait le
» plus de mal, et poussé plus loin le dévergondage. »

La morale relâchée de quelques casuistes a pu induire les hommes dans des erreurs pernicieuses; mais, malgré ces décisions erronées, malgré cette permission de commettre des actions mauvaises en elles-mêmes, parce que les casuistes les considéraient comme de simples péchés véniels, malgré cette doctrine du probabilisme, d'après laquelle ce n'était point le parti le plus sûr que l'on devait suivre, mais celui qui plaisait le plus, pourvu qu'il existât le plus léger adminicule de probabilité, il y avait cependant une certaine retenue ; les hommes qui se laissaient conduire par ces casuistes relâchés s'abstenaient au moins des péchés plus griefs ; mais, d'après la doctrine des incrédules et malgré leur belle morale, que reste-t-il à l'homme pour le retenir ? rien, absolument rien. Là il n'existe ni crainte de supplices éternels, ni espoir d'une récompense proportionnée au mérite ; l'homme se laisse aller à toutes sortes d'excès. En deux mots, la morale des casuistes trop faciles a pu faire des chrétiens lâches ; les doctrines des philosophes incrédules ont fait des impudiques forcenés, des adultères, des usuriers ; elles ont créé les monstres altérés de sang de la révolution.

2. « Mais une des plus grandes sources d'incrédu-
» lité fut sans doute le renversement de la morale
» naturelle et chrétienne par des casuistes, qui se
» donnaient, en particulier et même en chaire,
» comme les seuls guides sûrs dans la science de la
» religion, lorsque souvent ils n'étaient que des loups
» couverts de peaux de brebis. »

Sans doute le relâchement de la morale amène l'affaiblissement de la foi, et plus tard l'incrédulité ; mais ce relâchement n'est qu'une cause éloignée d'incrédulité, tandis que les ouvrages de nos philosophes attaquent de front la religion catholique et ses ministres. Du reste, cette morale tiède et facile ne provenait que de l'indépendance des opinions en matière de mœurs, comme l'incrédulité dérive de l'indépendance des opinions en matière de dogme : ainsi nos philosophes qui blâment si hautement la morale relâchée, ressemblent plus qu'ils ne pensent aux casuistes contre lesquels ils s'élèvent (1).

CATÉCHISME (*religion*). — P. 81-83. — LANJUINAIS.

« Depuis 1814, il a été imprimé dans trente diocèses français des catéchismes contenant des » préceptes illégaux, ou même anticonstitutionnels, » mais quand on s'en est plaint publiquement, il a » été répondu officieusement que c'étaient des fautes » d'impression. Cette excuse a suffi, parce qu'on » manque en France d'une bonne loi, et d'un tri- » bunal constitutionnel sur la police des cultes. »

(1) Comme tout homme conséquent à ses principes règle ses mœurs d'après ses croyances ou ses opinions spéculatives, il est incontestable que celui qui, rejetant toute croyance, ne professe que l'athéisme et le matérialisme, n'a et ne peut avoir aucune règle de mœurs. Celui qui, sans être athée, ne reconnaît d'autre Dieu que celui que son imagination enfante, se fera une divinité conforme à ses passions, directrices essentielles de son imagination; ainsi l'indépendance des opinions en matière de croyance, entraînant l'indépendance en matière de mœurs, l'incrédule ne relâche pas seulement le frein que la raison et la foi mettent aux passions humaines; il les débride complètement toutes, et ne laisse aux particuliers et à la société d'autre garantie que la crainte des supplices substituée à la crainte de Dieu, que les mauvais casuistes affaiblissaient par leurs fausses décisions en morale, mais qu'ils laissaient dans toute sa force pour les grands crimes. (*L. A.*)

On dirait, à entendre M. Lanjuinais, que, depuis la restauration, il a été composé de nouveaux catéchismes, et que ces catéchismes attaquent directement nos institutions; mais le lecteur apprendra sans doute avec plaisir de quoi il s'agit.

Dans plusieurs anciens catéchismes était un septième commandement qui ordonnait aux paroissiens de payer aux pasteurs la dîme de leurs revenus.

Hors le temps noces ne feras.
Paye la dîme justement.

Ces anciens catéchismes furent enseignés jusqu'à ce qu'il plût à Napoléon Bonaparte d'ordonner l'enseignement d'un catéchisme général, dans lequel ne manquaient certainement pas d'articles inconstitutionnels. Le catéchisme d'ailleurs était orthodoxe, c'était celui de Bossuet, abrégé; mais parce qu'il était abrégé, il contenait des propositions obscures qui étaient expliquées dans celui du diocèse de Meaux. Ce catéchisme contenait encore un chapitre uniquement destiné à louer Napoléon.

A la restauration, chaque évêque ordonna la réimpression des anciens, et l'on ne prit pas la précaution de supprimer dans la nouvelle édition ce qui concernait la dîme. Voilà le grand abus qui a fourni tant d'articles au *Constitutionnel*, au *Courrier*, au *journal du Commerce*, et à tant de pamphlets libéraux. Mais, dans le fait, quel mal pouvait faire ce défaut de suppression? aucun sans doute; et les évêques qui avaient négligé d'engager les imprimeurs à supprimer tout ce qui n'avait pas rapport avec nos institutions, répondirent vrai, en disant que c'était par la faute de ces derniers, seuls éditeurs des nouveaux catéchismes, que la dernière édition contenait ces articles inconstitutionnels.

On manque en France d'une bonne loi, et d'un tribunal constitutionnel sur la police des cultes.

Les lois restrictives de la liberté catholique ne manquent pas. Voy. les art. 201 et 208 du Code pénal de 1810 (1). Quant au tribunal constitutionnel qu'on réclame, il est certain que le privilége clérical étant aboli, les tribunaux actuellement existants seraient compétents avec les modifications résultant de la nécessité de l'autorisation du Conseil-d'État, pour juger les crimes et les délits que pourraient commettre les ecclésiastiques dans l'exercice ou hors de l'exercice de leurs fonctions. Si les prêtres ourdissaient des conspirations contre l'État, si, abusant de l'ascendant que leur donne leur ministère sacré, ils cherchaient à entraîner les peuples dans la révolte, ils ne seraient point ménagés par les tribunaux; mais, comme l'a dit mon honorable ami (2), ceux qui paraissent tant redouter les prê-

(1) Les deux ordonnances sur les petits séminaires ne gênent pas peu la liberté de l'Église.

(2) M. Séguy, procureur-général de la cour royale de Limoges, dans son discours d'installation.

tres, ceux qui craignent tant l'influence des jésuites, ne peuvent inspirer assez de confiance pour nous faire adopter leurs craintes chimériques; les prêtres demeurent comme tels dans les bornes de leur ministère: tant qu'ils ne s'en écarteront pas, ils ne seront point justiciables du pouvoir temporel; s'ils empiétaient sur la puissance civile, ils rentreraient dans la classe des simples citoyens, et leur qualité ne les sauverait pas de la juste sévérité des lois.

CATÉCHUMÈNES (*religion*). — P. 83-84. — SAINT-AMAND.

2ᵉ alinéa de la page 84.

« La distinction des chrétiens en catéchumènes « et fidèles s'est effacée dans l'Église depuis qu'il n'y » a plus d'infidèles à convertir. »

Ce n'est pas *parce qu'il n'y a plus d'infidèles* à convertir que la distinction des chrétiens en catéchumènes et fidèles, s'est effacée de l'Église, par ce qu'il y a toujours des infidèles à convertir, et que la distinction dont parle M. Saint-Amand existe toujours, quoique d'une manière moins sensible.

Dans les premiers temps du christianisme, l'on ne baptisait guère les enfants, à moins qu'ils ne fussent en danger de mort. La crainte que ces enfants privés de leurs parents n'ignorassent leur baptême et ne le reçussent une seconde fois, contre l'ordre de Jésus-Christ, ou celle plus grave encore qu'élevés par des tuteurs païens, ils ne profanassent par l'idolâtrie, le sacrement de leur naissance spirituelle, exigeait cette précaution. Arrivés à l'âge de discrétion, les enfants étaient instruits du symbole de la foi, et des devoirs de leur religion, et lorsqu'ils commençaient à manifester des sentiments de piété, on les faisait catéchumènes, et on leur donnait le nom de chrétiens, comme reconnaissant le Christ pour l'auteur du salut. Dans cet état, on les éprouvait, on les instruisait avec plus de soin, et lorsque on les croyait fermes dans la foi, et décidés à payer à cette foi la dette du martyre, on leur donnait le baptême, on les faisait participer à la divine Eucharistie, on les fortifiait contre les terreurs du monde, par la confirmation, et c'est ce qui se pratique encore dans la Chine, dans le Tonquin.

Mais dans les pays où le christianisme est reçu depuis long-temps, l'on donne le baptême aux enfants immédiatement après leur naissance; mais hors d'une nécessité très-pressante, on commence par les faire catéchumènes, et l'on diffère jusqu'à l'âge de discrétion la participation à l'eucharistie, et quelquefois la confirmation. *L. A.*

CÉLIBAT. (*morale*).—P. 124-130.—Jay.

1er alinéa de la page 126.

1. « Le célibat, qui affranchissait les hommes des » devoirs domestiques et des principales charges de » l'État, ne pouvait manquer de devenir un des » priviléges du sacerdoce. »

Sous un gouvernement où les lois infligeraient des peines aux célibataires, comme chez les anciens Romains, on pourrait considérer la faculté de demeurer dans le célibat comme une faveur; mais, lorsqu'il est permis à tous les hommes de devenir chefs de famille, ou de vivre dans la plus grande liberté à cet égard, peut-on considérer comme un avantage temporel la contrainte imposée à une certaine classe d'hommes de se priver de la société d'une compagne et du plaisir de se voir revivre. Sans doute le mariage et la paternité ont leurs charges; mais ils ont aussi leurs douceurs; et les charges elles-mêmes constituent dans un mariage bien uni les plus grandes douceurs de la vie. Mais le célibat, celui principalement du prêtre respectable qui observe scrupuleusement ses devoirs, n'a-t-il pas aussi ses peines? Compte-t-on pour rien ces combats perpétuels entre la vertu et le vice, entre l'esprit et la chair? combats d'autant plus violents que l'homme qui les soutient est plus exposé par les devoirs de son état à prêter le secours de son ministère aux personnes du sexe.

Ce n'est point comme privilége que le sacerdoce s'est imposé les privations du célibat, mais comme moyen de perfection. Les pères des conciles et le saint Esprit, qui les inspirait, ont pensé que celui qui marchait à la tête des fidèles, comme administrateur des sacrements, comme distributeur des grâces divines, devait, pour exiger avec succès l'observation des commandements, observer lui-même les conseils évangéliques; ils ont pensé que le commerce d'une épouse chérie, que le soin de ses enfants, pourraient distraire le prêtre de cette piété exclusive qui doit lui faire mépriser tous les avantages terrestres pour rechercher avec plus d'ardeur la gloire de Dieu et le salut de son troupeau; ils ont pensé que celui qui devait par état être le père et le confident des fidèles ne devait point avoir dans ce monde des causes de distraction et de refroidissement. Voilà pourquoi le célibat rigoureux, objet de perfection pour tous les hommes, a été formellement exigé des prêtres.

2. « Chez les Juifs, ceux qui se destinaient au service du temple et au culte de la loi étaient dispensés du mariage. »

Le service du temple était exclusivement confié chez les Juifs à la tribu de Lévi, et le sacerdoce à la famille d'Aaron de la même tribu : il était donc nécessaire que ceux qui se destinaient au service du temple se mariassent. *L. A.*

3. « On assure que Moïse congédia sa femme lors- » qu'il eut reçu les tables de la loi des mains de » Dieu. »

Et qui l'assure? il n'y a pas un mot dans l'Écriture qui porte à le croire. A la vérité, depuis cette époque, il n'est plus question de la femme de Moïse ni de ses enfants. Que conclure de là? qu'ils étaient morts de mort naturelle? c'est possible; que le peuple, dans la sédition qui força Aaron à faire le veau d'or, massacra la femme et les enfants de Moïse? cela peut être encore; que Moïse, descendu de la montagne, trouva sa femme et ses enfants coupables de prévarication, et que, couverts de l'anathème général, ils subirent le juste châtiment de leur apostasie? C'est encore possible. Mais pourra-t-on en conclure que Moïse se sépara de sa femme par amour pour le célibat? je ne puis le penser. *L. A.*

4. « Les sacrificateurs dont le service approchait » se séparaient de leurs femmes pendant quelques » jours. »

Cette séparation momentanée n'avait lieu que pour que les prêtres fussent plus purs lorsqu'ils se presentaient au Saint des saints, et non par l'effet d'un privilége accordé à leurs fonctions; mais les prêtres de la loi nouvelle se présentent tous les jours à l'autel; ils sacrifient tous les jours au Très-Haut une victime divine, et ils s'unissent tous les jours intimement par la communion avec le Dieu, dont les Juifs n'approchaient qu'en tremblant une fois dans l'année.

2ᵉ alinéa de la page 126.

1. « Les prophètes Élie, Élisée, Daniel et ses trois » compagnons vécurent dans la continence. Les na- » zaréens et une partie des esséniens nous sont re- » présentés par l'historien Josèphe comme une na- » tion merveilleuse, qui avait trouvé le moyen de se » perpétuer sans aucun commerce avec les femmes. » Nos anciens moines étaient en ce genre aussi ha- » biles que les nazaréens. »

Je ne vois pas pourquoi on donne comme merveilleuse une chose de la plus grande simplicité. Les esséniens et les moines se perpétuaient en recevant des jeunes sujets qui remplaçaient les anciens prêts à quitter la vie. Il en est de même de tous les ordres civils et religieux qui observent la continence, et dont les sujets morts sont remplacés par des jeunes gens. Le clergé catholique se perpétue de la même manière. Il en était de même chez les Romains de l'ordre des vestales, et personne ne s'est avisé de crier un miracle.

Voici comment s'exprime Josèphe relativement aux Esséniens (1) : « Ils méprisent le mariage ; mais

(1) Καὶ γάμου μὲν ὑπεροψία παρ' αὐτοῖς, τοὺς δ' ἀλλότριους παῖδας ἐκλαμβάνοντες ἁπαλοὺς ἔτι πρὸς τὰ μαθήματα, συγγενεῖς ἡγοῦνται, καὶ

ils élèvent dans leurs mœurs les enfants des autres hommes dont l'éducation leur est confiée, les adoptent comme leurs proches. Ce n'est point qu'ils pensent que l'on doive abolir le mariage et la succession du genre humain, mais parce qu'ils croient que l'on doit éviter l'infidélité des femmes, dont aucune ne peut garder la foi conjugale à un seul mari. »

Quant aux nazaréens, Josèphe ne leur attribue pas cette parfaite continence, mais une grande pureté de mœurs et une dévotion singulière.

Dernier alinéa de la page 127-128.

1. « Les prêtres, sans excepter ceux de Cybèle, » ne passaient pas pour des gens d'une conduite » bien régulière : on devait s'attendre à ces consé- » quences dans un état contre nature. »

Les prêtres des fausses divinités voués au célibat ne pouvaient observer une continence parfaite, pas plus que les gens du monde qui demeurent dans cet état par système ou par intérêt, parce que cette vertu, qui est la plus difficile et la plus pénible à pratiquer, vient de Dieu, qui l'accorde à ceux qui l'embrassent pour l'amour de lui, et pour acquérir

τοῖς ἤθεσι τοῖς ἑαυτῶν ἐντυποῦσι, τὴν μὲν γάμον, καὶ τὴν ἐξ αὐτοῦ διαδοχὴν οὐκ ἀναιροῦντες, τὰς δὲ τῶν γυναικῶν ἀσελγείας φυλασσομένοι, καὶ μηδεμίαν τηρεῖν πεπειμένοι τὴν πρὸς ἕνα πίστιν. (JOSEPH., *De Bello judaïco*, liv. II, chap. XII, p. 785, édit. in-f°.)

la perfection évangélique. Ainsi les prêtres du Seigneur qui se vouent au célibat pour obéir aux lois de l'Église qui les y oblige, les vierges saintes qui, pour se donner exclusivement à Dieu, ont fait vœu de renoncer au mariage, reçoivent, pourvu qu'ils persévèrent dans la prière et dans leurs bonnes résolutions, les grâces nécessaires pour résister aux tentations de la chair et du sang. Mais pour embrasser ces états sublimes, il faut y être appelé, il faut que ce sacrifice soit dicté par la vertu, et non par l'intérêt. Ainsi, malheur au prêtre qui n'est entré dans le sacerdoce que par des vues d'intérêt ou d'ambition !

Page 127-128.

2. « Rien de plus contraire à la morale et à l'ordre » public que des obligations qui forcent de lutter à » chaque instant contre les penchants du cœur, et » les besoins les plus impérieux de l'humanité; il » n'en résulte que des troubles, des vices, et sou- » vent de grands crimes. »

Oui sans doute, celui qui sacrifie les penchants de son cœur à un intérêt humain, celui qui n'est pas affermi dans la vertu par la protection du ciel, celui qui ne cherche dans le célibat que l'exemption des charges du mariage et de la paternité, s'expose à être vaincu dans la lutte qui s'élèvera entre ses penchants et ses intérêts. Il s'expose à devenir une cause de désordre pour la société. Mais celui qui ne se prive des douceurs du mariage que pour s'élever à un état plus parfait, celui que les devoirs de son état obligent à ces pénibles privations, trouvera dans la protection divine les secours qui lui sont nécessaires pour lutter avec avantage contre les penchants de la nature; il triomphera, et, bien loin d'être pour la société un sujet de trouble et de scandale, il sera pour les fidèles un sujet d'édification.

1er alinéa de la page 128.

1. « Le célibat passa des anciens cultes dans la » religion chrétienne. Garder la continence était un » acte de pureté que les premiers Pères de l'Église, » et notamment saint Jérôme, ont célébré avec en- » thousiasme. »

Ce n'est point des anciens cultes, surtout des cultes des idoles, que le célibat est passé dans la religion chrétienne; notre Seigneur Jésus-Christ le conseille dans son Évangile à ceux qui veulent aspirer à la perfection. Jésus-Christ était vierge, le disciple que Jésus aimait était vierge, saint Paul était vierge, et les apôtres mariés se séparèrent de leurs épouses, ou vécurent avec elles comme des frères avec leurs sœurs dès qu'ils commencèrent l'exercice de leur mission. Or Jésus-Christ, saint Jean et saint Paul ne furent point de serviles imitateurs des prêtres païens.

2. « Ils ne connaissaient point de sacrifice plus » pénible, et par conséquent plus agréable au Dieu » des chrétiens; mais cet état n'était point obligatoire ; on n'y entrait qu'avec une entière liberté, » on en sortait volontairement, et sans encourir » d'anathème. »

Il est vrai que le sacrifice de ses penchants, et l'obligation que l'on s'impose de garder la continence sont ce qu'il peut y avoir de plus agréable à Dieu dans les voies de la perfection. Celui qui s'impose ce sacrifice imite autant qu'il est en lui la pureté du Sauveur, éloigne son affection de tout objet terrestre, et la porte tout entière sur la Divinité; il a de fréquents combats à soutenir, et la victoire qu'il remporte avec le secours de la grâce divine l'élève au-dessus de la terre, et l'approche de plus en plus de la Divinité.

Il est vrai qu'on n'entrait dans l'état religieux qu'avec une entière liberté. Un sacrifice forcé n'eût pas été méritoire : on pouvait, comme on le peut aujourd'hui, ne s'obliger que pour un temps par des vœux simples ; mais celui qui avait une fois promis par un vœu perpétuel d'observer la continence, ne pouvait, sans commettre un sacrilége, violer la foi donnée à Dieu.

Voyez l'*Histoire ecclésiastique* de Fleury, t. 2, p. 10-16.

3. « Les personnes préposées au culte en usaient » à cet égard comme bon leur semblait. »

Il y avait autrefois comme aujourd'hui des clercs

laïques attachés au service des églises; ainsi les acolytes, les thuriférères, les portiers, les lecteurs, et tous ceux compris aujourd'hui sous le nom de clercs minorés, pouvaient se marier; mais les diacres, les prêtres et les évêques observaient la continence, c'est-à-dire qu'ils ne pouvaient plus contracter d'union, s'ils étaient célibataires lors de leur promotion aux ordres sacrés; et que s'ils étaient mariés, ils ne vivaient plus avec leurs épouses que comme des frères avec leurs sœurs. Les apôtres mariés en usèrent ainsi après la descente du Saint-Esprit; les hommes vénérables que leurs lumières et leur piété appelaient à l'épiscopat agissaient de la même manière. L'évêque Sénétius, pour éviter le fardeau de l'épiscopat, alléguait qu'il ne voulait point se séparer de son épouse. «Je ne veux pas, disait-il, ni me séparer de mon épouse, ni l'aller voir en secret, et déshonorer un amour légitime par des manières qui ne conviennent qu'à des adultères.» Il fut ordonné malgré son opposition, et il est à présumer qu'il observa les obligations imposées à sa nouvelle dignité (*Dictionnaire théologique* de Bergier. Voyez *Célibat*, p. 587).

4. «Les évêques, les prêtres, les diacres pou-
» vaient se marier; on exigeait seulement qu'ils n'é-
» pousassent qu'une femme. Cette règle s'est con-
» servée dans la religion grecque.»

Les évêques et les prêtres ne pouvaient point se marier (*Dictionnaire théologique* de Bergier). Le XXVIe canon des apôtres ne permettait qu'aux lecteurs et aux chantres de prendre des épouses. Le concile de Néocésarée, tenu en 315, dix ans avant celui de Nicée, ordonne de déposer un prêtre qui se serait marié après son ordination; celui d'Ancyre, deux ans auparavant, n'avait permis le mariage qu'aux diacres qui avaient protesté contre l'obligation du célibat en recevant l'ordination. D'après Socrate, liv. I, chap. XI, et Sozomène, liv. I, chap. XXIII, le célibat était basé sur l'ancienne tradition de l'Église.

A la vérité, depuis le concile de Nicée, il fut permis aux prêtres aux diacres mariés avant leur ordination de vivre conjugalement avec leurs femmes, sur la proposition de Paphurne, célibataire lui-même, et d'une chasteté reconnue; mais les pères de ce concile jugèrent que les évêques, les prêtres et les diacres ne pouvaient plus contracter une pareille union dès qu'ils avaient été ordonnés (*Dictionnaire théologique* de Bergier. Voyez *Célibat*, p. 587.).

2° alinéa de la page 128.

1. « Ce n'est que depuis le concile de Trente que » le célibat a été imposé aux prêtres et aux mem- » bres des communautés religieuses. »

Ce n'est point dans les œuvres de Voltaire et autres auteurs anticatholiques que l'on peut trouver l'exactitude des faits historiques. M. Jay devrait être persuadé que l'*Encyclopédie moderne* n'est pas le premier ouvrage que lisent une grande partie de ses souscripteurs; il devrait leur supposer un peu plus d'instruction, et les respecter assez pour ne pas affirmer des faits que l'histoire contredit.

Nous avons fait connaître plus haut les canons des conciles qui défendaient, dans l'Eglise grecque, le mariage des évêques et des prêtres, quoiqu'ils permissent à des hommes mariés d'entrer dans les ordres sacrés; mais en Occident, la loi sur le célibat fut toujours aussi sévère qu'elle l'a été en vertu du concile de Trente. Elle se trouve dans le XXXIIIe canon du concile d'Elvire, tenu l'an 300 (*Dictionnaire théologique* de Bergier). Elle fut confirmée par le pape Sirice l'an 385, par Innocent Ier en 404, par le concile de Tolède l'an 400, par ceux de Carthage, d'Orange, d'Arles, de Tours, d'Agde, d'Orléans, etc., et par les capitulaires de nos rois.

Malgré toutes ces dispositions canoniques et législatives, on vit malheureusement des prêtres concubinaires; mais le mépris qui les poursuivit et les moyens essayés dans tous les temps pour les ramener à leur devoir, établissent la prohibition plutôt qu'ils n'en détruisent la preuve. Enfin le concile de Trente, lors duquel le mariage des prêtres fut de nouveau mis en question, acheva la réforme de ce clergé qui avait à la vérité donné à l'Église des docteurs et des saints, mais dont certains membres avaient scandalisé les fidèles pas leur mauvaise conduite.

Voy. le Répertoire de Jurisprudence de Merlin, v^e^ Célibat.

Quant aux moines, il ne leur fut jamais permis de se marier, ni par l'Église grecque, ni par l'Église latine. Les moines, se séparant du monde, faisaient vœu perpétuel de chasteté; aussi, lorsque la grande question du célibat des prêtres séculiers était agitée dans l'Église, il fut dit que, si l'on n'obligeait pas les prêtres au célibat, on serait contraint, pour subvenir aux besoins du culte, de prendre des moines obligés par vœu à la continence. D'ailleurs les moines, vivant en communauté et assemblés en grand nombre dans leurs maisons, pouvaient-ils se marier sans occasioner les plus grands désordres dans leurs religieuses habitations? On connaît les règles des ordres monastiques dont l'établissement a précédé le concile de Trente, et il est positif que toutes ces règles prescrivent le vœu perpétuel de continence.

2. « On sait par tradition tous les désordres qui » en résultaient. Le libertinage des moines était passé » en proverbe, et une femme honnête n'aurait osé » se hasarder dans un couvent de carmes ou de cor- » deliers. Les scandales que donnaient ces moines » ont plus d'une fois attiré les regards de la justice ».

Parmi les moines qui existaient avant la révolution, les uns avaient quitté le monde pour marcher vers la perfection évangélique, et avaient embrassé des disciplines austères; ceux-là en général menaient une vie édifiante; la licence de la révolution eut très-peu de prise sur eux. D'autres n'avaient adopté la vie religieuse que par paresse, ou par des vues plus coupables encore. Aussi donnèrent-ils, lors de la révolution française, des preuves de la perversité de leur cœur, en se livrant à tous les excès que l'anarchie entraîne à sa suite.

Mais le libertinage dont on accusait les moines était loin de provenir de la loi du célibat. Les moines occupés aux défrichements des déserts, à la transcription des livres, à la culture des sciences et des arts, aux travaux du ministère ecclésiastique, soutenus dans la perfection des vertus chrétiennes qu'ils avaient vouées dès les premières années de leur adolescence, par une règle austère qui commandait constamment le plus entier renoncement à ses sens, n'étaient pas libertins ; tels furent les moines lors de leur formation, tels ont toujours été les trappistes. Mais, comme tout se relâche par la suite des temps, en diminuant l'austérité de leurs règles, en formant des liaisons avec les gens du monde, les moines perdirent leur première ferveur. L'amour du repos succéda à celui des travaux pénibles. La table passa de l'austérité à la simple frugalité, de la frugalité à la délicatesse, de la délicatesse au luxe et à la profusion. Les veilles furent abrégées, la couche fut amollie, les passions reprirent leur empire, et quelques scandales parurent. La malignité du monde s'en saisit. Mais les modestes vertus de cent autres qui, cachés dans leurs monastères, suppléaient par leur amour pour la retraite, par leur application aux exercices religieux à ce qui avait été retranché de l'austérité primitive, demeurèrent ignorées.

Les cloîtres reçurent un coup mortel par l'édit de Louis XV, qui renvoya à l'âge de vingt-un ans les professions religieuses. Avant cet édit, des enfants de quatorze ans, ayant reçu dans leurs familles une première habitude de vie chrétienne, se présentaient à la porte des monastères. Admis aux exercices du noviciat, ils en remplissaient avec joie les devoirs; ils s'affectionnaient à un ordre qui devenait pour eux une seconde famille. Soutenus par les nombreux exemples des vieux religieux, ils poursuivaient paisiblement leur carrière angélique.

Mais depuis ce fatal édit, les jeunes gens, corrompus dans le monde et par le relâchement des familles jadis chrétiennes, et par les désordres qui se glissèrent dans les colléges après la suppression des jésuites, n'entrèrent qu'en fort petit nombre dans les monastères; ils y portèrent leurs vices, et bientôt la religion eut à gémir des désordres de certaines communautés. Je dis *communautés*, et non pas *ordres;* car la divine Providence a voulu que, dans ceux dont la règle était la plus mitigée, il se trouvât encore de saints religieux. Il n'est pas un seul ordre en France qui n'ait fourni des martyrs pendant les persécutions révolutionnaires.

(*L. A.*)

3. « On connaît l'aventure du jésuite Gérard et
» de la Cadière : l'aventure plus récente du curé
» Mingrat prouve à quel excès de barbarie peuvent

» se porter des hommes contrariés dans les plus » énergiques penchants de la nature. »

Tout le monde ne connaît pas cette aventure du jésuite Gérard. Mais, selon toutes les apparences, d'après les expressions de l'auteur, cette aventure doit être quelque infamie. On lit dans une apologie des Jésuites la phrase suivante, du moins en substance : « Semblables à leur divin Maître, ils ont été poursuivis par toutes sortes de calomnies; mais comme lui ils n'ont jamais été attaqués sur l'article des mœurs. » Comment un apologiste aurait-il pu parler ainsi, si l'aventure dont on parle comme d'un fait connu n'était pas controuvée, ou faussement appliquée à un jésuite par l'auteur de l'article (1). (*L. A.*)

Quant à celle du curé Mingrat, on peut compter les aventures de ce genre arrivées aux ecclésiastiques, et l'on peut affirmer que ce n'est point la seule force de leur tempérament qui les porte au crime, mais l'oubli de leurs devoirs religieux.

Quelque crime toujours précède les grands crimes.

(1) Ceux qui connaissent l'affaire du jésuite Gérard et de La Cadière savent qu'il ne s'agissait nullement de ce que voudrait faire entendre l'auteur. Du reste, ce jésuite, mis en jugement, fut acquitté par le parlement d'Aix, et l'on sait que les parlements n'étaient pas indulgents, et qu'ils n'aimaient pas les jésuites.

Mais combien ne voit-on pas de laïques célibataires, et quelquefois mariés, qui se livrent aux mêmes excès. Ceux-là sont trop nombreux pour être comptés, et de plus les ennemis des prêtres n'ont aucun intérêt à les faire remarquer.

Aujourd'hui principalement les exceptions à la bonne conduite du clergé sont infiniment rares, et malgré leur célibat, les nouveaux prêtres sont des modèles de vertu et de chasteté. Une brochure de M. le comte de Montlausier, qui n'est pas suspect lorsqu'il parle en faveur des ecclésiastiques, contient le passage suivant :

« Le clergé de France, à beaucoup d'égards, est » remarquable du côté de la pureté des mœurs, etc.; » les jésuites, les congrégations, le parti-prêtre. » (*Décembre* 1827.)

1er alinéa de la page 129.

1. « De pareils forfaits n'arrivent point dans les » pays protestants, où les ministres du culte de- » viennent époux et pères. »

Si de pareils événements arrivaient dans les pays protestants, on aurait sans doute assez de respect envers l'état ecclésiastique pour ne pas publier des faits qui pourraient le déshonorer, mais si dans les pays protestants il n'a pas été commis des crimes semblables à celui du malheureux curé Mingrat, combien de séductions et d'enlèvements dont se sont rendus coupables les jeunes ministres?

Les pasteurs protestants, pères de famille, pensent plus à leurs femmes et à leurs enfants qu'au salut de leur troupeau. Comme ils ne sont pas riches, ils ne sont pas très-délicats sur les moyens de faire fortune, pour laisser quelque peu de bien à leur postérité. Leurs enfants, sujets aux passions comme ceux des laïques, déshonorent quelquefois les cheveux blancs du pasteur le plus respectable. Le curé est obligé, s'il veut établir ses filles, de souffrir les assiduités des jeunes gens auprès d'elles; souvent il en résulte du scandale: aussi voit-on en Angleterre, parmi les femmes de mauvaise vie, un grand nombre de filles de ministres anglicans. Le célibat peut entraîner des abus, parce que les choses les meilleures ont leur côté dangereux; il n'est rien de parfait dans ce monde sublunaire. La justice a ses dangers, la bonté a aussi les siens, et supprimer le célibat des prêtres, parce qu'un curé aura commis un crime, ce serait comme si l'on voulait supprimer la justice, parce qu'il a pu exister des juges prévaricateurs.

2. « Ces charités de famille, dit Milton, les at-
» tachent aux institutions et aux lois de leur pays ; ils
» sont citoyens sans cesser d'être membres du sa-
» cerdoce; ils tiennent à la société par des liens in-
» dissolubles, et en prêchant la morale évangélique,
» ils donnent l'exemple de toutes les vertus. »

Oui, il existe des ministres protestants qui sont

bons fils, bons époux et bons pères, et je leur rends avec joie, malgré leur égarement, la justice qu'ils méritent sous ce rapport. Ils peuvent être aussi bons citoyens, mais alors ils ne sont point conséquents avec leurs principes. D'après les idées suggérées par la réforme, chacun est juge de sa conscience, de ses devoirs et de ses droits, et pour être bon citoyen, c'est-à-dire pour demeurer soumis aux puissances que Dieu a établies, il faut souvent faire le sacrifice de sa manière de voir et de sa volonté. On sait, et M. Jay n'en disconviendra pas, que la liberté de penser accordée aux hommes a amené avec elle l'insubordination d'abord à l'autorité spirituelle, ensuite à l'autorité temporelle. Les réformes dans la religion ont amené le régicide de Charles Ier, les guerres des protestants contre les catholiques, et enfin la révolution française, et je ne pourrai jamais admettre au nombre des bons citoyens les fauteurs de trouble et d'anarchie.

D'un autre côté, les ministres les plus vertueux ne peuvent inspirer à leur troupeau la confiance qu'ils obtiendraient s'ils étaient dégagés de tout lien terrestre; et si les réformés admettaient comme nous la confession auriculaire, oserait-on confier le récit de ses fautes à un homme marié, à un père de famille, comme on le confie à un célibataire, que l'on suppose entièrement indépendant?

2e alinéa de la page 129.

1. « A l'époque où le célibat des prêtres fut con-
» firmé, les déchirements de l'Eglise annonçaient
» la décadence de la papauté. »

Nous avons dit dans nos précédentes observations que le célibat des prêtres, aussi ancien que l'Église dans la partie occidentale, avait été prescrit formellement par des conciles tenus en 300, 385, 400, etc., et à cette époque, la réforme de Luther était encore bien éloignée. Du reste, le concile de Trente, qui a renouvelé les dispositions des anciens conciles, et qui a frappé d'anathème les prêtres qui se marieraient, est bien loin d'avoir diminué l'autorité du pape en matière spirituelle. Elle est telle qu'elle fut dès le commencement. Peu importe que la prétendue réforme ait entraîné dans ses erreurs et dans son schisme des princes, des rois et des nations entières ; de pareilles défections ont toujours affligé, et affligeront toujours l'Église jusqu'au second avénement de Jésus-Christ. C'est par elles qu'elle s'épure (si l'on peut employer cette expression à l'égard de l'épouse de Jésus-Christ, qui fut toujours digne de ses complaisances), qu'elle se délivre des membres gangrenés qui cherchent à la corrompre. C'est dans un temps de schisme que les catholiques sont plus fervents, c'est dans les villes où les protestants sont nombreux que les chrétiens fidèles s'approchent avec le plus de ferveur des sacrements, fuient les spectacles et les divertissements profanes. Le nombre des catholiques peut diminuer, mais l'autorité spirituelle du pape sera toujours reconnue des vrais chrétiens.

2. « Ce fut pour retenir dans ses intérêts une mi-
» lice innombrable, que la Cour de Rome conçut
» l'idée d'isoler les prêtres et les moines, de les sé-
» parer de la société, et de réunir toutes leurs pen-
» sées et toutes leurs affections sur un chef étran-
» ger. »

Les moines réunis en communauté ne pouvaient se marier sans s'exposer à causer les plus grands désordres. D'ailleurs les hommes et les femmes qui entraient dans l'état religieux aspiraient, en embrassant cet état, à la perfection évangélique, et faisaient vœu de chasteté perpétuelle.

Ce n'est point en vertu des décrets des papes que les prêtres ne se marient point, mais d'après la tradition confirmée par les décisions des conciles. Voyez ce que nous avons dit plus haut.

Les moines étaient morts civilement dans l'État, et par conséquent ils n'étaient plus citoyens, et ne pouvaient exercer aucune influence sur les affaires du siècle; ils ne s'occupaient que des intérêts du Ciel, et ils ne devaient d'obéissance qu'au représentant de celui qui a dit que son royaume n'est pas de ce monde.

Quant aux prêtres séculiers, considérés comme

prêtres, ils ne doivent obéir qu'aux supérieurs ecclésiastiques ; considérés comme citoyens, ils doivent obéir aux lois de l'État, payer les impôts, et s'abtenir de tout acte qui pourrait blesser les intérêts légitimes de la société en général, et de chacun de leurs concitoyens en particulier ; ils doivent d'ailleurs, pour conserver la dignité de leur état, éviter tout point de contact avec l'autorité civile.

Mais lorsque la supériorité de leurs vertus et de leurs lumières les revêt de la confiance des maires des communes dont ils sont les pasteurs, pourquoi leur serait-il défendu de donner leur opinion comme tout autre citoyen ? Si un ménage est peu d'accord, pourquoi ne pourraient-ils pas y rétablir la paix et la concorde ? Si les paroissiens sur le point d'entrer en procès veulent livrer le jugement de leur cause à leur arbitrage, pourquoi leur serait-il défendu de leur éviter des frais et de rétablir l'union entre eux ?

3. « Nous devons à cette politique les guerres » religieuses, les excès du fanatisme, peut-être » même ceux de la révolution. On ne s'écarte jamais » impunément de la loi naturelle. »

Nous devons les guerres religieuses à la liberté d'examen, qui, après avoir fait sortir Luther, Calvin et leurs sectateurs de la voie d'obéissance à l'Église, les entraîna dans la révolte envers les puissances politiques. Nous devons les excès du fanatisme à la résistance opposée par les catholiques aux mauvais traitements des réformateurs. (Voyez le mot *Albigeois.*) Nous devons les excès de la révolution à cet esprit d'indépendance qui, après avoir attaqué l'Église, attaqua le pouvoir légitime des rois.

3e alinéa de la page 129.

1. « Une chose digne de remarque, c'est que, » depuis l'abolition des vœux monastiques, et la » destruction des milliers de couvents dont la » France était surchargée, les mœurs privées ont » fait de grands progrès et s'améliorent de jour en » jour. »

Les mœurs privées s'améliorent, nous dit M. Jay; mais d'où vient que les habitants des campagnes vont toujours se corrompant de plus en plus? d'où vient que le concubinage est tellement à l'ordre du jour, que l'on voit au sein des grandes villes presqu'autant d'unions illicites que de mariages légitimes? D'où vient que la religion du serment devient moins sacrée, et que les faux témoignages sont aujourd'hui plus fréquents que les vrais? D'où vient que les mariages sont si peu féconds, tandis que le nombre des enfants naturels augmente tous les jours? D'où viennent ces nombreux infanticides et ces crimes inouis qui remplissent les cours d'assises et les gazettes des tribunaux de récits épouvantables?

Cependant nous ne disconviendrons pas que les

mœurs tendent tous les jours à devenir meilleures; et, suivant le système judicieux de l'historien Lacretelle, nous dirons : Les mœurs du régent corrompirent celles de la noblesse; celles-ci répandirent leur contagion sur la noblesse inférieure, sur la bourgeoisie de Paris; et cette corruption amena avec elle la révolution française. La révolution, proclamant partout la liberté et l'égalité, fit concevoir à la bourgeoisie l'espoir de s'élever dans le monde; mais comme elle ne pouvait s'élever qu'en vertu des principes philosophiques qui avaient corrompu précédemment les classes supérieures, elle devint philosophe, irréligieuse et dissolue. Le peuple voulut l'imiter : aussi voyons-nous aujourd'hui ces paysans autrefois si bons et si simples, peu éclairés, malgré les lumières du siècle, s'ériger en réformateurs des lois politiques et religieuses, mépriser tout ce qui gêne leurs goûts, ou contrarie leurs intérêts. Mais comme les intérêts de tous ne peuvent s'accorder, les haines, les rivalités, les guerres entre particuliers et de commune à commune, nous ramènent, grâce aux lumières de la philosophie, aux temps barbares de la puissance féodale. Les communes entières s'arment pour un intérêt chimérique, souvent pour un point d'honneur mal entendu (1), et si la religion et la morale

(1) On voit souvent aujourd'hui des guerres de commune à commune, où toutes les populations respectives se lèvent en masse pour se livrer de véritables batailles. Les débats de la

ne se hâtent de renouveler la face de la terre, c'en est fait de la civilisation : nous allons retomber dans la barbarie, dont la religion chrétienne et les vraies lumières nous avaient tirés.

Mais que le lecteur ne désespère point du salut de notre patrie, du salut de cette belle France, qui fut si long-temps l'asile de la politesse, des arts libéraux et de toutes les vertus sociales. Notre auguste monarque donne à ses sujets l'exemple des vertus religieuses; notre noblesse, éprouvée par l'adversité, a reconnu les erreurs de ses pères, et suit avec transport les exemples de notre bon roi et de son auguste famille; l'épiscopat français se distingue par ses vertus autant que par ses lumières; les mœurs du clergé sont pures, et malgré ses détracteurs, on voit avec consolation que nos prêtres sont des modèles de toutes les vertus chrétiennes, comme ils le

Cour d'assises de Cahors des 28, 29, 30 et 31 mai 1828 ont prouvé que, le 30 septembre 1827, quatre-vingts jeunes gens de la commune de Bitaille, arrondissement de Gourdon, département du Lot, s'étaient réunis pour surprendre ceux de Vayrac, avec lesquels ils étaient en guerre. Ceux-ci, en petit nombre, étaient armés de fusils aussi bien que quelques-uns de leurs ennemis. On fait des prisonniers; on tient des conseils de guerre, on signe quelquefois des traités de paix. Il m'a semblé voir dans ces débats l'histoire de ces peuplades américaines qui se battent pour venger de vieilles injures. Il ne manquait à la ressemblance de ces guerres avec celles des sauvages que les festins horribles qui suivent la victoire.

sont d'amour et de respect pour l'autorité royale. La haute bourgeoisie suit l'exemple de la noblesse; la bourgeoisie inférieure, partagée aujourd'hui entre les fausses lumières de la philosophie et celles plus vraies de la religion chrétienne, se laisse déjà entraîner vers des opinions religieuses et monarchiques. Le peuple, n'en doutons pas, suivra bientôt les exemples qui lui sont donnés, et nous verrons enfin la religion, l'amour pour nos rois, et toutes les vertus religieuses et politiques briller au milieu de la génération qui va suivre.

Mais, pour arriver à ce but désiré par tous les bons Français, il faut que les hautes classes de la société persévèrent dans leurs dispositions religieuses; il faut que les autorités civiles empêchent de tout leur pouvoir la propagation des livres impies que l'on jette, qu'on me pardonne cette expression, par millions dans nos campagnes, pour y répandre le poison de la philosophie moderne; il faut que les pasteurs des âmes agrandissent par une étude assidue la sphère des vraies lumières, pour s'opposer avec succès aux fausses et pernicieuses lumières de l'irréligion et de l'indépendance; il faut que l'enseignement de la jeunesse soit confié à des hommes religieux, à des corps enseignants; et les jésuites, malgré la calomnie déversée sur eux à pleines mains, me paraissent les plus propres à remplir ces nobles fonctions: et alors le siècle où nous vivons pourra ajouter au titre glorieux de siècle des lumières celui de siècle du bonheur et de la vertu.

2. « L'on voit moins de célibataires, les devoirs de » la famille ne sont plus tournés en ridicule, les liens » de la société se resserrent, et des vertus réelles » ont remplacé des vertus de convention. »

Les célibataires sont moins nombreux. Oui, les célibataires pieux, et ceux qui, quoique laïques, passaient leur vie dans l'exercice des vertus civiles et religieuses. Mais les célibataires du libertinage, ceux qui veulent goûter les plaisirs du mariage sans en supporter les charges, sont aujourd'hui en bien plus grand nombre. La proportion des enfants naturels à l'égard des enfants légitimes augmente tous les jours.

Les liens de la société se resserrent. Oui, dans ces pieuses associations réunies pour faire de bonnes œuvres, et donner des secours aux indigents. Mais chez les ennemis de la religion, l'intérêt personnel divise les hommes les plus rapprochés par les liens naturels; le gain est l'âme de toutes les affaires, et je n'ai pu entendre sans frémir un homme, d'ailleurs irréprochable, mettre en principe que, lorsqu'on faisait une convention, il fallait considérer comme ennemi celui avec lequel on contractait.

Des vertus réelles ont remplacé des vertus de convention. Qu'est-ce que notre auteur entend par vertus réelles et vertus de convention? Il n'y a point des vertus de convention, ou toutes le sont. S'il y a une différence essentielle entre le bien et le mal moral, il n'y a de vertu que dans l'amour du bien et la haine du mal; et si cette différence n'existe pas, comme le veulent les athées, toutes les vertus sont de convention. (*L. A.*)

4e alinéa de la page 129.

« Le célibat des prêtres n'a point été prescrit par » une loi formelle de la divinité. C'est un point de » discipline qui peut être mis en délibération et ré- » formé sans qu'il en résulte aucun inconvénient » pour le dogme et la morale. »

Notre Seigneur Jésus-Christ n'a pas ordonné le célibat, mais il l'a pratiqué et il l'a conseillé. Les apôtres vierges ont persisté dans la virginité. Ceux qui étaient mariés ont abandonné tout commerce avec leurs femmes. Les conciles ont défendu le mariage des ecclésiastiques engagés dans les ordres sacrés. L'Occident s'est soumis depuis l'établissement de l'Église à cette discipline. Ce que l'Église admet comme nécessaire l'est certainement pendant tout le temps qu'elle persiste dans ses dispositions. Il serait donc tout au moins imprudent de toucher aujourd'hui à cette discipline, et de soumettre la question à un nouvel examen. Mais, que dis-je? elle a été examinée de nouveau presque de nos jours, et le concile de Trente, après mûre délibération, a, du propre aveu de notre auteur, resserré les liens de l'obligation du célibat. Les choses ont-elles changé depuis ce dernier concile? Quelle raison impérieuse nécessite-t-elle une nouvelle délibération à cet égard? on n'en connaît point. On voit au contraire, malgré quelques aventures racontées avec emphase par les journaux de l'opposition libérale, on voit, disons-nous, le clergé français plus studieux, plus attaché à ses devoirs, plus moral qu'il ne le fut jamais (c'est M. de Montlosier qui nous le dit dans sa brochure contre le parti-prêtre). Une paix de quinze ans a augmenté considérablement la population; les raisons de bienséance et d'utilité publique qui firent ordonner le célibat des prêtres n'ont point changé; les conseils du divin auteur de notre religion n'ont point été révoqués; qu'est-ce qui pourrait donc engager aujourd'hui l'Église à changer une discipline de dix-huit siècles? Si nos philosophes en connaissent, ils rendront un service signalé à la religion..... Mais, que dis-je? le corps épiscopal, parfaitement instruit des besoins de l'Église, éclairé des lumières du Saint-Esprit, ne puisera pas chez les ennemis de la religion, qui ignorent complètement ce qui la concerne, les renseignements qui pourraient conduire à une réforme.

5e alinéa de la page 129-130.

1. «Le célibat des prêtres, dit l'abbé de Saint-» Pierre, n'est point essentiel à la religion chré-» tienne; il n'a jamais été regardé comme un des » fondements du schisme qui nous sépare des Grecs » et des protestants.»

Le célibat n'est point essentiel à la religion, mais il a été reconnu de la plus grande utilité pour le maintien de la discipline ecclésiastique. L'habitude qu'ont les Grecs de conserver leurs femmes après leur ordination ne serait sans doute point un obstacle à la réunion ; mais les protestants vont plus loin ; ils se marient après leur promotion à des dignités ecclésiastiques. Ils étaient soumis, avant leur défection, à l'Église romaine, sous la juridiction patriarcale de laquelle le célibat était rigoureusement observé. Ainsi l'on doit admettre une différence essentielle entre les Grecs et les sectateurs de Luther et de Calvin, entre ceux qui ont conservé d'anciens usages, et les hommes qui se sont écartés volontairement de ceux adoptés par l'Église dans le sein de laquelle ils se trouvaient.

Page 129-130.

2. « Ainsi l'Église ayant le pouvoir de changer » tous les points de discipline d'institution humaine, » si les États de l'Église catholique recevaient de » grands avantages de rentrer dans cette ancienne » liberté sans en recevoir aucun dommage effectif, » il serait à souhaiter que cela fût. »

Si les États de l'Église catholique devaient recevoir de grands avantages de cette liberté sans en éprouver aucun dommage effectif, non-seulement il serait à souhaiter que cela fût, mais cela serait;

parce que le corps épiscopal, assisté des lumières du Saint-Esprit, se serait empressé de procurer à l'Église ce nouvel avantage. Mais, bien loin d'en être un, la liberté de se marier serait nuisible à la religion ; elle énerverait le clergé en l'attachant à une famille ; elle le distrairait de ses fonctions ; elle exposerait l'Église à des scandales amenés par la recherche que feraient les jeunes prêtres des personnes qu'ils voudraient épouser. Et, comme aujourd'hui, grâce aux lumières de la philosophie, les moines sont réduits à un bien petit nombre, on se priverait des exemples de sainteté donnés par les hommes qui aspirent à la perfection évangélique, et la religion perdrait de son lustre.

3. « La question de ces avantages est moins théo» logique que politique, et regarde plus les souve» rains que l'Église, qui n'aura qu'à prononcer. »

M. Jay convient que c'est à l'Église à prononcer ; mais que signifie alors ce qu'il dit que la question de ces avantages est moins théologique que politique? S'il en était ainsi, ce ne serait point à l'Église à prononcer, mais au souverain, et l'Église n'aurait à donner qu'un consentement de peu d'importance. Mais la question, quoiqu'elle ne touche point au dogme, tient à la discipline de l'Église ; elle tient à l'honneur de son clergé ; elle tient à ce qu'une partie des chrétiens soit obligée par état à l'observation des conseils évangéliques, et à une imitation plus parfaite de notre divin Rédempteur ; et alors non-seulement c'est à l'Église à prononcer, mais à examiner et à délibérer. La question est plus théologique que politique.

1er alinéa de la page 130.

1. « Ces réflexions de l'abbé de Saint Pierre sont » excellentes, et il en résulterait de grands avantages » pour les peuples et pour les rois de l'abolition du » célibat ecclésiastique. »

Les peuples n'en retiraient aucun avantage, parce que les inconvénients qui résulteraient de cette nouvelle discipline entraîneraient le mépris du sacerdoce, l'affaiblissement de la religion et de la morale, et de grandes difficultés pour l'administration des sacrements.

Les rois n'en retireraient pas non plus, parce que, la religion étant affaiblie, chacun se créerait son système à l'instar des protestants; l'on passerait comme eux de l'indépendance en matière de foi à l'indépendance en matière de gouvernement, et l'on arriverait plus vite à la catastrophe universelle que l'on prépare avec tant de soin.

2. « L'opinion à cet égard est parfaitement éclai» rée; mais le grand obstacle est dans la politique de » la cour de Rome, qui, toujours soumise au même » ordre d'idées, ne s'écarte point du système adopté » dans des siècles moins éclairés. »

Ce ne fut point dans des siècles moins éclairés que fut adoptée la loi qui prescrit le célibat des prêtres ; nous venons de voir qu'elle date du temps des apôtres, et qu'elle a toujours été observée, dans les beaux siècles de l'Eglise comme dans le moyen-âge. Depuis le concile elle a été encore mieux pratiquée, et l'on ne peut s'empêcher de voir que la véritable réforme de ce qu'il pouvait y avoir à corriger dans l'Église est due à ce concile plutôt qu'à ces esprits turbulents qui, sous le prétexte de *réformer*, ont troublé et l'Église et les États. Il est même à déplorer que les sages règlements de ce concile n'aient pas été reçus partout. Concluons donc que si la cour de Rome tient à ce que les prêtres observent la loi du célibat, elle n'agit ainsi que par esprit de religion, et non par un motif temporel. D'ailleurs le clergé lui-même, qui serait certainement intéressé à obtenir la liberté de se marier, si cette liberté pouvait procurer quelque avantage à l'Église, repousse avec horreur la liberté qu'on lui offre, comme attentatoire à son honneur, et destructive de la perfection du christianisme.

3. « Un jour viendra peut-être où de vieux pré»jugés, de vieilles pensées de domination feront » place à des vues plus saines et plus religieuses. »

Les *préjugés*, qui reconnaissent l'utilité, je dirai plus, la nécessité du célibat sacerdotal, sont trop respectables pour pouvoir être changés. Ces préjugés sont basés sur les conseils évangéliques, sur l'exemple des apôtres, sur les conciles et l'usage de l'Église d'Occident depuis quinze siècles, et ces *préjugés* ne pourraient être remplacés par un *nou-*

veau préjugé qu'au détriment de la religion, de la morale et de l'indépendance sacerdotale. Philosophes, vous avez beau vous battre le flanc pour détruire par parties l'édifice de la religion catholique, il subsistera malgré vous jusqu'à la consommation des siècles. La philosophie moderne, digne émule des anciennes hérésies, pourra bien faire quelques prosélytes, mais elle tombera à son tour, tandis que le vaisseau de Pierre, battu par les vagues, conservera son équilibre, et triomphera de la tempête.

CENSURE (*politique*). — P. 134-140. — J.-P. Pagès.

1er alinéa de la page 135.

« La censure ne fait pas les mœurs, elle les constate seulement. »

Cette phrase de peu d'étendue peut donner beaucoup à penser aux hommes qui s'occupent du perfectionnement de la morale publique ; la censure (j'entends celle dont parle ici l'auteur, la censure des mœurs) ne corrige point des mœurs corrompues ; elle arriva trop tard chez les Romains, et ne put arrêter la contagion que les richesses et le luxe des peuples conquis avaient répandue chez les descendants des *Mutius Scævola*, et des *Quintius Cincinnatus*. Mais on ne peut lui refuser l'honneur d'avoir contenu quelques-uns des grands hommes de la république romaine, qui sans elle auraient suivi le torrent destructeur, et d'avoir par suite retardé l'anéantissement de la liberté.

La censure constate les mœurs; mais c'est en les constatant qu'elle retarde la corruption. Si la censure avait existé du temps de la régence et sous les règnes de Louis XV et de Louis XVI, les mœurs ne se seraient point corrompues; la philosophie moderne, flétrie dès sa naissance, n'aurait pas gâté les générations contemporaines et les générations futures; les hommes d'un rang élevé se seraient respectés, et n'auraient point séduit ceux d'un rang inférieur. La censure, en deux mots, ne guérit point le cœur des hommes corrompus, mais elle arrête la contagion, et prévient la corruption des faibles.

Il existe cependant, depuis l'établissement de la religion chrétienne, une censure qui a empêché beaucoup de mal, qui a ramené beaucoup de pécheurs des bords de l'abîme où ils étaient sur le point d'être ensevelis, qui a retenu beaucoup de chrétiens prêts à succomber à la séduction; cette censure est secrète; elle est volontaire de la part de celui qui en est l'objet: mais cette censure religieuse, qui arrête les progrès de la démoralisation, qui a retiré du vice une foule de jeunes personnes, la philosophie du jour voudrait nous l'enlever!...... Jugez par là du bien qu'elle prépare au monde.

2e alinéa de la page 137.

« Quelques philosophes ont prétendu que cette » austère magistrature des États républicains pou- » vait exister sous la monarchie ; mais Louis XIV » eût envoyé à la Bastille, Louis XI à la place de » Grève, ce même Caton, qui forçait au respect les » conquérants et les maîtres du monde. »

Nous pouvons abandonner à M. J.-P. Pagès le roi Louis XI, dont le caractère soupçonneux et fantasque contraste éminemment avec ceux de la majeure partie des rois de la troisième race ; nous ne savons ce que ce prince aurait fait de Caton ; et il est à présumer que le caractère frondeur et républicain de ce stoïcien n'aurait pu s'accorder avec le caractère ombrageux de Louis XI ; mais Louis XIV, que l'on affecte de calomnier dans tous les écrits philosophiques, eut une belle âme ; il fut grand, il fut bon. Il réunit toutes les qualités d'un grand roi à quelques défauts inséparables de la faiblesse humaine. Il ne fut point ennemi d'une censure modérée ; et quelques-uns de ceux qui l'approchèrent osèrent lui faire sentir qu'il n'était roi que pour faire le bonheur de son peuple. Racine, historiographe de France, osa lui représenter qu'il serait obligé de consigner dans ses annales les fautes qu'il avait commises ; Fénelon, dans son *Télémaque*, défendit les droits du peuple avec plus d'éloquence et de raison que nos prétendus libéraux dans leurs ouvrages et dans leurs journaux; et ils ne furent pas mis à la Bastille. Il est à présumer que l'originalité de Caton aurait amusé Louis XIV plus qu'elle ne l'aurait irrité; tout ce qu'il aurait pu faire dans un moment d'humeur eût été de l'enfermer aux Petites-Maisons.

2. « Que ferait le censeur en présence des crimes » de Charles IX, des turpitudes de Henri III, » des adultères de Louis XIV, des débauches de » Louis XV? »

Il aurait peut-être empêché Charles IX d'être séduit par sa mère, et d'ordonner le massacre de la Saint-Barthélemy.

Il aurait montré à Henri III le danger des liaisons qui ont pu nuire à sa réputation.

Louis XIV, dont l'âme était grande et belle, aurait été plus sensible que tout autre à la censure, et n'en aurait point empêché l'effet.

Louis XV aurait trouvé dans un censeur un préservatif contre la séduction, et aurait mérité jusqu'à la fin de ses jours le surnom de *Louis-le-Chaste*, que le Conseil-d'État voulait lui déférer. Le duc de Richelieu n'aurait point épuisé contre lui toutes ses flèches empoisonnées (1). (*L. A.*)

(1) On sait que le duc de Richelieu contribua plus que tout autre à corrompre Louis XV. Ce fut dans ce but que, espérant de vaincre l'austère vertu du roi, encore bien éloigné des tur-

3e alinéa de la page 137.

1. « D'autres ont pensé qu'il était facile de res-
» pecter l'immoralité des cours, et de restreindre
» la censure aux classes subalternes de la société;
» mais un peuple moral, permettant les vices à ses
» rois, dégraderait par cela même la royauté; et un
» prince immoral, forçant son peuple à la vertu,
» s'avilirait lui-même par le contraste. »

Il est hors de doute que la censure, telle qu'elle était chez les Romains, ne pourrait atteindre les rois qui, s'ils n'étaient point vertueux, auraient bientôt secoué un joug qui gênerait leurs inclinations et leurs habitudes. Une censure civile ne serait même pas assez respectueuse envers le souverain, parce que les censeurs pourraient, suivant leur caprice, ou taire les vices d'un roi qu'ils voudraient favoriser, ou blâmer celui sur lequel ils voudraient attirer le mépris de ses sujets. Mais une censure impartiale, exercée au nom de Dieu, par qui règnent les rois, par les interprêtes des lois divines, pourrait agir sur les souverains avec le plus grand succès, surtout s'ils étaient eux-mêmes reli-

pitudes qui ont deshonoré son règne, il fit substituer le surnom de *Bien-Aimé* à celui de *Chaste*. Il ne se trompa pas dans son espoir; et Louis XV fut vaincu par les attraits de la volupté.

(*L. A.*)

gieux. C'est ainsi que Bossuet, Bourdaloue, Massillon, mais surtout l'immortel évêque de Séez (1), dans leurs sermons, et Fénelon, dans son *Télémaque*, ont dit aux rois des vérités que ceux-ci n'auraient peut-être pas reçues d'une censure établie par les lois de l'État.

Un peuple moral, qui permettrait les vices de ses rois, dégraderait par cela même la royauté.

Un peuple moral entraînerait vers de meilleurs principes un prince sans pudeur. La censure, en notant les particuliers immoraux, servirait de leçon aux rois eux-mêmes qu'elle ne pourrait atteindre. Un peuple moral gémirait des écarts de son souverain, comme un fils gémit des écarts de son père; et plus il aurait de moralité, plus il respecterait le pouvoir et l'inviolabilité du monarque.

Un prince immoral, forçant son peuple à la vertu, s'avilirait lui-même par ce contraste.

Sans doute que le prince sans mœurs qui voudrait forcer son peuple à la vertu ferait encore plus ressortir sa propre immoralité; mais s'il avait le cou-

(1) Tout le monde connaît ce trait de liberté évangélique de cet orateur chrétien prêchant à la cour. Louis XV, dans une maladie grave, avait renvoyé madame de Pompadour : après sa guérison, il entra à Paris au milieu des acclamations du peuple; peu de temps après, la courtisane rentra à la cour. Le roi revint à Paris, et le peuple se tut. L'évêque osa dire en chaire :

« Sire, il n'est pas permis aux peuples de murmurer, mais il leur est permis de se taire; et le silence des peuples est la plus terrible leçon des rois. » (*L. A.*)

rage de maintenir les bonnes mœurs dans son royaume, il serait lui-même frappé tôt ou tard de ce constraste, et l'exemple de tout un peuple vertueux l'entraînerait lui-même hors de la route du vice.

2. « Ainsi que les mœurs privées sont l'œuvre du » libre arbitre, de même les mœurs publiques sont » le fruit de la liberté. Sans doute la monarchie a » d'autres genres de gloire : Turenne fut un grand » capitaine, Baville un grand magistrat; mais l'in- » cendie du Palatinat et le massacre des protestants » leur enlèvent la renommée de grands citoyens. »

Oui, les mœurs privées sont l'œuvre du libre arbitre, en ce sens que les enfants à la mamelle, les fous et les imbécilles, n'ont point de mœurs; que ceux qui pratiquent la vertu par choix et par amour ont de bonnes mœurs, tandis que les méchants, les débauchés et les impies sont tels par le choix de leur libre arbitre.

Mais les mœurs publiques se forment des mœurs particulières de la majorité. Les mœurs publiques de Sparte étaient la sobriété, l'intrépidité, l'amour de la patrie; celles de l'Angleterre sont l'égoïsme national; celles de France, l'urbanité, la légèreté, la vivacité et l'inconstance dans les modes; celles d'Espagne, la fierté, parce que ces mœurs diverses sont les mœurs privées de la majorité. Il y a dans chaque nation des individus dont les mœurs diffèrent de celles des autres, mais ce ne sont que de faibles exceptions, qui confirment la règle que les mœurs publiques ne se forment que des mœurs particulières, indépendamment du plus ou du moins de liberté politique. (*L. A.*)

Si l'auteur entend par mœurs publiques les nuances marquées qui font aisément distinguer une nation d'une autre nation, nous répondrons qu'il est vrai que là où il n'y a aucune espèce de liberté, comme dans les royaumes de l'Orient, il ne peut y avoir de mœurs publiques. Dans ces États chacun craint de perdre sa vie et le peu de bien qu'il a pu amasser à la sueur de son front. La crainte, comme le dit Montesquieu, est le seul mobile des malheureux qui vivent sous un pareil gouvernement; il n'en est pas de même dans les États monarchiques, même dans les monarchies absolues, où le roi, quoique souverain maître de la vie et des biens de ses sujets, est soumis à la censure de l'opinion publique. Louis XIV fut un maître absolu, mais son règne fut celui des mœurs et du génie. L'honneur, dit encore le même Montesquieu, est le ressort qui fait mouvoir les hommes dans les États monarchiques; et si Montesquieu a su pénétrer l'intérieur du cœur humain; s'il a su, dans son *Esprit des lois*, donner des règles générales qui pussent servir à faire connaître les mœurs publiques des diverses espèces de gouvernements; si, dans son *Essai sur la Grandeur et la Décadence des Romains*, il a peint à grands traits les causes qui amènent la perte de la liberté et la chute des empires, on nous permettra de l'opposer aux philosophes du jour, qui ne reconnaissent de liberté que là où la licence la plus effrénée a pris la place des lois et d'une autorité légitime.

Je puis dire, toujours avec Montesquieu, que l'honneur est le seul mobile humain qui puisse conduire les hommes dans les États d'une grande étendue, et que par conséquent le gouvernement monarchique est le seul qui puisse leur convenir. La vertu, qui, selon le philosophe dont nous parlons, convient aux seules républiques, n'est pas la vertu que tous les hommes peuvent pratiquer sous tous les gouvernements, et dans la liberté comme dans l'esclavage; celle qui, excitée par des sentiments religieux, apprend aux hommes à aimer leur patrie et leur souverain, à remplir les devoirs de leur état, et à obéir aux puissances. La vertu dont parle Montesquieu est cet amour du bien public, qui fait oublier son propre intérêt pour celui de l'État; et qu'on ne s'y trompe pas, cet intérêt public, qui l'emporte dans les démocraties sur l'intérêt particulier, ne prend le dessus que parce que l'intérêt général absorbe celui de l'individu, parce que la chute du gouvernement entraînerait, pour chaque particulier, plus de malheurs que la perte de leur fortune présente. Cette vertu républicaine dont parle Montesquieu n'est pas d'ailleurs exclusive de tous les vices qui peuvent souiller la malheureuse humanité. Sparte était vertueuse dans le sens de notre publiciste; elle sacrifiait les ilotes par milliers, les forçait à s'enivrer pour donner des exemples de sobriété aux enfants; elle permettait le vol, et encourageait l'adultère. Rome républicaine fut vertueuse dans le sens du même philosophe; mais quelles furent ses mœurs?..... Un Brutus, trop long-temps vanté même dans les États monarchiques, fait mettre à mort ses fils pour soutenir par cet exemple sa révolte contre les rois.... ; un Horace, vainqueur de ses ennemis, souille ses mains victorieuses dans le sang d'une sœur, pour la punir d'avoir cédé aux mouvements de la nature et d'un amour autorisé. « On sait, nous dit l'abbé Bergier, cité dans le *Cours de Morale et de Littérature religieuse* de Feller, tom. I, p. 454, on sait quelle était à Rome la condition des esclaves; ils étaient plus maltraités que les animaux; lorsqu'ils étaient vieux, malades ou inutiles, on les exposait dans une île du Tibre pour y mourir de faim; l'Italie était pleine de prisons souterraines pour les enfermer; les portiers à Rome étaient des esclaves enchaînés; leur témoignage dans les procès était toujours arraché par la torture; on les rouait de coups pour la moindre faute. Dans Denis d'Halicarnasse, un plébéien, qui reproche aux sénateurs d'avoir traité le peuple comme des esclaves, parle de chaînes, d'entraves, de colliers de bois et de fer, de coups, de meurtrissures, d'outrages de toute espèce, de travaux excessifs et accablants. »

Telle était donc la déplorable situation des malheureux réduits en servitude dans les pays classiques de la liberté!.... Nous pourrions encore parler des lois contre les débiteurs, qui donnaient au créancier le droit, après trois publications, de les vendre pour s'en partager le prix, et selon d'autres auteurs, celui plus affreux de les couper par morceaux, et de se les diviser. Voilà les mœurs de la liberté chez les peuples qui servent encore de modèle aux nouvelles républiques.

Je ne justifierai point Turenne de l'incendie du Palatinat, ni Berville du massacre des protestants. Ces hommes, recommandables d'ailleurs, se laissèrent emporter, le premier par l'irritation causée par des obstacles qui semblaient arrêter le cours de ses glorieux triomphes, le second par un excès de zèle pour la défense d'une cause juste. Mais si l'on veut citer des hommes, lorsqu'on ne devrait s'occuper que des mœurs publiques, je demanderai à mon tour ce que l'on pourra reprocher à Catinat, au chancelier l'Hopital, à l'immortel d'Aguesseau, et à une foule d'autres guerriers ou magistrats dont les mœurs douces et pures ont ajouté à la gloire de leurs talents et de leurs belles actions.

3. « Coligni, l'Hopital, Catinat, Fénelon, Ma- » lesherbes, indiqueraient qu'il n'y a point d'antipa- » thie entre la Cour et la vertu, si l'assassinat du » premier, l'exil du second, et la disgrâce des autres, » ne prouvaient que la sympathie n'est pas grande. »

Si l'auteur de cette notice entend parler de cette vertu républicaine dont il est question dans les œuvres de Montesquieu, et que nous croyons avoir représentée sous ses véritables couleurs dans nos précédentes observations, nous penserons, comme lui, qu'elle se rencontre bien plus rarement dans les

États monarchiques que dans les États républicains. Dans les premiers, l'honneur est le mobile des actions des hommes, et la fidélité et l'obéissance sont un des fruits de cet honneur. Nous conviendrons aussi qu'il peut arriver que le meilleur des rois reçoive de funestes impressions contre les plus grands hommes de son royaume, et que la disgrâce est souvent le prix de la vertu; mais ces inconvénients ne se trouvent-ils pas aussi dans les États républicains? Socrate ne fut-il pas condamné à boire la ciguë? Aristide ne fut-il pas frappé de l'ostracisme, *parce qu'il était juste?* Annibal ne fut-il pas obligé d'errer de royaume en royaume, parce que, après avoir servi sa patrie avec gloire, il éprouva enfin des échecs, que lui seul aurait cependant pu relever? Concluons donc que, si les grands hommes éprouvent quelquefois des disgrâces dans les États monarchiques, ils en éprouvent aussi dans les républiques.

Page 138.

4. « Non, dans les monarchies, la justice n'est » pas contemporaine, et cette voix du genre hu» main, arbitre suprême de toutes les renommées, » n'éclate que sur les tombeaux. »

Socrate condamné à mort, Aristide frappé par l'ostracisme, et une foule d'autres exemples que l'on pourrait puiser dans l'histoire des Grecs et des Romains (sans parler des innombrables victimes immolées par notre république éphémère), prouvent que la justice n'est pas plus contemporaine dans les républiques que dans les monarchies. Lefranc de Pompignan, dans son Ode sur la mort de Jean Baptiste Rousseau, dit une chose vraie lorsqu'il dit :

> Et quoi que fasse le grand homme,
> Il n'est grand homme qu'à la mort.

Ce n'est point aux monarchies seules qu'il faut attribuer l'injustice contemporaine, mais à tous les gouvernements. Je dirai même plus : cette injustice est plus naturelle dans les républiques que dans les monarchies; car elle ne provient le plus souvent que de la jalousie des égaux, et de la crainte d'être dominé par celui dont on est forcé de reconnaître la supériorité. Les rois au contraire sont intéressés à protéger, à récompenser les vertus et les talents ; la gloire et souvent la sûreté de leur règne en dépendent, et si les souverains sont quelquefois injustes, c'est malgré eux, c'est parce qu'ils sont trompés par les égaux de ceux qui éprouvent ces injustices.

1er alinéa de la page 138.

1. « Il est une autre censure qui tombe du haut » des chaires religieuses. Je bénis le ministre éclai-

» rant l'ignorance ou redressant l'erreur; il possède » alors toute l'influence des lumières sur les té- » nèbres.

Ce morceau est aussi vrai que bien écrit.

« Mais je ne puis concevoir cette éloquence so- » lennellement perdue, lorsqu'elle essaie par la pa- » role du prêtre ce que n'a pu le pouvoir de Dieu. »

Ceci devient inintelligible : l'auteur veut-il dire que Dieu a tenté, par sa grâce et par des inspirations intérieures, de toucher le cœur du pécheur avant que le prédicateur essayât de le toucher par son éloquence, et que l'orateur perd son temps et sa peine s'il prétend faire ce que Dieu a entrepris inutilement? Ce serait un blasphème horrible; car alors ce serait contester la puissance de Dieu autant que la force persuasive de l'orateur. On sait que Dieu tout puissant pourrait, par un seul acte de sa volonté, changer les cœurs les plus endurcis; mais il laisse toujours à la liberté la faculté d'accéder à la grâce, ou de la rendre inutile.

Du reste, la parole de Dieu, prêchée par les orateurs chrétiens, dans la chaire de vérité, est un des moyens dont la divinité se sert pour convertir les hommes (1); et ce moyen n'est pas le moins effi-

(1) L'orateur chrétien n'essaie point de faire ce que Dieu n'a pu faire. Il sème, dit un apôtre, il plante, il arrose, et Dieu donne l'accroissement selon les desseins de sa miséricorde ou de sa justice, que les hommes doivent adorer en silence, en reconnaissant qu'il ne leur appartient point de les pénétrer. (*L. A.*)

cace. C'est par la prédication que trois mille Juifs se convertirent, le jour de la Pentecôte, à Jérusalem; c'est par la prédication que les gentils ont été faits chrétiens par saint Paul et par les successeurs des apôtres, et Jésus-Christ a donné à ce moyen la plus grande énergie, lorsqu'il a dit: *Ite, docete omnes gentes*.... allez, enseignez les nations.

2. « Je la conçois encore moins lorsqu'elle attaque » sans contradiction la conviction qui repousse le » dogme, ou le doute qui cherche à connaître l'éter- » nel mystère du monde inconnu. »

Je défie les plus habiles interprètes de démêler l'obscurité de la phrase que je viens de transcrire. Je ne l'essaierai pas moi-même, mais je répondrai à son auteur que la conviction ne repousse jamais le dogme, parce que l'incrédule le plus forcené ne peut être convaincu de ce qu'il avance contre lui. L'impie désire qu'il n'y ait point de Dieu, il cherche à se le persuader; mais la vérité le tourmente, quoi qu'il fasse, et tout ce qu'il peut gagner contre elle, c'est le doute qui peut l'étourdir un moment. Mais la certitude, ou, si l'on veut, la conviction fuit toujours de son esprit épouvanté par la crainte des supplices éternels.

Ce n'est point par le doute que l'on peut pénétrer le mystère du monde inconnu. Ce monde ne peut nous être connu que par la révélation. Un instant, il est vrai, sépare la vie de la mort, mais un espace immensurable sépare le monde de la vie de celui de la mort. Dieu seul peut instruire l'homme des secrets d'une autre vie, et comme l'Église a reçu de lui le dépôt de ses connaissances surnaturelles, c'est à elle à nous le faire connaître par l'organe de ses ministres. Hors de la révélation, on ne trouve que ténèbres; elle seule nous présente la vraie lumière. Philosophes orgueilleux, cessez d'abandonner cette lumière céleste pour vous jeter dans des spéculations inutiles; examinez avec le plus grand soin tous les systèmes de la philosophie ancienne et nouvelle; aucun de ces systèmes ne pourra soutenir la comparaison avec le catéchisme que les bons pasteurs des chrétiens enseignent aux enfants et aux habitants de la campagne.

3. « Et si la discussion s'établit sur des clartés rivales, je tremble de voir pâlir ou s'éteindre le flambeau qui doit m'éclairer. »

Je demanderai à l'auteur ce qu'il entend par des clartés rivales.

4. « Dieu n'a point confié ses armes à l'homme; et, dans cette lutte, je crains qu'on ne décide de la vérité par la force du champion qui soutient l'erreur. »

Dieu a confié ses armes à l'homme lorsqu'il a dit à ses disciples : *Allez, enseignez toutes les nations.... Celui qui croira sera sauvé, et celui qui ne croira pas sera condamné.* D'après la mission donnée par Jésus-Christ, le corps épiscopal, successeur des apôtres, à la tête duquel se trouve le pape, successeur de Pierre, sur lequel est bâtie l'Église de Jésus-Christ, a reçu le pouvoir d'enseigner la vérité ; c'est dans le sein de l'Église qu'elle se trouve. Il arme les prédicateurs de la force de sa parole, et dispose le cœur des hommes à l'écouter ; et ceux qui ne résistent pas à la grâce l'embrassent avec amour. Le champion de l'erreur aura beau la soutenir avec tous les prestiges de l'éloquence ; il ne séduira que les hommes dont la doctrine flattera les passions. Ceux qui ne cherchent dans la vérité que la vérité même diront avec le prophète : *Narraverunt mihi iniqui fabulationes ; sed non ut lex tua, Domine.* (*L. A.*)

5. « Éloquence d'ostentation, si elle frappe les » voûtes silencieuses des basiliques ; éloquence vaine » si elle s'adresse à une voix qui peut lui répondre. » Tout le génie de Bossuet n'échappa qu'à peine à » la profonde dialectique du ministre Claude » (1).

(1) Ce ne fut pas le génie de Bossuet qui échappa à la profonde dialectique du ministre Claude ; le génie de Bossuet l'abandonna pour laisser toute la victoire à la vérité de la foi. Bossuet avoua que Claude l'embarrassa sur la question de la *visibilité* de l'Église au moment de la passion de Jésus-Christ. Alors Bossuet livra les armes à l'Esprit de lumière ; il l'invoqua avec foi ; et l'Esprit divin qui avait subitement éclairé les apôtres, éclaira tout à coup l'évêque de Meaux. Jésus-Christ sur la croix, Marie et saint Jean, Madeleine et les saintes femmes sur le Calvaire, le bon larron, confessant dans son supplice la divine royauté de Jésus-Christ, le centenier et plusieurs de sa suite, se frappant la poitrine et reconnaissant Jésus-Christ pour le Fils de Dieu, voilà cette Église toujours visible, et que Bossuet, éclairé d'en haut, vit pour la première fois.

(*L. A.*)

L'éloquence de la chaire est l'éloquence de la parole de Dieu : on ne peut donc l'appeler une éloquence d'ostentation, à moins que le prédicateur, comptant plus sur les efforts de l'art que sur les lumières du Saint-Esprit, ne s'écarte de la sublime simplicité de l'Écriture, et ne cherche à étouffer dans des phrases trop recherchées ce qui doit être présenté sans fard et sans apprêt. Sans doute que le choix des expressions ne doit pas être proscrit de la chaire de vérité ; mais l'orateur chrétien doit éviter avec soin toutes ces figures recherchées qui ne plaisent qu'à l'esprit et qui ne touchent pas le cœur. Il doit faire sa principale affaire de la conversion de ceux qui l'écoutent ; il faut que les auditeurs voient dans le discours de celui qui prêche la vérité qu'il vient leur annoncer, et non l'orateur lui-même.

Éloquence vaine, si l'orateur chrétien et soumis à l'Église se trouve en présence d'un ennemi de sa croyance.

C'est alors qu'il doit plus compter sur le Saint-Esprit que sur ses propres moyens. Bossuet, malgré la supériorité de son génie et son éloquence persuasive, se vit un moment en danger de succomber dans sa lutte avec le ministre Claude; mais il se mit à genoux, implora les lumières d'en haut, et triompha de son adversaire.

6. « Éloquence cruelle enfin, lorsqu'elle appelle » la force au secours de l'opinion. La mort de Jean

» Hus et de Servet prouve leur faiblesse, et non pas » leur erreur. »

L'éloquence qui appelle la force au secours de l'opinion n'est pas la vraie éloquence chrétienne. C'est par la persuasion que les premiers chrétiens ont conquis *à la folie de la croix* l'empire romain tout entier; c'est par la force que les sectateurs de Mahomet ont conquis à l'islamisme une grande partie de l'Orient.

Ce n'est point la mort de Jean Hus et de Servet qui prouve leur erreur. Leurs opinions étaient condamnées avant qu'ils ne subissent la peine de leur mauvaise doctrine.

1er alinéa de la page 139.

1. « Hors des États républicains, il ne peut donc » exister qu'une censure politique, toujours ombra- » geuse, parce qu'elle veut tout embrasser; toujours » persécutrice, parce qu'elle est exercée dans l'inté- » rêt du pouvoir. »

On retrouve à chaque instant dans l'*Encyclopédie* ces comparaisons entre les États monarchiques et les États républicains, et toujours on trouve la préférence accordée à ces derniers. Serait-ce parce qu'on voudrait faire de la France une république? Tout porte à le penser, et telle est effectivement la tendance (que les gens du parti me pardonnent cette expression qu'ils abhorrent), telle est, disons-nous, la tendance de tous les ouvrages et de tous les journaux rédigés par les prétendus sages du XIXe siècle. Mais que ces messieurs réfléchissent, qu'ils étudient les œuvres du philosophe Montesquieu; et ils verront que, d'après ce grand publiciste, les États composés d'égoïstes, les Etats trop étendus, ne peuvent supporter ce genre de gouvernement, qui a pour base la vertu, c'est-à-dire, comme nous l'avons expliqué plus haut, l'amour du bien public dominant tout intérêt particulier. Ce n'est pas en France, où tout se calcule aujourd'hui, où tout est examiné, je ne dirai point mathématiquement (cette expression serait encore trop philosophique), mais d'après les quatre règles de l'arithmétique, ce n'est pas dans notre patrie que l'on peut espérer de former une république sans anarchie. L'essai que nous en avons fait en 1792 devrait nous dégoûter pour toujours de pareilles tentatives. Si les démagogues pouvaient se corriger, ils verraient que la censure de 1793 était bien loin de valoir celle du règne de Louis XIV; ils verraient qu'une censure en faveur du pouvoir, quoique défectueuse, est encore préférable à celle qui s'exerce en faveur d'une liberté qui n'est autre chose que la licence et l'anarchie.

2. « Tantôt l'ambition ou la crainte, colorées de la » gloire du ciel ou de la paix de la terre, veulent » régler les croyances religieuses; alors la religion » dominante, c'est-à-dire la raison du plus fort, » porte la terreur dans les consciences. »

Si la religion est vraie, le devoir de ses ministres est de porter la terreur dans la conscience, afin d'exciter les hommes à remplir les devoirs prescrits par cette même religion. Un médecin appelé auprès d'un malade, que des écarts de régime souvent répétés conduisent à la mort, lui peint éloquemment les dangers de la maladie dont il est atteint, et, en lui faisant concevoir l'espoir de sa guérison, il le menace de l'inefficacité de ses remèdes, s'il ne suit point le régime qu'il lui a prescrit. Les ministres de la religion catholique, médecins des âmes, en agissent de même à l'égard des pécheurs ; ils le font dans l'intérêt de la religion, ils le font dans l'intérêt des hommes qu'ils cherchent à guérir de leurs maladies morales, pour leur assurer cette vie éternelle qui n'est le prix que de la vertu et de la fidélité.

3. « L'islamisme persécute les anciennes traditions, le paganisme martyrise les premiers chrétiens, le christianisme extermine les vieux sectateurs de Jupiter et d'Isus, les catholiques assassinent les protestants, les protestants massacrent les catholiques. »

Toujours des parallèles entre les fausses religions et la véritable, et malheureusement ces comparaisons, toutes contre la religion catholique, affaiblissent les torts des premières, et aggravent ceux des partisans de la vraie religion.

Et d'abord il est certain que les premiers chrétiens furent persécutés par les païens ; mais cette persécution ne se borna pas à de simples tracasseries, à des exils, ni même à la peine de mort : les païens épuisèrent sur les adorateurs du Christ tous les tourments que leur imagination barbare leur suggéra : chemises de soufre, chevalets, ongles de fer, étangs de glace, et mille autres iuventions, qui ne purent être inspirées que par l'enfer, furent mises en usage pour forcer les premiers fidèles à renoncer à la religion de Jésus-Christ. Tout fut inutile, je dis plus, ce furent ces tourments eux-mêmes qui en augmentèrent le nombre : *Sanguis martyrum, semen christianorum.*

On sait que la force du sabre a fait l'islamisme, et que l'intolérance et le fanatisme ont été les principaux auxiliaires des sectateurs de Mahomet.

Les sectateurs de Jupiter ne furent point exterminés : sous le règne de Théodose, les temples furent fermés, les sacrifices abolis ; mais on ne trouve point dans l'histoire de persécution contre les adorateurs des divinités de l'ancienne Rome.

Charlemagne, il est vrai, fit la guerre contre les païens du Nord ; mais la religion seule ne leur attira point les persécutions de ce grand prince ; ils s'étaient révoltés contre leur souverain ; ils avaient massacré les chrétiens, et les traitements exercés contre eux ne furent que des représailles des actes de barbarie qu'ils avaient commis eux-mêmes.

Je suis loin d'approuver les massacres des protestants par les catholiques, et des catholiques par les protestants ; mais, dans ces luttes entre différents partis, ce n'est point la religion que l'on doit considérer, mais l'animosité des hommes qui suivaient différents principes. Les protestants veulent se rendre indépendants des rois, après avoir secoué le joug de l'autorité du pape; ils se révoltent, massacrent les catholiques, fomentent en France l'insubordination. Les catholiques, à leur tour, agissant plutôt par l'effet de la politique, qui permet tout ce qui est utile, que d'après les principes de la religion qu'ils professent, qui ne permettent que ce qui est juste et bon, massacrent, assassinent les protestants: tout cela est fort mal, nous en convenons, mais, comme nous l'avons dit au mot *Abus*, ce n'est pas à la religion qu'il faut l'imputer, mais à la politique, tandis qu'au contraire, les principes des mahométans, des païens et des protestants, autorisaient et commandaient même la persécution, la cruauté et la révolte.

4. « Tantôt le pouvoir combat contre les vérités » ou les erreurs que la raison seule a le droit de re- » jeter ou d'admettre; et Descartes s'exile, et Galilée » languit dans les fers, et Sidney meurt sur l'é- » chafaud. »

Dans un siècle d'ignorance, il n'est pas étonnant que le pouvoir combatte des opinions nouvelles qui peuvent lui donner de l'ombrage, et lui faire craindre le renversement de l'empire, et l'anarchie, qui en est une suite inévitable. L'ignorance, craintive et prévoyante, proscrit tout ce qu'elle redoute, et ne sait pas démêler ce qui est utile, ce qui est indifférent, ce qui est dangereux. La persécution exercée contre Descartes tient à cette ignorance que l'on doit déplorer, mais ne peut motiver la haine envers les gouvernements, qui, comme les individus, tendent à leur propre conservation.

Galilée ne fut point persécuté à cause de son opinion sur le mouvement du soleil et de la terre; mais d'après un mémoire inséré dans le *Mercure de France*, 1784, n° 29, p. 121, rapporté dans le *Cours de Morale et de littérature religieuse* de Feller, tom. III, pages 8-15; Galilée ne fut poursuivi que parce qu'il s'avisa, sous prétexte de concilier son système avec l'Écriture sainte, de faire un ouvrage de controverse théologique. On eut pour lui tous les égards qu'exigeaient ses talents et sa réputation; on l'engagea à rétracter, non pas son assentiment au système de Copernic, qui n'avait point été poursuivi, mais ce qui tendait à la destruction des croyances chrétiennes. Il intrigua, il persista dans son erreur, et cependant la prison perpétuelle à laquelle il fut condamné fut commuée en une relégation à l'hôtel de Toscane. Il pouvait même, pendant la procédure qui s'instruisait contre lui, se promener dans les jardins de Rome, pourvu qu'il traversât les rues en voiture à moitié fermée. Est-ce ainsi qu'ont été traités les nobles et les prêtres au commencement de la révolution française?

Quant à Sidney (Algernon), il doit imputer son sort à ses principes ennemis du gouvernement de Charles II, roi d'Angleterre, et à la part qu'il avait prise à la révolution qui avait privé Charles Ier du trône et de la vie.

5. « Et dans ces luttes follement sanglantes, dés-» honorées par les persécuteurs, illustrées par les » martyrs, la puissance n'a que la force pour appui, » et succombe avec elle, tandis que l'opinion, soute-» nue par le temps et la vérité, triomphe à la fin pour » l'opprobre des tyrans et le bonheur du genre hu-» main. »

Oui, l'opinion, que l'on peut justement appeler reine du monde, fait dans la suite des temps justice des persécuteurs et des tyrans, comme elle fait justice des rebelles et des régicides, comme elle fait justice des excès et des folies des réformateurs. Ainsi l'opinion a fait justice des Néron, des Domitien et des Julien; elle a fait justice des Cromwell et des Robespierre, comme elle a fait justice des Luther, des Calvin et autres chefs de secte.

Cependant on ne doit pas se confier trop aveuglément au prestige de l'opinion relativement aux choses nouvelles. Cette même opinion trop précipitée se prononça contre le Sauveur du monde, lorsque les Juifs criaient avec fureur : *Tolle, tolle, crucifigatur*... Elle se prononça contre les chrétiens, lorsque le peuple romain s'écriait : Les chrétiens aux bêtes.... Elle se prononça trop fortement contre les protestants, lorsque les catholiques, oubliant les préceptes de leur religion, les massacrèrent impitoyablement à la saint Barthélemy ; elle se prononça injustement contre Louis XVI, lorsque ce roi-martyr se vit accablé d'outrages, conduit en prison, et périt sur un échafaud; elle se prononça injustement contre les jésuites, qui n'ont fait que du bien, et que les partisans de l'anarchie représentent comme les ennemis du peuple et de la liberté.

Un moyen infaillible de connaître si l'opinion doit être la mesure de notre conviction, c'est d'examiner quelles sont les personnes qui la propagent. L'opinion est-elle embrassée par des hommes prudents, moraux, religieux, cette opinion est la bonne, c'est celle de laquelle on peut dire : *Vox populi*, *vox Dei*. Mais si l'opinion dominante est celle des ennemis de la religion, si ceux qui la propagent ont été, dans d'autres circonstances, les ennemis du gouvernement, qu'ils feignent de défendre, méfiez-vous de leurs assertions, de leurs exagérations, de leur acharnement à attaquer les mêmes hommes, les mêmes institutions. Leur opinion est fausse; elle ne passera pas à la postérité, mais elle peut causer le plus grand mal à la génération sur laquelle elle exerce son influence.

Dernier alinéa de la page 139-140.

« La censure politique tend quelquefois à la
» morale, et met alors à nu toute son immoralité.
» Louis XIV envoie à la Bastille le duc de Fronsac,
» qui ne peut pas vivre avec sa femme, et exile le

» marquis de Montespan, parce qu'il veut vivre » avec la sienne. »

Louis XIV eut ses défauts, mais il fut un grand roi; et si la philosophie l'attaque aujourd'hui avec tant d'aigreur, elle en veut plus à son pouvoir absolu qu'à son immoralité. Louis XIV, en exilant le duc de Fronsac, se montre, selon son caractère, moral et juste. Lorsqu'il éloigna le marquis de Montespan, il céda malheureusement à une passion qui l'aveugla dans sa jeunesse. Mais M. J.-P. Pagès le calomnie lorsqu'il dit qu'il exila le marquis de Montespan parce qu'il voulait vivre avec sa femme; on sait que ce marquis fut moins éloigné qu'il n'aurait dû de favoriser les amours de sa femme. Cette conduite de Louis XIV est, il est vrai, une tache à sa gloire: mais quel est l'homme sans défaut?

1er alinéa de la page 440.

1. « Aujourd'hui cette censure politique peut encore attenter à la liberté des citoyens. (Voyez » *Liberté individuelle*). »

Lorsque nous serons à cet article nous répondrons à ce qu'il dit contre les souverains.

2. « Elle nuit par des investigations latentes au » libre exercice de leurs droits. (Voyez *Police*.) »

La police n'est pas une censure des mœurs; c'est une institution, nécessaire dans les grands Etats, pour veiller en secret sur les hommes dangereux, et dans chaque ville en particulier pour connaître les malfaiteurs et prévenir les crimes; et, s'ils n'ont pu être prévenus, livrer les coupables à la juste vengeance des lois; lorsque le gouvernement est juste, l'honnête homme ne craint point la police; elle ne peut arrêter ni les élans du génie ni les œuvres vertueuses; elle n'est redoutée que par les méchants qui fuient la lumière, et recherchent les ténèbres les plus obscures; la police générale ne retient que les ambitieux et les perturbateurs du repos des États. La police impériale fut ombrageuse et cruelle, et arrêta l'élan des vertus; elle comprima les idées justes et généreuses; elle fit trembler les honnêtes gens. La police des Bourbons est aussi douce que le gouvernement à la sûreté duquel elle veille; et ceux qui écrivent contre elle ont d'autant plus de tort qu'ils osent aujourd'hui mettre au jour des opinions qui, sous le gouvernement de Napoléon, les auraient fait enfermer à Vincennes.

3. « Elle mutile les productions de l'esprit. (Voy. » *Presse*, *Théâtre*). »

On voit par le renvoi aux mots *Presse* et *Théâtre* qu'il ne s'agit plus de la censure des mœurs, mais de celle des ouvrages de l'esprit. Je ne suis point le partisan de cette dernière censure, parce qu'elle gêne les talents, et qu'elle peut être opposée aux bons ouvrages comme aux mauvais. N'a-t-on pas vu cette censure littéraire mettre des entraves à la production d'ouvrages religieux, et laisser le champ libre aux Diderot, aux d'Alembert, et à tous les ennemis des rois et des prêtres? Ne l'a-t-on pas vue, sous Napoléon, proscrire tout ce qui pouvait inspirer des craintes à son gouvernement ombrageux et tyrannique? Sous nos bons rois eux-mêmes les divers ministères qui se sont succédé ne l'ont-ils pas exploitée à leur profit plutôt qu'en faveur du trône et de la religion? N'a-t-on pas vu la *Quotidienne* tronquée par les mêmes hommes qui laissaient passer au *Constitutionnel*, au *Courrier* et au *Journal du Commerce* toutes leurs diatribes contre les jésuites, contre le pape, contre les prêtres? Les seuls articles rayés étaient ceux qu'on aurait dû conserver, c'est-à-dire la critique des actes du ministère, parce que, si cette critique est injuste, elle ne peut produire aucun effet sur les hommes raisonnables; si elle est juste, elle peut éclairer le Roi et les Chambres sur les véritables intérêts de la monarchie et de la nation.

4. « Il est encore une autre censure qui fut jadis » religieuse, qui depuis long-temps est sacerdotale, » et qu'il importe d'apprécier pour connaître com- » bien et comment les plus salutaires institutions se » dénaturent dans les mains du pouvoir. (Voyez » *Index.*) »

Nous réfuterons au mot *Index* tout ce que l'on pourra dire contre cette institution salutaire. Nous nous bornerons quant à présent à répondre que l'*Index*, qui n'exerce aucune influence sur les incrédules et les libertins, qui sont bien éloignés de se soumettre à cette autorité sacerdotale qu'ils voudraient abolir, retient au moins les vrais fidèles, qu'il empêche d'être séduits et corrompus par le poison de l'hérésie et de l'immoralité.

5. « Le mal résulte du bien aussitôt que les hautes » pensées que la sagesse des siècles avait consacrées » à l'utilité de tous sont usurpées au profit du petit » nombre.

Nous ne contesterons pas le principe avancé par l'auteur; mais nous soutiendrons aussi que l'établissement de l'*Index*, qui ne doit point son origine à l'*abstraction* de la sagesse des siècles, mais à la sagesse des chefs de l'Église, n'a pas été usurpé au profit d'un petit nombre. Cet établissement, qui ne gêne en aucune manière les écrivains, sert à préserver les lecteurs catholiques. Il peut aussi ramener les écrivains de bonne foi. Voyez le mot *Index*.

CÉPHALOPODES (*histoire naturelle*). — P. 148-156.—Bory de Saint-Vincent.

Alinéa de la page 149-150.

«Aujourd'hui de nombreux fossiles, remarquables » par leur structure, et importants à connaître par » les rôles qu'ils jouent dans les couches du globe, » sont rangés avec les habitants de certaines co- » quilles vivantes dans la classe des céphalopodes.»

Ce passage ne présente rien de remarquable. Voyez cependant le mot *Animaux fossiles*, de notre réfutation.

« Et comme ces fossiles appartiennent aux plus » anciennes créations qu'il nous ait été donné de » reconnaître, il s'ensuit que les céphalopodes sont » fort anciens dans l'univers, qu'ils y parurent quand » la mer couvrait celui-ci, et qu'ils furent peut- » être l'essai par lequel la nature, passant du sim- » ple au compliqué, éleva ses créations, de la co- » quille et du mollusque aux nombreuses tribus de » poissons, par lesquelles le système d'organisation » aquatique se compliquait, en parvenant aux ver- » tèbres. »

Sur la première partie de ce passage. Voyez le mot *Animaux fossiles*.

Sur la deuxième, nous devons ici nous contenter d'énoncer que ce n'est point la nature qui a créé le monde et les différentes créatures qu'il renferme. La nature n'est autre chose que l'ensemble des objets créés ; et c'est Dieu seul, être souverainement intelligent, qui est le créateur de l'univers. Dieu est immuable ; son intelligence n'a pu augmenter ; il a donc vu de toute éternité la création qui n'a eu lieu que dans le temps ; il a eu constamment présent à son esprit infini les créatures les moins parfaites et celles qu'il a voulu former à son image et à sa ressemblance. Dieu n'a pas eu besoin de tâtonner, de faire des essais, comme fait un artiste qui commence par sculpter ou par peindre les objets les plus simples avant de faire vivre sur la pierre ou sur la toile l'objet qu'il veut représenter. Voyez au reste le mot *Création*.

CÉRÉMONIES (*morale*).—P. 164-165.— ÉLOY JOANNEAU.

3e alinéa de la page 164.

1. « Chez les peuples libres, les cérémonies reli» gieuses que je considère ici indépendamment de la » religion dont elles émanent, sont augustes et sim» ples ; elles parlent au cœur et excitent à la piété. »

Voici encore un parallèle entre les peuples que l'on appelle libres, et ceux qui sont soumis à un gouvernement monarchique, entre les cérémonies religieuses des premiers et celles des seconds. L'auteur de cet article n'admet certainement pas les cérémonies de la religion catholique au nombre de celles qui sont simples, et qui excitent à la piété, puisqu'il parle ensuite fort mal des cérémonies romaines. Mais je dois répondre que les cérémonies des protestants, qui se bornent à la cêne, sont simples, il est vrai, et beaucoup trop simples, et par là elles sont loin d'exciter à la piété, elles ne disent rien au cœur de l'homme. Le protestant demeure froid dans son temple dépourvu d'ornements, tandis que le catholique, au milieu de tableaux qui lui rappellent les principaux actes de la vie d'un Dieu fait homme, les belles actions de ses apôtres et de ses martyrs, se sent pénétré d'un vif amour pour la divinité, et du désir d'imiter les saints dont les actions héroïques sont représentées à ses yeux.

2. « Au Tibet, à Rome, à Ispahan, où elles ont » beaucoup de pompe, de magnificence et d'éclat, » où elles ne parlent qu'aux yeux et à l'imagination, » elles excitent plus souvent à la superstition et au » fanatisme. »

Dans un pays où la religion catholique est la religion de l'État, on ose placer sur la même ligne les cérémonies romaines et les cérémonies de la Perse et du Tibet. Bien plus, par une affectation digne de remarque, on place la religion romaine entre les deux autres. Je ne connais point l'influence des cérémonies du Tibet et d'Ispahan ; les religions de ces pays sont superstitieuses et fanatiques, cela est vrai ; mais peut-être vaut-il mieux que ces religions fausses soient accompagnées de cérémonies pompeuses que s'il n'en existait point du tout.

Quant aux cérémonies romaines, qui, à quelques petites variations près, sont les mêmes dans tous les pays catholiques, leur magnificence élève l'âme du chrétien vers le Dieu qu'il adore ; elles révèlent au peuple quelque faveur reçue du ciel, quelque devoir à remplir, quelque nouveau bienfait à attendre ; et si le peuple ignore communément en détail leur sens mystérieux, c'est parce que les pasteurs, trop peu nombreux pour perfectionner l'instruction religieuse, sont obligés de s'en tenir à l'enseignement des points principaux de doctrine, et aux préceptes de la morale évangélique. Les personnes qui désirent étendre leurs connaissances à cet égard peuvent consulter l'*Explication des prières et cérémonies de la messe, suivant les anciens auteurs et les monuments de toutes les églises du monde chrétien*, par le père Lebrun, prêtre de l'Oratoire, Paris, 1828. Ils trouveront dans cet ouvrage, et dans un grand nombre d'autres, qu'il serait trop long d'énumérer, l'origine et la signification de ces cérémonies. (*L. A.*)

Celles de l'Église romaine n'inspirent point la superstition ni le fanatisme, puisqu'on ne peut y rien trouver qui contredise la morale de l'Évangile qui prêche l'observation de toutes les vertus naturelles et civiles et la soumission aux puissances. Malheureux philosophes, vous voulez, pour arriver plus vite à la fin de vos sinistres travaux, faire mépriser la religion catholique, et nous amener à une religion gallicane imitée de celle de nos voisins; mais le Dieu qui veille sur l'Église et sur la France saura déjouer vos projets. Votre triomphe sera court, et si vous obtenez encore quelques applaudissements de cette belle et intéressante jeunesse, que vous enivrez de vos poisons, elle aura un jour votre mémoire en horreur, vous deviendrez un objet d'exécration pour les générations futures.

4e alinéa de la page 164.

« Plus un peuple a de cérémonies, plus le philo-
» sophe se défie de sa valeur morale. Les quakers,
» qui se refusent à toute démonstration extérieure,
» à toute prestation de serment, passent pour les
» amis les plus sûrs et les commerçants les plus
» probes. »

Si nous voulons être d'honnêtes gens, si nous voulons avoir de la probité et être bons amis, il faut nous faire quakers; voilà la conséquence que l'on doit tirer du passage précédent. Si ces quakers ont encore une certaine moralité, c'est parce que, fidèles à leurs principes, quoique erronés, ils ont su se mettre à l'abri de l'influence des doctrines philosophiques. Les catholiques qui ont su éviter les nouveaux professeurs du genre humain ont conservé la même simplicité de mœurs; malgré la pompe des cérémonies de leur religion, ils sont bons pères, bons fils, bons maris, commerçants probes et sujets fidèles; ils ne refusent pas à la justice le serment qu'elle a droit d'exiger; mais leur simple affirmation vaut un contrat lorsqu'ils traitent avec d'autres hommes; ils savent pardonner les injures, et venir au secours de l'infortune. (Voyez le mot *Quaker.*)

Dernier alinéa de la page 164-165.

1. « On a remarqué que les professions où les » cérémonies sont mises au nombre des devoirs » sont aussi celles où l'on compte le moins d'hommes » vertueux. »

Quelles sont les professions où les cérémonies sont mises au nombre des devoirs? On n'en connaît aucunes, à moins que l'auteur de l'article ne veuille nous donner le sacerdoce comme une profession. C'est ce corps, organe de l'Eglise, qui est obligé par état à observer religieusement les cérémonies qui lui sont prescrites. Les membres de ce corps sont-ils moins vertueux que le reste des hommes? Ne sont-ce pas eux qui donnent l'exemple et le précepte de l'observation de la morale la plus sublime, celle de l'Evangile? Ne sont-ce pas eux qui exposent leur santé, souvent leur vie pour voler au secours du malheureux étendu sur son lit de mort, et lui apporter les secours et les consolations d'une religion de miséricorde et de douceur? Ne sont-ce pas eux qui se privent du nécessaire pour préserver une orpheline de la séduction, pour donner du pain à un vieillard infirme? Ne sont-ce pas eux enfin qui donnent l'exemple du courage dans la persécution, et qui, dans la lutte entre le christianisme et la philosophie, ont répandu les premiers leur sang pour la défense de la foi catholique. Si l'auteur de cet article doute encore de la vertu du clergé, je le renvoie à la brochure de M. le comte de Montlausier, que j'ai citée plus haut.

Page 165.

2. « Il est aisé de comprendre pourquoi celui » qui place la perfection dans l'accomplissement de » vaines formalités, dans les démonstrations exté- » rieures et symboliques des sentiments que lui dicte » l'usage, s'embarrasse peu des vertus qui ont leur » source dans l'âme, et qui n'ont de juge que la » conscience. »

Toutes les fois que messieurs les auteurs de l'Encyclopédie annoncent qu'une chose est aisée à concevoir, l'on doit s'attendre à trouver leur proposition inintelligible. C'est ce que nous avons remarqué dans plusieurs circonstances, et la phrase que l'on vient de lire ne le cède point à d'autres.

Je répondrai donc à M. Eloi Joanneau que, bien loin de concevoir que l'habitude de l'observation des cérémonies qui rappellent des devoirs à remplir, écarte de la pratique de ces mêmes devoirs, cette habitude y existe d'autant plus que ces cérémonies sont plus souvent renouvelées, et que l'on y apporte plus d'attention. La messe seule est un code universel de morale chrétienne, elle rappelle tout à la fois ce que l'on doit à Dieu, ce que l'on doit aux hommes, ce que l'on se doit à soi-même. Le prêtre qui observe le plus scrupuleusement les cérémonies de ce sacrifice, est en général celui qui remplit le mieux les devoirs de son état, et les devoirs de citoyen. Il n'en est point des cérémonies religieuses qui parlent au cœur et élèvent l'âme vers Dieu, comme de ces vaines cérémonies que l'usage du monde a introduites, et qui consistent à se dire l'ami de l'homme qu'on déteste, à faire des offres de services à celui que l'on méprise, à se dire très-humble serviteur de celui que l'on croit au-dessous de soi, etc., etc.

Les vertus qui n'ont de juge que la conscience.... La conscience est à l'âme ce que les sensations sont au corps. La douleur que nous éprouvons à la suite d'une chute ou d'une blessure, nous avertit du siége du mal, et nous engage à employer les remèdes indiqués par la nature. Les remords que ressent le pécheur lorsqu'il a commis une mauvaise action l'avertit de la maladie de son âme, et s'il écoute ses salutaires inspirations, il a recours au remède que la foi nous indique et que l'Église nous prescrit. Mais, de même qu'il existe des corps frappés de sphacèle, qui ne ressentent plus la douleur lorsqu'ils marchent à grands pas vers le tombeau, de même il est des âmes corrompues qui ont étouffé leurs remords, et qui marchent sans crainte vers la mort éternelle. La foi maintient la pureté de la conscience ; mais le juge de nos bonnes et de nos mauvaises actions est Jésus-Christ, qui, après avoir répandu tout son sang pour nous, viendra à la fin des siècles juger les vivants et les morts.

2e alinéa de la page 165.

« Quant aux cérémonies modernes, où vous ne » me montrez que des carrosses chargés de dorures » et de laquais, des débris de garde-meuble, de per» sonnages grotesquement affublés des costumes de » l'ancienne chevalerie, des hommes chamarrés de » rubans, le tout escorté par des milliers de gen» darmes, je ne vois dans ces cérémonies que d'or» gueilleuses parades, sans autre objet que d'éblouir » le peuple qui les contemple et qui les paie. »

Ces cérémonies ne sont point sans doute aussi respectables que celles dont nous avons parlé dans nos précédentes observations. On pourrait même à la rigueur leur appliquer ce que dit le livre de la Sagesse, *Vanitas vanitatum*. Oui, aux yeux d'un chrétien uniquement occupé des biens d'une autre vie, ces cérémonies ne sont que vanité; mais le sujet fidèle se rappelle avec attendrissement les usages de ses pères, il se rappelle la série des rois bienfaisants qui a succédé à leur établissement, et, en méditant sur le néant des choses humaines, il est bien éloigné de blâmer ce qui peut attacher le peuple à ses souverains. On fait tant d'efforts aujourd'hui pour isoler le trône de la nation, qu'il est permis plus que jamais de chercher à faire sur le peuple une impression qui puisse lui inspirer le respect et l'amour qu'il doit à l'autorité royale.

CERF, *cervus*. (*histoire naturelle*).—P. 165-182.
BORY DE ST-VINCENT.

1er alinéa de la page 171.

« Le Nord a changé de face; des forêts sans li-
» mites n'y servent plus de repaire aux bêtes féroces;
» les marais en sont desséchés; l'air en est assaini;
» les terres s'y cultivent; des cités, où l'industrie
» triomphe de tous les obstacles, s'y sont élevées; la
» température adoucie n'y est plus celle du haut
» Canada, ou du pays des Esquimaux; des Celtes ne
» s'y dévorent plus les uns les autres, et sont deve-
» nus des hommes; la civilisation s'y est établie, et,
» par la force de l'humaine raison, s'y complète, en
» dépit des ennemis de la philosophie moderne. »

M. Bory de St-Vincent aurait-il la prétention de persuader que c'est la philosophie moderne qui a civilisé le Nord?... Hélas! cette philosophie est à peine connue de quelques hommes, et le peuple y est, comme partout ailleurs, entièrement ignorant des nouvelles doctrines; mais je dois le dire, *en dépit des amis de la philosophie moderne*, ce n'est point à des doctrines, destructives de tout ordre et de toutes vraies lumières, que l'on peut devoir les progrès de la civilisation. Ces progrès ne sont dus qu'au christianisme, qui, en enseignant et en inspirant toutes les vertus, rend les hommes plus propres à la société que les principes d'égalité et de prétendue liberté que la philosophie prêche à ses adeptes.

2e alinéa de la page 172.

« Gaston s'étant croisé en 1357 avec les chevaliers » teutons, qui convertissaient à grands coups de lance » les païens du Nord, passa plus tard en Suède. » Chasseur passionné, et voyant dans son exercice » favori un moyen de salut et un préservatif contre » les tentatives du diable, il voyageait avec une » meute de seize cents chiens. »

Ceci ne mérite pas les honneurs de la réfutation. L'auteur a voulu singer les mauvaises plaisanteries du philosophe de Ferney; mais, je l'en avertis, il ne lui ressemble que par son impiété.

2e alinéa de la page 177.

« Que, pour se préserver des tentations du diable, » comme Gaston Phœbus, ou pour s'exercer aux fa- » tigues de la guerre, des chasseurs, poursuivent, à » la queue de cent chiens et à la tête de vingt pi- » queurs, un être timide, et qu'après l'avoir excédé

» on lui coupe un jarret roïdi par la fatigue, en lui » ouvrant encore le ventre avec un couteau de » chasse ; quiconque fait ses délices de pareilles » horreurs descend au dessous du boucher, qui du » moins n'égorge pas les bœufs et les moutons par » un coupable et féroce esprit de divertissement. »

Si les bêtes sauvages savaient écrire, quel éloge ne feraient-elles pas de leur grand ami M. Bory de St-Vincent: il les défend contre la rage des chasseurs, contre la servitude que l'homme leur a imposée. Bien plus, il leur donne, dans certains de ses articles, la supériorité sur ses semblables. C'est ainsi qu'agissent les prétendus philosophes, qui souvent laissent à leur porte, ou dans le galetas de la maison qu'ils habitent, un malheureux père de famille expirer, faute de secours, dans la misère la plus affreuse.

Avant de montrer tant de commisération pour les bêtes, commencez par être humain; et, puisque vous n'avez pas fait vœu de ne pas manger de gibier, laissez aux chasseurs le soin de vous en pourvoir. N'allez pas à la chasse, puisque cet exercice révolte votre sensibilité; mais laissez à des hommes plus raisonnables que vous un exercice aussi utile qu'agréable.

Alinéa de la page 179-180.

L'auteur fait ici du pathétique à l'occasion d'une chasse dont il a été témoin, voici commnt s'exprime sa sensibilité.

» Sur plusieurs milliers qui étaient ainsi passés » en revue, il en succombait environ une centaine: » les uns tombaient sous le plomb meurtrier à l'en- » droit même où ils étaient atteints; les autres por- » taient plus loin le trait mortel, et allaient cacher » leur agonie au sein des broussailles; leurs corps » encore palpitants étaient apportés, et rangés sur » le champ de bataille; on en faisait l'énumération » avec une complaisance cruelle, que se reproche- » rait un philosophe, mais qu'on est convenu de » pardonner aux chasseurs. »

On lit dans l'histoire des voyages que les brames entretiennent des hôpitaux où des hommes sont payés pour servir de pâture aux pous. Mais ces brames conséquents avec leurs principes, s'abstiennent non-seulement de tuer, mais de manger ce qui a vécu. Lorsque les philosophes français se seront élevés à la hauteur de leurs principes, ils imiteront sans doute leurs confrères des Indes, mais tant qu'ils mangeront du gibier et de la chair quelle qu'elle soit, qu'ils cessent de nous étourdir par leurs déclamations ridicules.

1er alinéa de la page 181.

1. « *Cerfs fossiles.* — Répandus à la surface de » la terre, l'Afrique exceptée, les cerfs y sont fort » anciens, et y précédèrent sans doute la race hu- » maine. »

Les bêtes ont été créées avant la race humaine, cela est vrai, mais un jour auparavant, d'après la *Genèse*. Voyez ce que nous avons dit au mot *Animaux fossiles*.

2. « Mais les couches dans lesquelles on rencon-
» tre ceux-ci, ou les tourbières qui les cachent ne
» sont pas de cette époque antique à laquelle re-
» montent les formations calcaires. »

Voyez encore le mot *Animaux fossiles*.

1er alinéa de la page 182.

« Gibraltar, Las Calaveras du Rio Alambra en
» Arragon, Cette, Antibes et Nice nous présentent
» ces restes confondus avec ceux de tigres et de
» panthères de la zone torride et de lagourys des
» pays froids. Quel événement put rassembler sur
» ces points de l'Europe tant de restes d'animaux
» qui ne sauraient y avoir vécu simultanément? Le
» déluge universel? Nous avouons l'ignorer absolu-
» ment. »

Lorsque l'on a consacré un article entier (Voyez le mot *Animaux fossiles*.) à détruire les preuves de l'existence d'un déluge universel, et que l'on a cherché par des explications à donner d'autres causes à la situation dans les rocs et dans les entrailles de la terre de restes d'animaux dont les analogues ne vivent point sur les mêmes lieux, on est fort embarrassé lorsque l'on trouve un concours de circonstances qui exclut toute autre supposition que celle d'un cataclysme universel. C'est ce qui arrive ici à M. Bory de St-Vincent, qui, ne trouvant plus de raison à donner, nous dit enfin :

Quel événement.... serait-ce le déluge universel?

Et oui, c'est le déluge universel, et vous ne le révoqueriez pas en doute, si vous ne craigniez de fléchir un moment le genou devant les textes sacrés. Cessez donc, messieurs les philosophes, de vous creuser le cerveau pour trouver (je ne dirai pas des preuves contre les livres saints, toutes vos recherches seraient infructueuses), mais des hypothèses pour établir l'origine des choses d'une manière contraire à celle que nous indique l'Écriture sainte, puisque vous êtes toujours forcés d'en revenir à ce qu'elle nous enseigne. Un ancien poète a dit :

Felix qui potuit rerum cognoscere causas!

Plus heureux que les anciens, nous les connaissons, ces causes, nous les trouvons dans les livres que Dieu lui-même nous a donnés, et nous les méconnaissons! Nous méritons bien de demeurer dans l'aveuglement que les lumières de l'Évangile étaient venues détruire.

CERTITUDE. (*philosophie logique*). — P. 182-198. — SALVER.

Alinéa de la page 197-198.

« Un esprit faible ou agité de passions manque de » foi en lui-même ; un esprit subtil et sophistique » cherche en vain un point d'appui ; il ne le trou- » vera point dans une philosophie purement sen- » suelle ou dans une philosophie toute mystique, » également ennemies de l'indépendance et de la » raison. »

Sans doute, les passions sont dans l'homme un grand obstacle à la découverte de la vérité : mais quel est le mortel entièrement affranchi des obstacles qui peuvent arrêter l'élan de son esprit dans la recherche du vrai? Celui qui se croit le plus libre n'est-il pas dominé par quelque intérêt caché, d'autant plus à plaindre qu'il peut moins l'apercevoir? Oui, toutes les vérités philosophiques sont voilées à nos yeux, à l'exception des vérités mathématiques. En matière de philosophie, celui qui se trompe le moins n'est pas celui qui a le plus réfléchi sur l'origine et l'essence des choses, sur les droits et les devoirs de l'homme, mais celui qui, dans ses spéculations métaphysiques et morales, ne s'est jamais écarté des vérités révélées. L'Écriture sainte est comme un fanal, que l'on ne peut perdre de vue au milieu des orages de la vie, sans s'exposer à un naufrage certain; ce fanal nous guide dans la route que nous devons suivre; il nous aide à reconnaître les lieux que nous devons parcourir. Mais si nous l'abandonnons pour suivre nos propres lumières, nous ne voyons plus que de fausses clartés, qui, bien loin de nous guider, nous écartent de notre route, et nous entraînent vers les écueils.

Alinéa de la page 206-207.

« Qu'eussent servi des sens perfectionnés à des » êtres dont la destination fut *d'expérimenter* un » mode de circulation sanguine, de respiration et de » génération, inconnu dans les eaux, mais qui pût » avoir son application dans l'atmosphère, quand » des îles et des continents s'y élèveraient. »

Ce passage rappelle deux erreurs de M. Bory de Saint-Vincent : la première consiste à prétendre que le monde, couvert par les eaux pendant plusieurs siècles, n'a pu nourrir que des poissons; nous avons combattu ce système au mot *Animaux fossiles*.

D'après la seconde, Dieu aurait essayé différentes espèces de créations, et aurait, pour ainsi dire, tâtonné avant d'arriver à la formation des créatures les plus parfaites. Cette erreur sera réfutée au mot *Création*.

Dernier alinéa de la page 224-225.

1. « *Cétassés fossiles*. — Premiers mammifères » probablement formés par la nature au sein des » mers, comme un essai des mammifères terrestres, » les cétassés durent laisser des traces de leur exi- » stence antérieure à celle des autres animaux de la » même classe, qu'on retrouve dans de vieilles » couches du globe. »

J'ai répondu à ce passage par l'observation précédente.

2. « L'illustre littérateur qui compte au rang de » ses immortels ouvrages *Marius*, *les Guelfes*, » *Oscar*, *Germanicus*, et auquel nulle branche des » connaissances humaines n'est étrangère, a décou- » vert, dans le sol de la Belgique, des vertèbres et » autres débris de baleines.

L'existence de ces restes de baleines sur le sol de la Belgique prouve que les eaux de la mer ont occupé ces lieux, mais elle prouve aussi implicitement le déluge universel. Voy. le mot *Animaux fossiles*.

2e alinéa de la page 246-247.

.... « Le dindon, connu depuis peu de siècles, » et dont l'introduction en Europe est la plus inno-

» cente de toutes celles que l'on doit aux jésuites. »

Ces bons pères nous ont apporté les dindons, et en cela ils ont rendu service à l'Europe, dont ils ont enrichi les tables et les cuisines. Ils ont apporté dans la Chine les arts et les sciences de leur pays, avec les lumières de la foi. Je ne sache pas qu'ils aient rien introduit dans leur patrie qui puisse donner lieu à ce que dit ici l'auteur. Puisque son article est consacré aux comestibles il devait se borner là, et ne pas faire servir ce qui fait l'éloge des jésuites à fomenter la haine contre eux.

CHANSON (*littérature*). — P. 298-306.
ELOI JOANEAU.

7e alinéa de la page 300.

« *De la chanson politique.* On ne trouve dans les » républiques anciennes aucun vestige de cette es- » pèce de chanson; c'est une bien misérable ven- » geance que de chansonner ses maîtres; il est plus » beau d'entonner en chœur l'hymne de la délivrance, » et de faire retentir la salle du festin de ce chant » célèbre d'*Harmodius* et d'*Aristogiton*. »

Tout ce que nous pourrions dire pour réfuter cet article, serait inutile à ceux qui professent la même opinion que l'auteur. Ceux qui pensent comme nous le liront avec indignation, et suppléeront à ce que nous ne disons pas nous-mêmes.

Nous nous contenterons de montrer en peu de mots l'absurdité des phrases pompeuses de nos nouveaux philosophes. Il suffit pour cela de rapprocher le commencement et la fin de ce magnifique passage.

On ne trouve dans les républiques anciennes aucun vestige de cette espèce de chanson ; il est .... plus beau de faire retentir la salle du festin de ce chant célèbre d'Harmodius et d'Aristogiton.

On n'a qu'à lire les *Voyages d'Anacharsis* que tout le monde a sous la main, et l'*Essai sur les Révolutions* de M. le vicomte de Châteaubriant, pour voir quelle confiance doivent nous inspirer les phrases pompeuses de nos adversaires.

7° alinéa de la page 301-302.

« *L'hymne des Marseillais*, le *chant du Départ* » avaient enfanté des héros ; des refrains de sau- » vages poussèrent au pillage et au meurtre une po- » pulace en délire. »

Je trouve fort à propos, pour répondre à ce passage, une note de M. le vicomte de Châteaubriant, *Essai sur les Révolutions* Tom. 1, pag. 150, édit. in-8.° de Ladvocat.

» .... Ce n'est pas la poésie, c'est la musique » qui fera vivre l'hymne révolutionnaire. Pour cou- » ronner tant de parallèles extravagants, il ne res- » tait plus qu'à comparer le chant en l'honneur des » libérateurs de la Grèce à l'épitaphe de Marat. »

3e alinéa de la page 302.

« M. Bérenger a créé parmi nous la chanson pa-
» triotique, et s'est fait une gloire à part dans tous
» les autres genres dont il me reste à parler. »

M. Bérenger a beaucoup de talent.... Il fait bien les chansons quoi qu'il n'aie fait ni la *Marseillaise*, ni le *Réveil du peuple*. Les chansons dont il est l'auteur ne doivent être chantées ni lues par un chrétien fidèle à son Roi.

CHANSON GUERRIÈRE.

1er alinéa de la page 303.

« Dans les temps antérieurs à la révolution, cette
» poésie sublime ne pouvait avoir rien de commun
» avec les habitudes de nos camps : l'esprit du sol-
» dat français, qui répondait au mot *honneur* sans
» rien entendre au mot *patrie*, n'aurait reçu aucun
» élan de ces nobles inspirations où s'enflammait le
» courage des peuples citoyens. La renaissance de
» la liberté inspira des Alcées nouveaux. »

C'est vraiment une dérision que d'appeler la renaissance de la liberté une époque où les nobles et les prêtres étaient emprisonnés et mis à mort ; où les bourgeois aisés étaient obligés de se réfugier dans les camps pour éviter la hache révolutionnaire, où des représentants sanguinaires les poursuivaient encore. Cette époque fut bien plutôt un temps d'esclavage et de terreur qu'un temps de liberté.

Notre auteur a oublié sans doute que les troubadours suivaient autrefois les armées, où, en chantant les exploits des anciens chevaliers, ils excitaient les combattants à vaincre ou à mourir; il a oublié le *chant de Roland*, qui électrisait les soldats long-temps encore après Charlemagne, et une foule de chants guerriers dont le perfectionnement de la langue française a fait perdre le souvenir; mais le défaut de chansons guerrières dans les siècles de Henri IV et de Louis XIV établirait-il la prééminence des dix dernières années du siècle précédent? Les soldats qui aidèrent Henri IV à conquérir le royaume dont il était roi par droit de naissance, ceux qui aidèrent Louis XIV à faire la conquête de la Belgique, ceux qui suivirent les Condé, les Catinat, les Turenne, aimaient-ils moins leur patrie, se battaient-ils avec moins de courage que les héros de la révolution? Si les Français ont toujours été des modèles de bravoure et de générosité, qu'importe à la France qu'ils aient marché au nom de l'honneur, toujours cher à nos soldats, ou au son de quelques chansons républicaines?

CHANSON PHILOSOPHIQUE.

2° alinéa de la page 308.

« Panard et Bérenger offrent les plus parfaits modèles de la chanson philosophique. »

Mais un chrétien ne peut pas les chanter. Je dois prévenir le lecteur que rien n'offre plus de danger que les chansons de ce genre. Les livres immoraux ou philosophiques sont certainement bien dangereux, et j'émets, avec tous les hommes qui pensent sainement, le vœu de leur complète destruction; mais du moins celui qui les lit conserve dans ce moment toute la plénitude de sa raison : il peut, comme saint Augustin, repousser les pernicieuses doctrines que contiennent ces sortes d'ouvrages, et tirer de quelques phrases semées çà et là, malgré l'intention de l'auteur, de nouvelles preuves de la divinité de la religion. Il peut comparer, réfléchir; et s'il lit avec bonne foi, ces livres lui offriront leur néant et leur vanité, et il trouvera quelquefois l'antidote dans le cœur même du poison.

Mais les chansons philosophiques, qui prêchent toutes le plaisir et l'insouciance relativement aux biens et aux maux d'une autre vie, sont ordinairement chantées à la suite d'un repas, lorsqu'on n'est déjà que trop disposé à recevoir les impressions voluptueuses qu'elles insinuent dans nos cœurs. L'esprit, moins libre, ne peut rejeter le poison qu'elles apportent avec elles; et, entrant, pour ainsi dire, par la porte des sens de la volupté, elles corrompent le cœur et anéantissent la foi.

CHANSON SATIRIQUE ou VAUDEVILLE.

Dernier alinéa de la page 303-304.

« En politique, le vaudeville est toujours de » l'opposition, et c'est à lui seul, comme on l'a dit, » que nous avons dû, pendant plusieurs siècles, » l'avantage de vivre sous une monarchie tem» pérée. »

Ce n'est plus à la bonté de nos rois, à la religion de nos ancêtres, aux conseils populaires des Bossuet, des Fénelon, des Massillon; ce n'est plus à la fermeté des parlements, qui balançaient l'autorité des rois, que nos pères ont dû leur bonheur sous le règne des Bourbons; c'est au vaudeville. Je ne m'en serais jamais douté; mais il est malheureux que cette arme, si douce et si facile à manier, n'ait pas été employée pour arrêter la tyrannie révolutionnaire.

CHARLATAN (*morale*). — P. 327-333. — ARNAULT.

1er alinéa de la page 330.

« La probité a ses fraudes comme la piété. »

La probité ni la piété n'ont point leurs fraudes; elles sont l'une et l'autre basées sur la vérité; les vertus n'ont pas besoin du secours du mensonge.

3e alinéa de la page 330.

« Il y a des charlatans en science, en littérature, » en politique, en administration, en dévotion » même. Tabarin, Cagliostro, Law et Tartufe, fu» rent des charlatans; mais le plus dangereux de » tous était le dernier sans contredit. »

Il est dommage que ce dernier charlatan, le plus dangereux de tous, soit un être imaginaire dont on n'a trouvé l'histoire que dans la comédie de Molière. Il peut y avoir des hypocrites, nous n'en disconvenons pas; mais, dans le siècle où nous vivons, ils doivent être bien rares et bien peu dangereux. Cependant j'avoue que, dans un siècle religieux, les tartufes seraient d'autant plus à craindre que l'on pourrait, en les démasquant, faire rougir la vertu elle-même. La dévotion est d'ailleurs une garantie bien plus rassurante que la philosophie. Cette garantie se trouve quelquefois en défaut, soit parce que celui qui la présente fait servir l'apparence de la piété à des projets temporels plus ou moins condamnables ; soit parce que personne n'est assuré de la persévérance, et que le plus grand saint peut, pendant la durée de sa vie, tomber dans les plus grands crimes. Mais celle que nous présentent les philosophes est-elle plus certaine? Je le demande à tout homme qui connaît la vie des coryphées des nouvelles doctrines. Si la religion a ses tartufes, la philosophie n'a-t-elle pas ses hypocrites.

CHARTE (*lexicologie* et *politique.*) — P. 361-373. — LANJUINAIS.

Dernier alinéa de la page 365-366.

« En droit, jamais en France le pouvoir législatif » n'a résidé sans partage dans la seule personne du » Roi, quoique l'on ait avancé le contraire dans le » préambule de la charte de 1814.

Voilà donc notre bon roi Louis XVIII accusé de mensonge par nos libéraux, mais si l'on veut se donner la peine de parcourir l'histoire, on verra que presque toujours depuis l'origine de la monarchie française, les rois ont exercé sans partage le pouvoir législatif.

Ceux de la première race ont rassemblé quelquefois le champ de Mars et le champ de Mai, mais ces assemblées extraordinaires n'avaient pour but que de donner aux souverains des renseignements et tout au plus des conseils.

Les capitulaires de Charlemagne et de Louis le débonnaire, sont une preuve que ceux de la seconde race ont exercé seuls le pouvoir de faire des lois.

Ceux de la troisième ont été les souverains législateurs de leur royaume. Témoin les ordonnances de saint Louis, celles de Louis XIV et de Louis XV, et si sous le règne de Louis XVI les parlements, abusant de la faculté de faire *de très-humbles remontrances*, se sont permis de résister à l'autorité royale, l'avis des magistrats ne fut pas unanime, et l'arrêt du parlement de Paris qui émit le vœu de la convocation des états généraux, fut le prélude de la révolution. Étudiez l'histoire, messieurs les philosophes, avant de l'enseigner, et si vous l'ignorez, abstenez-vous de contredire un roi qui ne l'ignorait pas, et que sa franchise et sa véracité ont fait admirer des nations qui l'ont secouru dans le temps de l'adversité.

1er alinéa de la page 367.

«Troisième question.— Pourquoi cette Charte de
» 1814, est-elle dite *concédée* et *octroyée*, puis-
» qu'elle contient si peu de choses vraiment nou-
» velles.»

Parce qu'il dépendait du successeur de Louis XVI et de Louis XVII, arrivant à Paris accompagné de six cent mille baïonnettes étrangères, de remettre les choses sur le pied où elles étaient sous le règne de Louis XIV. Sous ce règne, le roi était maître absolu dans son royaume, il faisait et défaisait les lois, il levait à son gré les contributions qui lui étaient nécessaires, et ce qui a été si fortement blâmé par les philosophes, il expulsait de sa propre autorité une partie de la population française. Louis XV fut moins fort que son prédécesseur, et se laissa imposer par le parlement l'expulsion des jésuites. Louis XVI, plein de bonté, céda lui-même un peu trop au cri de liberté et d'égalité que poussait de toutes parts la philosophie, mais son trône s'écroula, et ce bon roi perdit lui-même la vie, victime de sa bonté.

La charte contient si peu de choses vraiment nouvelles.... Comment cette création de deux chambres balançant le pouvoir législatif que le roi possédait tout entier, cette nécessité d'obtenir d'elles les contributions nécessaires à l'État, lorsque après des lettres de jussion les parlements étaient forcés d'enregistrer les édits qui les créaient, l'abolition de la vénalité des charges, ce maintien de la nouvelle noblesse et de la légion d'honneur, la ratification de la vente des biens nationaux, ne sont-ce pas des choses nouvelles?... la charte a pu lier les successeurs de Louis XVIII, parce qu'elle avait été octroyée par ce prince libre et maître dans son royaume;

mais les constitutions que le malheureux Louis XVI avait signées sous la hache révolutionnaire n'avaient pu obliger celui qui les signait, parce qu'il était forcé par une puissance illégitime, ni les princes français qui lui ont succédé, parce que ceux-ci, protestant contre la violence, s'étaient retirés du sol français avec une grande partie de la noblesse. D'après cela, l'on a le droit de dire que la charte n'est pas une simple reconnaissance des droits de la nation, mais qu'elle lui en concède réellement de nouveaux : bien plus, la stabilité de cet acte fondamental des libertés publiques tient en quelque sorte à ce qu'il ait été accordé. En effet, si la charte n'était pas un acte de la munificence royale, si le roi ne l'avait annoncé dans son préambule, le souverain pourrait toujours revendiquer ses anciens droits nonobstant la charte, et alléguer l'erreur de sa reconnaissance ; car quoique en matière civile l'erreur de droit n'excuse pas, il n'en est pas de même en matière politique, où le souverain peut se ressaisir de la puissance, qu'il n'a abandonnée que par erreur. Ainsi, nous partisans de la charte, nous qui, en qualité de magistrats, lui avons juré obéissance, nous la recevons dans son entier, nous reconnaissons qu'elle est un acte de la munificence royale de Louis le Désiré, qui aurait pu ne pas l'octroyer, et nous prétendons que c'est de cette concession acceptée par les représentants de la nation qu'elle tire sa force et sa stabilité.

2. Après avoir blâmé les mots *concédée* et *octroyée*, qui se trouvent dans le préambule de la charte,

M. Lanjuinais veut donner à ces mots une signification qu'ils n'ont pas. Voici comment il s'exprime :

R. « Parce que ce vieux style devait répondre au » vieux nom de charte. C'est le style du moyen âge, » dans la confection des lois de France et d'Angle- » terre que nous avons citées. *Concéder*, tiré du latin » *concedere*, *ire cum*, signifie exactement ce qui est » accordé, reconnu, consenti, avec ou entre des » parties intéressées, ce qui est cédé à leurs de- » mandes, à leurs vœux. »

Que la charte ait été cédée aux vœux et aux demandes des Français, ou qu'elle l'ait été spontanément, elle n'en est pas moins cédée ; le mot latin *cedere*, qui veut dire *aller*, veut dire aussi *céder*, et alors concéder signifie *céder avec ou céder à* : ce n'en est pas moins une cession.

« 3. Quant au mot *octroyer*, il ne signifie pas *ac-* » *corder par pitié*, *par miséricorde*, mais littérale- » ment *autoriser*, et rien autre chose. »

Nous ne disputerons pas ici sur les mots ; mais il est certain que le mot *octroyer* veut dire *accorder*. Que ce soit par bienfaisance, par pitié ou par miséricorde, peu importe. Du reste, la signification du mot *octroyer*, rendue par *autoriser*, présenterait un sens ridicule, puisque ce que l'on donne comme émané de soi-même n'a pas besoin d'autorisation. Un mari autorise sa femme à contracter, mais il ne s'autorise pas lui-même. Enfin *autoriser* signifie *donner autorité*, *auctoritatem præstare* ; et Louis XVIII n'a pas seulement donné au torité à la Charte, mais il l'a donnée lui-même, de son plein gré; il l'a *concédée*, *octroyée*, *accordée* à ses sujets.

2e alinéa de la page 367-368.

« *Quatrième question.* — La Charte est-elle une » simple ordonnance révocable à volonté?

« Non, puisqu'elle a été faite suivant les bases » posées, acceptée par le sénat et la chambre des » députés. »

Je dis non, parce qu'elle est émanée de la pleine autorité du roi, qui s'est dévêtu d'une partie de sa puissance pour en revêtir la chambre des pairs et la chambre des députés. Le sénat était une puissance de fait, suite de l'usurpation de la république et de Napoléon; la chambre des députés, qui représentait la nation, représentait aussi un être sans pouvoir et sans droit. La Charte n'est pas une simple ordonnance; ce n'est pas non plus une simple reconnaissance des droits déjà existants : c'est un acte de cession, faite par le roi à son peuple, de nouveaux droits constitutifs de ses libertés. La Charte est un bienfait de Louis XVIII; mais un bienfait irrévocable, qui a lié celui qui l'a accordé et ses successeurs qui le représentent.

Page 368.

« 2. Non, puisqu'il y est reconnu qu'elle est don-
» née en cédant aux vœux des sujets; c'est-à-dire
» au vœu national, à un vœu reconnu aussi pour
» être l'expression d'un besoin réel, fondé sur les
» effets des progrès toujours croissants des lumières
» et des rapports nouveaux que ces progrès ont in-
» troduits dans la société. »

Ces progrès des lumières et les rapports nouveaux introduits par ces progrès dans la société, pouvaient bien rendre insupportable un gouvernement absolu : aussi celui de Napoléon avait en général exaspéré tous les hommes capables de penser; mais ce gouvernement absolu n'était pas moins celui de l'ancien régime, que Louis XVIII aurait pu maintenir sans excéder la mesure de ses droits. Il a connu les besoins de ses sujets, il a cédé à leurs désirs; mais il l'a fait de son plein gré, sans y être contraint ni par la force ni par un droit contraire au sien; et c'est ce qui rend nos libertés légitimes, c'est ce qui distingue notre constitution des constitutions des révoltés de Naples, du Piémont et d'Espagne.

1er alinéa de la page 370.

« *Huitième question.* — N'est-il pas vrai qu'il » manque des dispositions à la Charte, et qu'il est » nécessaire et surtout urgent de la changer en di- » vers points? »

L'auteur de cette notice, répondant à cette question, pense que le plus petit changement dans une constitution entraîne la ruine de ses principes. Nous croyons aussi qu'il serait extraordinairement dangereux de retoucher la Charte, et de faire subir à son texte la plus légère modification. La Charte est incomplète, cela est vrai; malgré son génie, Louis XVIII n'était qu'un homme, et il n'a pu faire qu'un ouvrage humain, c'est-à-dire imparfait. Mais cet acte, émané de son autorité, reçu et approuvé par la France, est aujourd'hui tout à la fois le palladium de l'autorité royale, de la légitimité, et des libertés publiques; en changer l'article le plus indifférent en apparence, ce serait ouvrir la carrière aux innovations, ce serait exposer l'État à l'empiètement d'un des trois pouvoirs sur les deux autres; ce serait peut-être exposer la France à une nouvelle révolution et à une nouvelle anarchie. Mais notre auteur, après avoir émis sur cette question une réponse conforme aux vues de tous les bons Français, indique des moyens de l'interpréter, qui pourraient bien ne pas être goûtés par les partisans de la tranquillité publique. Voici quels sont ces moyens d'interprétation.

1er alinéa de la page 371.

1. « Ce qu'il faut à une constitution pour faire » jouir des garanties qu'elle proclame, c'est qu'elle » soit exécutée, obéie, développée, selon son texte » et selon son esprit, par les lois qu'elle commande » ou suppose, par des ordres, des règlements lé- » gaux et des jugements indépendants. »

Il est vrai que la Charte, pour être exécutée, doit être interprétée selon son texte et selon son esprit. On ne doit jamais surtout toucher à son texte, parce qu'une première violation conduirait à des violations plus graves; et l'on doit se rappeler que si la Charte accorde des droits aux peuples, elle maintient aussi les droits sacrés de nos souverains.

Il ne peut se faire que cette loi fondamentale, qui accorde des droits aux uns, qui blesse les prétentions exagérées des autres, convienne à tout le monde ; aussi ai-je souvent ouï dire par un observateur que les Français étaient divisés en cinq partis :

1° Ceux qui aiment le Roi et la Charte ;
2° Ceux qui aiment la Charte à cause du Roi ;
3° Ceux qui aiment le Roi à cause de la Charte ;
4° Ceux qui détestent le Roi à cause de la Charte;
5° Ceux qui détestent la Charte à cause du Roi.

Les trois premiers partis, qui désirent tous le maintien de l'ordre, doivent se réunir autour de ce palladium de la légitimité et de nos libertés; les premiers et les seconds, parce que la Charte bien observée assure la tranquillité du trône et la succession légitime dans la maison des Bourbons; les troisièmes, parce que la Charte proscrit les priviléges.

Le quatrième parti peut encore compter quelques hommes exagérés qui regrettent les anciens priviléges, et blâment hautement Louis XVIII de ce qu'il a accordé au peuple des droits opposés à ceux de l'ancienne noblesse; mais le nombre en diminue tous les jours; et le moyen qu'aurait dû prendre le gouvernement pour achever la destruction de ce parti, eût été de récompenser la fidélité de ces hommes, de les traiter avec douceur, de les ramener par la raison à aimer le nouvel ordre de choses, et non de les traiter, comme on ne l'a fait que trop souvent, quelquefois plus mal que les révolutionnaires.

Quant au cinquième parti, on peut l'appeler le parti des incorrigibles : il se compose des hommes qui ont voté la mort du roi en 1793, ou qui l'auraient fait s'il eussent été conventionnels; des hommes qui, satellites de la tyrannie impériale, regrettent plus la fortune qu'ils ont manquée qu'une liberté qui n'existait que pour eux; de ceux qui, écartés des emplois à cause de leurs mauvaises mœurs (1), ne

(1) Je ne prétends pas parler ici de quelques hommes, d'ailleurs recommandables, à qui quelques circonstances ou des

savent que crier aux jésuites, au parti-prêtre, et demandent à grands cris la représentation du *Tartufe*, toutes les fois que de saints missionnaires viennent chercher à rétablir la morale publique et le respect religieux. Ces hommes ne sauraient changer ; et plus ils obtiendront de concessions, plus ils demanderont. Ce sont eux que le gouvernement doit surveiller, et qu'il doit craindre comme les ennemis des rois et du repos des nations.

2. « C'est qu'on veuille bien en faire jouir les » citoyens telle qu'elle a été jurée ; c'est qu'on s'abs- » tienne de faire marcher de front avec elle des » décrets anti-légaux, une loi telle que cet art. 57 » de cette constitution consulaire qui mourut en » naissant et qui est abrogée, ni la juridiction, ni » la législation d'un conseil d'État amovible, où le » ministre est juge et partie ; ni une législation uni- » verselle et journalière par ordonnances ministé- » rielles. »

Parmi les personnes qui ne parlent que de la Charte, et qui peut-être n'y pensent que pour la détruire avec le pouvoir souverain qu'elle consacre, il en est beaucoup qui veulent, en attendant son entière abolition, l'expliquer à leur façon. Selon eux, la Charte ne doit pas seulement être interpré-

intrigues ministérielles ont fait perdre les places qu'ils occupaient avec honneur. Ceux-là savent séparer le Roi de ses agents ; ils lui demeurent toujours attachés, malgré les injustices dont ils ont été les victimes.

tée selon sa lettre, mais selon son esprit; et nous répondons que cet esprit prétendu prêterait à des interprétations trop diverses pour que l'on puisse avec sûreté s'écarter de sa lettre. Que l'on n'oublie pas que la Charte est émanée d'un souverain absolu qui avait le droit de l'accorder ou de la refuser; qu'en l'accordant il a fait un acte de sa libre puissance, et qu'il n'y a été contraint par aucune force ni par un droit contraire au sien. Si cela est, avant d'interpréter la Charte, il faut être bien convaincu que le Roi s'est réservé ce qu'il ne s'est pas interdit, parce nul n'est censé abandonner ce à quoi il n'a pas renoncé d'une manière expresse; et alors on ne pourra blâmer les ministres toutes les fois que, sans violer la Charte, ils feront leurs efforts pour maintenir l'autorité royale.

3. « C'est qu'on en repousse de tristes caté-» gories, et les *jamais*, et les *toujours* anticonsti-» tutionnels; c'est qu'on brise les entraves injustes » de la liberté de la presse.

Lorsque les catégories furent faites, le roi était rentré dans sa puissance absolue, parce que la charte qu'il avait accordée en 1814, avait été violée par ceux qui s'en disent aujourd'hui les plus chauds partisans. Ils avaient trahi leur roi pour voler au-devant de l'usurpateur; et forcés, après la bataille de Waterloo, à voir tomber une seconde fois leur idole, ils avaient fait les plus grands efforts, d'abord pour exclure à jamais les Bourbons, en vertu de leurs actes additionnels, ensuite pour lui lier les mains par leur constitution de 1815, enfant mort-né de la puissance libérale. Louis XVIII pouvait alors supprimer la charte, et rétablir son ancienne puissance : il ne l'a pas fait, son amour pour les Français l'a encore emporté sur ses propres intérêts ; mais il a pu exclure de son royaume les fauteurs de la révolution des cents jours ; il a pu exiler ces monstres avides du sang de nos rois, qui, après avoir condamné à la peine des scélérats un descendant de saint Louis, avaient depuis voté l'exclusion perpétuelle de l'auguste dynastie qui nous gouverne : ils avaient dit eux-mêmes, *toujours*, *jamais* ; pourquoi se plaint-on de ce qu'on leur a appliqué la loi qu'ils avaient eux-mêmes sanctionnée ?

Quant à la liberté de la presse, j'ai dit mon opinion au mot *Bureaucratie* : (*Voyez ce mot.*) Mais les atteintes passagères que l'on a portées par diverses ordonnances à cette liberté, ne sont pas contre la charte, puisqu'elle les permet expressément lorsque le roi juge nécessaire de la restreindre momentanément.

4. « C'est que des jurés légitimes connaissent » au moins de tous les délits relatifs à cette liberté, » et généralement de tous les délits et de tous les » crimes. »

La constitution de l'an VIII, en maintenant l'institution du jury, avait excepté de leur juridiction tous les crimes qui pouvaient intéresser le gouvernement, et ses dispositions se trouvent dans le code d'instruction criminelle qui nous régit. Les cours spéciales étaient chargées de la répression de tous les crimes de ce genre ; après la restauration, les jurés furent chargés de l'examen de tous les crimes sans distinction, et l'on sait comment ont été jugées les affaires où il s'agissait de l'intérêt public, ou même des intérêts qui ne touchent pas directement aux biens ou à la vie des hommes ; presque toujours les rébellions, les assassinats des préposés du gouvernent, les sacriléges ont été impunis ; combien d'infanticides n'ont quitté les bancs des accusés que pour se rendre de nouveau coupables des mêmes désordres et des mêmes crimes.

Le jury est une bonne institution chez un peuple attaché au bien public ; mais là où l'égoïsme domine, cette institution ne peut être chargée, sans danger, de prononcer sur toutes sortes de crimes. Une magistrature inamovible ne présente-t-elle pas d'ailleurs une plus grande garantie par ses lumières, qu'un certain nombre de propriétaires, honnêtes gens d'ailleurs, mais à qui cent écus de contribution ne sauraient donner l'instruction nécessaire pour juger les produits de la science et du génie. Croit-on d'ailleurs que nos bons paysans se trouvassent bienheureux, de passer des mois entiers pour juger des affaires correctionnelles, lorsqu'on les voit murmurer et se plaindre de leurs obligations, lorsqu'ils ne sont obligés de se rendre aux chefs-lieux qu'une fois tous les trois ans, et d'y passer seulement quinze ou seize jours. Oui, l'institution du jury est bonne en soi ; elle honore le propriétaire appelé à prononcer sur la vie et sur la liberté de ses concitoyens, et à maintenir la société sur sa base. Mais les Français n'y sont pas accoutumés; ils la repoussent comme vexatoire, au lieu de s'en croire honorés ; il faut donc les y accoutumer par degrés, et surtout ne pas leur soumettre des causes au-dessus des connaissances du plus grand nombre. Pour rendre cette institution utile, elle devrait être restreinte aux crimes que le code d'instruction criminelle considère comme étant de la compétence des cours d'assises; on devrait en ôter ces crimes spécieux, parmi lesquels on devrait ranger le sacrilége et l'infanticide, et surtout ne pas charger les jurés du soin de prononcer sur les délits de la presse.

5. « C'est que l'armée sédentaire, ou la garde » nationale soit organisée pour le maintien des liber- » tés et la sûreté des personnes; c'est qu'elle ait part » au choix de ses officiers, et qu'elle soit affranchie » des taxes arbitraires. »

Notre auteur demande ici tout simplement une armée libérale que l'on puisse opposer aux armées du souverain. Je suis bien éloigné de me déclarer l'ennemi des gardes nationales; peut-être même bien dirigée, avec un bon choix d'officiers, cette armée déjouerait-elle les complots des fauteurs d'anarchie ; mais il faut pour cela que le souverain se réserve la nomination des officiers supérieurs; il faut que l'opinion de tous les officiers soit bien éprouvée; il faut que les grades dans cette arme honorable soient la récompense de la fidélité, il faut surtout que la garde nationale sache qu'instituée pour maintenir l'ordre intérieur elle ne doit se mêler en aucune manière des opérations du gouvernement : si le ministère se trompe, que les citoyens le fassent connaître au Roi et aux chambres par des pétitions respectueuses, *et non pas énergiques*, par des mémoires, par des insertions dans les journaux royalistes; mais qu'ils se rappellent que, sous les armes, ils ne doivent plus qu'obéir.

Page 373.

6. « C'est que toujours l'enseignement soit ré-
» glé suivant la loi, par des lois, et non par les seuls
» ordres des ministres et des sous-ministres. »

L'enseignement doit être libre, mais si, comme en France il est réglé par des lois, c'est aux ministres ou aux sous-ministres à le diriger. Mais cet enseignement doit aussi être religieux; c'est dans les premières années de la vie que l'on doit inspirer à la jeunesse le respect pour la religion et le goût de l'étude. Il faut que les professeurs soient eux-mêmes religieux. Aussi les désordres toujours croissants parmi les élèves de l'université, avaient-ils inspiré aux conseils-généraux les vœux constamment émis par eux depuis la restauration, que l'enseignement fût confié aux corps enseignants, l'élite de la France avait encore manifesté son vœu en envoyant ses enfants dans les petits séminaires plutôt que dans les colléges; mais les clameurs des ennemis du trône et de la religion l'ont emporté sur les vœux de l'élite des Français, et l'ordonnance du 16 juin a paru. Espérons que notre bon Roi ouvrira enfin les yeux sur cet acte qui lui a été arraché par ses ennemis, et que les jésuites triompheront.

7. « C'est, avant tout, que les députés soient » des hommes librement choisis par les corps élec- » toraux, sans double vote, au lieu d'être les élus » des ministres, et d'un parti qui les dépasse. »

J'ai dit ailleurs (au mot *Bureaucratie*) que mon opinion était que les élections devaient être libres de toute influence ministérielle, mais encore plus de celle du comité-directeur, bien plus funeste que celle des ministres, parce que ceux ci peuvent bien chercher à avoir des hommes qui leur passent sans examen différents emplois de fonds qui ne seraient pas admis par des députés éclairés; mais si le comité-directeur choisit lui-même nos députés, malheur au trône, malheur à l'autel, malheur à la France! nous verrons bientôt succéder une nouvelle assemblée constituante, une nouvelle convention, une nouvelle anarchie.

Le double vote n'est point contraire à la charte, aucun article ne le repousse; ôtez la septennalité, et la charte n'aura nullement été violée.

CHEVAL, *equus*, (*histoire naturelle.*) — P. 464-483. — BORY DE ST-VINCENT.

1er alinéa de la page 470.

« Avant que, montés sur leurs coursiers, des es-« saims de cette espèce scythique, eussent abandon-» né leur triste berceau, et porté le ravage chez les » hommes civilisés, en des climats plus doux, le » cheval avait cependant été introduit jusqu'aux » bords du Nil, et chez la race que, dans notre ar-» ticle *Homme*, nous appellerons *adamique*. »

Nous ne pouvons encore savoir pour quelle raison M. Bory de Saint-Vincent appelle une race d'hommes *adamique*, préférablement à toute autre. Nous qui reconnaissons *Adam* pour le père de tous les hommes qui ont existé, et qui existeront jusqu'à la fin du monde, nous renvoyons au mot *Homme*, où nous relèverons tout ce que l'auteur pourra dire contre les croyances chrétiennes.

CHEVALERIE — P. 483-509. — THOURET.

2e alinéa de la page 494-495.

« Le temps des croisades fut l'époque la plus bril- » lante de la chevalerie. Ces expéditions donnèrent » une nouvelle ardeur au fanatisme de la guerre, de » la religion et de l'amour. »

Le mot *Fanatisme* est souvent employé si mal à propos par les auteurs de l'*Encyclopédie*, que l'on ne sait trop quel sens ces Messieurs veulent lui donner. Je ne disconviendrai pas que la guerre, la religion et l'amour ne puissent être susceptibles de fanatisme ; mais je prie le lecteur de voir les mots *Croisades*, *Fanatisme*, où il pourra voir la réfutation des erreurs dans lesquelles sont tombés ces Messieurs.

2. « D'ailleurs l'indulgence plénière accordée » par les papes, était un encouragement au crime, » par cela seul qu'elle en était l'absolution. »

Peut-on lire sans frémir de pareilles horreurs ? La pénitence imposée pour expier les crimes passés est un encouragement aux crimes futurs !... Ne sait-on pas que les absolutions et les indulgences ne profitent qu'à ceux qui sont dans des dispositions religieuses et éloignées de toute affection au péché mortel ? Saint Bernard, qui prêcha une des principales croisades, ne fit-il pas connaître à ses auditeurs dans quelles dispositions ils devaient se préparer à cette guerre sainte? Saint Louis, lorsqu'il passa en Egypte, n'y fut-il pas comme en France, un modèle de toutes les vertus, et n'éloigna-t-il pas de sa personne non-seulement toute apparence de plaisirs mondains, mais ceux mêmes qui n'auraient fait que diminuer l'esprit de pénitence et de mortification avec lequel il volait à ces combats ? Dans les croisades il se commit des crimes, on ne saurait le contester; mais que l'on sache que ce ne furent point les hommes les plus chrétiens et les plus désireux de gagner l'indulgence accordée par le pape qui les commirent. Ce que je dis ici a été répété dans une foule d'ouvrages et de sermons. Il faut être souverainement ignorant de ce qui tient à la religion pour avancer les absurdités que l'on vient de lire dans le passage que nous venons de réfuter.

1re note de la page 495.

« Je ne justifie pas le fanatisme des croisés, mais » j'en rends les raisons. »

Sans doute, on ne peut justifier dans les croisés ce mélange de piété mal entendue et d'amour pour les plaisirs, qui fut cause que Dieu ne bénit pas leur sainte entreprise. Si on appelle fanatisme une dévotion séparée de l'accomplissement des devoirs imposés aux chrétiens, on ne saurait point le blâmer ;

mais si l'on donne ce nom odieux au courage religieux, à la piété chevaleresque des chrétiens fervents, qui marchaient à la conquête des lieux saints avec un cœur pur, je ne partagerai point la manière de penser de l'auteur. Voyez les mots *Fanatisme*, *Croisade*.

1er alinéa de la page 496.

« Tout le monde connaît la terrible catastrophe » qui les anéantit (les templiers) sous Philippe-le-» Bel, ils furent les victimes de leurs richesses et de » leur puissance même, qui excitèrent la cupidité » et la jalousie des rois. »

La cause des templiers ne sera connue qu'au grand jour où le juge suprême viendra exiger de chacun de nous le compte rigoureux de ses actions bonnes ou mauvaises. Les historiens les plus sages, en racontant les faits qui accompagnèrent ce procès célèbre, disent formellement que les nuages les plus épais le couvrent de leur obscurité. Mais la philosophie moderne, ennemie de tous les ordres monastiques, ennemie de leur puissance, de leurs richesses, juge la cause en leur faveur. Cet intérêt que les philosophes prennent aux templiers confirmait ce que dit l'abbé Barruel dans son *Histoire du Jacobinisme*, que les francs-maçons furent les successeurs de cet ordre justement condamné à cause de ses trahisons et du désordre de ses mœurs. Ce qu'il y a de certain, c'est que le grand intérêt que les ennemis de la religion prennent à un ordre religieux dont les richesses étaient immenses, doit inspirer aux chrétiens fidèles, plus que des soupçons sur la réalité des crimes qui furent imputés à ses membres.

CHIRURGIE (*chirurgica*). — P. 601-610. — Le baron LARREY.

1er alinéa de la page 607.

« A l'époque même où l'art chirurgical fut avec » tant d'injustice réprouvé par l'Eglise, le nom de » médecin désignait si parfaitement celui qui s'a- » donne à tout ce qui peut contribuer au soulage- » ment des malades, que les hommes qui appelèrent » la séparation de la science, (ils en regardèrent » une portion comme avilie par les instruments dont » elle se sert,) dédaignèrent cette expression de » médecins, et choisirent celle de *physiciens* (phy- » sici) qu'ils conservent encore en Angleterre. »

L'art de la chirurgie n'a point été réprouvé par l'Eglise; tout ce que l'on peut dire, c'est que la médecine étant une science connue seulement des clercs, qui par leur état appartenaient à l'Eglise, il leur fut défendu d'exercer la chirurgie, d'après la maxime *Ecclesia abhorret à sanguine;* et alors les opérations chirurgicales furent confiées aux laïques peu instruits, et exerçant pour la plupart la profession de barbier. L'art y perdit, cela est vrai, mais il s'est promptement relevé, lorsque les sciences ont cessé d'appartenir exclusivement au clergé ; lorsque des laïques, tenant le milieu entre la noblesse à qui la profession des armes faisait négliger les études, et la classe pauvre du peuple, se furent avisés de s'élever par l'étude à un rang honorable. Si la chirurgie a été méprisée, ce n'est point la faute de l'Eglise qui a agi sagement en défendant aux clercs de faire des opérations chirurgicales, mais celle des laïques qui ont négligé cet art éminemment utile à l'humanité, ou plutôt des circonstances qui ne permettaient aux nobles de s'occuper d'autre chose que de la gloire militaire.

FIN DU VIe VOLUME DE L'ENCYCLOPÉDIE MODERNE,

ET

DU 1er VOLUME DU DICTIONNAIRE CRITIQUE DES ERREURS DU XIXe SIÈCLE.

ERRATA.

Page

180, dernière ligne du premier alinéa de la note, *au lieu de* de langue, *lisez* de la langue.

223, deuxième ligne, *au lieu de* ourdes minéraux, *lisez* acides minéraux

255, ligne 19, *au lieu de* voyez Apocalypse, *lisez* verbo Apocalypse.

262, ligne 1 et 2, *ôtez* dans cette partie de l'Europe.

318, ligne 5, *au lieu de* Valence, *lisez* Valens.

371, ligne 25, au blanc qui s'y trouve *mettez* fut faite.

429, à la note, *au lieu de* l'abbé Sutes, *lisez* l'abbé Sertes.

434, ligne 17, *au lieu de* voilà, *lisez* voilà l'abus.

452, *au lieu de* bien des gens sachant, *lisez*, bien des gens croyant.

460, ligne 14, *au lieu de* dans le fond de la conscience, *lisez* dans le for de la conscience.

485, ligne 3, *au lieu de* 1798, *lisez* 1790.

Id., ligne 19, *au lieu de* jus est interpretari, *lisez* ejus est interpretari.

505, ligne 14, *au lieu de* Senetius, *lisez* Sinésius.

506, ligne 14, *au lieu de* Paphurne, *lisez* Paphunce.

520, troisième ligne de la note, *au lieu de* Bitaille, *lisez* Bétaille.

574, ligne 17, *au lieu de* plus à plaindre, *lisez* plus à craindre.

576, *avant ces mots* 2e alinéa de la page 246-247, *suppléez* CHAIR (*économie domestique*). DUBOIS.

596, avant dernière ligne, *au lieu de* ses dispositions se trouvent, *lisez* cette disposition se trouve.

598, ligne 11 et 12, *au lieu de* crimes spécieux, *lisez* crimes spéciaux.

www.ingramcontent.com/pod-product-compliance
Lightning Source LLC
Chambersburg PA
CBHW071141270326
41929CB00012B/1829

* 9 7 8 2 0 1 9 1 9 0 4 9 1 *